천로역정

존 버니언/이현주 옮김

차 례

이 책을 읽는 분에게 · 5
이 책에 대한 저자의 변명 · 11
주요 등장인물 · 19

제1부 · 27
　순례자의 행진 · 29
　맺는말 · 249

제2부 · 251
　《천로역정》제2부를 내놓으면서 · 253
　순례자의 행진 제2부 · 270

해설/ 존 버니언의 생애와 작품 세계 · 437

이 책을 읽는 분에게

잘 알려진 대로, 존 버니언의 《천로역정(天路歷程)》은 인간의 개인적 구원을 주제로 한 종교소설이다. 1678년 초판이 나온 제1부는, 크리스천이라는 주인공이 어떻게 온갖 어려움을 뚫고 멸망의 도시로부터 천성(天城)에 이르는가를 천재적인 상상력으로 묘사하고 있다. 1684년에 출판된 같은 내용의 제2부에서는 크리스천의 아내 크리스티아나와 네 아들이 주인공으로 등장한다.

오늘 우리가 살고 있는 상황은 존 버니언이 살았던 상황과 물론 다르다. 최근 기독교의 '구원'에 관한 개념 내용이, 이른바 '사회 구원(社會救援)'이라는 것을 지향하는 급진적인 경향에 의해 많이 다양해지고 있다는 사실만 보아도 그렇다. 역자(譯者)로서 솔직하게 고백하자면, 오늘날 개인 구원(이 개념 자체도 이미 존 버니언 당시의 것은 아니다)에 관한 관심이 차츰 퇴조(?)해 가는 듯한 젊은 층의 사조(思潮)에 비추어 새삼스럽게 《천로역정》을 번역한다는 것이 어느 의미에서는 시간 낭비나 아닐까 하는 생각이 번역을 시작하기 전에 없지 않았다.

그러나 우연한 기회에 버니언의 생애에 관한 짧은 기록을 접하게 된 후, 역자는 앞의 생각을 수정해야겠다는 입장에 서게 되었다. 그것은 버니언이 살았던 상황과 오늘 우리의 상황이 서로 다르면서도 그 뒷면으로는 놀랄 만큼 유사한 점이 있음을 발견했기 때문이다.

존 버니언, 그는 이른바 확신범(確信犯)이었다. 본인의 양심에 따라 살다가 외부에서 만들어진 타인의 법에 의해 구속된 17세기 영국의 한 확신범이었던 것이다. 불행하게도 오늘 우리가 살고 있는 20세기도 확신범들을 만들어 내고 있다. 이러한 사실이 '개인 구원'이니 '사회 구원'이니 하는 고루한 신학적 언어 놀음을 일단 보류하고 속히 이 책을 번역해야겠다는 당위(當爲)를 역자에게 안겨 주었다. 물론 한국 독자들은 벌써 옛날부터 존 버니언의 《천로역정》과 친숙해 있다. 번역판도 이미 여러 종(種)이 나와 있다. 그러한 현실을 잘 알면서도 번역에 손을 대게 된 것은 이 땅의 젊은이에게 고전(古典)의 향기를 맛보게 해야겠다는 출판사측의 양심적 의욕에 영향을 받은 바도 있었지만, 흔히 지금까지 알려진 '장망성'이니 '인고산'이니 하는 '한국판 천로역정적 언어'(?)의 틀에서 벗어난, 좀더 나은 번역판이 나올 때가 되었다는 역자 나름의 판단 때문이기도 했다. 역자는 이러한 《천로역정》의 비신학화(非神學化) 내지 비교회화(非敎會化)야말로 원저자의 창작 의도에 걸맞은 시도라고 감히 생각해 보았다. 그가 12년이라는 세월을 베드퍼드 감옥에서 보낸 이유는 바로 의식(意識)의 틀 속에 굳어진 영국 국교에 예속되지 않으려는 순수한 고집 때문이었다는 점을 생각할 필요가 있다.

될 수 있으면 '젊은 언어'를 사용하려고 해보았다. 교회에서 특별히 통용되고 있는 특수 용어를 배제하고 일반 용어로 옮겨 보려고 했다. 그 한 시도로서 등장하는 사람들의 이름과 지명(地名)을 영문 발음 그대로 옮겨 보았다. 이러한 시도는 이미 독자들이 지니고 있는 본 작품에 대한 전이해(前理解)에 차질을 가져다 줄 수 있다는 단점과, 《천로역정》을 좁은 의미에서 '제2의 성서'로 읽는 위험(이는 버니언 자신도 경계한다)을 떠나 하나의 문학작품으로 대하는 데 도움이 될 수도 있다는 장점을 아울러 내포한다. 역자는 전자보다 후자가 더 중요하다고 생각해서 영문 표기를 그대로 옮겨 놓기로 했다. 그리고 독자들의 이해에 도움을 주기 위해 '인명록'을 첨부했다.

존 버니언은 1628년 영국의 베드퍼드에서 출생, 가까스로 형식적인 교육을 받았다. 17세 때 영국 시민전쟁에 의회파 병사로 참전했다가 2년 후 종교에 깊이 관심을 두기 시작, 곧 비국교도 연맹 소속 설교사가 되었다. 그의 열정적 종교생활이 결국 그를 감옥으로 안내하여, 아마도 베드퍼드 감옥에 수감되어 있는 동안 이 《천로역정》을 쓰기 시작했을 것이다. 1678년에 나온 제1부는 곧 굉장한 인기를 끌었다. 그로부터 6년 후(1684) 제2부가 나왔는데, 그사이에 다른 두 권의 중요한 책을 집필했다. 《배드맨〔惡人〕씨의 생애와 죽음》(1680)과 《거룩한 전쟁》(1682)이 그것이다.

그는 말년을 순회 선교사로 보내다가 1688년 만 60세를 일기로 사망했다. 그의 유해는 조지 폭스, 다니엘 디포, 윌리엄 블레이크 등이 안장되어 있는 디센터스 묘지에 묻혔다.

역자가 텍스트로 삼은 원서(原書)는 'The New American Library'에서 나온 시그닛 고전(Signet Classic)판(1964)으로, 1928년 제임스 페일리가 편집한 영국 옥스퍼드 대학 출판부의 《버니언 전집》에 따른 권위 있는 판(版)이다. 본문 속의 〔 〕부분은 구절을 기록한 것 외에는 모두 역자가 달아 놓은 주(註)임을 밝혀 둔다. 그리고 본문 밑의 각주(脚註) 중 끝에 * 표시가 있는 것은 존 버니언의 원주(原註)임을 아울러 밝혀 둔다.

또한 3판을 펴내면서 부록으로 한국 최초의 유럽 문학 번역서인 《텬로력뎡》(J. S. 게일, 1895년 배재학당본, 범우사 자료실 소상)의 도판 그림을 덧붙였다. 오랜 세월이 흐른 지금, 갓을 쓴 크리스천이 오히려 신선하기까지 한데, 이 도판 그림은 조선 풍속화가 기산(箕山) 김준근(金俊根)이 그린 것으로 알려져 있다. 김준근은 국내에는 잘 알려져 있지 않지만, 그의 풍속화는 19세기 말 이래 줄곧 서양 사람들의 흥미를 끌어 프랑스, 영국, 독일, 미국, 오스트리아 등지의 개인 및 박물관에 수집, 소장되어 있다고 한다. 그에 대해 알 수 있는 것은, 그가 19세기 말 서울, 부산, 원산, 제물포 등지에서 민중의 제반 생활 및 문화에 깊은 관심을 갖고 활약하던 풍속화가이고 기독교인이었다는 것 정도이다.

전통적인 교리(敎理)나 신학(神學) 같은 데 묶이기 싫어하는, 그러나 동시에 깊은 의미에서의 교리나 신학을 필요로 하는 젊은 친구들이 이 책을 읽어 주었으면 한다. 딴은 정성을 들여 번역한다고 했으나 모자라는 점이 한두 가지가 아닐 것이다.

햇수로 2년에 걸친 지지부진한 번역 작업을 참을성 있게 기다리며 격려해 주신 범우사 윤형두(尹炯斗) 사장께 감사를 드린다.

옮긴이

천로역정

이 책에 대한 저자의 변명(辯明)

맨 처음 펜을 들었을 때, 나는 이런 모양의 작은 책을 쓰게 되리라고는 생각하지 않았었다. 그렇다, 실은 나는 다른 어떤 책을 쓰고 있었는데, 그것을 거의 다 탈고하게 되었을 때 자기도 모르게 이 책을 쓰기 시작했던 것이다.

사실인즉 이렇게 된 것이다. 나는 이 신앙심이 깊은 시대에 성자(聖者)들의 행적과 생애를 기록하다가 갑자기 영광에 이르는 그들의 여행과 진로(進路)에 관한 비유의 세계에 빠져 들어가게 되었는데, 스무 가지도 더 되는 사건들이 연상되는 것이었다. 나는 그것들을 열거해 보았다. 그러고 나자 내 머리 속에 또다시 스무 가지도 더 되는 사건들이 떠올랐고, 그것들은 마치 석탄불에서 불티가 날아오르듯 늘어나기 시작했다.

그리하여 나는 이렇게 빨리 떠오르는 착상(着想)들을, 그것들이 제멋대로 확산되어 거의 탈고 단계에 이른 그 책마저 엉뚱한 것으로 만들어 버리지 못하게 하기 위해서라도 따로 작품으로 소모(消耗)해야겠다고 생각했던 것이다.

그래서 쓴 게 이 책이다. 그렇지만 나는 이런 모양의 내 저술을 온 세계에 보여 줄 생각은 사실 없었다. 내가 무엇 때문에 이것을 썼는지는 나 자신도 모른다. 내 이웃을 즐겁게 해주기 위해서 쓴 것도 아니다. 나는 자기 자신의 만족감을 위해서 이 글을 썼다.

그렇다고 공백 기간을 메우기 위해 휘갈겨 쓴 것도 아니고, 나를 잘못된 곳으로 빠져들게 하는 나쁜 생각들로부터 돌아서게 하려고 이 작업을 한 것도 아니다.

그저 즐거운 마음으로 종이에 펜을 대자, 나의 생각은 줄줄 글로 표현되었다. 생각의 끝머리를 잡고 당겼더니 그대로 풀려 나와, 지금 독자 여러분이 보시는 대로의 길이와 부피를 가진 책이 될 때까지 써 내려간 것이다.

문장을 가다듬은 후 나는 그 원고들을 다른 이들에게 보여 주었다. 그것은 그들이 원고에 대하여 비난을 하는가, 아니면 칭찬을 하는가 알아보기 위해서였다. 그러자 어떤 이는 "그대로 살리게"라고 말했고, 어떤 이는 "없애 버리지"라고 했다. 또 누구는 "존, 출판하게"라고 하는가 하면, 어떤 이는 "출판하지 말아요"라고 했다. 출판하는 게 "좋을지도 모른다"고 하는가 하면, "그렇지 않다"는 이도 있었다.

난처해진 나는 도대체 어떻게 하는 것이 가장 좋은 일인지 알 수가 없었다. 마침내 나는 "사람들의 의견이 이렇게 분분한 이상, 일단 출판해 보겠다"고 생각하고 그렇게 결단을 내렸다. 왜냐하면 어떤 이는 출판을 종용했고 어떤 이는 출판을 하지 말라고 했는데, 누가 가장 좋은 충고를 해주었는지를 알려면 이것을 실험대 위에 올려 놓는 것이 좋겠다고 나는 생각했기 때문이다.

한걸음 더 나아가 내가 만일 출판을 종용하는 이들에게 만족감을 주기를 거부한다면, 그것은 그들에게 있어 굉장한 기쁨이 되어 줄는지도 모르는 그 무엇을 감추어 두는 것 외에 아무것도 아니라고 나는 생각했다.

출판되어 나오는 것을 원하지 않는 이들에게 나는 말했다. "나 때문에 기분이 몹시 상하시겠지만, 여러분의 형제들은 출판되는 것을 원하고 있으니 앞으로 책이 되어 나온 것을 읽을 때까지 판단을 보류해 주시오."

"만일 읽지 않으시려면 그대로 놔두시오. 어떤 사람은 살코기를 좋아하고, 어떤 사람은 갈비 뜯는 걸 좋아하니까요." 그렇다, 나는 그들을 조금 완화시키기도 하고 타이르기도 할 셈이었다.

"이런 문체로 써서는 안 될까요? 이런 방법을 쓰면서 동시에 당신에게 덕이 되고자 하는 나의 목적을 잃지 않는 길은 없을까요? 왜 그렇게는 되지 않을까요? 어떤 사람은 살코기를 좋아하고, 어떤 사람은 갈비 뜯기를 좋아합니다." 그렇다, 검은 구름이든 흰 구름이든 은방울 같은 비를 뿌려 주면 땅은 곡식을 생산하여 둘 다 찬양하고, 어느 한쪽을 트집잡는 대신 그들이 함께 생산한 열매를 마음속에 깊이 간직하는 법이다. 또한 둘이 함께 작용한 까닭에 그 누구도 열매를 보고 이것과 저것을 구별할 수 없는 것이다. 땅이 굶주릴 때는 그들이 소용되고, 땅이 풍요할 때는 두 구름 모두 역겨워지고 그들의 은총 또한 무익한 것이 된다.

"어부가 물고기를 잡을 때 어떤 방법을 쓰는지 살펴보시오. 어떤 도구(道具)들을 사용합니까? 잘 보시오! 그가 그의 모든 기지(機智)와 함께 온갖 덫과 낚싯줄, 낚시 도구, 갈고리 그리고 그물을 어떻게 사용하는가를. 그러나 낚싯바늘이든 줄이든 덫이든 그물이든 그 밖의 어떤 도구를 사용한다 할지라도 고기가 제물로 당신의 것이 되지는 않습니다. 그것들을 더듬어 찾고 손으로 움켜잡기 전에는 당신이 무슨 짓을 해도 잡히지 않을 것이오."

"새 사냥꾼은 새를 잡기 위해 어떻게 합니까? 이루 헤아릴 수조차 없는 온갖 다양한 수단들, 엽총, 그물, 끈끈이를 칠한 나뭇가시, 등불과 방울들을 사용하고, 게다가 살살 기어 다니기도 하고 걸어가기도 하고 제자리에 가만히 서 있기도 합니다. 그래요, 그 누가 그의 온갖 자세를 다 말할 수 있겠습니까? 하지만 그가 어떤 자세를 취했다 하더라도 그 자세가 곧 그에게 원하는 새를 갖다 바치지는 않습니다. 네, 그는 이쪽 새를 잡기 위해 피리를 불거나 휘파람을 불어야 하는데, 그러다 보면 저쪽 새는 놓친단 말입니다."

"만일 두꺼비의 머리 속에 진주가 들어 있을 수도 있고, 조개 껍데기 속에서 또한 진주가 발견될 수 있다면, 만일 금보다 더 값진 것이 어디 묻혀 있다는 보장이 따로 없다면, 그것을 찾아내려고 (그것에 대한 어렴풋한 눈치만 가지고) 헤매는 것을 그 누가 경멸하겠습니까? 나의 이 작은 책도 (이 사람 저 사람 모두가 즐길 그 모든 묘사들은 없을지라도) 화려하면서도 그러나 내용이 없는 미사여구(美辭麗句)로 가득 찬 책을 능가할 만한 점이 없는 것은 아닙니다."

"좋소, 그러나 충분히 검토해 봤지만, 나는 당신의 이 책이 출판되는 일이 전적으로 만족스럽지는 않소."

"왜요? 무엇이 문제입니까?"

"모호해요."

"무슨 말씀입니까?"

"상상해서 꾸며 낸 얘기란 말이오."

"그것이 어떻단 말입니까? 나는 믿습니다. 나처럼 모호한 단어들을 가지고 이야기를 꾸며 냄으로써 진리를 반짝이게 하여 그 빛을 비추게 만든 사람들이 있음을 나는 믿습니다."

"하지만 독자들은 확실성을 원하오."

"여보세요, 당신의 속셈을 말해 보십시오."

"은유(隱喩)는 약자들을 몰락시키고 우리들을 장님으로 만들어 준단 말이오."

신성(神聖)한 무엇을 인간에게 기록해 전달해 주려는 이에게 직설적이고 확실한 문체가 어울리는 것은 사실이다. 그러나 내가 은유를 사용했다고 해서 단지 그 이유 때문에 내 글이 확실성이 모자란다고 단언할 수가 있을까? 옛날의 하느님의 율법이나 복음서도 상징이나 암시, 은유 등으로 이루어지지 않았던가? 가장 슬기로운 가르침을 무조건 공격하려 드는 사람이라면 모르되, 정신이 맑은 사람이라면 옛날 성전(聖典)들의 문체에서 결점만을 찾으려고 하지는 않을 것이다. 그렇다, 그는 오히려 하느님께서 '바늘과 고리, 송아지와 양, 어린 암소와 숫양, 새와 풀 그리고 어린 양의 피' 등의 어휘를 통해 그에게 무엇을 말씀하시는가를 겸손하게 찾아 구한다. 그리고 그 안에 감추어진 빛과 은혜를 발견한 사람은 행복한 사람인 것이다.

그러니 너무 서둘러 내 글이 확실성이 결핍됐고 거칠다는 판결을 내리지 말아 달라. 겉으로 확실하게 보인다고 해서 모두 확실한 것은 아니다. 우리는 비유로 말한 것이라고 해서 모두 멸시해서는 안 될 것이다. 그것은, 우리에게 가장 해(害)가 되는 것은 가볍게 받아들이고 유익한 것은 우리의 영혼이 빼앗길 우려가 있기 때문이다. 마치 금고 속에 금이 들어 있듯이, 나의 모호하고 애매한 글 속에는 진리가 들어 있다.

진리를 드러내기 위해 예언자들도 은유를 많이 썼다. 그렇다, 그리스도와 그의 사도들을 잘 고찰해 본 사람은 오늘날까지도 그 진리가 옛날의 옷을 입은 채 보존되고 있음을 분명히 알 것이다.

그 형식이나 문체에 있어 모든 현인(賢人)들을 침묵시키는 바로 그 성서가 온통 이런 것들(모호한 상징이나 알레고리들)로 가득 차 있다고까지야 말할 수 있을까마는, 어쨌든 그 책에서 광채가 솟아나고 빛이 흘러나와 우리들의 가장 어두운 밤을 대낮처럼 밝혀 주지 않는가?

자, 나를 혹평하는 이에게 자기의 글을 지금 좀 들여다보기를 권한다. 그러면 그가 나의 책에서 발견한 것보다 더욱 모호한 부분을 발견할 것이다. 그렇다, 그는 자기가 최선을 다한 가운데도 너욱 나쁜 부분이 있는 것을 발견할 것이다.

우리가 공명정대한 독자들 앞에 설 수만 있다면, 나는 그의 희미한 글귀 하나와 나의 열 구절을 걸고 내기를 하겠다. 공평한 독자들은 내 열 구절의 뜻을 그의 미사여구로 장식된 거짓말보다 훨씬 더 잘 이해할 것이다.

진리는, 그것이 비록 갓난아기의 기저귀 같은 말투로 표현되었다 하더라도 판단력을 고쳐시키고 마음을 바로잡으며, 이해하는 것을 즐겁게 해주고 의지(意志)를 좌우할 수 있게 하며, 우리가 즐겨 상상하는 것으로 추억을 채워 주고 그리고 우리의 고통을 가라앉는 방향으로 이끌어 준다.

내가 알기에는 명확한 말을 쓰고자 한 이는 디모데인데, 그는 늙은 부인들의 우화를 듣기조차 거부한다. 그러나 근엄한 바울은 아무 데서도 비유의 사용을 금하고 있지 않다. 그 비유들 속에는 아주 조심스럽게 캐낼 가치가 충분히 있는 저 황금, 진주 그리고 값진 보석들이 숨겨져 있었던 것이다.

한마디만 더 하겠다. 오, 하느님의 사람이여! 그대 기분이 상하셨는가? 그대는 내가 다른 모양으로 꾸미기를 원하시는가? 혹은 좀더 노골적인 표현을 하기를 원하시는가? 그렇다면 여기 내가 발견한 세 가지 점을 밝혀 나보다 더 훌륭한 이들에게 (그것이 적합한가를) 비판하도록 하자.

1. 나는 내가 사용하는 이 방법을 부당한 것으로 거부할 그 무엇도 발견하지 못하고 있다. 그러므로 내가 이렇게 쓴다고 해서 그것이 어휘들이나 사건들이나 독자들을 오용하는 것은 아니며, 또한 상징이나 은유를 적용한다고 해서 그것이 조잡하다고 볼 수도 없다. 진리를 드러내는 일이라면 그 어떤 수단을 사용해도 좋다고 나는 본다. 거부라고 내가 말했던가? 아니다, 나는 이런 방법으로 나의 생각을 표현할 수 있고 그것을 지극히 훌륭한 당신들에게 분명하게 보여 줄 수도 있는 것이다(이런 식으로 말하고 살아가는 사람들이 오늘날 누구보다도 하느님을 기쁘시게 한다는 예는 많이 있다).

2. 나는 (나무처럼 까마득히 높은) 사람들이 대화식(對話式)의 글을

쓰고 있으며 그들이 그런 글을 썼다고 해서 비난하는 사람은 하나도 없다는 사실을 발견했다. 실로, 만일 그들이 진리를 조롱했다면 그들은 저주받아 마땅하고 그들이 진리를 조롱하기 위한 목적으로 사용한 술책 또한 저주받아 마땅하다. 그러나 만일 진리로 하여금 구애받음 없이 당신들과 나를 감동시키도록 하여 결국 하느님을 기쁘게 해드렸다면, 문제는 다르다. 우리에게 맨 먼저 쟁기 잡는 것을 가르쳐 주신 분〔예수〕보다 그 누가 우리의 생각과 펜을 그의 섭리대로 이끄는 방법을 더 잘 알겠는가? 그리고 그분만이 비천한 것을 가지고 거룩함을 보여 주신다.

3. 나는 성경의 여러 곳에서 이와 같은 방법, 즉 한 가지 사건을 얘기해 다른 사건을 연상케 하는 방법이 적용되고 있음을 발견했다. 나 또한 그와 유사한 방법을 사용하려 한 것이고, 그렇다고 해서 진리의 찬란한 광채를 둔하게 한다고는 보지 않는다. 그렇다, 오히려 이 방법으로 달빛처럼 밝은 진리의 빛을 발하게 할 수도 있는 것이다.

이제 펜을 놓기 전에 나는 이 책의 내용을 소개하고자 한다. 그리하여 강한 자를 끌어내리시고 약한 자를 일으켜 세우시는 그분의 손과 당신네 독자들 앞에 이 책을 맡기고자 한다.

이 책이 독자들 눈앞에 대략적으로 그리고 있는 것은 영원한 상(賞)을 추구하는 한 인간의 모습이다. 그가 어디에서 왔는지, 어디로 가는지, 그가 실천하지 않고 버려 두는 일은 무엇이며, 동시에 그가 하고 있는 일은 무엇인지를 이 책은 보여 준다. 또한 그가 영광의 문에 다다를 때까지 어떻게 달리고 또 달리는가도 보여 준다.

이 책은 또한 영원한 왕관을 차지해 보려고 인생 항로를 분주하게 달리는 사람들의 모습도 그려 주고, 왜 그들의 노력이 허사가 되고, 왜 그들이 결국 바보처럼 죽어 가고 마는가 그 이유를 가르쳐 주기도 할 것이다.

만일 당신이 이 책이 주는 충고에 따르기만 한다면, 이 책은 당신을 여행자로 만들 것이다. 만일 당신이 이 책이 제시하는 방향을 이해하기만 한다면, 이 책은 당신을 거룩한 땅으로 안내할 것이다. 그렇다, 이 책은 게으름뱅이를 활동적이게 만들고 소경이라도 즐거운 일들을 보게 할 것이다.

당신은 어떤 희귀하고 도움이 될 만한 것을 찾고 있는가? 우화 속에 들어 있는 진리를 찾아보려는가? 당신은 건망증이 심한가? 정월 초하루부터 섣달 마지막 날까지의 일을 모두 기억하고 싶은가? 그러면 이 환상 이야기를 읽으라. 그것들은 규석(珪石)처럼 달라붙을 것이고 무력하고 도움받을 데 없는 자에게는 위안이 될 것이다.

이 책은 무관심한 사람들의 마음까지도 감동시킬 수 있는 그런 방법으로 쓰여졌다. 진기한 듯이 보이기는 하지만, 그러나 그 안에 담고 있는 것은 건전하고 정직한 복음적 핵심일 뿐이다.

당신은 당신의 우울증을 전환시켜 보려는가? 아주 유쾌하면서도 바보가 되지는 않는 상태에 들어가 보겠는가? 당신은 수수께끼와 더불어 그 해답까지 읽겠는가, 아니면 자신의 생각 속에만 머물러 있겠는가? 당신은 고기 뜯는 것을 좋아하는가? 혹은 구름 안에 있는 어떤 사람을 보고 그의 말을 듣겠는가? 잠들지 않은 상태에서 꿈을 꾸어 보겠는가? 혹은 같은 순간에 울면서 웃어 보겠는가? 당신은 자신을 아주 잃어버리고도 아무런 해(害)를 받지 않는, 그리고 마술의 힘을 빌리지도 않고 자신을 다시 찾는 그런 경험을 가져 보겠는가? 책을 읽으면서도 무엇을 읽는지 모르고, 그러면서도 그 구절을 읽음으로써 자기 자신이 축복을 받았는가 아닌가를 깨닫게 되는 그런 경험을 가져 보겠는가? 오, 그러면 이리 오라, 와서 당신의 머리와 가슴으로 함께 내 책을 읽으라.

존 버니언

주요 등장인물

　가들리-맨(Godly-man, 경건한 사람)——이너슨트 산에서 두 악한에게 오물 세례를 받으나 여전히 그의 흰 옷은 더럽혀지지 않음.
　가이우스(Gaius)——순례자들만 숙박시키는 여관의 주인. 크리스티아나 일행을 한 달 이상 숙식시키고도 숙박료를 받지 않음.
　굿 윌(Good Will, 厚意)——좁은 문의 문지기.
　그레이스(Grace, 恩惠)——배니티 시장(市場)의 나손의 딸, 크리스티아나의 아들 새뮤얼과 결혼.
　그레이트-그레이스(Great-grace, 大恩惠)——크리스천과 호프풀이 이야기를 함께 나눈 주의 전사(戰士).
　그레이트-하트(Great-heart, 큰 마음)——크리스티아나 일행을 안내한 인터프리터의 용감한 심복.
　그림(Grim, 험상궂은)——순례자들이 뷰티풀 궁전에 이르지 못하게 훼방하던 거인. 블러디-맨(Bloody-man, 피투성이)이라고도 불림.
　길트(Guilt, 犯罪)——리틀-페이스를 턴 강도 중 하나.

. . .

　나슨(Mnason)——배니티 시장에서 크리스티아나 일행을 영접했던 사이프러스 사람. 그의 두 딸이 크리스티아나의 며느리가 됨.
　낫-라이트(Not-right, 不正)——슬레이굿의 동굴 부근에서 벼락에 맞아 죽음.

노-굿(No-good, 無善) —— 페이스풀 재판 때의 배심원.

노-나싱(Know-nothing, 天癡) —— 멸망의 도시에 사는 여자, 티머러스 부인의 친구.

노-하트(No-heart, 無心) —— 심플, 슬로드, 프리점션 등에 의해 순례를 단념한 사람.

・ ・ ・

덜(Dull, 흐리멍텅) —— 심플, 슬로드, 프리점션 등에 의해 순례를 포기한 젊은 여자.

데마스(Demas) —— 루커 언덕의 은광 소유자.

디스크레션(Discretion, 謹愼) —— 뷰티풀 궁에 살고 있는 처녀.

디스페어(Despair, 絶望) —— 호프풀과 크리스천을 감금했던 다우팅성(城)의 성주. 거인. 후에 그레이트-하트 일행에게 살해됨.

디스폰던시(Despondency, 落心) —— 거인 디스페어에게 잡혀 있던 포로. 그레이트-하트가 살려 줌.

디자이어 오브 베인글로리(Desire of Vainglory, 虛禮) —— 비엘지법의 부하. 배니티 시장(市場)의 권력자.

디피던스(Diffidence, 수줍음) —— 거인 디스페어의 아내. 어네스트에게 죽음.

・ ・ ・

라이어(Liar, 거짓말쟁이) —— 페이스풀 재판 때의 배심원.

라이트-마인드(Light-mind, 경박) —— 멸망의 도시에 살고 있는, 입으로 말만 하는 여인.

러브-더-플레시(Love-the-flesh, 肉感的) —— 마담 완톤의 친구.

러브-러스트(Love-lust, 好色) —— 페이스풀 재판 때의 배심원.

러브-세인트(Love-saint, 聖者 사랑) —— 배니티 마을의 권력자.

럭주어리어스(Luxurious, 사치) —— 배니티 시장의 권력자.

레디-투-홀트(Leady-to-halt, 망설임) ── 목발을 짚고 그레이트-하트를 따른 순례자.

레처리(Lechery, 色狂) ── 배니티 시장의 권력자.

리걸리티(Legality, 合法) ── 모럴리티 마을 사람. 월드리 와이즈맨[世俗賢人]의 눈에는 '매우 정당한' 인간으로 보이나 이밴질리스트[전도자]의 눈에는 거짓말쟁이로 보임.

리브-루스(Live-loose, 放蕩) ── 페이스풀 재판 때의 배심원.

리틀-페이스(Little-faith, 작은 신앙) ── 신시어 마을에서 온 순례자. 페인트-하트, 미스트러스트, 가일 등에게 강탈당하고 천성(天城)까지 구걸하며 감.

· · · ·

마사(Martha) ── 나슨의 딸. 조지프와 결혼하여 크리스티아나의 며느리가 됨. 성서의 마르타.

맬리스(Malice, 惡意) ── 페이스풀 재판 때의 배심원.

매튜(Matthew) ── 크리스티아나의 맏아들. 머시와 결혼.

머니-러브(Money-love, 돈 사랑) ── 바이-엔즈의 학교 친구.

머시(Mercy, 慈悲) ── 크리스티아나와 처음부터 동행한 아름답고 정숙한 처녀. 매튜와 결혼.

머치-어프레이드(Much-afraid, 겁쟁이) ── 디스폰던시의 딸. 아버지와 함께 다우팅 성에서 구출받아 크리스티아나 일행에 합류됨.

몰(Maul, 쇠망치) ── 죽음의 그늘 계곡 끝에 있는 동굴에 거하면서 젊은 순례자들을 궤변으로 녹인다. 그레이트-하트에게 죽음.

미스트러스트(Mistrust, 懷疑) ── 두 사람의 미스트러스트가 있다. 하나는 술에 눆인 사자를 보고 무서워한 순례자요, 다른 하나는 리틀-페이스를 강탈한 강도 가운데 하나임.

· · · ·

바운티풀(Bountiful, 人心이 厚함) ── 머시의 언니. 가난한 사람을 도와 준다고 해서 구두쇠 남편이 집에서 쫓아냄.

바이-엔즈(By-ends, 非理) —— 페어-스피치 마을에서 온 순례자. 크리스천과 일행이 되었으나 신분이 탄로나자 헤어짐. 결국 데마스의 은광에서 사망.

밸리언트-포-트루스(Valiant-for-truth, 眞理의 勇士) —— 강도들을 만나 세 시간 격투 끝에 쫓아 버림. 크리스티아나 일행을 만나 천성에까지 동행.

버블(Bubble, 거품) —— 스탠드-페스트 씨를 유혹한 마담.

베인 콘피던스(Vain Confidence, 虛信) —— 바이-패스 초원에서 깊은 구덩이에 빠짐.

베인-호프(Vain-hope, 虛望) —— 이그노런스를 배에 태워 죽음의 강을 건네 준 뱃사공.

브리스크(Brisk, 快活) —— 뷰티풀 궁에서 머시에게 구애한 자.

블라인드-맨(Blind-man, 盲人) —— 페이스풀 재판 때의 배심원장.

블러디-맨(Bloody-man, 피투성이) —— 그림(Grim) 참조.

비엘지법(Beelzebub) —— 배니티 시장을 세우고 운영하는 아폴리온의 대장. 성서에는 바알세불(악마)이라 표기됨.

· · ·

새뮤얼(Samuel) —— 크리스티아나의 둘째 아들. 나슨의 딸 그레이스와 결혼. 성서의 사무엘.

서개시티(Sagacity, 賢明) —— 저자(버니언)가 꿈에 만나 크리스티아나의 출발에 대한 이야기를 들은 노인.

세이브-올(Save-all, 구두쇠) —— 바이-엔즈의 친구.

세이웰(Saywell, 能辯) —— 토커티브의 아버지.

셀프윌(Selfwill, 自意) —— 성서에 나오는 인물들이 좀 불륜해도 용서받을 만하다고 주장한 고집센 순례자.

셰임(Shame, 부끄러움) —— 종교야말로 가련한 것이라고 주장함.

슈퍼스티션(Superstition, 미신) —— 페이스풀 재판 때 불리한 증언을 한 증인.
스킬(Skill, 老鍊) —— 뷰티풀 궁전에서 매튜의 병을 고쳐 준 의사.
스탠드-패스트(Stand-fast, 不屈) —— 요술 걸린 지역에서 무릎 꿇고 기도함으로써 시험을 이긴 순례자.
슬레이굿(Slaygood, 殺善) —— 가이우스의 여관 부근에서 순례자들을 잡아 죽이던 거인. 그레이트-하트에 의해 살해됨.
시빌리티(Civility, 禮儀) —— 리걸리티의 아들. 교활한 능변가.
시크릿(Secret, 祕密) —— 크리스티아나를 인도해 준 주의 사자(使者).

· · ·

어네스트(Honest, 正直) —— 스튜피디티의 마을 출신 순례자. 크리스티아나 일행과 만나 천성에까지 이름.
아폴리온(Apollyon) —— 휴밀리에이션 계곡의 바닥 없는 구덩이 주인. 크리스천과 싸우나 결국 실패.
에이시스트(Atheist, 無神論者) —— 호프풀과 페이스풀이 만난 불신자.
엔미티(Enmity, 증오) —— 페이스풀 재판 때의 배심원.
엔비(Envy, 질투) —— 페이스풀 재판 때 불리한 증언을 한 증인.
올드 맨(Old Man, 老人) —— 배니티 시장의 주인.
옵스티니트(Obstinate, 고집쟁이) —— 순례의 길을 떠나는 크리스천을 설득하여 집으로 돌아가게 하려고 쫓아왔다가 실패하자 돌아감.
와일드-헤드(Wild-head, 거친 머리) —— 밸리언트-포-트루스를 공격함.
완턴(Wanton, 淫女) —— 페이스풀을 유혹하나 실패. 마담 완턴.
워치풀(Watchful, 주의 깊음) —— 뷰티풀 궁의 문지기.
월드리 와이즈맨(Worldly Wiseman, 世俗賢人) —— 카닐 폴리시 마을 태생. 크리스천을 잘못된 길로 인도하려다가 이밴질리스트에게 발각됨.
이그노런스(Ignorance, 無知) —— 베인-호프의 나룻배로 죽음의 강을 건너가나 결국 천성문에서 실패, 지옥에 떨어짐.

이너슨트(Innocent, 천진)──인터프리터의 집에 있는 처녀.

이밴질리스트(Evangelist, 傳道者)──크리스천이 순례의 길을 가는 도중 가끔 나타나 도와 줌.

인콘시더리트(Inconsiderate, 無分別)──두 사람이 있음. 하나는 밸리언트-포-트루스를 공격했던 강도고, 다른 하나는 크리스티아나가 순례의 길을 떠나는 것을 비난한 이웃 여자.

인터프리터(Interpreter, 설명자)──좁은 문에서 멀지 않은 곳에 자리잡은 집 주인. 순례자들에게 비밀 광경을 보여 주고 설명해 줌.

일-윌(Ill-will, 惡意)──이너슨트 산에서 가들리-맨을 괴롭히던 자.

임플래커블(Implacable, 무자비)──페이스풀 재판 때의 배심원.

* * *

제임스(James)──크리스티아나의 막내아들. 피비와 결혼. 성서에는 야고보.

조지프(Joseph)──크리스티아나의 셋째 아들. 나슨의 딸 마사와 결혼. 성서에는 요셉.

* * *

채리티(Charity, 博愛)──뷰티풀 궁전의 처녀.

* * *

카널-딜라이트(Carnal-delight, 육체의 쾌락)──배니티 마을의 유지.

콘트라이트(Contrite, 痛悔)──크리스티아나와 그레이트-하트가 만나 본 배니티 마을의 선량한 시민.

크루얼티(Cruelty, 殘忍)──페이스풀 재판 때의 배심원.

크리스천(Christian)──제1부의 주인공. 멸망의 도시를 떠나 천성(天城)에 이름.

크리스티아나(Christiana)──제2부의 주인공. 남편 크리스천의 뒤를 따라 순례의 길에 오름.

* * *

주요 등장인물 25

테이스트-댓-휘치-이즈-굿(Taste-that-which-is-good, 別味)—— 가이우스 집의 요리사.

텔-트루(Tell-true, 眞談)—— 벨리언트-포-트루스에게 크리스천 이야기를 들려줌으로써 순례의 길을 계속하게 함.

토커티브(Talkative, 수다쟁이)—— 광야 부근에서 크리스천 일행을 만나 동행. 말을 많이 하지만 본성이 탄로나자 사라짐.

투-볼드(Too-bold, 蠻勇)—— 요술 걸린 지역에서 마술에 걸려 희생됨.

투-텅즈(Two-tongues, 一口二言)—— 바이-엔즈의 외삼촌.

티머러스(Timorous, 겁쟁이)—— 크리스티아나를 찾아와 위험한 길을 떠나지 말라고 종용함. 같은 이름의 그 아버지는 줄에 묶인 사자를 보고 무서워 돌아감.

・ ・ ・

파이어티(Piety, 敬虔)—— 뷰티풀 궁의 처녀.

페니턴트(Penitent, 懺悔)—— 배니티 마을의 선량한 주민.

페어-스피치(Fair-speech, 청산유수의 말솜씨)—— 같은 이름의 마을에 사는 바이-엔즈의 친척.

페이스풀(Faithful, 信義)—— 크리스천과 죽음의 그늘 계곡 부근에서 만나 배니티 마을까지 동행하나 그곳에서 순교당함.

페인트-하트(Faint-heart, 겁보)—— 리틀-페이스를 습격한 강도 중 하나.

포멀리스트(Formalist, 形式主義者)—— 베인글로리 태생의 순례자. 불법적인 통로로 들어섰다가 멸망함.

프래그매틱(Pragmatic, 참견)—— 밸리언트-포-트루스와 싸운 상대.

프레주디스(Prejudice, 편견)—— 이너슨트 산에서 가블리-맨을 괴롭힘.

프루던스(Prudence, 分別)—— 뷰티풀 궁의 처녀. 크리스티아나의 아이들과 교리 문답을 함.

플라이어블(Pliable, 쉽게 휘어짐)—— 크리스천과 함께 길을 떠났다가 디스폰드 수렁에서 돌아옴.

플래터러(Flatterer, 아첨꾼) ── 크리스천과 호프풀을 그릇된 길로 인도한 사도(使徒).

피블-마인드(Feeble-mind, 心弱者) ── 거인 슬레이굿에게 죽을 뻔하다가 순례자들에게 구조됨.

피비(Phoebe) ── 가이우스의 딸. 제임스와 결혼.

피어링(Fearing, 不安) ── 피블-마인드의 삼촌. 말썽을 부리면서도 끝까지 그레이트-하트의 인도를 받음.

픽생크(Pickthank, 아첨) ── 페이스풀 재판 때 불리한 증언을 함.

필스(Filth, 음담) ── 마담 완톤의 친구.

. . .

하이-마인드(High-mind, 오만) ── 페이스풀 재판 때의 배심원.

하이포크러시(Hypocrisy, 위선자) ── 포멀리스트와 함께 담을 넘어 순례의 길을 들어섰다가 데인저 길에서 죽음.

험블-마인드(Humble-mind, 겸손한 마음) ── 뷰티풀 궁의 처녀.

헤이트굿(Hategood, 善을 증오함) ── 페이스풀 재판 때의 판사.

헤이트-라이트(Hate-light, 광명 혐오) ── 페이스풀 재판 때의 배심원.

헬프(Help, 도움) ── 디스폰드 수렁에서 크리스천을 꺼내 줌.

호프풀(Hopeful, 희망이 넘침) ── 페이스풀이 순교를 당하자 크리스천의 뒤를 따라 동행한 배니티 마을의 주민. 천성에까지 이름.

홀드-더-월드(Hold-the-world, 세상 집착) ── 바이-엔즈의 학교 친구.

홀리-맨(Holy-man, 聖人) ── 배니티 마을의 선량한 주민.

히들리스(Heedless, 不注意) ── 요술 걸린 지역에서 요술의 잠에 빠져 헤어나지 못함.

제1부

크리스천이 이밴질리스트의 계도(啓導)를 받다

이 세계로부터
장차 올 세계로의
순례의 행진

그 출발과
위험한 여행
그리고
희망하던 나라에 안착하는
모습을 보여 주는
하나의 꿈의 비유 형식을 빌려

•

존 버니언

"내가 비유(譬喩)를 베풀었노라."

•

호세아 12장 10절

순례자의 행진
꿈으로 비유하여

　이 세상의 황막한 곳을 헤매다가 나는 한 굴¹⁾이 있는 어떤 장소에 우연히 이르러, 거기에 몸을 누이고 잠이 들었는데 꿈을 꾸었다. 꿈 속에서 나는 더러운 옷을 입은 한 남자가 자기의 집을 등지고 손에는 책 한 권을 들고 등에는 무거운 짐을 진 채 서 있는 것을 보았다. 내가 보는 앞에서 그는 책을 펴 들고 그 내용을 읽었는데, 읽으면서 눈물을 흘리고 몸을 떨더니 이윽고 더 이상 견디지 못하겠다는 듯 슬프게 통곡하면서 소리치는 것이었다. "아, 나는 어떻게 해야 할까?"
　곤경에 빠진 채 집으로 돌아간 그는 자기의 아내와 아이들이 그의 고민을 눈치 채지 못하도록 힘 자라는 데까지 감정을 억눌렀으나, 괴로움은 점점 늘어만 갔으므로 언제까지나 침묵을 지킬 수는 없었다. 마침내 그는 자기의 아내와 아이들에게 마음을 열어 놓고 말을 하기 시작했다. "오, 사랑하는 아내여, 그리고 나의 혈육인 아이들아, 너희들이 사랑하는 나는 지금 나를 내리누르고 있는 무거운 짐 때문에 다 틀려 버리고 말았단다. 게다가 우리들이 살고 있는 이 도시가 하늘에서 내려오는 불에 타 버리고 말 것이라는 것을 나는 확실하게 알

---

1) 감옥. *

게 되었다. 그렇게 되면 나와 나의 아내인 당신, 그리고 내 귀여운 것들인 너희들은 비참하게 죽어 가겠지. 어떤 피란길(내 아직 그 길을 알지는 못하지만)을 찾아내어 그리로 살아나가지 않는 한."

그의 식구들이 이 말을 듣고 크게 놀랐다. 그것은 그들이 그가 한 말을 곧이들었기 때문이 아니라 어떤 광기(狂氣)가 그의 머리를 돌게 만들었다고 믿었기 때문이었다. 마침 밤이 되었으므로 잠을 자면 머리가 깨끗해지리라 생각하고 그들은 서둘러 그를 잠자리에 들게 했다. 그러나 밤도 역시 그에게는 낮과 다름없이 고통스러운 것이었다. 잠을 자기는커녕 그는 한숨과 눈물로 밤을 새웠다. 그리하여 아침이 되었을 때 그들은 그가 밤새도록 어떻게 하고 있었는지를 알게 되었고, 그는 갈수록 이상스런 말만 하는 것이었다. 그는 또다시 식구들에게 말을 꺼내려고 했지만, 그들은 딱딱하게 굳어지기[2] 시작했다. 그들은 거칠고 무뚝뚝하게 대해 줌으로써 그의 광기를 몰아내 주리라 생각하고, 비웃어도 보고 큰소리로 야단도 쳐 보고 그리고 아주 완전히 무시(無視)도 해보았다. 그러자 그는 자기 방으로 들어가 그들을 위해 슬퍼하고 기도하면서 자신의 비극을 한탄하기도 하는 것이었다. 그는 또한 홀로 들을 거닐면서 때로는 책도 읽고 기도도 하면서 몇 달을 그렇게 보냈다.

마침내 한번은 그가 들판을 거닐고 있을 때, (늘 하던 대로) 마음에 큰 상처를 안고 책을 읽고 있는 모습을 나는 보았다. 그는 책을 읽다가 그 언젠가처럼 갑자기 울부짖는 것이었다. "어떻게 해야 구원을 받는단 말인가?"

나는 그가 마치 달아나기라도 하려는 듯 이리저리 두리번거리는 모습을 보았다. 그러나 그는 여전히 제자리에 서 있었다. 내가 보기에 그는 어느 길로 가야 할지를 알지 못하는 듯하였다. 그때 나는 이밴

---

2) 영혼이 병든 자를 위한 육체적 치료법. *

질리스트〔傳道者〕라는 이름의 남자가 그에게 가까이 가서, "당신은 어찌하여 울고 있습니까?" 하고 묻는 것을 보았다. 그가 대답했다. "선생님, 나는 이 책을 보고 내가 죽음을 선고(宣告)받았고 죽은 다음에는 심판을 받아야 한다는 걸 알게 되었습니다. 그런데 나는 죽고 싶지도 않고 또 심판받을 자신(自信)도 없군요."

그러자 이밴질리스트가 말했다. "이 세상살이가 수많은 악으로 가득 차 있는데 어째서 죽기 싫다는 거지요?" 그가 대답했다. "그것은 내 등에 얹혀 있는 이 짐이 나를 무덤보다도 더 낮은 곳으로 가라앉혀 마침내 토페트[3]에까지 떨어지게 할 것이 두렵기 때문입니다. 그리고 선생님, 만일 이 몸이 감옥살이도 견뎌 내지 못한다면, 나는 결국 심판과 그 심판 후의 형집행 또한 견딜 수 없을 것입니다(나는 확신합니다). 이런 것들을 생각하면 울지 않을 수 없지요."

그러자 이밴질리스트가 말했다. "사정이 그렇다면 왜 꼼짝 않고 서 있기만 하는 거요?" 그가 대답했다. "어디로 가야 할지를 모르니까요." 그러자 그는 양피지 두루마리 하나를 그에게 건네 주었는데, 거기에는 다음과 같이 적혀 있었다. "장차 올 징벌을 피하라."

그는 이 글을 읽고 이밴질리스트를 유심히 쳐다보며 물었다. "나는 어디로 도망쳐야 하는 겁니까?" 그러자 드넓은 광야 위를 손가락으로 가리키며 이밴질리스트가 말했다. "저쪽에 있는 좁은 문이 보입니까?" "안 보이는데요" 하고 그가 말했다. 그러자 상대편이 말했다. "저쪽의 밝은 빛이 보입니까?" "보이는 것 같군요"라고 그가 말했다. 그러자 이밴질리스트는 이렇게 말하는 것이었다. "저 빛을 놓치지 말고 그쪽으로 똑바로 올라가시오. 그러면 문이 보일 것입니다. 가서 문을 두드리시오. 어떻게 하라는 말이 있을 테니까."[4]

---

3) 구약 이사야 30장 33절 참조. 예루살렘 부근의 골짜기에 토페트 사당(祠堂)을 짓고 그곳에서 어린이를 불태워 제사 지냈다. *
4) 그리스도와 그분께 가는 길은 '하느님의 말씀〔聖經〕'에서만 찾을 수 있다. *

나는 꿈속에서 그가 달리기 시작하는 것을 보았다. 그가 자기 집 문으로부터 그다지 멀리 달아나지 않았는데, 그의 아내와 아이들이 그것을 알고 소리쳐 돌아오라고 부르기 시작했다. 그러나 그는 손가락으로 귀를 틀어막고는 계속 달리면서 울부짖는 것이었다.

"생명을, 생명을, 영원한 생명을." 그는 뒤도 돌아보지 않고 평원(平原)의 한복판으로 내달렸다.

이웃들도 뛰어나와 그가 달리는 것을 보았다. 계속 뛰어가는[5] 그를 보고 어떤 사람들은 조롱하고, 어떤 사람들은 위협을 하고 그리고 어떤 사람들은 돌아오라고 소리를 지르기도 했다. 그들 가운데 두 사람은 폭력을 써서라도 그를 데려오기로 결심을 했다. 한 사람의 이름은 옵스티니트〔고집쟁이〕였고, 다른 한 사람은 플라이어블〔쉽게 휘어짐〕이었다. 그때쯤 해서 그는 그들로부터 상당히 먼 거리에 있었지만, 그러나 그들은 그를 따라잡기로 결심하고 순식간에 그를 잡고 말았다. 그러자 그가 말했다. "여보시오, 이웃 친구들. 어떻게 오셨소?" 그들이 말했다. "당신을 설득시켜 우리와 함께 돌아가게 하려고 왔소." 그러나 그는 말했다. "절대 그럴 순 없습니다. 당신네는 지금 멸망의 도시(내가 태어나기도 했던 도시)에 살고 있어요. 나는 알고 있지요. 당신네는 조만간 그곳에서 죽어 무덤보다 더 낮은 곳, 유황불이 타고 있는 곳으로 빠져들 것입니다. 내 말을 믿고 당신들도 나와 함께 가십시다."

"뭐라고?" 옵스티니트가 말했다. "우리 친구들과 편안한 살림을 버려 두고 말이지!"

"네." 크리스쳔(이것이 그의 이름이었다)이 말했다.

"왜냐하면 내가 지금 즐거움을 위해 찾고 있는 그것의 아주 작은 부분에 비교해 봐도 당신네가 버려야 할 그 모든 것은 아무런 가치도

---

5) 징벌을 피해 도망쳐 오는 자는 세상 사람들에게 주목거리가 되는 법. *

없는 것이기 때문입니다. 만일 당신네가 나와 함께 가서 그것을 차지한다면 당신들은 나와 똑같은 몫을 갖게 될 것입니다. 내가 가는 그곳에는 그것이 풍부해 남아돌아가니까요. 갑시다. 가서 내 말을 확인해 보시오."

옵스티니트 "이 세상 모든 것을 버려 두고 당신이 찾는 그것은 무엇이오?"

크리스천 "나는 '썩지 않고 더러워지지도 시들지도 않는 몫'〔베드로전서 1장 4절〕을 찾

크리스천이 집을 떠나다

고 있는데, 그것은 하늘 나라에 안전하게 보관되어 있어, 때가 되면 그것을 열심히 찾는 자들에게 주어질 것입니다.

옵스티니트 "흥. 그따위 책은 치우시오. 우리와 함께 돌아가겠소, 안 가겠소?"

크리스천 "아니오, 나는 안 갑니다. 나는 이미 손에 쟁기를 잡았으니까요."

옵스티니트 "그렇다면, 여보 플라이어블, 우리끼리 돌아갑시다. 이 친구는 버려 두고. 이렇게 한번 돌아 버린 허풍쟁이들은 이치에 맞게 충고해 주는 일곱 사람보다 자기가 더 현명하다는 환상에 사로잡히게

마련이니까."

그러자 플라이어블이 말했다.

"그렇게 욕만 하지는 말아요. 만일 이 착한 크리스천의 말이 사실이라면 그가 찾고 있는 게 우리가 찾고 있는 것보다 훌륭하지 않소? 내 마음으로는 이 사람을 따라가고 싶군요."

옵스티니트 "뭐요? 바보가 또 하나 생겼군! 내 말을 듣고 집으로 돌아갑시다. 이렇게 머리가 돈 사람이 당신을 어디로 데리고 갈지 알 게 뭐요! 돌아갑시다. 돌아가, 현명하게 살아요."

크리스천 "플라이어블 씨, 나와 함께 가십시다. 거기에 가면 내가 지금 말씀드린 대로 우리가 차지할 것들이 있고 이 밖에도 더 많은 영광스런 것들이 있답니다. 만일 내 말을 못 믿겠거든 여기 이 책을 읽어 보세요. 이 안에 기록되어 있는 진리(眞理)로 인하여 그 진리를 이루신 그분의 피로 모든 것이 확실하게 증거됨을 알게 될 것입니다."

플라이어블 "그럼, 옵스티니트 씨, 나는 이제 결단을 내리겠소. 이 착한 분을 따라 그와 함께 내 운명을 던지겠소. 한데 나의 좋은 동료여, 당신은 그 원하는 곳으로 가는 길을 알고 있나요?"

크리스천 "나는 이밴질리스트라고 하는 분의 안내를 받았는데, 그는 우리 앞에 있는 좁은 문에까지 달려가라고 내게 일러 주었어요. 거기에 가면 앞길에 대한 안내를 받을 겁니다."

플라이어블 "좋아요, 그럼 어서 가십시다, 착한 이웃 양반."

그리고 그들은 함께 걸었다.

옵스티니트 "그럼 난 집으로 돌아가야지. 저따위 돌아 버린 괴상한 친구들과 한패가 될 수는 없어."

나는 꿈속에서 옵스티니트가 돌아가 버리자 크리스천과 플라이어블이 이야기를 나누며 평원을 걸어가는 것을 보았다. 그들은 이야기하기 시작했다.

제 1 부 35

크리스천이 플라이어블을 데리고 옵스티니트와 이별하다

크리스천 "자, 플라이어블 씨, 그래 기분이 어떠십니까? 나와 함께 가기로 결심해 주셔서 기쁩니다. 저 옵스티니트도, 아직은 보이지 않지만 앞으로 닥칠 권세와 공포를 나처럼 느꼈더라면 그렇게 쉽사리 우리를 등지지는 않았을 것입니다."

플라이어블 "좋아요, 크리스천 씨, 이제 여기에 우리 둘 외엔 아무도 없으니 우리가 찾는 그것이 무엇인지, 어떻게 즐기는 것인지, 우리가 지금 가는 곳은 어디인지를 좀더 자세히 얘기해 주십시오."

크리스천 "네, 절대로. 그것은 거짓말을 결코 하지 않는 분이 만드셨으니까요."

플라이어블 "좋은 말씀이오. 무어라고 기록돼 있습니까?"

크리스천 "우리에게 상속될 끝없는 나라가 있고 우리에게 주어질 영원한 생명이 있습니다. 우리는 그 나라를 영원히 상속받을 것입니다."

플라이어블 "좋은 말씀이오. 그리고 그 밖에는?"

크리스천 "우리가 받아 쓸 영광의 면류관이 있고 창공에 뜬 태양처럼 우리의 몸을 눈부시게 해줄 예복(禮服)이 있지요."

플라이어블 "굉장하군요. 또 뭐가 있습니까?"

크리스천 "거기에는 눈물도 없고 슬픔도 없을 것입니다. 그곳의 주인께서 우리의 모든 눈물을 닦아 주실 테니까요."

플라이어블 "그곳에서 우리는 어떤 사람들과 함께 살게 됩니까?"

크리스천 "거기서 우리는 쳐다보기에도 눈이 부실 천사들과 함께 살게 될 것입니다. 그리고 또한 우리보다 먼저 간 수천 수만의 사람들을 만나게 될 것입니다. 그들 중 누구도 해를 끼치는 사람은 없고, 모두들 사랑스럽고 거룩하게 하느님이 보시는 앞에서 걸어다닐 것이며, 그분의 앞에서 영원히 내쫓기지 않을 것입니다. 다시 말하면 거기서 우리는 금관을 쓴 선배들을 만날 것이란 말입니다. 그리고 금으로 장식된 하프를 뜯는 거룩한 처녀들을 보게 될 것입니다. 거기서 우리는 그곳의 주인이신 하느님께 바친 사랑 때문에 세상에 의해 찢기고 불에 타고 맹수에게 먹히고 바다에 빠졌던 이들이 성한 몸으로 영원불멸의 옷을 입은 모습도 볼 것입니다."

플라이어블 "말만 들어도 가슴이 벅차군요. 하지만 그것들을 정말 즐길 수 있을까요? 어떻게 우리가 그런 자리에 참여할 수 있겠는가 말입니다."

크리스천 "그 나라의 통치자이신 하느님께서 이 책에 기록해 놓으셨습니다. 요점만 간추리면 이렇습니다. 만일 우리가 진정으로 그걸 가지려고만 하면, 그분은 아무런 조건 없이 우리에게 나눠 주시리라는 거죠."

플라이어블 "좋습니다, 그런 얘길 들으니 기쁘군요. 자, 발걸음을 서두릅시다."

크리스천 "내 등에 얹혀 있는 짐 때문에 맘대로 빨리 걸을 수가 없군요."

나는 꿈속에서 보았다. 얘기를 마쳤을 때, 그들은 평원의 한복판에 있는 진흙 수렁에 가까이 이르렀다. 조심하지 않고 걷다가 그들은 그 수렁에 갑자기 빠져 버렸다. 그 수렁의 이름은 디스폰드〔失望〕였다. 온몸이 진흙투성이가 되어 그들은 한동안 수렁 속에서 뒹굴었는데 등에 진 짐 때문에 마침내 크리스천은 흙 속으로 빠져들기 시작했다.

그러자 플라이어블이 말했다. "오, 크리스천 씨. 어디 계시오?"

크리스천 "정말이지, 나도 모르겠어요."

이 말을 듣자 플라이어블은 기분이 상하기 시작하여 성난 소리로 동료에게 말하는 것이었다. "그래, 이게 당신이 여태까지 말하던 행복이란 말이오? 첫걸음부터 이 모양이면 이제부터 여행이 끝날 때까지 우리가 무엇을 기대할 수 있겠소? 내가 여기서 목숨을 다시 건질 수만 있다면 그 기막힌 나라는 몽땅 당신에게 안겨 주겠소." 말을 마치고 그는 한두 번 필사적으로 몸을 솟구쳐 마침내 자기 집 쪽으로

크리스천이 디스폰드 수렁에 빠졌는데, 헬프가 구해 주다

면한 수렁 밖으로 나왔다. 그리하여 그는 사라졌고 크리스천은 두 번 다시 그를 보지 못했다.

크리스천은 디스폰드 수렁에 혼자 남아 뒹굴면서 그래도 자기 집 쪽에서는 멀고 좁은 문 쪽에 가까운 곳으로 나오려고 애썼다. 애는 썼지만 그는 나올 수가 없었다. 등에 진 짐 때문이었다. 그러나 나는 꿈속에서 한 남자가 그에게 다가오는 것을 보았다. 그의 이름은 헬프〔도움〕였는데, 그에게 거기서 무엇을 하고 있느냐고 묻는 것이었다.

크리스천 "선생님, 나는 이밴질리스트라는 분의 말대로 이 길을 가던 중입니다. 그는 장차 올 징벌을 피하려면 저쪽 문까지 가야 한다고 일러 주었죠. 그리로 가다가 여기에 빠지고 말았습니다."

헬프 "그런데 왜 발판[6]을 살펴보지 않았소?"

크리스천 "너무나도 겁이 나서 피하다가 빠졌습니다!"

---

6) 계약. *

헬프 "그러면 손을 이리 주시오."

그가 손을 내밀더니 크리스천의 손을 잡아 단단한 땅 위로 끌어내어 가던 길을 계속 가라고 일러 주는 것이었다.

나는 크리스천을 끌어내 준 그에게 가까이 가서 말을 걸었다. "여보세요, 이곳은 멸망의 도시로부터 저쪽 문으로 가는 길목인데, 연약한 여행자들이 좀더 안전하게 건너갈 수 있도록 수리되어 있지 않군요?" 그러자 그가 내게 말했다.

"이 진흙 수렁은 수리될 수 없는 그런 곳이랍니다. 유죄 판결을 받은 자들의 때와 찌꺼기들이 계속하여 이곳으로 흘러 들어와 그 이름도 디스폰드 수렁이라고 하지요. 지금도 죄인이 자기가 상실한 가지가지를 깨달을 때 그의 마음속에 생겨나는 많은 두려움과 의심, 낙담 등이 모두 한데 뭉쳐 이곳으로 홀로 들어오고 있습니다. 이곳이 고약한 장소인 것은 바로 그 때문이지요.

이곳이 고약한 채로 그냥 남아 있는 걸 왕이신 하느님께서도 좋아하시지 않습니다. 그래서 하느님의 측량사들의 지도를 받아 그의 일꾼들이 1600여 년 동안 이 땅을 수리해 보려고 일을 했지요. 그래요, 내가 아는 것만 해도," 그는 말을 계속했다. "최소한 2만 대의 수레가 춘하추동 하느님 영토 안의 각처에서 모인 수백만의 훌륭한 교훈들을 싣고 투입되었단 말입니다. 그리고 좋은 땅을 만드는 데 최상의 자질을 가졌다고 자부하는 자들이 일을 했지만, 그러나 그만하면 수리될 만도 한데 아직 디스폰드 수렁은 그대로 있고 그들이 온갖 노력을 다해도 역시 그대로 있을 것이오.

실은 법을 주신 하느님의 명령에 따라 이 수렁의 곳곳에 아주 튼튼한 발판을 마련해 놓긴 했지만, 수렁 자체가 더러운 오물을 산뜩 세워내거나 날씨의 변화에 순응하지 않을 때는 그 발판들이 잘 보이지도 않고, 혹 보인다 해도 사람들은 머리가 어지러워 발판이 거기 있는데도 발을 헛디디고는 끝내 진흙투성이가 되고 마는 것입니다. 하지만 일단 문 앞에만 이르면 그곳 땅은 단단하지요."
 나는 꿈속에서 바로 그때쯤 하여 플라이어블이 자기 집에 다시 도달하는 것을 보았다. 그의 이웃들이 그를 방문하여, 어떤 사람들은 그가 다시 돌아온 것이 현명한 처사였다고 칭찬도 하고, 또 어떤 사람들은 크리스천을 따라가 위험한 일을 당한 그를 바보라고도 불렀다. 또 더러는 그의 비겁을 새삼스럽게 비난하기도 했다. 그들은 말했다. "이왕 모험을 시작한 다음에야 나 같으면 몇 가지 어려움이 닥친다고 해서 그렇게 쉽게 포기하지는 않겠네." 그리하여 플라이어블은 그들 가운데서 고개를 들지 못하고 앉아 있는 것이었다. 그러나 마침내 그가 활기를 되찾게 되자, 그들은 모두 입을 모아 미련한 크리스천을 뒤에서 흉보고 욕하기 시작했다. 플라이어블 얘기가 길어졌다.
 한편 크리스천은 혼자서 걸어가다가 들판 저쪽으로부터 그를 향해 건너오고 있는 한 사람을 보았다. 그들은 서로 길을 비켜 지나치는 순간 우연히 마주치게 되었다. 그 신사의 이름은 월드리 와이즈맨〔俗世의 賢人〕이었고, 그가 거주하는 곳은 카널 폴리시〔世俗政治〕라는 굉장히 큰 마을로서 역시 크리스천이 떠나 온 곳과 가까운 곳이었다. 이 사람은 크리스천을 만나기 전부터 그에 대해 어렴풋이 아는 바가 있었다. 크리스천이 멸망의 도시를 떠났다는 소문은 널리 알려졌고 그가 살던 도시뿐만 아니라 다른 곳에서도 사회적 화젯거리가 되기 시작하고 있었던 것이다. 그의 피곤한 걸음걸이와 한숨짓고 신음하는 모습을 보고 이 사람이 바로 그일 것이라 짐작한 월드리 와이즈맨 씨는 크리스천에게 말을 걸기 시작했다.
 월드리 "이 무거운 짐을 지고 그래, 어딜 이렇게 가시는 거요?"
 크리스천 "짐을 지고요? 그래요, 참으로 가련한 신세지요. 어딜 가느냐고 물으시는데 말씀드리겠습니다. 나는 지금 내 앞에 있는 저 건너 좁은 문까지 가는 길입니다. 거기에 가면 내 짐을 벗게 되는 길로 들어설 수 있다는 말을 들었죠."

월드리 "당신은 아내와 아이들이 있습니까?"

크리스천 "네, 있죠. 그러나 등에 진 짐이 너무나 무거워 전처럼 그들과 즐길 수가 없답니다. 해서 아주 없는 것같이 생각하지요."

월드리 "내가 당신에게 조언을 해드린다면 내 말에 귀를 기울이겠소?"

크리스천 "좋은 말씀이라면 듣겠습니다. 난 지금 좋은 조언이 필요한 상태니까요."

월드리 "그렇다면 우선 당신 스스로 등에 진 짐을 한시바삐 벗어 버리라고 말해 주고 싶군요. 그때까진 결코 마음의 안정도 얻지 못하고 하느님께서 당신에게 베푸시는 축복의 은혜도 즐길 수 없을 테니까요."

크리스천 "이 무거운 짐을 벗어 버리는 것이야말로 바로 내가 원하는 것입니다. 그러나 내 힘만으론 벗어 버릴 수가 없고, 온 나라에서 이 짐을 내 어깨에서 벗겨 줄 수 있는 사람은 하나도 없답니다. 그리하여 나는 말씀드린 대로 이 짐을 벗어 버릴 수 있다기에 이 길을 지금 가고 있는 중입니다."

월드리 "누가 당신이 짐을 벗으려면 이리로 가야 한다고 말해 주던가요?"

크리스천 "매우 위대하고 고상하게 생긴 분이 내게 나타났었죠. 이밴질리스트라는 이름으로 기억됩니다."

월드리 "그따위 충고를 한 그를 나는 저주하오. 그가 당신에게 가리켜 준 길보다 더 위험하고 험한 길은 이 세상에 없단 말입니다. 그의 충고대로 한다면 당신 스스로 알게 될 것입니다. 내가 보기에 당신은 이미 어떤 일을 겪었군요. 당신 몸에 묻은 디스폰드 수렁의 진흙을 보면 알 수 있어요. 하지만 그 수렁은 그 길로 가는 이들이 겪어야 할 곤경들의 시초일 뿐이오. 내 말을 들어요, 나는 당신보다 나

월드리 와이즈맨이 크리스천을 꾀다

이를 더 먹었단 말이오! 당신은 이 길을 계속 가다 보면 싫증, 아픔, 굶주림, 위험, 헐벗음, 칼, 사자들, 용(龍)들, 뱀들, 어둠 등, 다시 말하면 죽음을 비롯한 별의별 것들을 다 만나게 될 것이오. 이런 것들은 많은 증인들이 증언한 대로 모두 확실한 사실이오. 무엇 때문에 처음 보는 낯선 자의 말을 곧이듣고 자기 자신을 그렇게도 조심성 없게 내던져야 한단 말이오?"

크리스천 "그렇지만, 여보세요, 당신이 방금 말해 준 그 모든 것들보다 내 등의 짐이 더욱 무서운 걸요. 그래요, 내가 그 짐으로부터 해방될 수만 있다면 도중에서 무엇을 만나든 나는 상관하지 않겠습니다."

월드리 "처음에 어떻게 등에 진 짐을 깨닫게 됐소?"

크리스천 "내 손에 든 이 책을 읽고 알게 됐습니다."

월드리 "나도 그렇게 생각했소.[7] 자기에게 너무나도 높은 일에 쓸데없이 열중하는 모든 약자들처럼 당신도 갑자기 정신착란에 빠져들고 만 것이오. 정신착란은 사람을 사람답지 못하게 만들 뿐만 아니라, 내 보기엔 당신이 지금 그런 처지인 것 같은데, 저도 모르는 무엇을 잡으려고 결사적인 모험에 뛰어들게도 만들지요."

크리스천 "나는 내가 잡으려는 게 뭔지 알고 있어요. 그건 내 무거운 짐을 가볍게 하는 것입니다."

월드리 "하지만 왜 하필이면 이런 식으로 짐을 가볍게 하려는 것이오? 눈앞에 수많은 위험이 있음을 빤히 보면서, 특별히 내 말을 참고 들어 줄 용의만 있다면, 당신이 지금 가고 있는 이 길에 산적한 많은 위험들에 봉착하지 않고서도 당신이 그렇게도 열망하는 것을 잡을 수 있도록 가르쳐 주리다. 그뿐만 아니라 그 숱한 위험늘 대신 낭신은

---

7) 월드리 와이즈맨은 사람이 진지하게 성경을 읽어야 한다는 것을 좋아하지 않는다.*

안정과 우의(友誼)와 만족을 맛보게 될 것이오."

크리스쳔 "제발, 선생님, 그 비밀을 제게 보여 주십시오."

월드리 "저쪽 건너편 마을(그 마을의 이름은 모럴리티[道德]라고 하는데)에 리걸리티[合法]라는 이름을 가진 신사가 한 분 살고 있소. 그는 매우 사리가 분명한 분으로서 (명성도 크게 떨치고 있고) 당신처럼 등에 무거운 짐을 지고 있는 이들의 짐을 벗겨 주는 기술이 있지요. 아무렴, 내가 알고 있는 것만 해도 수없이 많은 경우가 있어요. 참, 게다가 그에겐 등의 짐 때문에 머리가 돈 사람들을 낫게 해주는 기술도 있답니다. 그에게로 가보시구려. 금방 도움을 받게 될 겁니다. 그의 집은 여기서 미처 1마일도 안 돼요. 그리고 만일 그가 집에 있지 않으면 그의 젊은 아들이 있는데, 이름은 시빌리티[禮儀]라고 하지요. 그는 늙은 자기 부친과 마찬가지로 그 일을 할 수 있답니다. 거기 가면 당신은, 내 장담하는데, 반드시 짐을 가볍게 할 수 있을 게요. 그리고 만일 당신이 옛날의 고향으로 돌아가고 싶지 않다면, 나도 그러기를 희망하는 바인데, 당신 아내와 아이들을 불러다 그 마을에서 살 수도 있소. 마침 지금 빈집들도 있고 하니 그 중 한 채를 적당한 값으로 사들일 수도 있을 것이오. 식량 또한 싸고 기름지며, 거기서 당신은 정직한 이웃들과 함께 서로 믿고 재미있게 살아갈 수 있을 것이오."

크리스쳔은 잠시 망설이고 서 있었으나, 이 신사가 말하는 것이 사실이라면 그의 충고를 따르는 것이 현명한 처신이라고 이내 단안을 내렸다. 그는 말했다.

크리스쳔 "그럼, 어느 길로 가야 그 정직한 분의 댁으로 가는지요?"

월드리 "저쪽 높은 언덕이 보입니까?"[8]

---

8) 시내 산. * 모세가 하느님으로부터 율법을 받았다고 하는 산.

크리스천 "네, 아주 잘 보입니다."

월드리 "저 언덕까지 가야 합니다. 거기서 처음 만나는 집이 바로 그의 집이오."

그리하여 크리스천은 리걸리티 씨에게 도움을 받으러 가기 위해 자기 길을 바꾸었다. 그러나 언덕에 거의 다다라 보니 언덕은 너무나도 높아 보였고 길에 접한 까마득한 절벽이 금방 그의 머리 위로 무너져 내릴 것만 같아 크리스천은 감히 더 앞으로 나갈 용기가 나지 않았다. 그리하여 그는 어찌할 줄을 모르고 그 자리에 멈추어 섰다. 그러는 동안 그의 짐은 그가 자기 길을 가고 있을 때보다 더 무겁게 느껴지는 것이었다. 언덕으로부터는 타오르는 불꽃이 넘실거리어, 크리스천으로 하여금 그 불에 자기 몸이 탈까 봐 전전긍긍하게 만들었다. 그는 땀을 흘리며 두려움으로 몸을 떨었다. 마침내 그는 월드리 와이즈맨 씨의 충고를 따랐던 것을 후회하기 시작했다. 그와 동시에 그는 자기에게 다가오고 있는 이밴질리스트를 보았다. 그를 보자 크리스천의 얼굴은 부끄러움으로 빨갛게 되었다. 이밴질리스트는 차츰 가까이 다가오더니 엄하고 무서운 얼굴로 그를 바라보면서 따지기 시작했다.

"여기서 무얼 하고 있는 거지요?" 이렇게 묻는 말에 크리스천은 어떻게 대답해야 할지를 몰랐다. 그리하여 그는 입을 다물고 그냥 서 있을 뿐이었다. 이밴질리스트가 계속 말했다. "멸망의 도시 성밖에서 울고 있던 사람이 바로 당신 아니오?"

크리스천 "네, 그렇습니다. 내가 바로 그 사람입니다."

이밴질리스트 "내가 당신에게 좁은 문으로 가는 길을 가리켜 드리지 않았던가요?"

크리스천 "네, 가리켜 주셨죠."

이밴질리스트 "그런데 어떻게 이다지도 빨리 길을 바꾸고는 여기 이렇게 엉뚱한 데 서 있는 거요?"

크리스천 "나는 디스폰드 수렁에서 빠져 나오자마자 한 신사를 만났어요. 그가 이 앞에 있는 마을에 가면 내 짐을 벗겨 줄 사람을 만날 것이라고 일러 주었습니다."

이밴질리스트 "그는 뭐 하는 사람이었소?"

크리스쳔 "그는 신사처럼 보였어요. 내게 이야기를 많이 해주었는데, 나는 마침내 끌려 들어가고 말았죠. 그래서 이리로 온 겁니다. 그러나 이 언덕에 가까이 와서 길바닥 위로 뻗어 나온 저 절벽을 보자 그만 발이 붙어 버렸어요. 금방 머리로 굴러 내릴 것만 같아서요."

이밴질리스트 "그 신사가 당신에게 뭐라고 했소?"

크리스쳔 "그는 내게 가족이 있느냐고 물었습니다. 있다고 했죠. 하지만 내 등에 진 짐이 너무나도 무거워 가족들과 함께 옛날처럼 즐겁게 지낼 수가 없노라고 말했습니다."

이밴질리스트 "그러니까 뭐라고 합디까?"

크리스쳔 "그는 어서 속히 짐을 벗으라고 했어요. 나도 짐을 가볍게 하는 길을 찾고 있노라고 말했죠. 그리고 계속해서 어떻게 하면 해방의 장소에 이를 것인가 그 지시를 얻기 위하여 지금 저쪽 문으로 가고 있는 중이라고 했습니다. 그러자 그가 말하기를, 선생님께서 제게 일러 주신 길보다 위험하지 않으며 더 좋고 가까운 길을 가르쳐 주겠다고 하더군요. 그 길로 가면 등에 진 짐을 벗겨 주는 기술을 가진 신사가 살고 있는 집으로 곧장 가게 된다고 그가 말했습니다. 나는 그의 말을 믿고 그쪽 길을 버리고 이쪽 길로 들어섰지요. 행여나 금방 짐을 벗게 될까 해서였습니다. 그러나 막상 와서 주변을 살펴보니 무섭고 위험해서 발길을 멈추고 지금 이렇게 오도 가도 못 하고 서 있는 것입니다."

이밴질리스트 "그러면 그대로 잠시 서 있어요. 내 하느님의 말씀을 들려 줄 테니." 그리하여 그는 떨면서 서 있었다. 이밴질리스트는 말을 계속했다. "여러분은 여러분에게 말씀해 주시는 분을 거역하지 않

크리스천이 길을 잃었는데, 이밴질리스트가 다시 가르치다

도록 조심하십시오. 하느님의 말씀을 이 세상에 와서 선포한 이를 거역한 자들이 그 형벌을 피할 수 없었다면, 하늘에서 우리에게 말씀하시는 분을 거역할 경우 우리가 어떻게 그 형벌을 피할 수 있겠습니까"〔히브리서 12장 25절〕. 그는 또 말했다. "나를 믿는 올바른 사람은 확고한 신념으로 살아야 한다. 만약 그가 뒤로 물러서면 내 마음이 그를 기뻐하지 않을 것이다"〔히브리서 10장 38절〕. 그는 다음과 같이 덧붙였다. "당신은 지극히 높으신 분의 권고를 거부하고 평화의 길로부터 벗어나 이 불행 속으로 달려가 자신의 멸망으로 빠져들고 있는 것이오."

그러자 크리스천은 죽은 듯이 그의 발 아래 엎드려 울부짖었다. "나는 이제 다 틀렸구나. 저주받아 마땅하도다." 그 모습을 본 이밴질리스트는 오른손으로 그를 붙잡고 말했다. "사람들은 자기들이 저지른 모든 죄와 입으로 내뱉은 욕설을 다 용서받을 수 있습니다〔마가복음 3장 28절 참조〕. 의심을 버리고 믿으시오〔요한복음 20장 27절〕." 그러자 크리스천은 가까스로 조금 일어서서 먼저처럼 이밴질리스트 앞에 떨며 서 있는 것이었다.

이밴질리스트는 말을 계속했다. "지금부터 내가 일러 주는 말에 주의를 기울이시오. 당신을 속인 자가 누구며 그자를 당신에게 보낸 자가 누구인지 내 일러 주리다. 당신이 만난 그 사람은 월드리 와이즈맨이라는 자인데, 그렇게 불릴 만한 인물이오. 왜냐하면 그는 다만 이 세상의 신조(信條)에만 집착하기 때문이오(그래서 그는 항상 모럴리티 읍내의 교회에만 나가지요). 그리고 그 신조를, 그것이 십자가 없이도 자기를 구원해 준다고 생각하여 최상으로 사랑하기 때문이오. 그리하여 그는 이 세속적인 기질 때문에 내가 가리켜 드린 바른길을 훼방놓으려 했던 것이오. 그자의 권고 가운데 전적으로 혐오해야 할 점이 세 가지 있습니다.

1. 당신이 가던 길을 버리게 만든 점.

2. 십자가를 가증한 것으로 당신에게 보여 주려고 애를 쓴 점.
3. 죽음의 권세가 기다리고 있는 길로 당신을 안내한 점.

첫째로, 그가 당신의 길을 버리게 한 점과 당신이 그의 말대로 했던 점을 혐오해야 합니다. 왜냐하면 월드리 와이즈맨의 충고를 따르느라고 결국 하느님의 권고를 거절한 셈이 되기 때문입니다. 주께서는 '좁은 문으로 들어가도록 있는 힘을 다하라'고 말씀하고 계십니다. 그 문이 바로 내가 당신에게 말한 문입니다. '생명으로 들어가는 문은 좁고 험해서 그리로 찾아 드는 사람은 별로 없습니다.' 이 좁은 문으로부터, 그리로 트인 길로부터 그 악한 자가 당신을 돌이켜 하마터면 죽음에까지 이르게 만든 것이오. 그러므로 그가 당신의 길을 바꾸게 한 사실을 미워하시오. 그리고 그에게 추종했던 당신 자신을 혐오하시오.

둘째로, 그가 당신에게 십자가를 가증한 것으로서 보이게 한 점을 혐오해야 합니다. 왜냐하면 당신은 그것을 이집트의 보화보다 더욱 귀히 여겨야 하기 때문입니다〔히브리서 11장 26절 참조〕. 그뿐만 아니라 영광의 왕께서는 '자기 목숨을 구하는 자는 잃을 것'이라고 하셨고, 그를 따르는 자에게는 그가 '자기 부모나 처자나 형제 자매나, 심지어는 자기 자신마저 미워하지 않으면 내 제자가 될 수 없다'고 하셨소, 내가 지금 말하고 있는 것은 죽지 않고는 영생을 얻지 못한다고 진리가 말하고 있는데도 바로 그 길이 죽음일 뿐이라고 당신을 설득하기 위해 애를 쓴 그자의 교리(敎理)를 당신은 혐오해야 한다는 말입니다.

셋째로, 당신은 그가 당신을 죽음의 지배에 이르는 길로 안내한 것을 미워해야 합니다. 그리고 그가 당신을 누구에게 보냈는지, 당신이 찾아간 그가 왜 당신의 짐을 가볍게 해줄 수 없는지를 잘 생각해 보아야 합니다.

짐을 가볍게 해주리라고 해서 당신이 찾아가던 자는 리걸리티라는 이름을 갖고 있는데, 그는 지금도 살아 있는 여종의 아들이오〔갈라디아서 4장 21~31절 참조〕. 그녀는 지금도 하나의 신비이긴 하지만 그녀의 아이들과 함께 노예 신세를 면하지 못하고 있지요. 지금 당신 머리 위에 떨어질까 봐 겁을 먹고 있는 이 시내 산이 바로 그 여종이오. 바로 그녀와 그녀의 자식들이 묶여 있는 판국인데, 어떻게 그들이 당신을 자유롭게 만들어 주겠소? 그러므로 이 리걸리티는 당신의 짐을 벗겨 줄 수가 없단 말이오. 아무도 그의 힘에 도움받아 짐을 벗은 사람은 없어요, 없고말고. 앞으로도 있을 리 만무합니다. 법대로 행동한다고 해서 당신이 의로워질 수는 없어요. 율법의 행위로 등에 진 짐을 벗은 사람은 아무도 없습니다. 월드리 와이즈맨 씨는 결국 문외한이고, 리걸리티 씨는 사기꾼이며, 그의 아들 시빌리티 역시 겉으로는 선웃음을 웃지만 위선자에 불과합니다. 당신을 도울 수가 없어요. 나를 믿으시오. 그 엉터리없는 친구에 대해서 당신이 들은 모든 말은 허망할 뿐만 아니라, 내가 당신에게 보여 준 길로부터 당신을 돌아서게 함으로써 당신의 구원을 훼방하려는 음모일 뿐이오." 말을 마치고 이밴질리스트는 하늘에 대고 큰소리로, 자기가 한 말을 확인해 달라고 청했다. 그러자 크리스천이 서 있는 바로 그 산으로부터 말소리가 들리며 불이 솟아올랐다. 그것은 크리스천의 머리를 하늘로 뻗치게 했다. 말소리는 이런 것이었다. "율법을 지키는 것에 의존하는 사람들은 저주를 받는다. 성서에 '율법서에 있는 모든 것을 꾸준히 지키지 않는 자는 저주를 받을 것이다'라고 기록되어 있지 않느냐"〔갈라디아서 3장 10절〕.

크리스천은 자기가 바로 죽음을 찾아 헤맸음을 알고 슬프게 울기 시작했다. 그는 처음 월드리 와이즈맨 씨를 만났을 때를 저주하기도 했고 그의 권고에 넘어간 자신을 천치 바보라고 욕하기도 했다. 또한 다만 육체적 욕망에서 나오는 그 신사의 주장에 현혹되어 바른길을 버렸던 것을 생각하고 부끄러움에 몸 둘 바를 몰랐다. 기분이 좀 가라앉자, 그는 다시 이밴질리스트에게 호소했다.

크리스천 "선생님, 어떻게 생각하십니까? 아직 소망이 있을까요? 다시 돌아서서 좁은 문으로 올라갈 수 있을까요? 이번 일 때문에 버림을 받고 결국은 부끄러움 속에서 집으로 돌아가야만 하는 것이나 아닐까요? 나는 그자의 권고를 따랐던 일을 후회하고 있습니다. 내 죄를 용서받기만을 원합니다."

그러자 이밴질리스트가 그에게 말했다. "당신의 죄는 매우 큰 것입니다. 그 때문에 당신은 두 가지 잘못을 저지르게 됐단 말이오. 당신은 옳은 길을 버렸습니다. 그리고 허락되지 않은 길로 들어섰어요. 그러나 그 문지기는 당신을 받아들일 겁니다. 그는 인간에게 선의(善意)를 품고 있으니까요. 다만," 그는 계속했다. "앞으로 두 번 다시 길을 벗어나지 않도록 조심하시오. 그분의 진노하심으로 길 위에서 죽지 않도록"〔시편 2편 12절〕. 그러자 크리스천은 그에게 돌아가겠다고 말했다. 이밴질리스트는 그에게 입을 맞추고 미소를 띠며 작별 인사를 나눴다. 그는 급히 걸었다. 길에서 누굴 만나도 말을 하지 않았고, 누가 말을 걸어도 결코 대답을 하지 않았다. 그는 마치 금지 구역을 걷는 자처럼 걸었다. 그가 월드리 와이즈맨 씨의 말을 듣고 벗어났던 바로 그 길에까지 이르기 전에는 그는 결코 안심할 수가 없었던 것이다. 그리하여 얼마 후 크리스천은 문에 이르렀다. 문에는 이러한 글이 적혀 있었다. "문을 두드려라, 열릴 것이다." 그리하여 그는 두서너 번 두드리며 말했다.

이리로 지금 내가 들어가도
되겠습니까? 나 비록 자격을
상실한 반역자였지만,
안에 계신 분이 나를 긍휼히 여겨
문을 열어 주실는지요?

크리스천이 좁은 문에 다다르자, 굿 윌이 열어 주다

그러신다면 그에게 영원한 찬양을
드리는 일에 주저하지 않으리다.

마침내 굿 윌〔厚意〕이라는 이름을 가진 근엄한 사람이 나타났다.
그는 거기 온 사람이 누구며, 어디서 왔으며, 무엇을 원하느냐고 물었다.

크리스천 "여기 가련한 짐 진 죄인이 왔습니다. 나는 멸망의 도시로부터 장차 올 징벌을 피해 구원받으려고 시온 산으로 가고 있는 중입니다. 그리로 가려면 이 문을 거쳐야 한다고 들었는데, 선생님께서 나를 문안으로 받아 주실는지 알고 싶습니다."

굿 월 "진심으로 받아들입니다."

그는 말하면서 동시에 문을 열었다.[9]

크리스천이 한 발 들여놓자 상대편에서 그를 잡아당겼다. 크리스천이 물었다. "왜 이러십니까?" 상대방이 대답했다. "이 문에서 조금 떨어진 곳에 견고한 성(城) 하나가 서 있는데, 비엘지법[성서에는 바알세불이라고 표기되어 있음. 악마][10]이라는 자가 성주요. 거기서 그와 그가 데리고 있는 자들이 이 문에 들어서는 이에게 활을 쏘아 대지요. 불행히 문에 들어오기 전에 죽여 버릴 수 있을까 해서입니다." 그러자 크리스천이 말했다. "기쁘면서도 떨리는군요." 그가 안으로 아주 들어서자 문지기가 물었다. "누가 당신에게 이리로 가라고 가르쳤소?"

크리스천 "이밴질리스트가 이리로 와서 문을 두드리라고 했습니다. 그래서 시킨 대로 했죠. 그가 말하기를, 선생님께서 앞으로 내가 무엇을 해야 할 것인가를 가르쳐 주실 것이라고 했습니다."

굿 월 "문은 당신 앞에 열려 있습니다. 그리고 아무도 그것을 닫을 수가 없습니다"[요한계시록 3장 8절].

크리스천 "그럼 이제 위험을 무릅쓰고 온 결과 그 열매를 거두기 시작한 것이군요."

굿 월 "그런데 어쩌다 혼자 오셨소?"

크리스천 "내 이웃 가운데는 아무도 내가 내 위험을 본 것처럼 그렇게 자기의 위험을 본 사람이 없기 때문이죠."

굿 월 "당신이 오는 걸 아는 사람이 있습니까?"

크리스천 "네, 내 아내와 아이들이 맨 먼저 보았죠. 그들은 다시 돌아오라고 나를 불렀습니다. 그리고 몇몇 이웃 사람들도 돌아오라고 울부짖으며 서 있었어요. 그러나 나는 손가락으로 귀를 막고 달려온

---

9) 문은 마음에 상처 입은 죄인들에게 열리리라. *
10) 사탄(악마)은 좁은 문으로 들어가는 자를 심판한다. *

것입니다."

　굿 윌 "그래, 뒤따라와 돌아가자고 설득한 사람은 없었나요?"

　크리스천 "있었어요. 옵스티니트와 플라이어블 두 사람이 있었습니다. 그러나 설복시키지 못할 걸 깨닫자 옵스티니트는 돌아가 버리고 말았는데, 플라이어블은 한참 나를 따라왔습니다."

　굿 윌 "그런데 그는 왜 여기까지 오지 않았죠?"

　크리스천 "디스폰드 수렁에 이를 때까지는 둘이 함께 왔죠. 우리는 그 수렁에 갑자기 빠져 버렸습니다. 그러자 거기서 나의 이웃인 플라이어블은 용기를 잃고 더 이상 모험을 하려 하지 않았지요.[11] 그래서 자기 집 쪽으로 다시 기어 나간 그는 기막힌 나라는 혼자서나 가라고 내게 말했습니다. 그래서 그는 그의 길을 가고 나는 나의 길을 갔죠. 결국 그는 옵스티니트의 뒤를 따라갔고 나는 여기까지 온 것입니다."

　그러자 굿 윌이 말했다. "참으로 가련한 사람이군요. 천당의 영광이 그 사람에겐 그것을 얻기 위하여 필요한 몇 가지 난관을 겪기 싫어 포기해야 할 만큼 그렇게 보잘것없다는 말인가요?"

　크리스천 "사실을 말한다면 플라이어블에 대해 뭐라고 했습니다만, 나도 실은 그보다 나을 것이 아무것도 없지요. 그가 자기 집으로 돌아간 것은 사실입니다. 그러나 나도 또한 월드리 와이즈맨 씨의 꾐에 빠져 죽음의 길로 들어섰더랬으니까요."

　굿 윌 "오, 그가 당신도 건드렸군요! 어쩌면! 그가 당신에게 리걸리티라는 자를 찾아가 짐을 가볍게 하라고 일렀겠지요. 그들은 둘 다 굉장한 사기꾼들입니다. 그래, 그의 꾐에 넘어갔었소?"

　크리스천 "네, 갈 수 있는 데까지 가봤죠. 나는 리걸리티를 찾아간다고 가다가, 결국 그의 집 둘레에 있는 산이 내 머리 위로 굴러 떨

---

11) 사람은 천국을 향해 떠날 때는 동료와 함께일 수 있지만, 그러나 거기에 이를 때는 혼자다. *

굿 윌이 크리스쳔에게 쳔셩길을 가르치다

어질 것만 같아 더 이상 갈 수가 없었습니다."

굿 윌 "그 산에서 많은 사람이 죽었고, 앞으로도 죽을 것입니다. 몸이 산산조각 나기 전에 피할 수 있어 참 다행이었군요."

크리스천 "그럼요, 기가 질려 어쩔 줄 모르고 있을 때 다행히 이밴질리스트를 다시 만나지 못했더라면 어떻게 되었을지 모릅니다. 그가 내게로 다시 온 것은 하느님의 자비였습니다. 그렇지 않았더라면 여기까지 올 수는 결코 없었을 테니까요. 그러나 나는 지금 여기 와 있습니다. 이렇게 서서 나의 주님과 이야기를 하기보다는 그 산에서 죽었어야 마땅할 내가 말입니다. 오, 그럼에도 불구하고 이 문을 들어설 수 있도록 허락을 받다니 이 어인 은혜란 말입니까."

굿 윌 "우리는 여기 오는 사람들이 전에 무엇을 했든 그것을 문제 삼지 않습니다. 그들은 결코 버림받지 않습니다[요한복음 6장 37절]. 그러나 착한 크리스천이여! 나와 함께 조금 가보십시다. 당신이 가야 할 길을 가르쳐 드리겠소. 앞을 보시오, 이 좁은 길이 보입니까? 그것이 당신이 가야 할 길이오. 그 길은 이스라엘의 조상들과 예언자들, 그리스도 그리고 그의 사도들이 닦은 길인데, 목수가 먹줄을 치듯 똑바로 길이 나 있습니다. 당신은 이 길로 가야 합니다."

크리스천 "하지만 거기에는 샛길이나 돌아가는 길은 없습니까? 처음 가는 나그네로 하여금 길을 잃게 하는……."

굿 윌 "있지요, 갈림길이 많이 있는데 그것들은 모두 구부러지고 넓습니다. 하지만 옳은 길을 그른 길과 구분할 수는 있지요. 옳은 길은 곧고 좁습니다."

내가 꿈속에서 보니까 크리스천은 그에게 자기의 짐을 벗겨 줄 수 없겠느냐고 묻는 것이었다. 그는 아직 그 짐을 벗어 버리지 못했고 도움이 없이는 그것을 도저히 벗어 버릴 수 없었던 것이다.

그가 대답했다. "짐에 대해서라면 구원의 장소에 이를 때까지는 그대로 지고 가는 수밖에 없어요.[12] 거기에 이르면 저절로 등에서 떨어져 나갈 것입니다."

그러자 크리스천은 허리띠를 매며 길 떠날 채비를 하기 시작했다. 상대방이 그에게 이 문에서 조금만 더 가면 인터프리터〔說明者〕라는 사람의 집에 이르게 되는데, 그 문을 두드리면 그가 여러 가지 놀라운 일들을 보여 줄 것이라고 말하는 것이었다. 크리스천이 자기의 친구에게 작별을 고하자, 그는 다시 한 번 행운을 비는 인사를 건넸다.

그는 부지런히 걸어 인터프리터의 집에까지 이르렀다. 거기서 그는 거듭하여 문을 두드렸다. 마침내 한 사람이 문에 나타나 누가 왔느냐고 묻는 것이었다.

크리스천 "네, 이 집과 잘 아는 사이인 분이 이리로 가면 내게 유익한 일이 있을 것이라고 하기에 찾아온 나그네입니다. 이 댁의 주인장께 말씀드릴 일이 있습니다."

그가 집주인을 부르러 간 지 얼마 안 되어 주인이 크리스천에게 와서 무엇을 원하느냐고 물었다.

크리스천 "네, 나는 멸망의 도시를 떠나 지금 시온 산으로 가고 있는 길입니다. 이 길 어귀에 있는 문을 지키는 사람이 내게 일러 주기를, 여기서 선생님을 찾으면 선생님께서 놀라운 일들을 보여 주실 텐데, 그것들이 내 여행에 도움이 될 것이라고 했습니다."

그러자 인터프리터가 말했다. "들어오시오. 당신에게 유익한 것들을 보여 주리다." 그는 자기 하인에게 촛불[13]을 밝히라고 명하고는 크리스천에게 따라오라고 일렀다. 하인이 시키는 대로 하자, 크리스천은 맞은편 벽에 매우 근엄한 인물의 초상화가 걸려 있는 것을 보았다. 그는 눈을 하늘을 향해 치켜 뜨고, 손에는 가장 좋은 책을 들고 있었다. 그 입술에는 진리의 법이 기록되어 있었고, 세상이 그의 뒤

---

12) 그리스도의 죽음과 피로 인하지 않고는 죄의 짐을 벗어 버릴 수 없다. *
13) 계몽. * 정신적 계몽, 신성한 영감.

에 놓여져 있었다. 그는 머리에 금관을 쓰고 무엇인가 인간에게 탄원하고 있는 듯한 표정으로 서 있었다.

크리스천 "이것은 무슨 뜻입니까?"

인터프리터 "이 그림의 주인공은 천 사람에 하나 있을까 말까 한 인물인데, 그는 아이들을 출산할 수 있어 해산의 진통을 겪고〔갈라디아서 4장 19절 참조〕 그가 낳은 아이들을 친히 젖을 먹여 기릅니다. 당신이 보는 대로 그는 눈을 하늘을 향해 치켜 뜨고, 손에는 가장 좋은 책을 들고 그리고 입술에는 진리의 법이 기록되어 있는데, 그것은 그의 일이 죄인들의 어두운 면을 미리 알아 그 진상을 보여 주는 것임을 의미하는 것이오. 저렇게 인간들에게 무언가 탄원하는 듯이 서 있지 않소? 그리고 당신이 보는 대로 세상이 그의 뒤에 놓여져 있고 그 머리에는 금관을 썼는데, 그것은 그가 자기 주님에게 봉사하려는 결심으로 현세의 것을 경멸하고 가벼이 봄으로써 그 상(賞)으로 다음에 올 세상에서 영광을 받으리라 확신하고 있음을 의미하는 것입니다. "자," 인터프리터는 말을 계속했다. "내가 이 그림을 당신에게 맨 먼저 보여 준 이유는, 바로 이 사람이 당신이 찾아가고 있는 곳의 주인이신 하느님께서 앞으로 당신이 길에서 만날 모든 어려움의 안내자로 임명하신 유일한 인물이기 때문이오. 그러니 내가 보여 준 인물을 마음에 잘 간직하시오. 앞으로의 여행 도중 바른길로 당신을 인도하겠다고 하면서 실은 죽음으로 안내하는 자들을 만나지 않기 위해서 말이오."

그러고 나서 그는 크리스천의 손을 잡고 한 번도 청소를 하지 않아 먼지가 쌓인 드넓은 대청으로 안내했다. 실내를 한참 살펴 본 다음 인터프리터는 하인에게 청소를 명했다. 하인이 청소를 시작하자 먼지가 자욱하게 일어나 크리스천이 질식할 정도가 되었다. 인터프리터가 곁에 서 있던 한 처녀에게 말했다. "물을 길어다 방에 뿌려라." 처녀가 시키는 대로 하자, 방은 기분 좋게 깨끗해지는 것이었다.

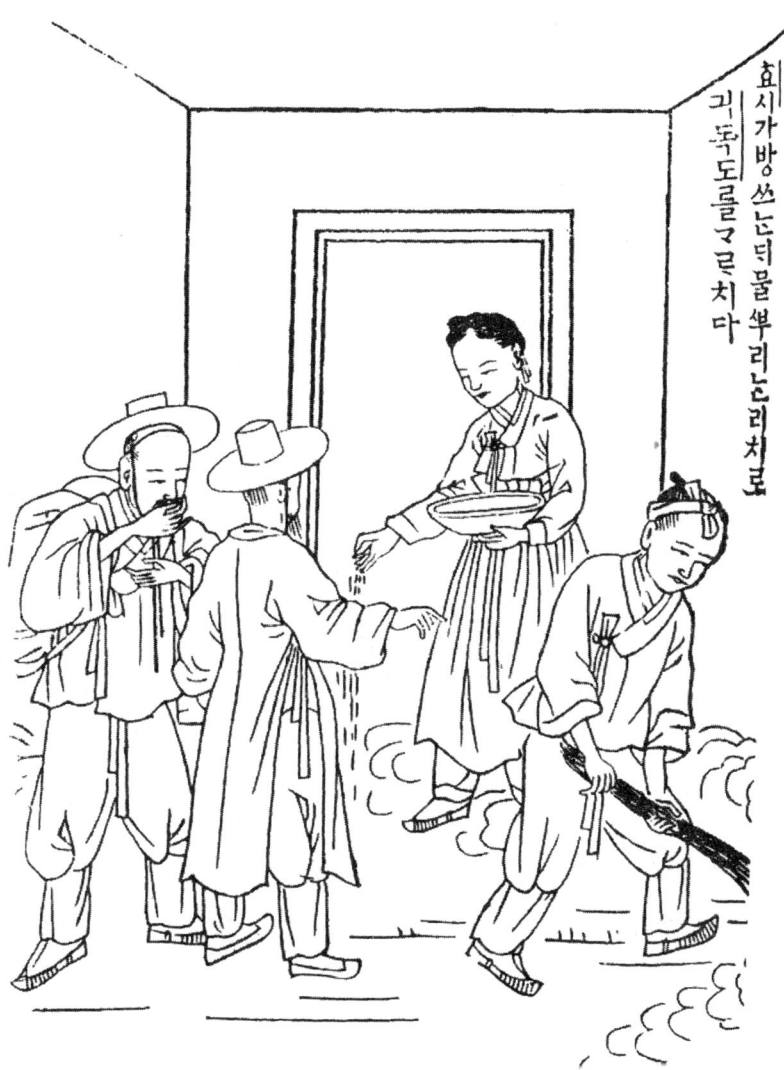

인터프리터가 방 쓰는 데 물뿌리는 이치로 크리스천을 가르치다

그러자 크리스천이 말했다. "이것은 무슨 뜻입니까?"
인터프리터가 대답했다. "이 대청은 복음의 신선한 은혜로 청결해진 적이 없는 한 인간의 마음이오. 먼지는 그의 원죄(原罪)이고 전체 인간을 더럽힌 내부의 부패입니다. 먼지 청소를 시작했던 자는 율법이오. 그리고 물을 가져다 뿌린 처녀가 곧 복음이지요. 당신이 본 대로 첫번째 사람이 청소를 시작했을 때는 먼지가 방으로 가득히 날아다니는 바람에 방을 깨끗하게 할 수가 없었소. 그리고 당신은 거의 질식할 뻔했는데, 이는 율법은 사람의 마음을 죄로부터 (그 작업을 통하여) 깨끗하게 해주는 대신 오히려 영혼 속의 죄를 소생시키고 기운을 돋우어 주고 증가시킬 따름이라는 것을 말해 주고 있는 것이오. 그것은 율법이 죄를 발견하고 금지시키기는 하지만 근절시킬 수 있는 힘은 없기 때문이오.

그런데 당신이 본 대로 처녀가 물을 방에 뿌림으로써 방은 기분 좋게 깨끗해졌소. 이것은 복음이 인간의 마음에 신선하고 존귀한 영향력을 가지고 찾아오면, 그렇소, 당신이 본 대로 처녀가 물을 마루에 뿌림으로써 먼지를 가라앉혔던 것처럼, 그 죄는 극복되고 근절된다는 것, 그리고 그것을 믿음으로써 영혼이 깨끗해지고 영광의 왕과 함께 거할 수 있게 된다는 것을 뜻합니다."

나는 인터프리터가 그의 손을 잡고 어떤 작은 방으로 그를 안내했는데, 그 방에는 두 어린 아이가 각기 의자 위에 앉아 있는 것을 꿈속에서 보았다. 나이가 많은 아이의 이름은 패션〔情熱〕이었고, 다른 아이의 이름은 페이션스〔忍耐〕였다. 패션은 뭔가 크게 불만인 듯이 보였는데, 반면 페이션스는 아주 조용했다. 크리스천이 물었다. "패션이 불만스러워하는 것은 무엇 때문입니까?" 인터프리터가 대답했다. "그들의 아버지가 가장 좋은 것을 위해 다가오는 해가 시작될 때까지 기다리라고 했소. 그런데 그는 그걸 당장 갖겠다는 겁니다. 하지만 페이션스는 즐거이 기다리고 있소."

그때 나는 한 사람이 패션에게 와서 가지고 온 보물 가방을 열고 그 안에 있는 것을 그의 발 아래에 쏟아 놓는 것을 보았다. 패션은 그것을 집어 들고 즐기면서 한편으론 페이션스를 비웃는 것이었다. 그러나 내가 잠시 보고 있는 동안 그는 보물들을 모두 낭비해 버렸고, 남은 것이라고는 누더기뿐이었다.

그러자 크리스천이 인터프리터에게 말했다. "이것을 좀더 자세히 설명해 주십시오."

그리하여 그가 말했다. "이 두 아이는 상징적인 인물이오. 패션은 이 세상의 인간이고, 페이션스는 장차 올 세상의 인간이지요. 당신이 방금 본 대로 패션은 지금, 이해〔年〕에, 말하자면 이 세상에서 모든 것을 다 가지려 합니다. 이 세상 사람은, 그렇습니다. 그들은 모든 좋은 것을 지금 꼭 가져야 한단 말입니다. 그들은 자기에게 배당된 것을 내년까지, 즉 다음에 올 세상에서 받을 때까지 참고 기다릴 수가 없는 겁니다. 그들에게는 손에 잡은 새 한 마리가 숲속의 새 두 마리보다 값있다는 속담이, 장차 올 세계의 선(善)에 대한 모든 신성한 증언보다 더욱 권위가 있지요. 그러나 당신이 본 대로 그는 순식간에 모든 것을 날려보냈고, 결국 누더기 외에는 아무것도 남은 것이 없습니다. 그와 같은 사람들은 이 세상 마지막 날 같은 처지가 될 것입니다."

그러자 크리스천이 말했다. "나는 다음과 같은 이유로 페이션스가 가장 현명함을 이제 알겠습니다. 첫째, 그는 가장 좋은 것들을 위해 기다리고 있습니다. 둘째로는, 다른 사람이 누더기만 걸치게 되었을 때, 그는 자기의 영광을 소유할 수 있기 때문입니다."

인터프리터 "아니 한 가지 더 덧붙여야 합니다. 장차 올 세상의 영광은 결코 없어지지 않지만 이 세상의 것은 금방 사라져 버립니다. 그러므로 패션이 페이션스를 흉볼 이유란 별로 없는 것입니다. 왜냐하면 그는 좋은 것들을 먼저 가졌으니까요. 그보다는 페이션스가 패션을 흉볼 만하지요. 그는 자기의 가장 좋은 것을 나중에 가졌기 때문입니다. 첫번째 사람은 마지막 사람에게 자리를 내주어야 합니다.

왜냐하면 마지막 사람은 언젠가 자기의 때가 오게 마련이면서도 자기 자리는 아무에게도 내주지 않아도 되기 때문입니다. 그의 뒤를 이을 사람이 아무도 없으니까 말입니다. 그러므로 자기의 몫을 처음에 받는 자는 그것을 소모할 시간이 필요하지만, 자기의 몫을 마지막에 받는 자는 그것을 영원히 보전하게 마련입니다. 그래서 부자에 대해 이런 말이 있지요. '너는 살아 있을 동안에 온갖 좋은 것을 마음껏 누렸지만 나자로는 온갖 불행을 다 겪지 않았느냐? 그래서 지금 그는 여기서 위안을 받고 있고 너는 거기서 고통을 받고 있는 것이다'[누가복음 16장 25절]."

크리스천 "그러니까 현세의 것을 탐내는 것이 최선(最善)이 아니라 장차 올 것을 기다리는 것이 최선임을 이제 알겠습니다."

인터프리터 "당신 말이 옳습니다. 눈에 보이는 것은 일시적인 것이니까요. 그러나 눈에 보이지 않는 것은 영원합니다[고린도후서 4장 18절 참조]. 한편 그렇긴 하지만 현세의 것과 우리의 육욕은 서로 긴밀히 연결돼 있는 데 비해 장차 올 것들과 속세의 감정은 서로 멀리 떨어져 있기 때문에, 현세적인 것과는 금세 가까워질 수 있지만 장차 올 것과는 계속해서 거리가 있게 됩니다."

나는 인터프리터가 크리스천의 손을 잡고 다른 곳으로 데려가는 것을 꿈속에서 보았다. 그곳에서는 한쪽 벽을 향해 불이 타오르고 있었는데, 그 곁에 서 있는 한 사람이 불을 끄려고 많은 물을 퍼붓는 것이었다. 그런데도 불길은 더욱 높고 뜨겁게 타올랐다.

크리스천이 물었다. "이것은 무엇을 의미합니까?"

인터프리터가 대답했다. "이 불은 인간의 마음에 작용하는 은총을 의미합니다. 그 불을 끄려고 물을 붓고 있는 자는 악마인데, 당신이 본 대로 불은 여전히 활활 뜨겁게 타오르고 있소. 그 이유를 가르쳐 주지요. 말을 하고 나서 그는 그를 데리고 벽 뒤로 돌아갔다. 거기서 기름통을 든 사람 하나가 불 속으로 계속하여, 그러나 비밀히 기름을 붓고 있는 것이었다.
 크리스천이 물었다. "이것은 무엇을 의미합니까?"
 인터프리터가 대답했다. "이분은 그리스도신데, 이미 인간의 마음 속에서 시작된 은총의 역사를 계속 보충해 주고 계시는 것이오. 그 때문에 악마가 무슨 짓을 해도 역시 그분의 백성들의 영혼은 인자할 수 있지요. 그리고 당신이 본 대로 불을 보충해 주시는 분은 벽 뒤에 숨어 계신데, 그것은 시험받은 자는 어떻게 은총의 역사가 사람의 영혼 속에서 끝없이 작용하는가 그 이유를 알기 힘들다는 사실을 가르치고 있는 것이오."
 나는 또한 꿈속에서 인터프리터가 다시 그의 손을 잡고는 보기에 매우 아름답고 견고한 궁전이 서 있는 유쾌한 곳으로 인도하는 것을 보았다. 그것을 보자 크리스천은 매우 즐거워하였다. 그는 또한 궁전의 지붕 위에서 한결같이 황금옷을 입은 사람들이 거닐고 있는 것을 보았다.
 크리스천이 물었다. "저 안에 들어가 볼 수 있을까요?" 그러자 인터프리터는 그의 손을 잡고 궁전의 문 쪽으로 이끌었다. 그런데 그 문 앞에는 수많은 사람들이 서 있었는데, 들어가고 싶어는 하면서도 감히 들어가는 자가 없었다. 그 문으로부터 얼마 멀지 않은 곳에 책이 놓인 책상이 있고, 그 책상에는 뿔로 만든 잉크병을 앞에 놓고 사람이 앉아 있었다. 그 사람은 궁전 안으로 들어갈 자의 이름을 적는 것이었다. 그는 또한 무장을 한 많은 사람들이 문간에 지켜 서 있는 것을 보았다. 문안으로 들어가는 자에게 그들은 할 수 있는 한 상처와 손해를 주려고 결심한 모습들이었다. 크리스천은 어리둥절 놀라고 말았다. 마침내 무장한 자들이 두려워 모두 뒤로 물러서고 있는데, 어떤 사람이 단단히 결심한 얼굴로, 책상 앞에 앉아 있는 이에게 다가서는 것을 크리스천은 보았다. 그는 이렇게 말하는 것이었다.
 "내 이름을 적어 주십시오." 이름이 적히자 그 사람은 자기 칼을 뽑아 들고 머리에 투구를 쓰고 문께로 달려가 무장한 자들에게 덤벼드는 것이었다. 무장한 자들은 죽을 힘을 다해 그를 막았다. 그러나 그 사람은 조금도 굴하지 않고 용감무쌍하게 칼로 자르고 찔렀다. 마침내 자기를 못 들어가게 하려던 자들과 많은 상처를 주고받은 후, 그는 그들을 뚫고 궁전 안으로 들어가고 말았다. 그러자 궁전 안에 있는 자들과 궁전 지붕 위에서 거닐고 있는 자들이 즐거운 목소리로 부르는 소리가 들렸다.

들어오라, 들어오라.
영원한 영광을 그대 누리리.

안으로 들어간 그는 그 안에 있는 자들이 입은 것과 같은 옷을 입는 것이었다. 크리스천은 웃으면서 말했다. "이제 이것이 무엇을 뜻하는지 알 만도 합니다."
"자," 그는 계속 말했다. "나도 들어가게 해주십시오."
"아니오," 인터프리터가 말했다. "좀더 보여 줄 게 있으니 그때까지 머무르시오. 그러고 나서 당신을 당신 길로 보내 드리겠소." 그리하여 그는 다시 손을 잡고는 몹시 어두운 방으로 안내했는데, 그 방에는 쇠로 된 우리[14] 안에 한 사람이 앉아 있는 것이었다.
그 사람은 매우 슬픈 기색이었다. 그는 바닥만 내려다보고, 두 손은 포개 쥐고 그리고 가슴이 터질 듯이 한숨을 쉬고 있었다. 크리스천이 물었다. "이것은 무엇을 의미합니까?" 그러자 인터프리터는 그 사람에게 직접 물어 보라고 했다.
그러자 크리스천이 그 사람에게 물었다. "당신은 누구요?"
그 사람이 대답했다. "전에는 이런 꼴이 아니었는데 이렇게 된 사람

---

14) 절망은 쇠로 만든 우리와 같다. *

이오."

크리스천 "전에는 어떤 사람이었소?"

그 사람 "전에는 자타가 인정하는 훌륭하고 화려한 신자(信者)였지요. 나는 한때 내게 하늘 나라에 이를 자격이 충분히 있다고 생각했고 또 그리로 가게 될 생각만 해도 즐겁곤 했소."

크리스천 "그런데 지금은 어떻게 된 일입니까?"

그 사람 "나는 지금 절망하는 인간이 되어 이 쇠우리 같은 절망 안에 갇혀 있는 거요. 나는 나갈 수가 없어요. 오, 나갈 수가 없단 말이오."

크리스천 "그런데 어쩌다 이렇게 되셨나요?"

그 사람 "나는 경계와 주의를 게을리했지요. 내 정욕의 목에 사슬을 드리웠던 것이오. 나는 하느님의 선(善)하심과 그 말씀의 빛에 대항하여 죄를 지었소. 나는 성령(聖靈)을 슬프게 해드렸습니다. 그랬더니 그분은 나를 떠나셨어요. 나는 악마를 유혹했지요. 그는 곧 내게 왔습니다. 나는 하느님을 노하게 해드렸소. 그분은 내게서 떠나셨지요. 나는 너무나도 마음을 강퍅하게 만들었으므로 이제는 돌이킬 수조차 없게 되었답니다."

크리스천은 인터프리터에게 말했다. "그러면 이런 사람에겐 영 희망이 없을까요?"

인터프리터가 대답했다. "그에게 물어 보시오."

그러자 크리스천이 물었다. "이제 아무런 희망도 없이 당신은 그저 이 절망의 우리 안에 갇혀 있어야만 합니까?"

그 사람 "없습니다. 전혀 없어요."

크리스천 "없다뇨? 하느님의 아들은 매우 자비로우신데요."

그 사람 "나는 그분을 다시 한 번 내 손으로 십자가에 못박았습니다. 나는 그분의 인격을 모독했고, 그분의 공의(公議)로우심을 경멸했고, 그분의 피를 속되게 만들었고 그리고 나는 '성령을 모욕했습니

인터프리터가 급한 욕심과 복을 기다리는 일로 크리스천을 가르치다

다'〔히브리서 10장 29절〕. 그러므로 나는 모든 언약으로부터 스스로를 끊어 버렸고 이제는 위협만이, 피할 수 없는 심판과 가혹한 분노의 무서운 위협만이 내 앞에 놓여져 있는 것입니다. 그것들은 맹수처럼 나를 삼켜 버릴 것이오."

크리스쳔 "대체 무엇 때문에 이런 처지가 되었소?"

그 사람 "정욕과 쾌락과 이 세상의 유익(有益) 때문이오. 그것들을 즐기면 나 자신 굉장한 기쁨을 얻으리라 생각했었소. 그런데 지금은 그 모든 것들이 독충(毒蟲)처럼 나를 물고 뜯고 하는 것이오."

크리스쳔 "하지만 지금이라도 뉘우치고 돌아설 수 있지 않습니까?"

그 사람 "하느님이 내 뉘우침을 거절하셨소. 그분의 말씀도 내게 아무런 믿음의 용기를 주지 않아요. 그래요, 그분 자신이 나를 이 쇠우리 안에 가두셨거든요. 이 세상에 아무도 나를 꺼내 줄 사람은 없소. 오, 영원(永遠)이여! 영원이여! 이 영원히 맛보아야 할 비참한 신세와 내 어떻게 싸울 것인가?"

그때 인터프리터가 크리스쳔에게 말했다. "이 사람의 비참한 신세를 잊지 마시오. 그리고 항상 조심하시오."

크리스쳔 "네, 무서운 일입니다. 이 사람의 비참한 길을 피할 수 있도록 하느님께서 제가 지켜 보고 깨어 있고 그리고 기도하는 일을 도와 주시기만 바랍니다. 선생님, 이젠 제 길을 갈 시간이 되지 않았습니까?"

인터프리터 "한 가지만 더 보여 드릴 게 있으니 기다려요. 그러곤 당신의 길을 가도록 하시오."

그리하여 그는 크리스쳔의 손을 잡고 한 침실로 데리고 갔다. 마침 한 사람이 침대에서 일어나고 있었다. 그는 옷을 입으면서 부들부들 떠는 것이었다. 크리스쳔이 물었다. "저 사람은 왜 저렇게 떨고 있는 겁니까?"

인터프리터는 그 떨고 있는 사람에게 떠는 이유를 크리스쳔에게 설명하라고 말했다. 그는 말을 시작했다. "오늘 밤 잠자리에서 나는 꿈을 꾸었습니다. 하늘이 점점 새까맣게 되더니 천둥과 번개가 무섭게 치는 것이었어요. 그것을 보고 나는 겁이 더럭 났습니다. 꿈속에서 나는 눈을 들어 비상한 속도로 흐르는 구름들 위에서 거창한 나팔 소리를 울리며 수천 명의 하늘 군사들에게 시중을 받고 있는 한 사람을 보았습니다. 그들은 모두 화염(火焰) 속에 휩싸여 있었고, 하늘 전체가 타오르는 불꽃 위에 있었어요. 나는 그때 이렇게 말하는 소리를 들었습니다. "일어나라, 너희 죽은 자들아. 와서 심판을 받으라." 그리고 그 소리와 함께 바위들이 갈라지고 무덤들이 열리면서 그 안에 갇혀 있던 죽은 자들이 나왔습니다. 그들 중에 어떤 이들은 기뻐 날뛰며 위를 쳐다보는데, 어떤 이들은 산 그늘에 자기 몸을 숨기려고 애쓰는 것이었어요. 그때 나는 구름 위에 앉아 있는 이가 책을 펴고는 세상 모든 것들에게 가까이 오라고 하는 것을 보았습니다. 그러나 그의 앞에서 타오르는 무서운 불길 때문에 그와 그들 사이에는, 마치 법정에서의 재판관과 죄수 사이처럼 상당한 거리가 있었어요. 구름 위에 앉아 있는 이가 시중드는 자들에게 '가라지와 쭉정이와 검불은 모두 모아 불타는 못에 던지라'는 명령을 내리는 소리를 나는 들었습니다. 그 소리와 함께 내가 서 있는 바로 곁에서 밑 없는 구덩이가 열리더니 소름 끼치는 소리와 함께 무시무시한 연기와 불꽃이 치솟아 오르는 것이었습니다. 또한 같은 무리들에게 이런 명령이 떨어졌습니다. '나의 곡식을 모아 창고에 들여라.' 그 소리와 함께 수많은 사람들이 몰려들어 구름 위로 올라갔는데 나는 홀로 남게 되었지요. 나는 몸뚱이를 숨기려고 했으나 숨을 곳을 찾을 수 없었습니다. 구름 위에 앉으신 이가 나에게 눈을 돌리지 않으셨기 때문이지요. 내 마음속에서 내가 지은 죄들이 되살아났고 나의 양심은 사방에서 나를 꾸짖는 것이었어요. 그러다가 잠이 깨었습니다."[15]

크리스천 "그런데 그 광경을 보고 뭐가 그리 무서웠습니까?"

제 1 부 69

효시가물로불을쇼
고기룸으로불을닐
게홈으로긔독교도를
굿ᄃ치다

인터프리터가 물로 불을 끄고 기름으로
불이 일게 함으로 크리스천을 가르치다

그 사람 "무섭지 않고요. 심판의 날은 다가왔는데 나는 아무런 준비도 없었단 말입니다. 그러나 나를 더욱 무섭게 만든 것은, 천사들이 사람들을 끌어올리면서 나만 남겨 두었고, 게다가 지옥의 아가리가 바로 내가 서 있는 곳에 열려 있었던 것입니다. 내 양심은 또 내 속에서 나를 괴롭혔고, 그리고 심판관은 내게서 눈을 돌리지 않은 채 격분한 모습을 보이고 있었단 말입니다."

그때 인터프리터가 크리스천에게 말했다. "이 모든 것들을 충분히 생각해 보았소?"

크리스천 "네, 그 모든 것들은 나를 희망과 두려움 속에 빠지게 만들었습니다."

인터프리터 "좋아요, 이 모든 것을 마음속에 새기시오. 그것들이 당신에게 자극제가 되어 당신이 가야 할 그 길을 가는 데 박차(拍車)를 가해 줄 것입니다."

크리스천은 허리띠를 졸라매고 자기의 여행을 계속할 준비를 했다.

인터프리터가 말했다. "선한 크리스천이여, 위안자가 항상 당신과 함께 하면서 거룩한 도시에 이르는 길로 당신을 이끌어 줄 것이오."

그리하여 크리스천은 자기의 길을 가면서 입을 열어 말했다.

여기서 나는 희귀하고도 유익한 것들을 보았다.
그 유쾌한 것들과 두려운 것들은 나로 하여금,
내 이미 착수한 일에 든든히 서게 했도다.
이제 그것들을 생각하고 그것들이 내게 일러 준 바가 무엇이었나를
이해하고, 그리고 오, 선한 인터프리터, 그대에게 감사하리라.

---

15) 이 환상적인 장면은 성서의 여러 곳에 그려져 있다. 고린도전서 15장, 데살로니가전서 4장, 유다서, 데살로니가후서 1장, 계시록 14, 20장, 이사야 26장, 다니엘 7장, 말라기 3, 4장, 마태복음 3장. *

크리스천이 십자가에 다다라 죄짐을 벗으니, 천사가 흰옷을 입히다

나는 꿈속에서 크리스천이 가고 있는 곧은 길 좌우에 담이 쌓여져 있는 것을 보았다. 그 담의 이름은 샐베이션〔救援〕이라고 했다. 이 길을 따라 등에 짐을 진 크리스천이 달려갔는데, 짐의 무게 때문에 그것은 여간 고된 일이 아니었다. 조금 언덕진 곳까지 그는 계속해서 달렸다. 그 언덕 위에 십자가가 하나 서 있고, 그 조금 아래 바닥에는 무덤이 있는 게 보였다. 마침내 크리스천이 그 십자가 앞에 다다르자 그의 짐이 등에서 스르르 벗겨지더니 땅에 떨어져 데굴데굴 구르는 것을 보았다. 그 짐은 계속 굴러 내려가 입을 벌린 무덤 속으로 떨어져 내려가고 말았다. 나는 두 번 다시 그 짐을 볼 수가 없었다.

그러자 크리스천은 기뻐서 밝은 얼굴이 되어[16] 즐거운 마음으로 말하는 것이었다. "그분은 자신의 고통으로 내게 휴식을 주셨고, 자신의 죽음으로 생명을 주셨도." 그는 잠시 동안 우두커니 서서 신기한 듯이 바라보았다. 십자가를 보자마자 등에 진 짐이 벗겨진 사실이 매우 놀라웠던 것이다. 그리하여 그는 얼굴 속에 있는 샘물이 터져 두 뺨을 적실 때까지 쳐다보고 또 쳐다보는 것이었다. 그가 쳐다보면서 울고 있을 때, 눈부시게 빛나는 세 사람이 그에게 다가와 "평안할지어다"라고 축복해 주는 것을 나는 보았다. 그 첫번째 사람이 그에게 말하는 것이었다. "그대의 죄가 사함을 받았소." 두번째 사람은 그가 입고 있던 누더기를 벗기고 새 옷을 입혔다. 세번째 사람은 그의 이마에 표시를 해주고는 도장이 찍힌 두루마리를 하나 주면서 그에게 그것을 길 가면서 들여다보고 하늘의 문에 이르러 그것을 제시해야 한다고 일러 주는 것이었다. 그러고 나서 세 사람은 사라져 갔다. 크리스천은 기뻐서 세 번을 껑충껑충 뛰고는 노래부르며 길을 걸었다.

---

16) 하느님께서 우리를 죄와 짐으로부터 풀어 주실 때 우리는 기뻐 뛰는 자같이 된다. *

오랫동안 나는 죄의 짐을 지고 다녔네,
내 이곳에 오기까지
그 고통을 가볍게 하지 못했으니,
이곳이야말로 좋은 곳이구나!
여기서 내 행복이 시작되는가?
여기서 내 등의 짐은 벗겨지는가?
여기서 날 묶었던 사슬은 풀어지는가?
복되어라 십자가여! 복되어라 무덤이여!
날 위하여 수치를 당하신 그분이여![17]

  그는 계속 걸어 마침내 언덕 아래에 이르렀는데, 거기서 그는 길을 조금 벗어난 곳에서 세 사람이 발목에 족쇄를 달고 잠들어 있는 것을 발견하였다. 그들의 이름은 첫번째가 심플〔單純〕, 두번째가 슬로드〔게으름〕 그리고 세번째가 프리점션〔철면피〕이었다.
  그들이 자고 있는 모양을 보고 크리스쳔은 혹시 그들을 깨울 수 있을까 하여 다가갔다. 그는 소리를 질렀다. "당신들은 돛대 꼭대기에서 잠자고 있는 자들과 같군요. 밑바닥 없는 심연, 죽음의 바다가 바로 아래 있는데. 잠에서 깨어나시오. 그리고 이리 오시오. 원하신다면 내가 족쇄를 풀어 주리다." 그는 계속해서 그들에게 말했다. "울부짖는 사자처럼 닥쳐오는 자가 오는 날 당신들은 분명히 그의 밥이 되고 말 것이오." 그 말을 들은 세 사람은 그를 쳐다보며 제각기 한 마디씩 대답하는 것이었다. 심플이 말했다. "난 아무런 위험도 보이지 않소." 슬로드도 말했다. "조금 더 잡시다." 그리고 프리점션은 이

---

17) 하느님이 그 마음에 기쁨을 주시면 크리스쳔은 혼자 있어도 노래를 부를 수 있다. *

렇게 말하는 것이었다. "모든 통은 제 밑바닥을 아래로 하고 서게 돼 있소. 그 이상 무슨 대답을 당신에게 하겠소?" 그리고 그들은 계속 쓰러져 잠을 잤다. 크리스천은 자기의 길을 걸었다.[18]

그러나 그의 속은, 아무런 대가도 없이 잠에서 깨워 주고 상담도 해 주고 그리고 족쇄까지도 풀어 주겠노라는 자기의 호의(好意)에 위험 속에 처한 그들이 그토록 대수롭지 않게 응답해 준 것을 생각하니 편하지가 못했다. 그는 심사가 불편하여 걷다가 좁은 길의 왼쪽 담을 뛰어 넘어오는 두 사람을 만났다. 그들은 금방 그의 곁으로 다가왔다. 한 사람의 이름은 포멀리스트〔形式主義者〕였고, 다른 한 사람의 이름은 하이포크러시〔僞善者〕였다. 그리하여 내가 말한 대로 그들이 가까이 오자, 크리스천은 곧장 그들과 토론을 시작했다.

크리스천 "여보시오, 두 분은 어디서 와 어디로 가십니까?"

포멀과 하이포크러시 "우리는 베인글로리〔虛榮〕라는 곳에서 태어났는데, 지금 시온 산으로 영광을 입으러 가는 길이오."

크리스천 "왜 길 어귀에 세워져 있는 문으로 해서 들어오질 않았지요? 문으로 들어오지 않고 다른 데로 넘어오는 자는 도둑이나 강도라고 기록되어 있는 것을 모르십니까?"

그들은, 자기네 마을 사람들은 모두가 문까지 가서 들어오는 길이 너무 멀다고 생각해서 보통으로 지금 자기네가 하듯이 지름길을 거쳐 담을 기어오르고 있다고 대답했다.

크리스천 "하지만 그것은 지금 우리가 향하고 있는 성의 주인님을 침해하고, 나아가서 그분이 밝히신 뜻을 거역하는 일로 간주(看做) 되지 않을까요?"

그들은 그 일 때문이라면 신경을 쓸 것 없다고 그에게 말했다. 왜냐

---

18) 만일 하느님이 눈을 들어 열어 주시지 않는다면 그 어떤 설득도 효력이 없다. *

크리스쳔이 담 넘어오는 사람을 잘 알아듣도록 타이르다

하면 자기네가 한 일은 하나의 풍습이고, 필요하다면 그 풍습이 이미 1000년 전에 비롯된 것임을 증명할 수도 있다는 것이었다.[19]

크리스쳔 "그러나 당신네의 그런 행실이 법정에서 용인될까요?"

그들은 그 풍습이 1000년이나 넘도록 용인되어 왔으므로 편파적이 아닌 재판관이라면 합법적인 것으로 인정하지 않을 수 없을 것이라고 대답했다. "게다가" 하고 그들은 계속했다. "일단 이 길에 들어선 이상, 어떤 경로로 들어왔는가가 무슨 상관이오? 들어온 건 들어온 겁니다. 당신은 문을 통해 들어왔고, 우리는 담을 넘어 들어온 것뿐이잖소. 그렇다고 해서 당신이 우리보다 더 나은 게 뭐 있소?"

크리스쳔 "나는 내 주님의 법에 따랐고, 당신네는 당신네 멋대로 무례하게 행한 것뿐이오. 이 길의 주인님에 의해 당신네는 이미 도둑들로 규정되어 있습니다. 그러므로 이 길의 끝에 이르러 당신들이 진실한 인간으로 인정받을까, 나는 그 점이 의심스럽습니다. 당신네는 그분의 안내 없이 당신네 스스로 들어왔어요. 마찬가지로 그분의 자비를 힘입지 못하고 당신네 스스로 추방될 것입니다."

이 말을 듣고 그들은 아무 대답도 하지 않고 다만 자기 일이나 염려하라고 말하는 것이었다. 그러고 나서 그들은 서로 말을 건네지도 않고 각자 자기의 길을 가고 있는 모양을 나는 보았다. 단지 그들 두 사람이 크리스쳔에게 율법이나 규례에 대해서는 자기네들도 그에게 못지 않게 의심 없이 따르고 있음을 말해 주는 것이었다. 그들은 말을 계속했다. "우리가 보기에 당신의 그 벌거벗은 수치를 가리라고 당신 이웃 사람들이 준 것 같은 그 코트를 당신이 걸친 것말고는 당신과 우리 사이에 별다른 차이점은 없는 것 같소."

크리스쳔 "문을 통해 들어오지 않는 이상, 당신들은 율법이나 규례

---

19) 문을 통해서는 아니지만 어쨌든 길로 들어선 자들은 자기네의 행실에 대한 변명을 할 수 있다고 생각한다. *

로 구원을 받지 못할 것입니다. 내 등에 걸친 이 코트만 해도 바로 내가 지금 향하여 가고 있는 그곳의 주인님께서 주신 것이오. 당신네들 말대로 내 벗은 몸을 가리기 위한 것은 사실입니다. 나는 이 코트를 내게 대한 그분의 친절의 한 표시로서 받았습니다. 전에는 누더기밖에 없었으니까요. 그뿐 아니라 길을 걷는 내게 그것은 위안이 됩니다. 정말이지 나는 그 성의 문 앞에 다다랐을 때, 주님께서 손수 누더기를 벗기고 내게 주셨던 바로 그 코트를 입고 있는 것을 보시고 대번에 나를 알아보실 것이라고 생각합니다. 게다가 무엇보다도 당신들은 눈여겨보지 않았을지 모르겠으나, 나의 이마에는 표시가 찍혀 있습니다. 그것은 나의 짐이 어깨에서 벗겨지던 날, 주님의 가장 가까운 분들 중에서 한 분이 찍어 주신 것입니다. 또 하나 당신에게 일러 줄 것이 있습니다. 나는 그분에게서 받은 두루마리를 하나 갖고 있는데, 길을 걸으면서 그것을 읽으면 큰 위로를 받는답니다. 그것을 하늘 문에 이르러 제시하면 틀림없이 들여보내 줄 것이라는 언질을 나는 받았습니다. 그 모든 것들을, 당신네는 문을 통해 들어오지 않았으니 받지 못했을 게 아닙니까?"

이 말을 듣고 그들은 아무런 말도 하지 않은 채, 다만 서로 쳐다보고 웃을 뿐이었다. 그들 셋은 계속 길을 걸었는데, 조금 앞서서 크리스천이 때로는 한숨 섞인 목소리로, 또 때로는 위로하는 목소리로 다른 사람 아닌 바로 자신에게 말하면서 걸어가는 것이었다. 또한 그는 광채를 내던 사람들 중 한 사람이 준 두루마리를 가끔 읽곤 했는데, 그때마다 그것이 새로운 기운을 돋우는 것이었다.

나는 그들 모두가 어떤 언덕 아래까지 이르렀는데, 그 밑바닥에는 샘이 하나 있었던 걸로 기억한다. 그런데 거기에는 문으로부터 곧장 뻗쳐 온 길 외에 다른 두 갈래 길이 나 있었는데, 하나는 언덕의 밑에서부터 왼쪽으로 굽어 있었고, 다른 하나는 오른쪽으로 굽어 있었다. 그러나 그 좁은 길은 곧장 언덕 꼭대기로 뻗쳐 있었다(그리고 그 언덕 위로 뻗쳐진 길의 이름은 디피컬티〔困苦〕라고 했다). 크리스천은 샘으로 가서 원기를 돋우기 위해 물을 마시고는 언덕을 오르기 시작했다. 그는 입을 열었다.

> 이 언덕, 비록 높지만, 나 간절한
> 마음으로 오르려네.
> 생명에 이르는 길이 여기 있음을
> 내가 알고 있으니,
> 아무리 어려워도 실족하지 않으리라.
> 자, 용기를 내어 나약해지거나
> 두려워하지 말자.
> 가기는 어려워도 옳은 길 가는 것이
> 재앙으로 인도하는 가기 쉬운 길
> 가는 것보다는 나으니라.

  나머지 둘도 또한 언덕 아래에 도착했다. 그러나 그 언덕이 가파르고 높은 데다가 다른 두 갈래 길이 나 있고, 그 길들이 크리스천이 올라간 길과 언덕 너머에서 다시 만날 것이라고 생각한 그들은 그 길로 접어들기로 했다. 그 길들 가운데 하나는 데인저〔危險〕라고 불리는 것이었고, 다른 하나는 디스트럭션〔破滅〕이라는 것이었다. 한 사람은 데인저라고 불리는 길로 들어섰다가 곧 울창한 숲을 만났고, 다른 한 사람은 디스트럭션으로 곧장 들어섰다가 어두운 산맥들이 엉클어져 있는 벌판을 만나 거기서 넘어지고 쓰러져 다시는 일어나지 못하는 것이었다.
  나는 크리스천이 언덕을 오르는 데로 시선을 돌렸는데, 그는 뛰어가다가 걸어가기 시작하더니 마침내는 두 손과 무릎으로 기어가는 것이었다. 그것은 그 길이 너무나도 가팔랐기 때문이었다. 그런데 꼭대기에 오르는 길의 중턱쯤 되는 곳에 그 언덕의 주인이 피곤한 여행자들의 휴식을 위해 만들어 놓은 아담한 정자(亭子)[20]가 하나 있었다. 그곳에 이르러 크리스쳔은 길을 멈추고 자리에 앉았다. 그는 가슴에서 두루마리를 꺼내어 마음의 위안을 삼으려고 그것을 읽는 것이었다. 그러면서 십자가 곁에 서 있을 때 얻어 입은 외투 자락을 새삼스럽게 쓰다듬기 시작했다. 그런 모양으로 잠시 스스로를 즐기다가 그는 이내 졸음을 참지 못하고 깊은 잠 속에 떨어지고 말았다. 그리하여 그는 밤이 올 때까지 그 자리에 머무르게 되었으며, 게다가 손에 잡았던 두루마리마저 떨어뜨리고 말았다.[21] 잠을 자고 있는 그에게 한 사람이 다가와서 잠을 깨우며 이렇게 말하는 것이었다. "게으른 자여, 개미에게 가서 그가 일하는 모습을 보고 지혜를 얻으라"〔잠언 6장 2절〕. 이 소리에 크리스쳔은 벌떡 일어나 서둘러 길을 재촉하여 언덕의 꼭대기까지 단숨에 올라갔다.

그가 언덕의 꼭대기에 이르자, 그를 마주 보고 두 사람이 달려오는 것이 보였다. 한 사람의 이름은 티머러스〔겁쟁이〕였고, 다른 한 사람의 이름은 미스트러스트〔懷疑〕였다. 그들에게 크리스쳔이 물었다. "선생들, 웬일로 이렇게 거꾸로 뛰어오시는 겁니까?" 티머러스가, 자기네는 시온 성으로 가려고 그 어려운 길을 올라왔었노라고 대답했다. "그러나" 하고 그는 말을 계속했다. "가면 갈수록 우리는 더 심한 위험만 만날 뿐이었소. 그래서 이렇게 다시 오던 길로 되돌아가고 있는 거요."

"그래요," 미스트러스트도 말했다. "우리들 바로 앞 길에 한 쌍의 사자(獅子)가 누워 있었는데, 그것들이 잠들어 있었는지 깨어 있었는지는 모르겠지만, 하여튼 우리가 가까이 가기만 하면 틀림없이 우리

---

20) 은혜의 상(賞). *
21) 잠든 자는 상실자(喪失者)다. *

크리스천이 티머러스와 미스트러스트의 말을 듣지 않다

를 갈기갈기 찢어 놓을 것만 같았소."
 그러자 크리스천이 말했다. "당신 말을 들으니 겁이 나는군요. 하지만 이제 어디로 도망쳐야 안전하겠습니까? 만일 내가 고향으로 돌아간다면, 그곳은 불과 유황으로 멸망되게 마련인 곳인데, 거기서 타죽기밖에 더 하겠어요? 만일 하늘 나라의 문까지만 간다면 나는 틀림없이 그 안으로 들어갈 것입니다. 나는 모험하지 않을 수 없어요. 돌아간다는 건 죽음 외에 아무것도 아닙니다. 앞으로 가다 보면 죽음의 공포를 만나겠지만 그 공포를 넘어서면 영원한 생명이 있거든요. 나는 앞으로 나아가겠습니다." 그리하여 미스트러스트와 티머러스는 언덕을 내려갔고, 크리스천은 그의 길을 계속 갔다. 그러나 그들에게서 들은 말이 머리에 떠올라 크리스천은 두루마리를 읽고 마음의 안정을 찾으려고 가슴속을 뒤져 보았으나 두루마리가 없어진 것을 발견하게 되었다. 크리스천은 크게 낙심했다. 항상 그를 안심하게 해주었고 또 하늘 나라에 들어가는 데 통행증이 돼줄 그 두루마리를 잃자, 그는 어떻게 해야 할지를 알 수 없었던 것이다. 그는 마침내 당황하기 시작했다. 어찌할 줄을 모르고 서 있다가, 그는 경사진 곳에 있는 정자에서 자기가 잠이 들었던 일이 생각났다. 그는 무릎을 꿇고 엎드려 자기의 바보 같은 과오를 용서해 달라고 하느님에게 빌고 난 후, 두루마리를 찾으려고 길을 돌아서 내려갔다. 오던 길로 되돌아 내려가는 크리스천의 마음속에 넘치는 슬픔을 그 누가 남김없이 그려낼 수 있을까? 그는 때론 한숨짓고 울면서 또한 그저 잠시 피로를 풀라고 마련된 장소에서 잠들어 버렸던 자신을 꾸짖는 것이었다. 그리하여 그는 여행 중 빈번하게 위안이 되어 주었던 두루마리를 행여나 발견할 수 있을까 하여 길의 이쪽과 저쪽을 조심스럽게 살펴보면서 길을 내려갔다. 마침내 자기가 잠시 잠들었던 정자(亭子)가 다시 시야에 들어오자 자기의 과오가 새롭게 회상되어 그의 마음은 더욱 슬퍼졌다. 그는 자신의 죄(罪)된 잠을 뉘우치면서 말하는 것이었다. "오, 나는 가엾은 자로다. 대낮에 잠을 자다니! 고행(苦行) 속에서 낮잠을 자다니! 언덕의 주인님께서 순례자들의 영혼을 잠시 쉬게 하시려고 지어 놓은 휴식처에서 자신의 육체를 평안하게 하려고 하다니! 얼마나 많은 헛걸음을 나는 걸었는가! (하긴 이스라엘도 그들의 죄 때문에 홍해의 바닷길을 돌아가야 했지만.) 죄된 잠만 자지 않았던들 즐겁게 걸어갈 수 있었을 이 길을 나는 지금 슬픔 속에서 걷고 있지 않은가! 지금쯤이면 얼마나 멀리 갔을 것인가! 한 번만 가도 충분할 길을 나는 세 번이나 가야 하는구나! 날은 이미 기울고 있으니, 그렇다, 나는 어쩔 수 없이 뒤에 처지는 몸이 되었다. 오, 낮잠만 자지 않았더라면!" 이윽고 그는 정자로 다시 돌아왔다. 거기서 그는 잠시 동안 주저앉아 눈물을 흘렸다. 그러나 마침내 그는 (크리스천으로서는 으레 그럴 만했다) 의자 아래를 슬픈 눈으로 내려다보다가, 거기서 자기의 두루마리를 발견하고는 떨리는 손으로 성급하게 집어 들어 자기의 가슴속에 품었다. 잃었던 두루마리를 다시 찾은 그의 기쁨을 그 누가 묘사할 수 있겠는가? 이 두루마리는 그의 생명의 보증서요 열망하던 피란처에의 출입증이었던 것이다. 그리하여 그는 그것을 가슴속에 부둥켜안고 그것이 놓여진 장소로 눈길을 인도해 주신 하느님에게 감사를 드린 후, 기쁨의 눈물을 흘리며 다시 길을 재촉했다. 그는 참으로 순식간에 언덕 위로 올라갔다. 그러나 미처 꼭대기에 이르기 전에 해가 지고 말았다. 그것은 크리스천으로 하여금 또다시 낮잠 잔 것에 대한 후회를 하게 했고, 그리하여 그는 새삼스럽게 자신을 꾸짖기 시작했다. "오, 너 죄된 잠아! 너 때문에 내가 여행 도중에 밤을 만나게 되었구나! 그 죄된 잠을 잔 덕분에 나는 햇빛 없이 길을 가야 하고, 어둠이 나의 발길을 막아 서고 그리고 무서운 짐승들의 부르짖는 소리를 들어야만 하는 것이다!" 그러자 미스트러스트와 티머러스가 사자를 보고 무서워서 돌아오는 길이라고 말하던 얘기가 생각났다. 크리스천은 자신에게 말을 했다. "그런 사나운 짐승들은 밤에 먹

제 1 부 83

긔독도가 일헛든 표지를 도로 차젓다

크리스쳔이 잃었던 표지를 도로 찾았다

이를 찾게 마련이다. 그것들을 만나게 된다면 어떻게 피해 달아날 수 있단 말인가?" 그는 자신의 불행한 운명을 한탄하면서 걷다가 눈을 들어 자기 앞에 아주 웅장한 궁전이 있는 것을 보았다. 그 궁전의 이름은 뷰티풀〔아름다운〕이라는 것으로서 길의 한 옆에 위치해 있었다.

 나는 그가 그 궁전에서 하룻밤 묵을 수 있을까 하여 급하게 그리로 다가서는 모습을 꿈속에서 보았다. 얼마 가지 않아 그는 매우 좁은 길로 들어섰는데, 거기서 1펄롱〔약 200미터의 길이〕쯤 되는 곳에 문지기의 집이 있었다. 그는 앞을 유심히 살펴보면서 가다가 두 마리의 사자가 집을 막고 누워 있는 것을 보게 되었다. 미스트러스트와 티머러스가 무서워 돌아섰던 그 위험이 바로 저기에 있구나 하고 그는 생각했다. (사자들은 묶여 있었다. 그러나 그는 그 사슬을 보지 못했다.) 그는 두려워졌다. 이제 자기 앞에 놓여 있는 것은 다만 죽음뿐이라는 생각이 들어 그는 자기도 역시 그들의 뒤를 따라 돌아가야겠다고 마음먹었다. 그러나 워치풀〔주의 깊음〕이라는 이름의 문지기가 두려워 망설이다가 돌아가려고 하는 크리스천을 보고 소리를 질렀다. "당신은 그다지도 나약한 사람이오? 사자들은 묶여 있으니 겁내지 마시오. 저것들은 믿음이 있는 자와 없는 자를 구별하기 위해 거기 누워 있게 한 것입니다. 길 가운데로 계속 오시오. 아무 상처도 입지 않을 테니까."

 나는 그가 사자들을 무서워하면서도 문지기가 가르쳐 준 길을 똑바로 걷는 것을 보았다. 그는 사자들이 으르렁거리는 소리를 들었다. 그러나 그들은 그에게 아무런 해도 입히지 않았다. 그는 두 손을 부여잡고 문지기가 있는 곳까지 열심히 걸었다. 마침내 문 앞에 이르러 크리스천은 문지기에게 이렇게 묻는 것이었다. "여보세요, 이 집은 무슨 집입니까? 여기서 오늘 밤 신세를 좀 질 수 있을까요?"

 문지기가 대답했다. "이 집은 순례자들의 휴식과 안전을 위해 이 언덕의 주인께서 지으신 것입니다." 문지기는 이어서 그에게 어디에서

제 1 부   85

크리스천이 사자가 있는 데를 지나다

오는 길이며, 어디로 가는 길이냐고 물었다.

크리스천 "나는 멸망의 도시로부터 와서 시온 산으로 가는 길입니다. 그런데 마침 해가 져서 오늘 밤 여기서 쉴 수 있었으면 합니다."

문지기 "당신 이름은 무엇이오?"

크리스천 "내 이름은 크리스천입니다. 그러나 처음 이름은 그레이스리스〔은혜를 입지 못함〕였지요. 나는 야벳 족속에서 태어났지만 하느님께서 셈족의 장막에 가서 살라고 하셨습니다."[22]

문지기 "그런데 어떻게 돼서 이렇게 늦었소? 해가 졌는데."

---

22) 구약 창세기 9장 22~27절 참조. *

크리스천 "좀더 일찍 여기에 올 수 있었지요. 그런데 나라는 놈은 참으로 가엾은 자입니다! 언덕 중턱에 있는 정자에서 잠을 잤단 말입니다. 그뿐인가요. 그랬더라도 이보다는 일찍 올 수 있었을 텐데, 잠을 자다가 증서(證書)를 잃어버리고서도 그냥 언덕 꼭대기까지 올라갔던 것입니다. 올라가서 찾아보니 증서가 없어서 슬픈 마음으로 도로 내려가 잠자던 곳에 가서 그것을 찾아오느라고 이제서야 오게 된 것입니다."

문지기 "그래요? 그럼 이 궁전의 처녀들 가운데 한 처녀를 불러내야겠소. 그녀가 당신 얘기를 좋아하게 되면 이 궁전의 규정에 따라 당신을 나머지 가족들과 만나도록 안내해 줄 것이오." 문지기 워치풀은 종을 울렸다. 종소리가 울리자 문안에서 디스크레션(謹愼)이라고 하는 얌전하고 어여쁜 처녀가 나와 왜 불렀느냐고 묻는 것이었다.

문지기가 대답했다. "이 사람은 멸망의 도시로부터 시온 산으로 가는 여행자인데, 지금 몸도 피곤하고 또 해도 졌기에 오늘 밤 여기서 묵을 수 없으냐고 내게 청을 했어요. 그래서 내가 당신을 불러내어 그와 이야기를 나누고 당신이 그를 착한 사람이라고 보게 되면 이 집의 규정에 따라 대해 줄 것이라고 말했습니다."

그러자 그녀는 그에게 어디서 오며 어디로 가는 길이냐고 다시 물었다. 그는 묻는 대로 대답해 주었다. 그녀는 또한 어떻게 이 길로 오게 됐는가를 물었고, 그는 사실대로 대답을 했다. 그녀는 길에서 무엇을 보고 무엇을 만났는가에 대해서 물었다. 그는 자기가 길에서 무엇을 보고 무엇을 만났는가에 대해 이야기해 주었다. 마지막으로 그녀는 그의 이름을 물었다. "내 이름은 크리스천이라고 합니다. 내가 알기론 이 집은 순례자들의 휴식과 안정을 위하여 언덕의 주인께서 지으신 것일 텐데, 오늘 밤 여기서 묵을 수 있게 해주시길 무엇보다도 바라고 있습니다"라고 그는 말했다. 그러자 그녀는 웃음을 지어 보였는데 눈에는 눈물이 맺혀 있었다. 잠시 그대로 서 있다가 그녀는

"우리 식구들 두셋 더 불러오겠어요"라고 말했다. 그녀는 문께로 달려가 프루던스〔分別〕, 파이어티〔敬虔〕 그리고 채리티〔博愛〕를 불러왔다. 그들은 그와 함께 잠시 더 이야기를 하고 나서 크리스천을 데리고 들어갔다.

문턱에 이르자 많은 처녀들이 다가와 말하는 것이었다. "주님의 은총을 받으신 분이여, 어서 오셔요. 이 집은 당신과 같은 순례자들을 대접하기 위해서 이 언덕의 주인님께서 세우신 집입니다." 그는 그들에게 고개를 숙여 인사하고 뒤를 따라 집안으로 들어갔다. 안으로 들어가 자리에 앉자, 그들은 그에게 마실 것을 주고는 저녁 식사 시간까지는 시간이 좀 있으니 그 여가를 유익하게 보내기 위해 몇몇 처녀들과 함께 특별한 대화를 나누는 게 어떠냐고 제의(提議)하는 것이었다. 그들은 파이어티와 프루던스와 채리티를 이야기 상대로 지명하여 대화를 시작하였다.

파이어티 "그럼, 크리스천 선생님, 오늘 밤 저희들이 선생님을 사모하여 집안으로까지 모셔 들였으니 그 동안 겪으셨던 일들을 얘기해 주시겠습니까? 저희들에게 행여 큰 도움이 될지도 모르니까요."

크리스천 "기꺼이 해드리지요. 아가씨들, 따뜻하게 맞아 주셔서 참으로 기쁩니다."

파이어티 "순례자의 생활을 처음 시작하게 된 동기는 무엇이었던가요?"

크리스천 "무서운 소리가 내 귀에서 떠나지 않아 고향 마을을 버렸던 겁니다. 그 소리는, 만일 내가 그 장소를 벗어나지 않는다면 피할 수 없는 파멸이 임할 것이라는 소리였어요."

파이어티 "그러시다면 어떻게 이 길을 택하셨어요?"

크리스천 "그것은 하느님의 섭리였습니다. 처음 공포에 사로잡혔을 때만 해도 나는 어느 길로 가야 할지를 알지 못했었으니까요. 그런데 우연히 한 사람이 왔습니다. (몸부림치며 울고 있는) 내게 온 그 사

크리스천이 뷰티풀 궁에 다다랐다

람은 이밴질리스트라고 하는 사람이었는데, 그가 좁은 문을 가리켜 주었지요. 그가 아니었으면 전혀 찾을 수조차 없었을 그 좁은 문을 통과하자 이 집으로 이어진 길이 있었습니다."

파이어티 "한데 선생님께선 인터프리터의 집에 들르지 않으셨던가요?"

크리스천 "들렀지요. 거기서 많은 것을 보았는데, 어떤 것들은 내가 죽는 날까지 기억으로 남아 있을 겁니다. 특히 그 중에서 세 가지가 그래요. 즉 어떻게 그리스도께서 사탄의 방해에도 불구하고 그 은총의 역사(役事)를 마음속에 유지시키시는가, 어떻게 인간이 하느님의 자비를 소망할 수조차 없는 그런 죄를 범하는가, 그리고 자기의 잠속에서 최후의 심판이 이루어지는 것을 보았던 사람이 꾼 꿈 등이 기억에 남습니다."

파이어티 "그럼, 그 꿈꾼 사람이 말하는 걸 들으셨나요?"

크리스천 "들었죠, 그건 참 무서운 이야기였다고 생각됩니다. 그가 말하고 있는 동안 나의 가슴은 아팠지만 그것을 들은 게 잘된 일이라고 여겨집니다."

파이어티 "그것이 인터프리터의 집에서 보신 전부입니까?"

크리스천 "아뇨, 그는 나를 데리고 한 웅장한 궁전이 보이는 곳으로 안내했습니다. 그 안에서 사람들이 황금옷을 입고 있는 것도 봤습니다. 그리고 또 어떤 용기 있는 사람이 그를 막기 위해 문 앞에 서 있는 그런 광경들은 나의 가슴을 벅차게 해주었습니다. 나는 그 선한 사람의 집에 1년 열두 달이라도 머물러 있을 수 있었지만, 역시 내겐 더 가야 할 길이 있음을 깨달았지요."

파이어티 "그래, 도중에서 무엇을 보셨나요?"

크리스천 "굉장한 걸 봤지요. 조금 더 나아가자 나는 내 마음속으로 나무에 매달린 것 같다 싶은 한 사람을 만났는데, 그를 보는 바로 그 순간 내 등에 졌던 짐(나는 무거운 짐에 눌려 신음하고 있었지요)

크리스쳔이 뷰티풀 궁에 들어가다

이 벗겨져 나가는 것이었습니다. 그건 참으로 이상스런 일이었어요. 전에는 한 번도 그런 일을 겪어 본 적이 없었으니까요. 그래요, 그 자리에 선 채 눈을 들어 위를 보니까(쳐다보지 않을 재간이 없었지요) 광채를 발하는 세 사람이 내게 다가오는 것이었습니다. 한 분은 나의 죄들이 사함을 받았다고 증언해 주셨고, 또 한 분은 내 누더기를 벗기고 당신들이 보고 있는 이 수놓은 코트를 입혀 주셨고 그리고 나머지 한 분은 내 이마에 이 표시를 해주면서 도장 찍힌 두루마리를 주셨답니다." (말을 하면서 그는 가슴속에서 그것을 꺼내 보여 주는 것이었다.)

파이어티 "선생님은 그것말고 보신 게 또 있죠? 안 그래요?"

크리스천 "내가 얘기한 것들은 그중 훌륭한 것들입니다. 그 밖에 또 본 것들을 얘기하자면, 나는 심플, 슬로드 그리고 프리점션이라고 하는 세 사람이 발에 족쇄를 차고 내가 온 길에서 조금 벗어난 곳에서 잠들어 있는 것을 보았습니다. 하지만 당신들은 내가 그들의 잠을 깨워 줄 수 있었을 것이라고 생각하지 않겠죠. 나는 또한 자기들 말로는 시온으로 가는 길이라면서 담을 뛰어넘어 온 포멀리스트와 하이포크러시를 만났지요. 그러나 그들은 금방 사라져 버렸습니다. 내가 말해 주었는데도 그들은 내 말을 믿으려고 하지 않았지요. 그러나 무엇보다도 어려운 일은 이 언덕을 오르는 것이었죠. 사자들의 입을 피해 오는 것도 그 못지 않게 어려운 일이었습니다. 사실 말이지, 저 문 곁에 서 있던 착한 문지기만 아니었더라도 나는 결국 되돌아갔을지도 모릅니다. 이제는 내가 여기 있게 된 것을 하느님께 감사하고 그리고 나를 영접해 준 여러분들께도 감사를 드립니다."

그러자 프루던스가 자기도 몇 가지 물어 볼 것이 있다면서 대답해 달라고 간청을 하는 것이었다.

프루던스 "떠나 온 고향을 생각할 때가 가끔 있으신가요?"

크리스천 "있죠. 하나 말할 수 없는 부끄러움과 미움을 섞어 생각합니다. 정말이지 내가 만일 떠나 온 옛 고향 생각이 사무쳤더라면 나는 되돌아갈 기회를 잡았을 것입니다. 그러나 나는 지금 더 좋은 나라, 즉 하늘 나라를 사모하고 있거든요"〔히브리서 11장 15~16절〕.

　프루던스 "그 당시 친밀한 관계를 맺고 있던 것들 중 미련이 아직 남아 있는 것은 없나요?"

　크리스천 "그러려고 하지는 않는데도 미련은 남아 있습니다. 무엇보다도 나 자신은 물론 그 마을 사람들이 모두 즐기던 내적이고 육체적인 향락에 대한 미련이 남아 있습니다. 그러나 지금은 그 모든 것들이 나의 슬픔입니다. 만일 나 자신의 것을 스스로 결단할 수만 있다면, 나는 그것들을 두 번 다시 생각하지 않기로 하겠건만, 그러나 내가 가장 좋은 것을 행하려고 마음먹을 때 내가 행하는 일은 오히려 가장 고약한 것이랍니다."

　프루던스 "때때로 선생님을 어지럽게 해주던 그런 일들이 모두 사멸된 것 같은 그런 때는 없으세요?"

　크리스천 "있죠. 그러나 그것은 아주 드문 일입니다. 그런 일들이 일어나는 시간이야말로 내겐 황금 같은 시간이죠."

　프루던스 "어떻게 해서 그런 두통거리들이 때때로 모두 사멸된 것처럼 느껴지게 됐는지 기억나십니까?"

　크리스천 "네, 십자가에서 보았던 것을 생각할 때 그렇게 되고, 이 수놓은 웃옷을 볼 때 그렇게 되고, 내 가슴에 품고 다니는 두루마리를 볼 때 그렇게 되고 그리고 지금 내가 어디로 가고 있는가를 생각함으로써 마음이 따뜻해질 때 그렇게 됩니다."

　프루던스 "선생님으로 하여금 그렇게 애를 쓰고 시온 산으로 가게 하는 그것은 무엇입니까?"

　크리스천 "네, 거기 가면 나는 십자가 위에서 돌아가신 그분이 살아 계신 걸 볼 수 있을 테니까요. 그리고 거기에 가면 지금 내 안에서 나를 괴롭히고 있는 이 모든 괴로움들을 벗어 버릴 수 있을 테니까요. 거기에는 죽음이 없다고들 합니다. 나는 거기서 내가 가장 좋아하는 그분과 함께 살 것입니다. 바른 대로 말하자면, 나는 그분을 사랑해요. 그분 때문에 나는 짐을 벗게 됐으니까요. 나는 내 속의 병(病) 때문에 걱정이 됩니다. 두 번 다시 죽지 않고 '거룩하다, 거룩하다, 거룩하다' 끊임없이 찬송 부를 무리들과 함께 살고 싶은 마음뿐입니다."

그러자 채리티가 크리스천에게 말했다. "선생님은 가족이 있으세요? 결혼하신 분인가요?"

크리스천 "아내와 어린 아이 넷이 있습니다."

채리티 "그런데 왜 그들은 데리고 오지 않으셨어요?"

그러자 크리스천이 울면서 말하는 것이었다. "나는 그들을 데리고 오려고 했지요. 그러나 그들은 모두 내가 순례의 길을 떠나는 걸 막무가내로 말렸습니다."

채리티 "하지만 뒤에 남아 있는 게 얼마나 위험한지를 말해 주고 그들을 설득시키셨어야 하지 않나요?"

크리스천 "그렇게 했죠. 그리고 그들에게 하느님이 내게 도성의 파멸에 대하여 어떻게 보여 주셨는가도 모두 얘기했습니다. 그런데도 그들 눈에는 내가 농담하는 자처럼 보였고〔창세기 19장 14절 참조〕, 그래서 날 믿지 않은 겁니다."

채리티 "선생님은 선생님 식구들이 그 충고를 듣게 해달라고 하느님께 기도하셨던가요?"

크리스천 "그럼요, 아주 진지하게 했죠. 아가씨도 그렇게 하시겠지만, 나는 아내와 아이들을 극진히 사랑했으니까요."

채리티 "하지만 파멸에 대한 선생님 자신의 슬픔이나 두려움을 그들에게 말해 주셨나요? 제 생각엔 선생님은 그 파멸을 똑똑하게 보신 것 같은데요."

크리스천 "했죠, 몇 번이고 되풀이했습니다. 그들은 내가 겁에 질린 얼굴을 하고 눈물을 흘리며 부들부들 떠는 것을 보고 내가 얼마나 머리 위에 임박한 심판을 두려워하는지 잘 알 수 있었을 겁니다. 그러나 그 모든 것들도 그들로 하여금 나를 따라오도록 만들지는 못했지요."

채리티 "그들이 따라오지 않은 이유는 무엇이었나요?"

크리스천 "내 아내는 이 세상을 잃어버릴 것이 겁이 났던 겁니다. 아이들은 어리석은 청년기의 쾌락에 빠져 버렸고요. 그래서 이 핑계 저 핑계로 그들은 나 혼자 이 유랑의 길을 떠나게 한 것입니다."

채리티 "그러나 선생님 자신의 허영에 뜬 생활이 그들을 함께 데려오려는 선생님의 온갖 설득의 말을 무산(霧散)시킨 것은 아니었나요?"

크리스천 "정말이지, 내 생활을 자랑할 수는 없습니다. 내가 저지른 수많은 실수를 나 자신 알고 있으니까요. 나는 또한 다른 사람들에게 좋은 일을 하라고 꾸짖기도 하고 설득하기도 한 온갖 노력이 그 당사자의 행실로 인해 순식간에 뒤집힐 수도 있음을 알고 있습니다. 그러나 이것만은 말할 수 있어요. 나의 어떤 고의가 아닌 행동으로 인해 다른 사람들이 순례의 길을 떠나는 걸 단념하지 않도록 애를 썼습니다. 그래요, 바로 이 때문에 그들은 내가 너무 빈틈없는 자라고 흉을 보았고, 자기들이 보기엔 아무런 악(惡)도 들어 있지 않은 일을 내가 거부했다고 비난했지요. 그러나 나는 이렇게 말할 수 있다고 생각합니다. 만일 내가 그들을 방해한 일이 있다면, 그것은 하느님께 반항하는 죄와 이웃에 대한 악행에 내가 너무 관대했다는 점일 것입니다."

채리티 "카인도 자기 행실은 악하고 아우의 행실은 의로웠기 때문에〔요한 1서 3장 12절〕, 자기의 아우를 죽였지요. 선생님의 아내와 자녀들이 그 때문에 선생님을 반대했다면, 그것은 그들이 선해질 수 없음을 보여 주는 것입니다. 선생님은 선생님의 영혼을 그들의 피로부터 구원해 내셨습니다."[23]

나는 저녁 식사가 마련될 때까지 그들이 그런 식으로 앉아 대화를 계속하는 것을 꿈속에서 보았다. 준비가 끝나자 그들은 식탁에 앉았다. 식탁 위에는 기름진 음식과 농익은 포도가 풍성했다. 그리고 식탁에서의 화제는 이 언덕의 주인에 관해서였는데, 이를테면 그가 무슨 일을 했고, 그 일을 무슨 목적으로 했으며, 왜 그 집을 지었는가 하는 것들이었다. 그들의 얘기를 듣고 그가 위대한 전사(戰士)로서 죽음의 권세를 가진 자와 싸워 그를 살해했는데 그 자신도 심한 위기를 겪었다는 사실을 알게 된 나는 그 때문에 더욱 그를 사랑하게 되었다.

그들이 말하는 동안, 나는 그분이 많은 피를 흘려 그 일을 이루셨는데, 다만 자기 나라에 대한 깨끗한 사랑 때문에 그 일을 하셨으므로 그분이 하신 모든 일이 영광이 된 것이라(고 믿는다고 크리스천이 말했다). 그리고 그 집안에는 그분이 십자가에서 돌아가신 이후에도 그분을 보았고 같이 얘기했다는 사람들이 있었는데, 그들은 그분 자신이 입을 열어 자기는 가난한 순례자를 매우 사랑한다고 말씀하셨으며, 그런 분은 세상을 다 뒤져 봐도 다시 찾을 수 없을 것이라고 간증(干證)하는 것이었다.

그들은 어쨌든 자기네가 확신하는 것을 증명할 예를 들었다. 즉 그분은 가난한 자들을 구원하기 위하여 스스로 영광을 벗어 버리셨다는 것이었으며, 그분이 자기는 시온 산에서 혼자 살지는 않으리라고 분명히 말씀하시는 것을 들었다는 것이었다. 게다가 그분은 본래 거지로 태어나고 근본이 똥무더기인 숱한 자들을 순례의 왕자로 삼아 주셨다고 그들은 말했다.

이렇게 그들은 밤 깊도록 이야기하다가 주님에게 보호해 달라고 기도를 드린 후 잠자리로 들어갔다. 그들은 순례자를 커다란 다락방에

---

23) 크리스천은 그들이 멸망할 때 그들의 피로부터 벗어날 것이다. *

눕게 했는데, 그 다락방에 난 창으로는 해 뜨는 걸 볼 수 있게 돼 있었다. 그 침실의 이름은 '평화'라는 것이었다. 거기서 그는 동이 틀 때까지 푹 자고는 일어나서 노래를 불렀다.

나는 지금 어디에 있는가?
이것은 예수님께서 순례의 길에 선 자들을 위해
마련하신 사랑과 보살핌인가?
그 준비하심! 나는 용서받았도다!
벌써부터 천국의 이웃 방에서 거하게 되다니.

아침이 되자 그들은 모두 일어나서 잠시 서로 의논한 후, 이 집에 있는 희귀한 것들을 보고 나서 떠나라고 크리스첸에게 말했다. 맨 먼저 그들은 그를 서재로 데리고 가서 아주 먼 옛날의 기록을 보여 주었다. 내가 꿈속에서 본 대로 기억을 더듬어 보면, 그들은 그 언덕의 주인이 태초(太初)의 아들이요 영원한 세대의 후손임을 말해 주는 족보를 보여 주었다. 이 책에는 그의 행적이 더욱 자세하게 기록되어 있었고, 그가 자기의 일을 시킨 수백 명 사역자들의 이름과 어떻게 그가 그들을 세월과 풍상으로 마멸되지 않을 거처에 살게 했는가가 기록돼 있었다.

그러고 나서 그들은 그의 종들이 한 행적 가운데 훌륭한 몇 가지를 읽어 주었다. 말하자면 어떻게 그들은 왕국들을 점령했고 의(義)를 세웠으며, 약속을 받았고 사자들의 입을 막았으며, 타오르는 불길을 잡았고 칼날을 피했으며, 약했던 데서 나와 강한 자가 되었고 용감하게 전투에 임했으며 그리고 어떻게 적군을 패주시켰나 하는 것들이었다 〔히브리서 11장 33~34절 참조〕.

그리고 그들은 기록들의 다른 부분을 읽어 주었는데, 그 안에는 그들의 주님이 얼마나, 세상 어떤 사람이라도, 심지어는 과거에 그의 인격과 행위에 심한 모욕을 준 자들이라 할지라도 차별하지 않고 그의 은혜 안으로 영접하려고 했는지가 적혀 있었다. 여기에는 또한 다른 유명한 일들을 기록한 몇 가지 역사가 있었는데, 그 모두를 크리스쳔은 보았다. 옛날 것이나 현재 것이나를 막론하고 확실하게 이루어진 예언이나 선견(先見)들이 기록돼 있었는데, 그것들은 적들에게는 공포와 놀라움이 되고 순례자들에게는 위안과 위로가 될 것들이었다.

이튿날, 그들은 그를 데리고 병기고(兵器庫) 안으로 들어갔다. 거기서 그들은 자기네의 주인이 순례자들을 위하여 마련해 놓은 모든 무기들, 칼, 방패, 투구, 호심경, 모든 기도문 그리고 닳지 않는 구두를 보여 주었다. 그리고 거기에 있는 무기들은 주인을 위한 봉사자가 하늘의 별만큼 많더라도 모두 무장시킬 수 있을 만큼 풍부했다.

그들은 또한 그에게 몇 가지 도구들을 보여 주었는데, 그것들은 그것들을 가지고 주인의 하인들이 신기한 일들을 이루었던 일이 있는 도구들이었다. 그들은 그에게 모세의 지팡이와 시세라를 죽일 때 야엘이 사용했던 망치와 못, 미디안 군대를 쫓아 버린 기드온이 사용한 항아리와 나팔과 등불을 보여 주었다. 또한 그들은 샴가아가 600명이나 되는 남자들을 살해할 때 사용한 황소 몰이용 막대기도 보여 주었다. 삼손이 그 막강한 공을 세울 때 사용했던 나귀의 턱뼈도 보여 주었다. 그리고 무엇보다도 가드 사람 골리앗을 죽일 때 다윗이 사용한 투석기와 돌멩이도 보여 주었다. 그리고 주님께서 다시 일어나실 날 죄지은 자들을 처형할 칼도 보여 주었다. 그들은 그것말고도 수많은 훌륭한 도구들을 보여 주었는데, 그것을 보는 크리스쳔의 마음은 말할 수 없이 기뻤다. 구경을 마치고 그들은 제각기 잠자리에 들었다.

다음날 아침, 크리스쳔이 잠을 깨어 자기의 길을 떠나려 하는 것을 나는 꿈속에서 보았다. 그러나 그들은 하루만 더 머물러 있으라고 그에게 간청하는 것이었다. 그들은 이렇게 말했다. "만일 날씨만 갠다면 기쁨의 산맥을 보여 주겠소." 그것을 보면 더욱 마음의 위안을 받

크리스천이 갑옷을 입다

게 될 것이라고 그들은 말했다. 왜냐하면 그곳은 그가 지금 있는 곳보다 갈망하는 하늘 나라에 더욱 가깝기 때문이라는 것이었다. 그리하여 그는 머물기로 작정을 했다. 아침이 되자 그들은 그를 데리고 집의 지붕 위로 올라가서 남쪽을 보라고 했다. 그가 보니 저 멀리 아주 먼 곳에 숲과 포도원과 온갖 열매들이 열린 과수원과 꽃들과 샘물이 어울린 보기 좋은 산맥이 눈에 들어오는 것이었다. 그가 그곳의 이름을 묻자, 그들은 임마누엘의 영지(領地)라는 곳으로서 순례자들에게는 이곳과 마찬가지로 언제나 개방되어 있다고 대답했다. 그리고 그곳에 가서 보면 하늘의 문이 보일 것이고, 그 안에 살고 있는 목자(牧者)들이 나타날 것이라고 말했다.

이때 그는 길을 떠나겠다고 말했다. 그들도 좋도록 하라고 했다. "그러나 우선" 하고 그들은 말했다. "다시 한 번 병기고엘 들러 봅시다." 그곳에 다다르자 그들은 혹시 그가 길에서 만날지도 모를 습격에도 견딜 수 있도록 머리에서부터 발끝까지 갑옷을 입혀 주었다. 이렇게 무장을 한 그는 친구들과 함께 문으로 가, 그곳에 있는 문지기에게 다른 순례자들이 지나가는 것을 보았느냐고 물어 보았다. 그러자 문지기가 대답했다.

"보았소."

크리스천 "그가 누군지 아셨습니까?"

문지기 "내가 그에게 이름을 물어 봤지요. 그랬더니 페이스풀〔信義〕이라고 했소."

크리스천 "오, 내가 아는 사람이군요. 그는 고향의 이웃 사람이었어요. 그는 내가 태어난 그곳으로부터 온 겁니다. 지금쯤 얼마나 앞에 가 있을까요?"

문지기 "지금쯤 이 언덕을 다 내려갔을 거요."

크리스천 "좋습니다, 착한 문지기님, 주님이 함께 하셔서 더 많은 축복 받으시기 바랍니다. 친절을 베풀어 주셔서 고맙습니다."

그러고 나서 그는 걷기 시작했다. 그러자 디스크레션, 파이어티, 채리티 그리고 프루던스 등이 언덕 아래까지 함께 동행을 하겠다고 나섰다. 그리하여 그들은 함께 걸어갔는데 언덕 아래까지 내려가도록 전에 하던 이야기를 계속했다. 크리스천이 말했다. "올라갈 때 힘들던 만큼 내려가는 건 또 위험하군요." "그렇습니다"라고 프루던스가 말했다. "위험해요. 누구에게든지 휴밀리에이션〔겸손〕계곡을 내려가는 일은 어렵답니다. 넘어지지 않도록 꼭 잡으십시오. 그 때문에," 그들이 함께 말했다. "우리는 지금 한덩어리가 되어 언덕 아래에 내려가고 있는 겁니다." 그리하여 그는 아주 조심스럽게 내려가기 시작했지만, 결국 한두 번 미끄러지고 말았다.

나는 그들 착한 동료들이 (크리스천이 언덕 아래에까지 이르자) 그에게 빵 한 조각, 포도주 한 병 그리고 포도 한 송이를 주는 것을 꿈속에서 보았다. 그들과 헤어져 그는 자기 길을 계속 걸었다.

그런데 이 휴밀리에이션 계곡에서 가련한 크리스천은 난관에 봉착하게 되었다. 얼마 가지 않아 추하게 생긴 한 괴물과 맞닥뜨리게 되었던 것이다. 그의 이름은 아폴리온〔요한계시록 9장 11절〕이었다. 크리스천은 겁을 먹고는 돌아갈 것인가 버텨 볼 것인가 마음을 결정하지 못한 채 갈팡질팡하기 시작했다. 그러나 그는 자기의 등에 갑옷을 입지 않은 것을 기억하고는 그렇기 때문에 등을 보이고 도망치다가는 괴물에게 갈가리 찢기기 십상이라고 생각하였다. 그래서 그는 마음을 단단히 먹고 버티고 서 있으리라 결심했다. 지금 목숨을 건지겠다는 것말고 다른 생각이 없는만큼, 버티고 서는 것이 가장 상책이라고 그는 생각했던 것이다.

그래서 그는 계속 걸어가 아폴리온과 맞닥뜨렸다. 그 마귀의 모습은 보기조차 끔찍스러웠다. 그는 고기 비늘 같은 갑옷으로 몸을 감싸고 있었다(그리고 그는 그것을 자랑으로 여겼다). 그는 용 같은 날개와 곰 같은 발을 갖고 있었고 배에서는 불과 연기가 솟아났는데, 그

입이 사자 입 같았다. 크리스천에게 다가온 그는 경멸하는 눈으로 바라보면서 그에게 질문을 하기 시작했다.

아폴리온 "너는 어디에서 와서 어디로 가는 놈이냐?"

크리스천 "나는 악마의 땅인 파멸의 도시로부터 시온 성으로 가는 길이다."

아폴리온 "그렇다면 네놈이야말로 내가 노리던 놈들 가운데 하나로구나. 네가 떠나 온 그 땅은 내 것이요, 나는 그 땅의 왕자(王者)에다 신(神)이다. 그 왕의 허락도 없이 도망친다는 게 될 법이나 한 말이냐? 네놈을 좀더 충실한 종으로 부려먹을 생각만 없었더라면 당장 한 주먹으로 뻗게 만들었을 게다."

크리스천 "나는 사실 너의 나라에서 태어났다. 하지만 네 일은 너무 힘들었고 네가 주는 임금(賃金) 가지고는 살아 나갈 수가 없었다. 죄의 삯은 사망이니까〔로마서 6장 23절〕. 그래서 어른이 되자 나는 다른 생각 깊은 분들이 한 것처럼 스스로 개선할 길을 찾았던 것이다."

아폴리온 "자기 백성을 순순히 잃어버릴 왕은 없는 법이다. 나도 네놈을 놓치지 않겠다. 하나 네가 일이 힘들고 임금이 박하다고 불평을 하는데, 그 점은 안심하고 돌아가거라. 나라의 사정이 허락하는 한에서 잘 대우해 줄 것을 이 자리에서 약속하겠다."

크리스천 "하지만 나는 이미 만왕의 왕께 내 몸을 바쳤다. 어떻게 내가 너와 함께 정당하게 돌아갈 수 있겠는가?"

아폴리온 "네가 한 짓이야말로, 속담에 있듯이 혹 떼려다 혹 붙인 격이로구나. 하지만 내게 충성을 바치겠다고 했다가 잠시 동안 살짝 빠져 나갔던 자들이 다시 돌아오는 일은 흔하다. 너도 그렇게만 하며 보는 일이 잘될 게다."

크리스천 "나는 그분을 믿는다. 그리고 충성을 맹세했다. 어떻게 내가 그분을 배신할 수 있으며 또 배신자로서의 처형을 면할 수 있겠는가?"

아폴리온 "너는 내게 대해서도 마찬가지였다. 그런데 나는 모든 것을 용서할 참이다. 너만 돌아와 준다면."

크리스천 "내가 너에게 약속한 것은 아직 어렸을 적의 일이었다. 게다가 내가 지금 모시고 있는 왕께서는 내 죄를 사해 주시고 그리고 내가 너에게 맹종했던 과오까지도 용서하실 수 있는 그런 분이다. 그뿐이 아니다. (오, 너 파괴자 아폴리온아) 솔직하게 이야기하면 나는 그분을 위한 봉사와 그분이 주시는 임금과, 그분의 일꾼들과 그분의 정부(政府)와, 그분의 동료들과 그분의 나라를 너의 것보다 훨씬 더 좋아한다. 더 이상 나를 설득시키려 하지 마라. 나는 그분의 종이니 그분을 따르겠다."

아폴리온 "냉정한 마음으로 다시 한 번 생각해 봐라. 네가 앞으로 도중에서 무엇을 만나게 될까를. 그의 종들이 대부분 비참한 종말을 맞고 있는 걸 너는 잘 알 것이다. 그것은 그들이 나와 나의 길을 반대하여 떠났기 때문이다. 얼마나 많은 자들이 부끄러운 죽음을 당했느냐? 게다가 너는 그를 섬기는 게 나를 섬기는 것보다 더 좋다고 했지만, 그는 자기를 섬기다가 돌아선 자들을 구원하기 위해 자기가 있는 장소로부터 한 번도 나와 본 적이 없단 말이다. 그러나 나로 말할 것 같으면, 세상이 다 아는 일이겠지만, 내 모든 권력과 속임수를 총동원하여 나를 떠나 그를 섬기는 자들을 건져내 오는 일을 얼마나 자주 했는가? 해서 이제 내가 널 구해 내려는 거다."

크리스천 "그분이 당장 그들을 구원해 내시지 않는 것은, 그들이 과연 끝까지 그분께 의지할 것인가를 시험하고 그들의 사랑을 단련시키기 위한 것이다. 그리고 네가 말한, 그들이 당하게 될 비참한 죽음도 그것은 그들이 얻은 빛나는 영광이다. 그들은 당장의 구원을 그리워하고 있지 않으니까. 그들은 지금 그들의 왕이 천사들의 영광에 둘러싸여 오실 때 받게 될 영광을 기다리고 있기 때문이다."

아폴리온 "너는 이미 그에게 불충성한 몸인데 어떻게 그의 보수(報

酬)를 받으리라고 생각하고 있는 거냐?"

　크리스천 "오, 아폴리온, 내가 어떤 점에서 그분께 불충성했단 말이냐?"

　아폴리온 "너는 처음에 디스폰드 연못에 빠져 거의 질식하게 됐을 때 마음이 갈팡질팡했다. 네 왕이 와서 등에 진 짐을 벗겨 줄 때까지 기다리고 있었어야 하는 건데, 너는 네 힘으로 어떻게 해보려고 다른 길로 들어섰었지. 너는 죄된 잠을 자는 바람에 중요한 물건을 잃어버렸고, 사자를 보았을 때는 거의 돌아가려고까지 했으며, 네가 여행에 대해서 이야기하거나 듣고 본 것들에 대하여 이야기할 때 그것은 네 속에 숨은 허영심의 발로(發露) 외에 아무것도 아니었단 말이다."

　크리스천 "모두 사실이다. 그리고 네가 얘기하지 않은 것들도 많이 있다. 하지만 내가 섬기고 자랑스럽게 여기는 왕께서는 자비하셔 모든 것을 용서하실 것이다. 그뿐만 아니라 내가 너의 나라에 있을 때 속속들이 배어 들었던 여러 가지 결점들 때문에 나는 늘 괴롭고 슬펐었는데 그런 결점까지도 나의 왕께서는 용서하셨다."

　그러자 아폴리온이 머리끝까지 화를 내면서 말하는 것이었다. "그 왕은 내 원수다. 나는 그의 인격, 그의 법률 그리고 그의 백성을 증오한다. 나는 너와 겨루어 보려고 이렇게 온 것이다."

　크리스천 "아폴리온, 네 행위를 조심해라. 나는 지금 왕의 길, 그 거룩한 길을 가고 있는 중이다. 그러니까 조심하란 말이다."

　그러자 길의 폭을 모두 차지하고는 아폴리온이 말했다. "나는 두려운 것이 없다. 죽을 준비나 해. 저승의 소굴에서 너를 더 이상 못 가게 할 것을 맹세하고 나왔다. 여기서 네 영혼을 요절내겠다."

　이 말과 함께 그는 크리스천의 가슴을 향해 불붙은 창을 한 개 던졌다. 그러나 크리스천은 손에 마침 들고 있던 방패로 그것을 막아 아무런 상처도 입지 않았다. 이제는 자기도 서둘러야 할 때가 되었다고 생각한 크리스천은 칼을 빼어 들었다. 아폴리온은 여러 개의 창을 우

크리스천이 아폴리온과 싸우다

박처럼 퍼부어 대며 결사적으로 공격해 왔다.

그것들을 피하기 위해 온갖 노력을 다했으나 결국 크리스천은 그의 머리와 손과 발에 상처를 입고 말았다.[24] 그리하여 크리스천은 조금 뒤로 물러서게 되었다. 아폴리온은 그 뒤를 악착같이 따라왔고, 마침내 크리스천은 다시 한 번 용기를 가다듬어 사내다운 저항을 맹렬하게 시도했다. 이 치열한 싸움이 반나절이나 계속되자 크리스천은 기진맥진하게 되었다. 그의 상처로 말미암아 크리스천은 힘이 점점 약해졌으리라는 건 당연한 일이다.

그러자 아폴리온은 이 기회를 놓치지 않고 크리스천에게 달려들어 그를 잡아 무섭게 넘어뜨렸다. 그 통에 크리스천은 잡고 있던 칼마저 놓치고 말았다. 아폴리온은 "이제야 꼼짝 못 하겠지"라고 말하며 그를 맹렬하게 눌러 거의 숨이 끊어지게 만들었다. 크리스천은 그만 절망 속에 빠지고 말았다.

그러나 이때 하늘이 그를 도왔다. 아폴리온이 마지막 일격(一擊)을 가하려는 바로 그 순간 크리스천은 놓쳤던 칼을 집어 들고는 "오, 나의 대적이여, 나로 인하여 기뻐 말라. 나는 넘어질지라도 일어나리니"[미가 7장 8절]라고 말하면서 그를 냅다 찔렀다. 치명상을 입은 자처럼 아폴리온은 뒤로 물러섰다. 그 모양을 본 크리스천은 다시 다가서면서 말했다. "아무렴, 이 모든 일에 우리를 사랑하시는 이로 말미암아 우리가 넉넉히 이기느니라"[로마서 8장 37절]. 그 말에 아폴리온은 용의 날개를 펴고 달아나 버려 크리스천은[25] 두 번 다시 그를 보지 못했다.

이 싸움에 대해서 나처럼 직접 본 사람이 아니라면 싸우는 동안 아폴리온이 어떤 흉한 소리를 지르고 으르렁거렸는가 상상도 할 수 없

---

24) 크리스천은 그의 이해(理解)와 신앙과 대화에 상처를 입은 것이다. *
25) 어떤 사본에는 여기에 '당분간'이라는 말이 삽입되어 있다.

크리스천이 악귀를 만나 기도하다

을 것이다. 그는 용처럼 소리를 질렀고, 한편 크리스천은 가슴에서 터져 나오는 신음과 한숨을 토해 내는 것이었다. 나는 그가 양쪽에 날이 선 그의 칼로 아폴리온을 찌를 때까지 그의 얼굴에서 기쁜 표정을 읽을 수 없었다. 마침내 그는 웃으면서 하늘을 바라보는 것이었다. 그러나 그것은 참으로 무서운 광경이었다.

전투가 끝나자 크리스천은 "나를 사자의 입으로부터 구해 주신 분께 감사드려야지, 아폴리온에게 대적할 수 있도록 도와 주신 분께"라고 하면서 계속 이렇게 말하는 것이었다.

> 악마의 두목, 위대한 비엘지법이
> 나를 파멸시키려고 중무장하고
> 소름 끼치는 분노를 품고, 그리고
> 내게 덤벼들었도다.
> 그러나 축복의 미가엘 천사장
> 날 도와 주셨고, 그래서 나는
> 칼의 힘을 빌려 그를 단숨에
> 패주시켰네.
> 그런즉 나 그분께 영원한 찬송과
> 감사를 드리고, 그 거룩한 이름
> 항상 기려 받들리라.

이때 그에게 생명나무 잎을 손에 든 사람이 다가왔다. 크리스천은 그 잎을 받아 싸울 때 입은 상처에 발랐다. 그러자 상처는 말끔히 낫는 것이었다. 그 자리에 앉아 그는 아침에 받은 빵과 포도주를 먹고 마셨다. 그리하여 원기를 회복한 그는 손에 칼을 든 채 여행을 계속했다. 그는 "또 어떤 적이 닥칠지 알 수 없는 일이야"라고 말했다. 그러나 계곡을 다 지날 때까지 그는 다른 무엇도 만나지 않았다.

그 계곡이 다 끝나는 곳에 또 다른 계곡이 하나 있었다. 그곳은 죽음의 그늘 계곡이라는 곳이었다. 천성(天城)에 이르는 길은 그 계곡을 통해 있었기 때문에 크리스천은 그리로 들어가지 않을 수 없었다. 그런데 그 계곡은 매우 적막했다. 그러기에 예언자 예레미야는 이렇게 묘사하고 있는 것이다. "광야, 사막과 구덩이의 땅, 건조하고 죽음의 그늘이 드리운 땅, 아무도 (크리스천말고) 지나가지 않고 살지도 않는 땅"〔예레미야 2장 6절〕.

여기서 크리스천은 아폴리온과 싸우던 것보다 더 고약한 어려움을 만났다. 그것은 다음과 같은 어려움이었다.

나는 크리스천이 죽음의 그늘 계곡 가장자리에 이르러 두 사람과 만나는 것을 꿈속에서 보았다. 그 둘은 기름진 땅에 갔다가 빨리 되돌아가게 하려고 나쁜 보고(報告)를 가지고 온 자들〔민수기 13장 31절〕의 자손이었는데, 크리스천은 그들에게 이렇게 말했다.

크리스천 "어디서 오는 길입니까?"

그들이 말했다. "돌아가시오, 돌아가. 당신도 평안하게 살고 싶거든 빨리 돌아가시오."

크리스천 "왜요? 무슨 일입니까?"

두 사람 "무슨 일이냐구! 지금 당신이 가고 있는 길을 우리도 갈 수 있는 데까지 가봤소. 우리는 거의 돌아올 수 없을 뻔했지요. 조금만 더 갔더라면 여기 이렇게 와서 당신에게 얘기해 줄 수도 없었을 게요, 정말이지."

크리스천 "도대체 무엇을 만나셨습니까?"

두 사람 "우리는 거의 죽음의 그늘 계곡 안으로 들어가 있었소. 그런데 천만다행으로 눈을 들어 앞을 보고는 그 앞에서 우리를 기다리고 있는 위험을 미리 보았던 것이오."

크리스천 "무엇을 보았습니까?"

두 사람 "보았느냐고! 계곡 자체가 칠흑같이 어두웠는데, 우리는 거기서 도깨비들과 새터〔森林의 신, 半人半獸의 괴물〕들, 그리고 굴에서 사는 용들을 보았소. 그리고 고뇌와 쇠사슬에 묶여 꼼짝 못하고 앉아 있는 말할 수 없이 비참한 무리들이 지르는 듯한 고함과 신음 소리도 우리는 들었소. 그리고 그 계곡 위에는 절망이 가져다 주는 혼돈의 구름이 덮여 있었지요. 죽음 또한 그 위에 날개를 드리우고 있었소. 한마디로 말해서 질서란 찾아볼 수도 없는 아주 무시무시한 곳이었소."[26]

그때 크리스천이 말했다. "나는 아직 당신네들이 말하는 게 뭔지 알지 못하겠군요. 하지만 내가 원하는 피란처로 가려면 이리로 가야 한다는 건 알고 있습니다."

두 사람 "갈 테면 가보시오. 우리는 그리로 가지 않겠소."

그리하여 그들은 서로 헤어져 크리스천은 자기의 길을 계속 갔다. 그러나 습격을 경계하여 그는 여전히 칼을 손에 든 채였다.

나는 그 계곡이 미치는 데까지 오른쪽으로 매우 깊은 도랑이 파져 있는 것을 꿈속에서 보았다. 그 어느 시대에서나 소경이 소경을 인도하다가 둘 다 빠져 비참하게 죽은 바로 그 도랑이었다. 다시 보니 왼쪽에도 매우 위험한 수렁이 있었는데, 아무리 좋은 사람이라도 그 안에 빠지면 딛고 설 자리를 찾을 수 없을 그런 수렁이었다. 그 수렁에는 다윗 왕도 한 번 빠졌었는데, 그를 그곳에서 건져낼 능력을 갖고 계신 그분만 아니었던들 그는 틀림없이 숨이 막혀 죽었을 것이다.[27]

여기의 길은 또한 좁기가 한이 없었다. 크리스천은 천신만고로 길을 걸어가지 않을 수 없게 되었다. 왜냐하면 어둠 속에서 한쪽에 있는 도랑을 피하려다 보면 다른 쪽에 있는 수렁에 빠지게 되고, 수렁을 피하려다 보면 도랑에 빠지지 않기 위해 여간 조심하지 않으면 안

---

26) 구약 욥기 3장 5절 및 10장 22절에 비슷한 그림이 그려져 있다.
27) 구약 시편 69편 참조.

크리스천이 죽음의 그늘 계곡을 떠나니, 햇빛이 비치다

되었기 때문이다. 그는 그 모양으로 계속 걸어가면서 땅이 꺼지게 한숨을 쉬었다. 위에 언급한 위험들말고도 좁은 길이 어찌나 어두운지 들어 올린 발을 어디다 놓아야 할지, 무엇을 디뎌야 할지 알 수가 없었던 것이다. 그 계곡의 중간쯤 되는 곳에서 나는 지옥문을 보았는데, 그것은 길가에 나 있었다. 거기에 이르러 크리스천은 "어떻게 할까?" 하고 생각했다. 가끔 불꽃이 튀며 괴상한 소리와 함께 화염과 연기가 무럭무럭 쏟아져 나왔다(그것들은 좀 전의 아폴리온처럼 크리스천의 칼을 무서워하지는 않았다). 그리하여 그는 그만 칼을 거두고 부단한 기도(祈禱)라고 하는 무기를 잡았다〔에베소서 6장 18절〕. 그는 내 귀에까지 들리는 큰 목소리로 울부짖었다.

"오, 주여. 당신께 구하노니 나의 영혼을 건지소서"〔시편 116편 4절〕. 그는 한참 계속 기도했는데 여전히 불꽃은 그에게 닿을 듯이 널름거리는 것이었다. 또한 그는 처량한 소리와 이리저리 달리는 발자국 소리를 듣고는 자기 몸이 갈가리 찢기거나 길 위의 진흙처럼 밟히는 게 아닌가 생각하곤 했다. 몇 마일을 가는 동안, 이 무시무시한 광경과 소름 끼치는 소리는 여전히 보이고 들렸다. 그리고 악마 한 떼가 자기를 만나러 다가오고 있는 소리가 들리는 듯이 여겨지는 장소에 이르러 그는 발을 멈추었다. 그러고는 어떻게 하는 게 상책일까 궁리하기 시작했다. 가끔 되돌아가 버릴까 하는 생각이 들기도 했다. 그러나 다시 한 번 그는 생각했다. 지금 자신이 계곡의 절반 가량 들어와 있는 데다 지금까지 얼마나 심한 위험을 겪었던가를 회상하였다. 그리하여 돌아가게 되면 계속 앞으로 가는 것보다 훨씬 더 어려움을 겪게 되는지도 모른다는 생각이 들자, 그는 계속 가기로 결심했나. 그러나 한편 마귀들은 점점 가까이 다가오는 것 같았다. 그래서 그는 아주 격렬한 목소리로 "나는 주 하느님의 힘을 빌려 걸어가리라"고 부르짖었다. 그러자 그들은 뒤로 물러나고 다시는 나타나지 않았다.

빠뜨릴 수 없는 한 가지. 나는 불쌍한 크리스천이 너무나도 혼란에 빠져 그만 자신의 목소리마저 분간하지 못하는 것을 눈치 챘다. 그가 불타는 구덩이 옆을 지나칠 때 악귀 하나가 그의 뒤를 살금살금 따라와 하느님을 모독하는 소리를 속삭였다. 크리스천은 그 속삭이는 소리가 마치 자기 마음속에서 우러나는 것처럼 느꼈다. 자기가 이때까지 그렇게도 사랑하던 분을 스스로가 모독하고 있다는 생각이 들자, 크리스천의 마음은 전에 당해 온 그 어떤 괴로움보다 더 큰 괴로움을 겪게 되었다. 그러나 아무리 그러지 않으려 해도 해도 소용이 없었고, 귀를 틀어막거나 혹은 그런 비방의 소리가 어디에서 들려 오는지 알아낼 수조차 없었다.

이렇게 시름에 잠긴 채 한참 여행을 계속하던 크리스천은 갑자기 자기 앞에 가고 있던 한 사람이 다음과 같이 말하는 것을 들은 듯한 생각이 들었다. "비록 내가 죽음의 음침한 골짜기를 지날지라도 해(害)받음을 두려워하지 않나니 당신이 나와 함께 계심이라"〔시편 23편 4절〕.

그 말을 듣자 크리스천은 즐거워졌다. 그 즐거워진 이유는 이랬다.

첫째, 이 골짜기에 자기처럼 하느님을 두려워하는 사람이 또 있음을 알게 되었기 때문이었다.

둘째, 하느님께서는 비록 어둡고 음침한 가운데서도 앞서가는 그들과 함께 계심을 알게 되었던 것이다. 이곳을 메우고 있는 장애물 때문에 분명히 볼 수는 없지만, 그 하느님께서는 분명히 자기도 보살피실 것이라고 그는 생각했다.

셋째, (앞서가는 이들을 따라잡으면) 동행이 될 수 있으리라고 그는 희망했던 것이다. 그래서 그는 계속 걸어가면서 앞에 가는 사람을 불렀다. 그러나 앞에 가는 사람 역시 자기 혼자뿐인 줄로만 알았기 때문에 뭐라고 대답해야 할지를 모르는 것이었다. 얼마 가지 않아 날이 새었다. 그때 크리스천은 입을 열어 말했다. "그가 죽음의 그늘을 아침으로 바꾸셨다"〔아모스 5장 8절〕.

　아침이 되자 그는 뒤를 돌아보았다. 돌아가려는 것이 아니라 자기가 어둠 속에서 얼마나 위험한 곳을 지나왔는지 밝은 빛 아래서 보려는 것이었다. 그리하여 그는 한쪽에 있는 수렁과 다른 한쪽에 있는 도랑, 그리고 그 사이로 난 길이 얼마나 좁은지 분명히 보았다. 그리고 또 구덩이 속의 도깨비와 새터, 그리고 용들이 멀리서 보였다. 날이 샌 후였기 때문에 그것들은 가까이 접근해 올 수 없었던 것이다. 먼 곳에 있었지만 그것들은 모두 그의 눈에 발각되었다. 그것은 다음과 같은 기록된 말씀에 따르면 그렇게 되게 마련이었던 것이다. "그는 어둠 가운데서 은밀한 것을 드러내시며 죽음의 그늘을 광명한 데로 나오게 하시도다"〔욥기 12장 22절〕.

　그 위험한 것들을 어둠 속에서 만났을 땐 좀더 무서워했지만 이제 날빛의 밝음이 그 모양들을 밝혀 내 똑똑히 볼 수 있게 되자, 크리스천은 자기가 그 위험들로부터 구제받은 것이 더욱 감격스러워지는 것이었다. 마침 태양이 떠오르고 있었는데, 그것은 크리스천에게 있어 또 하나의 자비가 되었다. 왜냐하면 죽음의 그늘 계곡 전반부도 위험했지만, 이제부터 그가 가야 할 후반부는 훨씬 더 위험했기 때문이다. 그가 지금 서 있는 곳으로부터 계곡의 끝에까지 이르는 길에는 도처에 덫과 함정과 괴물이 놓여져 있었고 구덩이와 유혹과 깊은 구멍과 경사진 곳이 산재해 있었기 때문에, 만일 그가 계곡의 전반부를 올 때처럼 여전히 어둡다면 비록 수천 개의 영혼을 가졌다 하더라도 모두 다 잃어버리지 않을 수 없었을 것이다. 그런데 내가 말한 대로 방금 해가 떠오르고 있었던 것이다. 그리하여 그는 말했다. "그의 등불이 나의 머리를 비추셨고 그 빛으로 인해 나는 어둠을 뚫고 가는도다"〔욥기 29장 3절〕.

　그 빛에 힘입어 그는 계곡의 끝에까지 이르렀다. 나는 그 계곡의 끝에 먼저 간 순례자들의 것일 듯싶은 피와 뼈와 조각난 육체들이 널려

크리스천이 거인 포프를 지나가다

있는 것을 꿈속에서 보았다. 왜 그런 것들이 거기 있을까 궁리하던 중 나는 조금 앞에 한 개의 굴이 있는 것을 발견했다. 옛날 그 굴에 살고 있던 두 거인 포프〔敎皇〕와 페이건〔異敎徒〕이 그 권세와 독재로 사람들을 무참하게 죽여 거기에 뼈와 피와 재 같은 것이 널려 있게 했던 것이다. 그 옆을 크리스천이 별 위험 없이 지나가는 것을 보고 나는 이상스럽게 생각하였다. 그러나 나는 곧 페이건은 죽은 지 오래 되었고, 다른 거인은 아직 살아 있다고는 하지만 나이도 많이 들었고 젊은 시절에 입은 수많은 치명적인 타박상들이 그를 너무나도 괴롭혀 이제는 굴의 어귀에 앉아 지나가는 순례자들을 비웃거나 하고 그들을 해치지 못하는 울분으로 자기 손톱이나 물어뜯고 있을 뿐임을 알게 되었다.

나는 크리스천이 자기 길을 가다가 굴 어귀에 앉아 있는 노인을 보고 어떻게 할 줄을 모르는 모양을 보았다. 그것은 특히 그 노인이 그를 붙들지는 못했다 하더라도 "네놈들은 더 많이 타 죽어야 잘못을 고칠 게다" 하고 소리를 질렀기 때문이었다. 그러나 크리스천은 평화스럽고 온순한 얼굴로 그 앞을 지나갔는데 몸에는 아무런 상처도 입지 않았다.

그는 노래를 불렀다.

오, 놀라운 세상!(내 무슨 말 더 하랴.)
여기서 만난 그 지독한 재난을
나는 견뎌낼 수 있었네!
오, 축복 있으라, 나를 거기서
건져낸 손이여!
내가 이 골짜기에 있는 동안,
어둠과 악마와 지옥과 죄 속의
위험은 나를 둘러쌌도다.
덫과 구덩이와 함정과 그물이
나의 앞길에 놓여 있었고, 하여
보잘것없는 바보인 나는
걸리고 빠지고 넘어졌을 것을.
그러나 나는 이렇게 살아 있으니,
예수님께 영광을 돌리세.

크리스천은 계속 길을 가다가 조그만 둔덕에 이르렀다. 그 둔덕은 순례자들로 하여금 그 위에 올라가서 앞길을 바라볼 수 있도록 일부러 쌓아 놓은 것이었다. 그리하여 크리스천은 둔덕 위에 올라가 앞을 바라보았다. 저기 앞서가는 페이스풀의 모습이 보였다. 크리스천은 큰소리로 그를 불렀다.

"어이, 여보시오. 같이 가십시다." 그러자 페이스풀이 뒤를 돌아다 보았다. 크리스천은 그에게 다시 소리쳤다. "멈추시오, 멈춰. 곧 따라가겠소." 그러나 페이스풀은 "아니오, 난 목숨 걸고 가는 길이오. 피의 복수자가 내 뒤를 따라오고 있소" 하고 대답하는 것이었다. 그 말을 듣고 크리스천은 약간 불끈하여 온몸의 힘을 다 내어 페이스풀을 따라잡고는 조금 앞서게까지 되었다. 나중 된 자가 먼저 된 셈이었다. 친구보다 앞서게 된 자만심을 품고 크리스천은 얼굴에 웃음을 띄웠다. 그러나 그 바람에 발 밑을 조심하지 않아 그는 갑자기 미끄러져 넘어지고 말았다. 결국 페이스풀이 와서 일으켜 줄 때까지 그는 일어설 수가 없었다.

나는 그들이 매우 친근하게 되어 순례 도중 일어났던 일들에 대해 재미있게 이야기하며 함께 걸어가는 것을 꿈속에서 보았다. 크리스천이 먼저 입을 열었다.

크리스천 "존경하고 사랑하는 페이스풀 씨. 당신을 따라와 만나게 된 것이 기쁩니다. 그리고 하느님께서 우리의 마음을 부드럽게 해주셔서 이 즐거운 여행을 함께 하도록 하신 것 또한 감사합니다."

페이스풀 "친구여, 나는 마을을 떠날 때부터 당신과 함께 오고 싶었는데, 어쩌다가 당신이 먼저 길을 떠나셨죠. 그래 어쩔 수 없이 나도 혼자 이 길을 오지 않을 수 없었던 겁니다."

크리스천 "나의 뒤를 따라 순례의 길에 오를 때까지 당신은 얼마나 더 그 멸망의 도시에 남아 있었나요?"

페이스풀 "더 이상 지체할 수가 없었습니다. 당신이 떠난 후, 하늘에서 내려온 불에 온 도시가 곧 모두 불탈 것이라는 얘기가 좍 퍼졌으니까요."

크리스천 "뭐라고요? 그래 이웃 사람들도 그런 말을 하던가요?"

페이스풀 "그럼요, 한동안 모두들 그 얘기였지요."

크리스천 "그런데 이렇게 그 위험을 피해 온 건 당신뿐인가요?"
페이스풀 "내가 말했듯이, 비록 모두들 그런 얘기를 한 것은 사실이지만 그들은 그 말을 믿는 것 같지 않았습니다. 열띤 토의 중에 어떤 자들은 당신과 당신의 가망 없는 여행(그들은 당신의 순례를 그렇게 말했죠)을 비웃는 것이었어요. 그러나 나는 믿었습니다. 지금도 믿고 있지요. 그 도시는 마지막에 하늘에서 내리는 유황불에 타버릴 것이라고. 그래서 나는 이렇게 피란길에 올랐던 것입니다."
크리스천 "플라이어블이라는 이웃 사람의 얘길 들어 보셨나요?"
페이스풀 "들었어요. 나는 그가 디스폰드 못에 빠질 때까지 당신을 따라갔었다는 얘길 들었습니다. 그는 자기가 빠졌었다는 걸 숨기려 했지만 나는 그의 몸에 흙탕물이 묻어 있는 것을 보고 알 수 있었지요."
크리스천 "그래, 이웃 사람들은 그에게 뭐라고들 했습니까?"
페이스풀 "돌아온 다음부터 그는 모든 사람에게서 푸대접받았지요. 어떤 사람들은 비웃을 뿐만 아니라 아예 경멸을 해서 나중에는 일자리까지 얻기 힘들었습니다. 그는 지금 차라리 마을을 떠나기 전보다 일곱 배나 더 비참한 지경에 처해 있습니다."
크리스천 "그러나 왜 그들이 그를 그렇게도 멸시할까요? 자기네들 자신도 그가 포기한 길을 비웃었으면서 말입니다."
페이스풀 "오, 그들은 이렇게 말하더군요. '그를 목매어라, 그는 변절자다. 그는 언행이 일치하지 않는 자다.' 내 생각엔 그가 길을 포기했기 때문에 하느님께서 그의 적들로 하여금 그를 조롱하게 하고 그를 금언(金言)으로 삼으셨던 것 같습니다."
크리스천 "당신은 떠나기 전에 그와 얘기를 나눈 적이 있으세요?"
페이스풀 "나는 그를 한 번 길에서 만났지요. 하지만 그는 자기의 과거가 부끄러웠던지 길을 피했기 때문에 말할 기회는 없었습니다."
크리스천 "안됐군요. 처음 길을 떠날 때 나는 그에게 기대를 걸었

페이스풀이 크리스천을 구원하다

었는데, 이제 도시가 멸망하는 날 그도 함께 망하고 말겠군요. 개는 제가 토한 것을 도로 먹고 돼지는 몸을 씻겨 주어도 다시 진창에 뒹군다〔베드로후서 2장 22절〕는 속담이 꼭 그의 경우가 됐으니 말입니다."

페이스풀 "나도 그렇게 될 것이 염려됩니다만, 그러나 누가 그렇게 될 것을 막겠습니까?"

크리스천 "자, 페이스풀 씨, 그의 얘기는 이쯤 하고 이제 우리와 관계되는 얘기들을 하십시다. 오는 길에 무엇을 만나셨는지 얘기해 주세요. 반드시 무엇인가 만나셨을 겁니다. 아니라면 이상한 일이죠."

페이스풀 "당신은 늪에 빠지셨던 것 같은데, 나는 요행으로 그것을 피해 별 위험 없이 좁은 문까지는 왔었습니다. 단지 완턴〔淫女〕이라는 계집을 만나 욕을 볼 뻔했지요."[28]

크리스천 "그 계집의 그물에 걸려 들지 않은 게 다행입니다. 요셉도 그 계집에게 곤경을 당했지요. 그도 당신처럼 빠져 나오기는 했지만, 하마터면 생명을 잃을 뻔했어요. 그래 그 계집이 어떻게 하던가요?"

페이스풀 "그녀가 얼마나 아양을 떨었는지 상상도 할 수 없을 겁니다. 온갖 쾌락과 만족을 주겠노라며 자기를 따라갈 것을 청했어요."

크리스천 "그 계집이 약속한 것은 선한 양심의 만족은 아니었지요."

페이스풀 "그렇죠, 당신도 아시겠지만, 그것은 모두 육적인 쾌락과 정욕의 만족이었습니다."

크리스천 "그 계집을 피하게 된 것을 하느님께 감사하시오. 주님께서 미워하는 자는 그 계집의 함정에 빠질 것입니다."

---

28) 구약 창세기 39장 참조.

페이스풀 "하지만 내가 그 계집의 유혹을 완전하게 피했는지 아닌지는 모르겠군요."

크리스천 "모르다니요, 그 계집의 욕망을 채워 주지는 않으셨잖아요?"

페이스풀 "안 했죠. 나 자신을 더럽히지 않으려고 안 했습니다. 나는 '계집의 발길은 지옥 구덩이로 들어간다'[잠언 5장 5절]는 말씀을 기억하고 있으니까요. 나는 눈을 꼭 감았지요. 그 계집의 용모에 매혹되지 않으려고 말입니다. 그러자 그 계집은 나를 마구 욕하더군요. 나는 그냥 내 길을 갔죠."

크리스천 "오는 길에 다른 어려움을 당하지는 않으셨습니까?"

페이스풀 "디피컬티라고 하는 언덕 아래에 다다랐을 때, 한 나이많은 사람을 만났지요. 그는 내게 누구며 어디로 가는 사람이냐고 물었습니다. 나는 천성(天城)을 향해 가는 순례자라고 대답해 줬지요. 그러자 그가 이렇게 말하는 것이었습니다. '보아하니 퍽 정직한 사람 같은데 나와 함께 머물며 내가 주는 삯을 받을 생각은 없소?' 그래서 나는 그에게 이름은 무엇이며 어디 사느냐고 물었지요. 그는 자기 이름은 첫째 아담이며, '디시트〔欺瞞〕라는 마을에 살고 있다'는 것이었습니다. 나는 그에게 그의 일이란 게 무엇이며 그가 지불하겠다는 삯은 무엇이냐고 물었지요. 그는 자기의 일이란 여러 가지로 즐거운 것들이며, 삯이란 나를 자기의 상속자로 삼아 주는 것이라고 대답하는 것이었습니다. 나는 계속해서 그가 어떤 집을 갖고 있으며 어떤 하인들을 데리고 있느냐고 물었지요. 그랬더니 그는 자기의 집은 세상의 온갖 맛있는 것들로 가득 차 있고, 자기가 거느리고 있는 하인들이란 모두 자기의 자손이라고 대답했습니다. 나는 또 얼마나 많은 자손을 거느리고 있느냐고 물었지요. 그는, 자기가 데리고 있는 자손이란 세 딸 '육체의 욕망, 눈〔眼〕의 욕망 그리고 생의 오만'[요한 1서 2장 16절] 뿐이며, 내가 원한다면 그들과 결혼도 할 수 있다고 대답하더군요.

그래 나는 얼마나 오랫동안 나와 함께 살 수 있겠느냐고 물었죠. 그는 자기가 사는 날까지라고 대답했습니다."

크리스천 "그래, 그 노인네와 당신 사이의 결말은 어떻게 됐나요?"

페이스풀 "처음에는 그의 말이 그럴듯하게 들려 내 마음속에 그와 함께 가고 싶은 생각이 들더군요. 그러나 얘기를 하는 동안 그의 이마를 보니 거기에는 이런 글이 적혀 있는 것이었습니다. '옛 사람을 그 행실과 함께 벗어 버리라'〔골로새서 3장 9절〕."

크리스천 "그래서 어떻게 했습니까?"

페이스풀 "그러자 그가 아무리 말을 그럴듯하게 하더라도 일단 나를 데리고 자기 집으로 간 다음에는 나를 노예로 팔아먹을 것이라는 생각이 떠올랐습니다. 그래서 말을 삼가라고 했지요. 나는 그의 집 근처에도 가지 않을 셈이었으니까요. 그랬더니 그는 욕설을 퍼부으면서 내게 사람을 딸려 보내 나의 영혼을 괴롭히겠다고 말했습니다. 나는 그로부터 도망치려고 몸을 돌렸지요. 그런데 바로 그때 그는 나의 몸뚱이를 잡고는 한쪽이 떨어져 나가는 것이 아닌가 할 정도로 아프게 비틀어 대는 것이었습니다. 나는 급기야 울음을 터뜨렸습니다. '오, 나는 곤고한 사람이로다'〔로마서 7장 24절〕. 그리고 나는 언덕 위로 올라갔습니다.

언덕의 중턱께쯤 올라갔을 때 나는 바람처럼 빠르게 나의 등뒤로 달려오는 한 사람을 보았습니다. 정자 한 채가 서 있는 곳에서 그는 마침내 나를 따라잡게 되었죠."

크리스천 "나는 바로 그곳에서 잠시 쉬려고 앉아 있었죠. 그런데 깜박 잠을 자는 바람에 가슴에 품고 있던 두루마리를 잃어버렸습니다."

페이스풀 "노형, 내 애길 끝까지 들어 보시오. 그는 나를 잡자마자 두말 없이 나를 메다 꽂아 기절을 시키는 것이었습니다. 한참 만에 정신이 들어 나는 이게 도대체 무슨 짓이냐고 그에게 따졌지요. 그는 첫째 아담에게 은밀하게 솔깃했던 잘못 때문이라고 말하고는 다시 한 번 무섭게 가슴을 때려 나를 뒤로 넘어지게 하는 것이었습니다. 나는 그의 발치에 죽은 듯이 누워 있었지요. 다시 정신을 차린 나는 그에게 자비를 베풀어 달라고 울면서 빌었습니다. 그러나 그는 '나는 자비를 베풀 줄 모른다'고 하면서 또다시 나를 때려 쓰러뜨렸습니다. 그가 영락없이 나를 죽이는 건데, 마침 그분이 오셔서 그를 말리셨지요."

크리스천 "그를 말렸다는 그분은 누구셨습니까?"

페이스풀 "처음에는 누군지 몰랐습니다. 그러나 그분이 내 곁을 지나가실 때 나는 그분의 손과 옆구리에 난 구멍을 보았습니다. 결국 그분이 우리의 주님이신 걸 알게 됐지요. 그렇게 돼서 나는 언덕을 올라갔던 겁니다."

크리스천 "당신을 메다 꽂은 사람은 모세[29]였습니다. 그는 아무도 용서해 주지 않고 그의 법을 어긴 자에게 자비를 베풀 줄도 모르죠."

페이스풀 "나도 그건 잘 압니다. 그가 날 만나 준 건 그때가 처음은 아닙니다. 내가 집안에서 편안히 살고 있을 때 찾아와서 만일 떠나지 않으면 나의 집을 모두 태워 버리겠다고 말한 것도 그였습니다."

크리스천 "모세가 당신을 만났던 그 언덕의 꼭대기에 집이 한 채 서 있는 것을 보지 못하셨습니까?"

페이스풀 "봤죠. 그 집 조금 못 미친 곳에서 사자들도 보았습니다. 그 사자들이 잠을 자고 있었던 것으로 기억나는군요. 그때는 점심때였으니까요. 아직 해가 많이 남아 있었기 때문에 나는 그 집 문지기 앞을 그냥 지나쳐 언덕을 내려왔습니다."

---

29) 구약에 나오는 인물. 이스라엘 민족을 이집트에서 해방시킨 민족 지도자로서 하느님으로부터 직접 율법[十戒]을 전수받은 인물로 알려져 있다.

크리스천 "당신이 지나가는 걸 봤다고 문지기가 말하더군요. 그렇지만 그 집을 방문했더라면 좋았을 걸 그랬습니다. 당신이 죽을 때까지 잊지 못할 희귀한 것들을 그들이 보여 주었을 테니까요. 그런데 말씀입니다. 휴밀리티 계곡에서 누굴 만나지는 않으셨나요?"

페이스풀 "만났죠. 디스콘텐트〔不滿〕라는 작자를 만났는데, 나보고 자기와 함께 돌아가자고 자꾸만 조르는 것이었습니다. 계곡을 통틀어도 존엄한 것은 없다는 것이었어요. 무엇보다도 내가 그 길을 계속 간다는 것은 자만, 불손, 자부, 세속 영화(榮華) 같은 나의 친구들에 대한 배신이라고 그는 말했습니다. 내가 그 계곡을 계속 뚫고 가는 바보짓을 고집한다면 친구들이 굉장히 화를 낼 것이라고도 했지요."

크리스천 "그래서 어떻게 대답하셨습니까?"

페이스풀 "그가 지적한 모든 사람들이 나의 친척이라고 할 수도 있고 또 사실 그랬기도 하지만(왜냐하면 나는 사실 육체적으로는 그들과 친척이었으니까요), 그러나 일단 내가 순례의 길에 들어선 다음은 그들이 나를 절연시켰고 또 나도 그들을 거절했으므로 이젠 그들이 나와 동행하지 않는 한, 아무것도 아니라고 말했지요. 그뿐만 아니라 그 계곡에 대해서 그가 주장하는 것은 전혀 잘못 본 거라고도 말해 주었습니다. 왜냐하면 겸손은 존귀의 앞잡이요, 패망 앞에는 교만(驕慢)이 있기 때문〔잠언 18장 12절, 16장 18절〕이라고 해주었습니다. 그러므로 나는 우리의 정욕을 채우기에 가장 좋은 것이라고 그가 제시한 것을 택하기보다는 가장 지혜로운 자가 평가하는 명예를 얻기 위해 그 계곡을 계속 꿰뚫어 가겠노라고 말했습니다."

크리스천 "그 계곡에서 다른 건 만나지 않으셨나요?"

페이스풀 "만났죠. 셰임〔부끄러움〕을 만났습니다. 그런데 나는 순례의 길에서 만난 사람들 가운데 그가 제일 걸맞지 않은 이름을 가지고 있다고 생각합니다. 다른 사람은 그래도 약간의 대화라도 한 다음이면 가타부타 말할 수 있었는데 그 철면피 셰임은 막무가내였으니까요."

　　크리스천　"왜요, 그가 뭐라고 했습니까?"

　　페이스풀　"무슨 말을 했느냐고요? 그는 아예 종교 그 자체를 반대했지요. 사람이 종교를 마음에 품는 것은 가련하고 비천하고 무기력한 소행이라는 것이었습니다. 온유한 양심이란 사내답지 못한 것이고, 어느 시대든 용감한 사람들이 관습적으로 누리던 뻐기는 자유로부터 자신을 묶어 놓고 자신의 언행을 스스로 견제하는 자들은 그 시대의 조롱거리가 될 것이라고 그는 말했습니다. 그는 또한 힘있고 부유하고 그리고 지혜로운 자들 가운데 내 의견에 동조하는 자는 거의 없었고, 그들 중 아무도 자기가 가진 것을 모두 포기하는 바보가 되라는 말에 설득당하지는 않았다고 말했습니다. 아무도 장차 무엇을 얻을지 모르기 때문이라는 것이었어요. 나아가서 그는 값싸게 순례의 길을 떠난 자들은 모두가 비천한 신분과 지위를 가진 자들뿐이고, 그들은 자기들이 살고 있는 그리고 자연과학의 지식이 필요한 그 시대에 대해 무식하다고 공격했습니다. 그래요, 그는 나를 그런 비천한 자라고 했고, 지금 다 기억할 수도 없는 여러 가지 말을 했습니다. 이를테면 설교를 들으면서 한숨짓거나 눈물 흘리는 것도 부끄러운 일이며, 남의 것을 좀 썼다고 그것을 변상하는 것도 모두 부끄러운 일이라는 것이었어요. 그리고 종교는 사소한 몇 가지의 악행들(그는 좀더 고상한 말을 썼지만) 때문에 사람을 아주 이상하게 성장시키고 또 같은 종교적 형제애(兄弟愛) 때문에 위대한 사람이 비천한 사람과 같이 되고 그를 존경까지 하게 된다고 말했습니다. '이것이야말로 수치가 아닙니까?' 하고 그는 말했어요."

　　크리스천　"그래서 당신은 무슨 말을 했습니까?"

　　페이스풀　"말하다니요! 처음에는 무슨 말을 해야 할지 몰랐습니다. 그래요, 나는 그의 말을 듣고는 얼굴만 빨갛게 되었죠. 셰임은 나를 거의 어리벙벙하게 만들었던 것입니다. 그러나 나는 곧 인간 사이에서 높임을 받는 것이 하느님껜 미움을 받는다[누가복음 16장 15절]는 것을 생각해 내었지요. 그리고 또한 셰임이 말한 것은 인간이란 어떤 것인가이지, 하느님이란 어떤 분이며 그 하느님의 말씀이란 어떤 것인지는 아님을 생각해 내었습니다. 그뿐만 아니라 세상 심판날 생과 사를 판결하는 것은 세상의 뻐기는 정신이 아니라 가장 높으신 분의 지혜와 법일 것이라는 것도 생각해 냈지요. 게다가 세상 모든 사람이 반대를 하더라도 하느님이 말씀하신 것은 가장 훌륭한 것이라고 나는 생각했습니다. 하느님은 그분의 종교를 우선적으로 생각하신다는 것, 하느님은 온유한 양심을 무엇보다도 좋아하신다는 것, 하늘 나라를 위해 스스로 바보가 되는 자가 가장 지혜로운 자라는 것, 하느님을 사랑하는 가난뱅이가 그분을 미워하는 부유한 자들보다 더 부자라는 것을 안 나는 '부끄러움아, 물러가라. 너는 나의 구원을 방해하는 자로다' 라고 소리쳤지요. '내가 섬기는 주님을 버리고 너를 받아들일 수 있겠느냐? 그러고 나서 그분이 오시는 날 어떻게 얼굴을 들겠는가? 지금 내가 그분의 길을 가는 것과 그분의 일을 하는 것을 부끄러워한다면 어떻게 그분의 축복을 기대할 수 있겠느냐?' 그러나 정말로 그 셰임이란 녀석은 완강한 악한이었습니다. 나는 온몸의 힘을 다 내어 그를 떨쳐 버리려고 했지만 그는 악착같이 달라붙어 나의 귀에 대고 종교가 안고 있는 약점들을 속삭여 대는 것이었어요. 그러나 나는 마침내 그가 경멸하는 것을 나는 최고로 존중하기 때문에 그가 무슨 짓을 해도 다 소용이 없으니 그리 알라고 말했습니다. 결국 나는 그 끈질긴 녀석을 떨쳐 버렸지요.

그를 떨쳐 버리고 나서 나는 노래를 불렀습니다.

하늘의 부르는 소리에 순종한
이들이 만나는 시련들,
그 수효는 많고 모두들

육체의 빈틈을 노려 오고 또 오고,
또다시 새롭게 밀려드네.
그리하여 지금도 혹은
그 언젠가도 때때로 우리들은
그것들에게 굴복하여 정복당하고
또 넘어지도다.
오, 그러니 순례자들이여, 순례자들이여,
경계하고 사나이답게
물리치자, 그 모든 시련을."

크리스천 "노형, 그 악한을 용감하게 물리치셔서 기쁩니다. 무엇보다도 노형 말대로 그는 어울리지 않는 이름을 가진 것 같군요. 왜냐하면 그는 대담하게도 거리에서 우리를 따라다니며 모든 사람 앞에서 망신 주려고 했으니까요. 이를테면 그는 우리로 하여금 착한 일 하는 걸 부끄러워하게 만들려 했던 것입니다. 그 자신이 배짱이 없었다면 그런 일은 염두에도 두지 않았을 겁니다. 그러나 우리 그를 끝까지 거부하십시다. 그가 아무리 떠벌린다 해도 그가 조장하는 것은 바보 짓 외에 아무것도 아니니까요. 지혜 있는 자는 영광을 물려받고 미련한 자는 마땅히 부끄러움을 당할 것이라고 솔로몬이 말했지요〔잠언 3장 35절〕."

페이스풀 "우리는 진리를 이 세상에 펼치는 데 용감하게 해달라고 그분께 기도해야 할 것이라고 생각합니다."

크리스천 "옳은 말씀입니다. 그런데 그 골짜기에서 또 다른 사람은 만나지 않으셨습니까?"

페이스풀 "없습니다, 없어요. 그 다음부터는 햇빛이 밝을 때 걸었으니까요. 죽음의 그늘 계곡도 햇빛 아래서 지났습니다."

크리스천 "그건 참 다행이었습니다. 내가 겪은 것들과는 아주 딴판이군요. 나는 그 계곡에 들어서자마자, 아폴리온이란 고약한 냄새나는 괴물과 아주 오랫동안 무서운 싸움을 벌였습니다. 그래요, 그놈에게 꼭 당하는 줄 알았습니다. 특히 그놈이 나를 넘어뜨리고는 마치 갈가리 찢어 버리거나 할 모양으로 덤벼들었을 때 그런 생각이 들었지요. 그놈이 나를 팽개칠 때 내 손에 잡았던 칼이 튕겨져 나갔고 또 사실 그는 나를 없애 버리겠다고 큰소리쳤거든요. 그러나 나는 소리쳐 하느님을 불렀습니다. 내 호소를 들으신 하느님께서 나를 그 모든 곤경에서 건져 주셨지요. 그 후 나는 죽음의 그늘 계곡에 들어가 반쯤 되는 곳까지 어둠 속에서 전진했습니다. 나는 몇 번이고 죽는 줄 알았어요. 그러나 마침내 날이 새고 해가 뜨더군요. 그래서 남은 길을 훨씬 더 쉽게 조용히 갈 수 있었습니다."

그들은 계속 걸어가고 있었는데, 마침 길 한옆으로 눈을 돌린 페이스풀이 그들과 꽤 멀리 떨어진 곳에서 걷고 있는 토커티브〔수다쟁이〕라고 하는 사나이를 발견하는 것을 꿈속에서 보았다(그들이 걷고 있는 길은 넓어서 둘이서 걸을 만했다). 그는 키가 컸는데 가까이서 볼 때보다 멀리서 볼 때 더 풍채가 좋아 보였다. 그에게 페이스풀은 다음과 같이 말을 걸었다.

페이스풀 "친구여, 어디로 가시는 겁니까? 하늘 나라에 가시는 길인가요?"

토커티브 "그리로 가는 길입니다."

페이스풀 "잘됐군요. 우리 사이좋은 동행자가 되어 보십시다."

토커티브 "기꺼이 동행이 되어 드리겠습니다."

페이스풀 "그럼 이리 오시오. 함께 가십시다. 가는 동안 피차 유익한 이야기나 나누기로 합시다."

토커티브 "내게 유익한 이야기를 한다는 것은 당신뿐 아니라 그 누구와도 대찬성입니다. 당신처럼 그렇게 좋은 일을 하고자 하는 분을 만나게 돼서 참 기쁘군요. 사실 (여행 도중이라 하더라도) 시간을 하잘것없는 잡담으로 보내지 않고 좀더 유익하게 보내려는 자들은 없거든요. 정말이지 그건 내게 참 골치아픈 문제였습니다."

페이스풀 "그건 정말 슬퍼할 일입니다. 하늘에 계신 하느님에 대한 얘기말고 이 땅에서 사람들의 혀와 입을 통해 얘기할 만한 게 무엇이겠습니까?"

토커티브 "그렇게 자신 있게 얘기하시는 게 퍽 반갑고 기쁘군요. 한마디 덧붙인다면 하느님의 일에 대한 것말고 무엇이 더 즐겁고 유익하겠습니까? 무엇이 그토록 즐겁겠어요(다시 말하면 사람이 무슨 이상한 일에 대하여 어떤 기쁨을 갖는다면 말입니다). 예컨대 어떤 사람이 역사나 혹은 어떤 신비한 일이나 기적, 이상한 일, 징조 같은 것을 얘기하는 데서 즐거움을 찾는다면 성경책말고 그보다 더 유쾌하고 달콤한 기록을 어디에서 찾을 수 있겠느냐 말입니다."

페이스풀 "옳은 말씀입니다. 그러나 그런 것들을 이야기함으로써 유익함을 얻는 것이 우리가 지향해야 할 점이라고 생각합니다."

토커티브 "내 말이 바로 그 말입니다. 그런 얘기야말로 가장 유익한 것이죠. 세상 일의 허무함이나 하늘 일의 이익에 대한 지식을 그런 얘기를 나눔으로써 얻게 되니 말입니다. 그런 일을 통하여서 사람은 거듭나야 할 필연성, 행위의 부족함, 그리스도의 의(義)의 필요성 등을 배우게 되게 마련이죠. 게다가 회개하고 믿고 기도하고 고통받는다는 게 무엇인지도 배우게 됩니다. 또한 자신의 위안이 되는 복음의 위로와 약속에 대해서도 알게 되죠. 나아가서 이런 대화를 통해 인간은 잘못된 견해를 반박하는 방법, 진리를 입증하고 무식한 자를 가르치는 방법까지 배우게 되는 것입니다."

페이스풀 "모두 지당한 말씀입니다. 그런 말을 듣게 돼서 기쁘군요."

토커티브 "아아! 이런 얘기가 부족하기 때문에 영원한 생명을 얻기 위해서는 자기네 영혼에 은혜의 역사(役事)가 일어나야 하고 믿음이

토커티브가 페이스풀을 꾀다

있어야만 한다는 사실을 아는 사람이 그렇게도 적은 것입니다. 그래서 그들은 자기도 모르는 사이에 율법에 얽매어 살지요. 그것 가지고는 세상 없는 짓을 해도 하늘 나라를 얻을 수가 없는데 말입니다."

페이스풀 "그런데 실례되는 말입니다만, 하늘 나라에 대한 지식은 하느님의 선물입니다. 아무도 그것을 자기의 노력이나, 또는 다만 그것에 대해 얘길 한다고 해서 얻을 수는 없죠."

토커티브 "나도 그건 잘 압니다. 사람은 하늘로부터 주어지기 전에는 아무것도 받을 수가 없죠. 모든 것은 은혜로 주어지는 것이지 행위로 이루어지는 것은 아닙니다. 이것을 증명할 만한 성구(聖句)를 나는 얼마든지 제시해 드릴 수 있습니다."

페이스풀 "좋습니다. 그렇다면 우리들의 화젯거리로 어느 하나를 택하는 게 어떨까요?"

토커티브 "당신 마음대로 택하시오. 나는 우리에게 이익만 된다면 하늘의 일이나 땅의 일이나, 도덕적인 일이나 복음적인 일이나, 성스런 일이나 속된 일이나, 지나간 일이나 장차 닥쳐올 일이나, 외국의 일이나 집안의 일이나, 좀더 본질적인 일이나 현상적(現象的)인 일이나 어떤 것이든지 얘기하겠습니다."

그러자 페이스풀은 놀라서 크리스천에게 다가가(그는 그 동안 혼자서 걸었으므로) 말을 했다. (부드럽게) "참 멋진 동행을 갖게 되었소! 틀림없이 이 사람은 굉장한 여행이 되게 해줄 것입니다."

그 말을 듣고 크리스천은 조심스럽게 웃으며 말했다. "노형이 홈뻑 반해 버린 그 사람은 그가 누군지 모르는 숱한 사람을 그 혓바닥으로 우롱할 겁니다."

페이스풀 "그럼 그가 누군지 아신단 말씀입니까?"

크리스천 "알다마다요! 그 자신보다도 내가 더 잘 알 겁니다."

페이스풀 "그래 그는 어떤 자입니까?"

크리스천 "그의 이름은 토커티브요. 그는 우리 마을에 살고 있었죠. 노형이 그를 모르는 게 좀 이상합니다만, 그만큼 우리 마을이 넓다는 증거겠지요.”

페이스풀 “그의 아버지가 누구입니까? 그리고 어디쯤에서 살고 있었나요.”

크리스천 “그는 세이웰〔能辯〕이라는 자의 아들인데, 프레이팅 로〔지껄이는 동네〕에 살고 있습니다. 그를 알고 있는 사람들은 프레이팅 로의 토커티브라고들 불렀죠. 말은 청산유수로 하지만 안된 친구입니다.”

페이스풀 “그렇지만 그는 매우 훌륭한 사람으로 보이는데요.”

크리스천 “그를 잘 모르는 사람에겐 그렇게 보이죠. 그는 타향에선 잘났지만 고향 가까운 곳에서는 못난이니까요. 그가 훌륭해 보인다는 노형 말을 들으니 내가 본 그림이 생각나는군요. 그 그림을 그린 화가의 작품들은 멀리서 보면 그럴듯했는데 가까이 가서 보면 훨씬 더 보기 흉했었습니다.”

페이스풀 “그러나 노형이 웃는 걸 보니 지금 농담하시는 거 같은데요?”

크리스천 “하느님께서는 내게 이런 문제에 대해서는 (비록 웃긴 하더라도) 농담하지 말라고, 더구나 남을 나쁘게 비난하는 일은 하지 말라고 하셨습니다. 그에 대해 몇 가지 더 얘기해 드리죠. 그는 누구와 무슨 얘기라도 하는 사람입니다. 지금 노형과 얘기하신 것처럼 그는 술집에 앉아 있을 때도 지껄일 겝니다. 술이 들어가면 들어갈수록 그의 입에서는 더 많은 이야기들이 흘러나오지요. 그의 가슴이나 집안이나 대화에 사실 종교는 없습니다. 그의 말은 모두가 거짓이고, 그의 송교란 그렇게 횡설수설하는 것이죠.”

페이스풀 “정말 그렇습니까? 그렇다면 나는 보기 좋게 사기당한 거 아닌가요?”

크리스천 “사기당했다고요? 분명히 당했지요. ‘말은 하면서 행하지 않는 자'〔마태복음 23장 3절〕, '하느님의 나라는 말에 있지 않고 능력에 있다'〔고린도전서 4장 20절〕는 격언을 잊지 마시오. 그는 기도, 회개, 신앙, 중생(重生)에 대해서 이야기합니다. 그러나 사실은 그것들에 대해서 말만 할 줄 아는 겁니다. 나는 한때 그의 집안에 머물렀던 일이 있어, 집안에 있을 때나 나가 있을 때의 그를 관찰할 수 있었죠. 그래서 나는 지금 이야기하고 있는 게 사실임을 확신하는 겁니다. 그의 집안에는 종교가 없어 달걀의 흰자위처럼 무미건조합니다. 그 집에는 기도도 없고 죄를 뉘우치는 기색도 없어요. 그래요, 차라리 그렇게 생긴 가축이 그보다는 하느님을 잘 섬길 겁니다. 그를 아는 사람이 볼 때, 그는 종교를 욕되게 하고 더럽히고 부끄럽게 만드는 장본인이죠. 그가 살고 있는 마을 어디엘 가도 그에 대해 좋게 말하는 건 들어 보기 힘듭니다. 그래서 그를 아는 사람들은 '밖에서는 성자(聖者), 집에서는 악마'라고들 하죠. 불쌍한 그의 가족들도 그걸 알고 있습니다. 자기 하인들에게도 너무나도 부당한 대우를 해주고 또 늘 꾸짖고 들볶기 때문에 하인들은 그 앞에서는 어찌할 줄을 모르고 말도 제대로 못 한답니다. 그와 상거래를 가져 본 적이 있는 사람들은 차라리 터키인과 거래하는 편이 더 낫다고들 합니다. 왜냐하면 그들이 그래도 좀더 공정한 거래를 하니까요. 토커티브라는 자는 가능하기만 하면 그들보다 한걸음 더 나아가 사기 협잡으로 골탕을 먹이죠. 그뿐만이 아닙니다. 그는 자기 자식들에게조차 자기 본을 따르도록 지시하는데, 만일 그들 중 바보 같은 겁보(온순한 양심을 가진 자를 그는 이렇게 부르죠)를 발견하게 되면 그 아이들을 바보 멍청이라고 규정짓고는 일도 별로 시키지 않을 뿐더러 공중(公衆) 앞에 나가서도 결코 그들 자랑을 하지 않는답니다. 나로서는 그에 대하여 이렇게 생각합니다. 즉 그는 그 간교한 삶으로 많은 사람들을 넘어지게 했고, 앞으로도 하느님이 막지 않으신다면 숱한 사람을 파멸시킬 것이라고요."

페이스풀 "그렇군요, 노형, 이제 노형을 믿지 않을 수 없군요. 노형이 그를 안다고 하셨을 뿐만 아니라, 노형은 크리스천답게 사람을 평해 주셨으니까요. 나쁜 마음을 품고 그런 말씀을 하시는 게 아니라 사실이 그렇게 때문에 말씀하시는 건 줄 저는 압니다."

크리스천 "내가 만일 당신이 아는 것보다 더 잘 그를 알지 못했다면 나 역시 처음에 당신이 했던 것처럼 그를 잘 봤을 겁니다. 그래요, 그가 받은 이 모든 평가가 종교의 적들에게서 나온 것이었다면 나는 그것을 중상모략이라고 생각했을 것입니다. 악한 자들이 선한 이들의 명성과 직업을 혹평하는 일은 세상에 비일비재하니까요. 하지만 내가 알고 있는 그의 비행들만 가지고도 나는 그가 못된 자임을 얼마든지 증명할 수 있습니다. 게다가 선한 사람들은 모두 그를 부끄러워하죠. 그들은 그를 형제나 친구로 부르지도 않고, 그의 이름이 그들 이름 가운데 섞이는 일조차 수치로 여긴답니다."

페이스풀 "네, 이제 말과 행위는 별개임을 깨닫겠군요. 이제부터는 그 구별을 좀더 분명히 하도록 힘쓰겠습니다."

크리스천 "그것은 참으로 별개의 것이지요. 마치 육신과 영혼이 성질을 달리하는 것과 같습니다. 영혼이 없는 육체가 주검이듯이, 말도 말뿐이라면 역시 주검에 지나지 않는 것입니다. 종교의 정수는 실천에 있습니다. '하느님 아버지 앞에 떳떳하고 순수한 신앙생활을 하는 사람은 어려움을 당하고 있는 고아들과 과부들을 돌보아 주며 자기 자신을 지켜 세속을 물들지 않게 하는 사람입니다'〔야고보서 1장 27절〕. 이 토커티브란 자는 그걸 모르고 있는 겁니다. 그는 듣고 말하는 걸로 훌륭한 크리스천이 될 수 있다고 생각하고 결국 자신의 영혼을 속이는 셈입니다. 듣는 것은 씨를 뿌리는 것에 불과합니다. 말만으로는 그의 마음과 생활 속에 참으로 열매가 맺혔음을 증거하기에 부족합니다. 마지막 날에 사람은 그의 열매에 따라 심판받게 되리라는 것을 우리는 명심해야 합니다. 그렇기 때문에 '당신은 믿습니까?' 하고 묻지 않고 '당신은 행동하는 자입니까?' 하고 물어 올 것입니다. 그 답변에 따라 우리는 심판을 받겠죠. 세상의 끝날은 우리들의 추수날에 비유될 수 있을 것입니다. 추수하는 사람이 관심을 갖는 것은 열매밖에 없지요. 믿지 않는 자가 받아들여질 수도 있다는 말은 결코 아닙니다. 마지막 날 저 토커티브의 수다스런 이야기들이 얼마나 보잘 것없는 것이 될까를 알려 주기 위해 이런 말을 하는 겁니다."[30]

페이스풀 "그 애길 들으니 깨끗한 짐승에 대해 이야기한 모세의 심정이 생각나는군요. 그가 말하는 깨끗한 짐승이란 굽이 갈라지고 새김질하는 짐승이지, 굽만 갈라졌거나 새김질만 하는 짐승은 아니었죠. 토끼는 새김질은 하지만 굽이 안 갈라졌기 때문에 깨끗하지 못한 짐승이라고 했거든요.[31] 토커티브야말로 그와 비슷하군요. 그는 새김질하고 지식을 추구하고 그리고 말씀을 새김질하지만, 그러나 굽은 갈라져 있지 않지요. 죄인들과 행동이 갈라져 있지 않단 말입니다. 그는 토끼처럼, 개나 곰같이 통발로 있기 때문에 깨끗하지 못한 겁니다."

크리스천 "복음의 말씀이 의미하는 것을 잘 말씀해 주셨습니다. 그런데 거기에 한 가지만 덧붙이겠습니다. 말만 잘하는 사람들을 가리켜 바울은 '소리나는 구리와 울리는 꽹과리'라고 했지요. 그것은 그가 다른 곳에서 설명한 대로 '생명 없는 것이 소리를 내는'[고린도전서 13장 1절, 14장 7절] 것이죠. 생명이 없는 것, 즉 진실된 믿음과 복음의 은혜가 없는 것은 결국 하늘 나라의 생명의 아들들 틈에는 끼지 못할 것입니다. 비록 그 들리는 소리가 천사의 목청 같다 하더라도 말입니다."

페이스풀 "그래요, 처음부터 그와 사귀는 게 달갑지는 않았지만 지

---

30) 버니언은 이 부분을 뒷받침할 성서적 근거로서 마태복음 13장과 25장을 인용한다.

31) 구약 레위기 11장 3~8절, 신명기 14장 6~8절 참조.

금은 아주 질려 버렸습니다. 어떻게 하면 그를 떼어 버릴 수 있을까요?"

크리스천 "내가 가르쳐 주는 대로 해보시오. 그러면 하느님께서 그를 개과천선하게 해주시지 않는 한, 그도 아마 당신과 동행하는 것을 괴로워하게 될 것입니다."

페이스풀 "어떻게 하라는 말씀입니까?"

크리스천 "그에게로 가세요. 가서 곧장 종교에 대한 진지한 토의를 전개해 보십시오. 그리고 그에게(그는 틀림없이 응해 올 테니까) 진정으로 종교를 가슴과 가정에 품고 진정으로 종교에 대해 이야기하는 거냐고 물어 보시오."

그러자 페이스풀은 다시 토커티브에게 다가가서 말을 걸었다. "여보시오, 그래 지금 기분이 어떻습니까?"

토커티브 "괜찮습니다. 우리가 계속 이야기했더라면 지금쯤 꽤 많은 얘기를 했을 텐데요."

페이스풀 "좋습니다. 원하신다면 당장 얘기를 시작하기로 하죠. 처음부터 내가 질문을 꺼내곤 했으니까 이번에도 한 문제를 제시해 보죠. 하느님의 구원하시는 은혜가 사람의 심정 안에 있다면 어떻게 그 스스로를 발견할 수 있을까요?"

토커티브 "요컨대 사물의 능력에 관한 얘기를 해보자는 말씀이군요. 좋습니다. 매우 좋은 질문입니다. 기꺼이 대답해 드리죠. 간단하게 말씀드리자면 우선 인간의 심정에 하느님의 은혜가 있다면 죄에 대한 비난의 소리가 높아질 것입니다. 둘째로——"

페이스풀 "아니 잠깐, 우선 한 가지부터 살펴보도록 하십시다. 나는 자라리 하느님의 은혜는 영혼으로 하여금 죄를 미워하는 방향으로 기울도록 함으로써 스스로를 드러낸다고 말하는 게 타당하리라고 생각합니다."

토커티브 "무슨 말이죠? 죄를 비난하는 것과 죄를 미워하는 것 사이에 무슨 차이가 있다는 말입니까?"

페이스풀 "오! 큰 차이점이 있죠. 사람은 정략적(政略的)으로 죄를 비난할 수는 있지만, 그것을 미워하는 하느님의 힘을 빌리지 않고는 죄를 미워할 수가 없거든요. 나는 자기 마음이나 가정, 대화 속에서는 죄를 품고 있으면서도 강단에서 죄를 큰소리로 비난하는 사람들을 많이 보아 왔습니다. 요셉의 주인 마누라도 아주 거룩한 투로 크게 비난했지만, 실은 그와 간음을 하려고 했던 것이죠. 어떤 사람들은 자기 품에 안은 아이를 보고 망할 년이니 못된 년이니 욕을 하면서도 끌어안고 입을 맞추는 엄마처럼 그렇게 죄를 비난합니다."

토커티브 "당신은 남의 약점만 들추어 내는 취미를 가졌구려."

페이스풀 "아니, 그렇지 않습니다. 나는 다만 사물을 바르게 보려는 것뿐입니다. 어쨌든 사람의 마음 속에 은혜가 역사(役事)하심을 보여 주는 당신의 두번째 작용은 무엇입니까?"

토커티브 "복음의 신비를 많이 아는 것이지요."

페이스풀 "그 징조는 첫번째 것일 겝니다. 그러나 첫째든 마지막째든 그것은 역시 거짓입니다. 복음의 신비에 대한 막대한 지식은 획득할 수 있겠지만, 그러나 그것이 마음속에 은혜를 베풀어 주지는 못하죠. 그래요, 만약 어떤 사람이 모든 것을 안다 하더라도 그는 역시 아무것도 아닐 수가 있는 것입니다. 결국 하느님의 자녀가 아닐 수도 있죠. '너희가 이 모든 것을 알았느냐?'고 그리스도께서 물으셨을 때, 제자들은 '네' 하고 대답했지요. 그러자 그분은 '너희가 그대로 행하면 복이 있으리라'[마태복음 13장 51절, 요한복음 13장 17절]고 덧붙이셨습니다. 그분은 그 모든 것을 아는 자에게가 아니라 행하는 자에게 축복하셨습니다. 세상에는 실천으로 이어지지 않는 지식도 있고, 주님의 뜻을 알면서도 실행하지 않는 사람도 있는 것입니다. 어떤 사람은 천사처럼 잘 알면서도 끝내 크리스천은 되지 못할 수도 있습니다. 그러므로 당신이 얘기하신 징조란 옳은 것이 못 됩니다. 참으로 안다는 것은 수다쟁이나 뽐내기 좋아하는 사람은 만족시켜 주지만, 그러나 하느님을 기쁘게 해드릴 것은 행하지 못합니다. 지식이 없어야 마음이 선해진다는 말은 아닙니다. 지식 없이는 마음은 공허해지니까요. 그러므로 지식에는 두 가지가 있습니다. 단순한 사물에 대한 공론(空論)으로서의 지식이 있고, 믿음과 사랑의 은혜로 보충되어 사람으로 하여금 마음속에서 우러나 하느님의 뜻을 실현하게 하는 지식이 있는 것입니다. 전자는 수다쟁이에게 소용되는 것이겠고, 후자 없이 진실한 크리스천은 만족할 수 없겠지요. '나로 깨닫게 하소서. 내가 주의 법을 준행하며 진심으로 지키겠나이다'〔시편 119편 34절〕."

토커티브 "또 흠만 잡는구려. 그건 교훈거리가 되지 못합니다."

페이스풀 "그렇다면 어떻게 이 은혜의 사업이 드러나게 되는가 그 징조를 다른 것으로 제시해 보십시오."

토커티브 "관두겠습니다. 역시 또 동의하지 않으실 테니까요."

페이스풀 "그러시다면 제 말을 들어 보시겠습니까?"

토커티브 "마음대로 하십시오."

페이스풀 "마음속에서 생겨나는 은혜의 역사는 그 당사자뿐만 아니라 곁에 있는 사람에게까지도 그 모습을 드러내지요.

은혜를 소유한 이에게는 이렇게 나타납니다. 즉 자기의 죄를 알게 되지요. 무엇보다도 자기 본성의 부정(不淨)과 불신의 죄를 (그가 예수 그리스도를 믿어 하느님의 자비를 힘입지 못하면 불신의 죄는 그를 파멸시킬 것이므로) 깨닫게 됩니다. 이러한 발견과 느낌은 그를 애통하고 부끄럽게 만들지요. 뿐만 아니라 그는 세상의 구세주가 자기 마음속에 형태를 나타내 평생 그분을 가까이 하며 살아야만 하는 필수성을 발견하는 동시에 그분의 약속을 애타게 기다리게 되는 것입니다. 무릇 구세주를 믿는 신앙의 강약에 따라 그의 평화와 기쁨, 거룩한 것을 사모하는 마음, 그분에 대해 좀더 알고 싶은 열망 그리고 세상에서 그분께 봉사하려는 열성의 도(度)가 좌우되는 것입니다. 그러나 내가 이렇게 말은 하지만 극히 소수의 사람들이 자기들 안에서 나타나는 이런 작용들이 은혜의 역사(役事)임을 알아내고 있는 형편이죠. 왜냐하면 그들이 현재 갖고 있는 패덕(悖德)과 이론의 남용이 이 사실에 대한 판단을 그르치게 하니까요. 그러므로 이런 자들은 우선 건전한 판단력을 소유해야 합니다. 그래야 이런 일이 은혜의 역사임을 결론짓게 되는 것입니다.

다른 이들에게는 이렇게 드러나 보입니다.

1. 그리스도를 믿는 신앙을 경험론적으로 고백함으로써.
2. 그 고백에 적합한 삶을 사는 것, 즉 거룩한 삶, 거룩한 마음, 거룩한 가정(그가 만일 가정을 가졌다면), 거룩한 대화를 세상 안에서 갖는 것을 통하여.

이렇게 되면 내면적으로 죄를 미워하게 되고, 따라서 자기 가정 안에서 그것을 억제하며 세상 안에서 거룩한 것을 장려하되 사기꾼이나 수다쟁이들이 하듯 말만으로 그렇게 하는 것이 아니라 말씀의 힘에 대한 믿음과 사랑 안에서 실천적인 복종으로써 하는 것입니다. 여보세요, 지금까지 내가 말씀드린 은혜의 역사하심과 그 발견에 대한 짤막한 얘기 가운데 반대하실 게 있으면 지금 반대해 주십시오. 없으시면 두번째 질문을 드리게 해주시기 바랍니다."

토커티브 "좋아요, 난 지금 반대할 입장에 서 있는 것도 아니니 어디 당신의 두번째 질문을 들어 보기로 합시다."

페이스풀 "두번째 질문이란 이것입니다. 당신은 내가 지금까지 얘기한 것을 그대로 경험해 본 적이 있습니까? 그리고 당신의 생활과 말은 그것을 증거합니까? 아니면 당신의 종교는 말이나 혀에만 있고 행위나 진실에는 없는 거 아닙니까? 대답하시되 하늘에 계신 하느님께서 참으로 그렇다고 인정하실 것과 당신의 양심에 거리끼지 않을 참말로만 대답해 주시오. 참으로 인정받는 사람은 스스로 자기를 내세우는 사람이 아니라 주님께서 내세워 주시는 바로 그 사람〔고린도후서 10장 18절]이니까요. 또한 이웃이 모두 다 당신은 거짓말을 하고 있다고 말하고 있는데도 이러쿵저러쿵 얘기를 하는 것은 커다란 악(惡)이죠."

그러자 토커티브는 처음에는 얼굴을 붉히다가 곧 침착하게 돼 가지고는 대답하는 것이었다. "당신은 기껏 경험이니 양심이니 하느님이니 얘기해 놓고는 그 말의 정당성을 하느님께 의뢰하는구려. 나는 이렇게 얘기가 빠질 줄은 몰랐소. 따라서 그런 질문에 대답할 마음이 내키지 않습니다. 왜냐하면 당신이 교리 문답자가 아닌 이상, 반드시 대답해야 하는 것도 아니고, 설사 당신이 교리 문답자라 하더라도 당신을 내 심판관으로 삼지는 않겠소. 그러나 도대체 무엇 때문에 내게 그런 걸 묻는 건지 그 이유라도 들어 볼 수 있을까요?"

페이스풀 "왜냐하면 내가 보기에 당신은 말만 앞세우는 사람 같고, 또 당신은 일반 관념 외에는 아무것도 모르는 것 같았기 때문입니다. 게다가 터놓고 얘기하면, 당신은 말에만 근거한 종교를 가졌고 언행이 일치하지 않는다는 말을 들었기 때문이오. 그들은 말하기를, 당신은 크리스천들 가운데 낀 오점이요, 당신의 경건치 못한 말 때문에 종교가 타격을 받고 있고 당신의 악행으로 인해 이미 사람들이 넘어졌고 더 많은 이들이 앞으로도 넘어질 것이라고 하더군요. 당신의 종교는 술집과 탐욕과 부정(不淨)과 비방과 거짓과 쓸데없는 친구들 사이에서 존립할 것입니다. 한 창녀가 전체 여성의 욕이 된다는 속담과 한가지로 당신은 모든 신자들의 부끄러움입니다."

토커티브 "당신이 그렇게 에누리 없이 남들의 중상모략을 받아들여 날 판단하니 결국 나는 당신을 괴팍하고 답답한 사람이라고 보지 않을 수 없구려. 그러니 자, 헤어집시다."

그때 크리스천이 와서 자기의 동행에게 말했다. "내가 그렇게 되리라고 말씀드렸죠. 당신의 말과 그의 욕망이 서로 동의할 수는 없거든요. 그는 자기 생활을 뜯어고치느니 당신을 떠나는 쪽을 택하는 그런

프레이팅 로(지껄이는 동네)

친구입니다. 어쨌든 내가 얘기한 대로 그는 갔습니다. 가게 버려 둬요. 손해본 건 그자니까요. 그는 우리로 하여금 그를 떠나야 하는 난처한 일을 면하게 해주었습니다. 왜냐하면 그는 성격상 더 길게 얘기했을 게고, 그렇게 되면 우리 사이에 오점이 남게 되었을 테니까요. 사도도 그렇게 말씀하셨죠. '그 같은 자들에게서 돌아서라'〔디모데전서 6장 5절〕고 말입니다."

페이스풀 "그러나 나는 우리가 그자와 잠시 얘기하게 됐던 것을 잘된 일이라고 봅니다. 그가 다시 생각해 보는 일이 생길지도 모르니까요. 아무튼 나는 명백하게 나의 입장을 밝혔으니, 그가 망한다 해도 나에게는 책임이 없습니다."

크리스천 "그렇게 명백하게 말한 것은 잘한 일이었습니다. 그러나 요즈음은 그렇게 명백하게 사람을 대하는 사람이 거의 없고, 그 때문에 숱한 사람들의 지저분한 지껄임 속에서 종교는 못된 냄새를 피우는 겁니다. 그들은 이런 수다쟁이 바보들로서, 그들의 종교는 말뿐이고 퇴폐적이며 알맹이 없는 대화로 (신실한 사람들 사이에서 빈번하게 그 모습을 드러내며) 세상을 어지럽게 하고 크리스트교를 더럽히고 성실한 이들을 서글프게 만드는 것입니다. 나는 모든 사람들이 당신이 했던 것처럼 그렇게 그자들을 대해 주었으면 합니다. 그래야 그들도 좀더 종교에 가까워지거나 아니면 거룩한 이들과의 행동을 괴로워하거나 할 겁니다."

그러자 페이스풀이 입을 열었다.

처음엔 그다지도 날개를 활짝
펴던 토커티브.
얼마나 용감하게 말을 했던가!
그다지도 도도하게 자기 앞의
모든 자를 함락시키려던 그.

그러나 페이스풀이 심장 터놓고
이야기를 건네자,
사위는 달처럼 북두칠성 속으로,
그는 사라졌네,
마음 깊이 깨달은 자 아니면,
어느 누구도 그럴 것이다.

  그들은 길을 계속 가면서 길에서 본 것에 대해 이야기를 나누었다. 그리하여 그들은 여행의 무료함을 달래면서 발걸음을 쉽게 했다. 그들은 사막을 횡단하고 있었던 것이다.
  그들이 사막을 거의 벗어나게 되었을 때 페이스풀이 우연히 뒤를 돌아다 보고는 그들의 뒤를 누가 따라오고 있는 것을 보았다.
  "아니, 저기 따라오는 게 누구죠?" 페이스풀이 동료에게 말했다.
  크리스천이 돌아보고는 대답했다.
  "내 친한 벗인 이밴질리스트요."
  "아, 그는 나의 좋은 벗이기도 하지요" 하고 페이스풀이 말했다.
  "내게 좁은 문으로 가는 길을 가르쳐 주었어요."
  이윽고 이밴질리스트는 그들이 있는 데까지 다가와 인사를 하는 것이었다.
  이밴질리스트 "사랑하는 분들, 평안하십시오. 당신들을 도와 주신 분들도 평안하시기 바랍니다."
  크리스천 "어서 오십시오, 환영합니다, 나의 착하신 이밴질리스트 당신의 모습을 보니 오래 전 영원한 복락을 위하여 친절하고 끈기 있게 도와 주시던 게 기억나는군요."
  페이스풀 "이렇게 오신 것, 천만 번 환영합니다. 오, 정다운 이밴질리스트, 당신을 만나니 우리같이 가련한 순례자들은 얼마나 반가운지 모르겠군요."

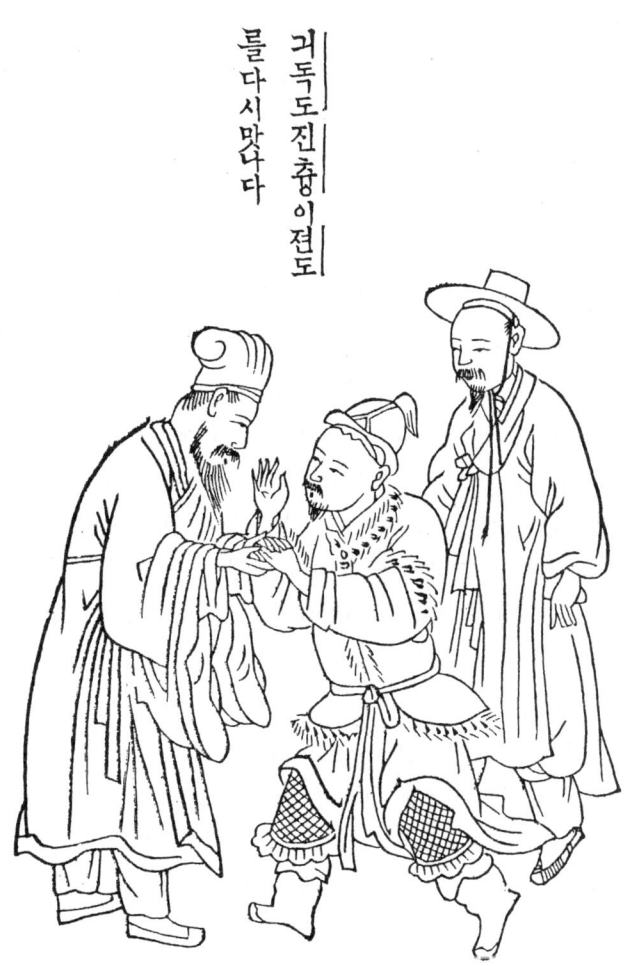

크리스천과 페이스풀이 이밴질리스트를 다시 만나다

그러자 이밴질리스트가 말했다. "친구들, 우리가 작별한 다음에는 어떻게 지내셨습니까? 중간에 어떤 일을 당하셨으며, 그것들을 또 어떻게 처리하셨나요?"

크리스천과 페이스풀은 길에서 일어났던 사건들과, 어떻게 천신만고 끝에 여기까지 이르게 되었는가를 그에게 이야기해 주었다.

이밴질리스트 "참 기쁩니다. 그런 시련들을 만나게 돼서가 아니라 그것들을 극복했기에 말입니다. 또한 (여러 가지 약점들이 있음에도 불구하고) 바로 오늘까지 계속 행진을 하셨다는 점도 기쁘군요.

내가 이 일을 기뻐하는 것은 나 자신을 위해서도 그렇고 당신네를 위해서도 그렇습니다. 나는 씨를 뿌리고 당신들은 거두었습니다. 이제 곧 씨를 뿌린 자와 열매를 거둔 자가 함께 기뻐할 날이 이를 것입니다[요한복음 4장 36절]. 즉 낙담만 하지 않고 계속 일하면 거둘 날이 있을 것이란 말입니다[갈라디아서 6장 9절]. 면류관이 당신 앞에 있고 그 면류관은 썩지 않는 것입니다. 그것을 잡기 위해 달려가시오[고린도전서 9장 21~27절]. 이 면류관을 얻기 위해 어떤 사람은 꽤 먼 길을 달려갔다가도 중간에서 뛰어든 사람에게 그 면류관을 빼앗기는 일도 있습니다. 그러니까 지금 가지고 있는 것을 꼭 잡아 다른 사람이 빼앗지 못하게 하십시오[요한계시록 3장 11절]. 당신들은 아직 마귀의 세력권을 벗어나지는 못했습니다. 아직 죄에 대항하여 피 흘리는 싸움은 하지 않았으니까요. 하늘 나라를 항상 눈앞에 두고 보이지 않는 것을 분명히 믿으시오. 이 세상 일을 마음속에 품지 말고, 그리고 무엇보다도 자신의 마음과 정욕을 잘 보살펴야 합니다. 왜냐하면 그것들은 세상의 그 무엇보다도 거짓되고 악한 것이기 때문입니다. 조금도 당황해하지 마시오. 하늘과 땅에 있는 모든 힘이 당신들을 지지하고 있습니다."

그러자 크리스천은 그의 권고에 감사하면서 앞으로 남은 길에 도움이 될 만한 권고를 더 해달라고 청하는 것이었다. 그것은 그가 예언자며, 따라서 앞으로 그들에게 일어날 일을 미리 얘기해 줄 수 있을 뿐만 아니라, 어떻게 하면 그것들을 대항하여 이길 수 있을까도 가르쳐 줄 수 있음을 알고 있었기 때문이다. 페이스풀도 역시 같은 요구를 했다. 그리하여 이밴질리스트는 이야기를 시작했다.

이밴질리스트 "우리 나라에 가려면 숱한 시련을 당해야 한다는 사실은 복음서에 기록된 진리의 말씀을 통해 잘 알고 있겠지요. 어느 도시엘 가나 속박과 재난은 당신들을 떠나지 않습니다. 그러므로 종류야 어떻든 그런 것들 없이 순례의 길을 오래 계속할 수는 없는 일입니다. 당신들은 이미 당한 사실들을 미루어 보아 이 말이 거짓이 아님을 확인할 수 있을 게고, 금세 또 더 큰 재난을 당하게 될 것입니다. 당신들도 보다시피 이제 광야(曠野)는 거의 벗어났는데, 곧 마을 하나가 천천히 나타날 게고, 당신들은 그 마을로 들어가게 될 것입니다. 그 마을 안에서 당신들은 당신네를 죽이려는 적들을 만나게 됩니다. 그때 당신네 둘 모두가 아니면 하나라도 피를 흘렸다는 증거의 인(印)을 남겨야 할 것입니다. 그러나 죽기까지 충성을 바치면 왕께서 생명의 면류관을 주실 것입니다. 거기서 죽는 사람은 물론 비명횡사하는 것이고 또 그 고통도 지독하겠지만, 다른 동료보다 더 다행일 것입니다. 그것은 그가 조금 더 빨리 천성(天城)에 도달하게 될 것이기 때문만 아니라, 다른 동료가 남은 여행길에서 만나게 될 여러 가지 고난을 당하지 않을 것이기 때문입니다. 그 마을에 도착하면 지금 내가 말한 일들이 그대로 이루어질 터이니 나를 기억하여 사내답게 처신하고 하느님, 곧 신실하신 조물주께 영혼을 지켜 달라고 부탁하시오."

그들이 광야에서 벗어나자마자 곧 마을이 눈앞에 나타나는 것을 꿈 속에서 보았다. 그 마을의 이름은 배니티(無常)라고 했다. 그 마을에는 배니티 장(場)이라는 시장이 계속 서 있었다. 그 장은 1년 내내 계속되었고, 그것이 배니티 장이라고 불리는 이유는 그것이 계속 서고 있는 마을이 허영보다 더 천박했고 또한 그곳에서 사고 파는 모든 것이 허영(虛榮)이었기 때문이었다. 현자(賢者)가 한 말, "무릇 장래의 일은 다 헛되도다"〔전도서 1,2장 참조〕대로였다.

이 시장은 요즘 새로 설립된 것이 아니라 태고적부터 서 있는 것이었는데, 그 내력은 이렇다.

약 5000년쯤 전에도 지금 이 두 사람이 하듯이 천성을 향해 가는 순례자들이 있었다. 그들이 이 마을을 통해 난 길로 지나가는 것을 본 비엘지법, 아폴리온, 레기온 세 악마는 여기에 시장을 세우고 온갖 헛된 것들을 팔면서 연중무휴로 판을 벌여야겠다고 생각하게 됐던 것이다. 그리하여 이 시장에서 그들은 가옥, 토지, 지위, 신분, 명예, 승진, 직위, 나라, 왕국, 욕망, 쾌락 그리고 매춘부, 뚜쟁이, 마누라, 남편, 아이들, 주인, 하인, 생명, 피, 영혼, 은, 금, 진주, 보석 등 온갖 즐거움을 거래하고 있는 것이다.

그뿐만 아니라 이 시장에서는 언제든지 요술, 사기, 도박, 노름, 광대짓, 원숭이, 악당, 장난꾼 같은 것을 볼 수도 있다.

또한 여기에선 강도, 살인자, 간통한 자, 거짓 증언 그리고 피처럼 붉은 얼굴을 지닌 자들을 그야말로 돈 한푼 안 들이고 볼 수 있다.

다른 상설 시장처럼 적절한 이름이 붙은 골목과 거리가 있어 그 이름에 어울리는 물건들이 진열돼 있다. 그리하여 어떤 특수한 물건을 사려면 그 특수한 것을 진열해 놓은 광장이나 골목(이를테면 지방이나 나라)엘 가야 하게 되어 있는 것이다. 여기에는 영국 골목, 프랑스 골목, 이탈리아 골목, 스페인 골목, 독일 골목이 있어 거기서 여러 가지의 허영을 팔고 있다. 다른 시장들과 마찬가지로 어떤 물건은 장터의 인기를 독차지했는데, 로마 제품과 그것을 파는 상인이 시장을 거의 휩쓸다시피 했다. 다만 영국과 몇 나라들만이 그것을 싫어할 뿐이었다.

전에 말했듯이 천성으로 가는 길은 바로 이 시장이 열리고 있는 마을을 통과하게 되어 있다. 따라서 이 시장 거리를 통과하지 않고 천성을 가려는 자는 '세상 밖으로 나가야'〔고린도전서 5장 10절〕하게 되어 있는 것이다. 만왕의 왕이신 분께서도 자기 나라인 천성에 가려고 이 마을을 통과하셨는데, 그때도 마침 장이 섰다. 그렇다, 내 생각엔 그때 그분에게 허영을 사라고 했던 자가 이 시장의 주인인 비엘지법이었던 것으로 알고 있다. 만일 이 마을을 지나가는 동안 그의 홍정을 받아들였던들 그분은 이 시장의 주인이 되셨을 것이다. 그분은 존경을 받으실 만한 분이기에 비엘지법은 그분을 거리에서 거리로 데리고 다니며 세상의 온갖 왕국들을 순식간에 보여 주고, 그리고 어떻게 하면 그 축복받으신 분으로 하여금 홍정에 넘어가 몇 가지의 허영을 사게 할 수 있을까 궁리를 했던 것이다〔마태복음 4장 8~9절〕. 그러나 그분은 홍정에 아무런 관심도 두지 않으시고 그런 허영을 위해 돈한푼 안 쓰신 채 마을을 떠나셨다. 알고 보면 이 시장은 오랜 옛날에 세워진 것이고, 그 동안 계속 상거래가 있었던 아주 굉장한 시장인 것이다.

전에도 말했지만 결국 두 순례자들은 이 시장을 통과하지 않을 수 없게 되었다. 그래서 그들은 시장에 발을 들여놓았는데 들여놓자마자 사람들이 웅성거리기 시작했다. 그 이유인즉 다음과 같은 것들이었다. 이를테면,

첫째, 그 순례자들이 입은 옷은 시장 바닥에서는 구할 수가 없는 그런 특이한 옷이었다. 그 때문에 시장 바닥의 사람들은 그들을 열심히 들여다보는 것이었다. 어떤 자들은 그들을 바보라고 했고, 어떤 사람은 그들을 미쳤다고 했으며, 외국인이라고 하는 자들도 있었다.

눌째, 옷차림뿐만 아니라 말소리도 이상해서 그들의 말을 알아듣는 자도 거의 없었다. 그들은 물론 가나안 말을 썼는데, 시장 사람들은 이 세상 사람들이었던 것이다. 그러므로 그들이 시장 이쪽에서 들어가 저쪽으로 나갈 때까지 그들은 서로가 외국인같이 보였다.

허화시

배니티 시장

셋째, 그 순례자들이 자기네 물건을 매우 경시(輕視)하여 거들떠보지도 않는 것이 상인들에게는 여간 놀라운 것이 아니었다. 그들은 상품들을 보지 않으려고 매우 애를 썼는데, 사라고 소리칠 때마다 두 손으로 귀를 막고는 "내 눈을 돌이켜 허망한 것을 보지 말게 하옵소서"〔시편 119편 37절〕하고 소리치는 것이었다. 그러고는 자기네 거래처는 하늘임을 보여 주기 위해 위를 쳐다보았다.

한 사람이 용케 기회를 잡아 그 순례자들의 거동을 비웃으면서 "무엇을 사시겠소?" 하자, 그들은 정색을 하며 "우리는 진리를 사는 사람"〔잠언 23장 23절〕이라고 대답하는 것이었다. 그러자 그들은 점점 더 미움을 받게 되었으며, 어떤 자는 놀리고 멸시하고 질책도 하고 그리고 때려 주자고 선동까지 했다.

마침내 시장 바닥은 야단법석이 일어나 걷잡을 수 없는 혼란이 야기(惹起)되었다. 급히 달려온 촌장(村長)이 심복들에게 순례자들을 조사하고, 어떻게 해서 온 시장이 그들 때문에 거의 뒤집히려고 하는가 그 원인을 찾아보라고 명령을 내렸다. 그리하여 순례자들은 취조실로 끌려 왔다. 그들 앞에 앉아 있던 자들이 어디서 오며 어디로 가는 길인지, 그리고 그런 괴상한 옷을 입고 무슨 짓을 했는지를 물었다. 그들은 자기네가 하늘의 예루살렘인 본향을 찾아 이 세상을 떠난 나그네에다 순례자임을 밝혔고, 마을 사람들이나 상인들로 하여금 화가 나서 자기네 순례의 길을 막게 할 만큼 거슬리는 짓은 하지 않았다고 말해 주었다. 혹시 기분 상하게 한 것이 있다면 누군가가 그들에게 무엇을 사겠느냐고 했을 때 진리를 사겠다고 한 것밖에 없다고 말했다. 그러나 조사(調査)를 위임받은 자들은, 그 순례자들이 미친놈들이 아니고서야 어떻게 시장 바닥을 그렇게 소란하게 할 수 있었겠느냐 반문하는 것이었다. 그리하여 조사관들은 그들을 잡아 때리고 더러운 오물을 바르고 그러고는 감옥에 가두었다. 그것은 장차 그들을 시장의 모든 인간들에게 좋은 구경거리로 제공하기 위해서였다. 그들은

크리스천과 페이스풀이 배니티 시장에서 잡혀가다

얼마 동안 갇힌 몸으로 모든 인간들의 놀림과 증오와 보복을 당했다. 시장의 우두머리는 그들이 당하는 수난을 재미있게 보며 웃기만 했다. 그러나 참을성 많은 그들은 욕설을 욕설로 갚지 않고 나쁜 말에는 축복과 따뜻한 말로 대꾸하였으며 해꼬지에는 친절로 대했기 때문에, 시장 사람들 중 그래도 남들보다는 사리판단을 할 줄 알고 편견을 덜 가진 사람들은 자중하기 시작했고 계속해서 괴롭히는 자들을 악질이라고 비난하는 것이었다. 그러자 그들은 화가 나서 옥중에 갇힌 자들과 마찬가지로 나쁜 놈들이라고 비난을 퍼부으면서 그들도 공모자(共謀者)인 듯하니 같은 벌을 받아야 할 것이라고 떠들어댔다. 그러자 순례자들을 동정하는 사람들은, 자기네가 보기에는 두 사람은 정숙하고 얌전하여 아무도 해치지 못할 사람이라고 주장하면서 과거에 자기네와 함께 상거래를 했던 자들 중에는 지금 이 두 사람보다 훨씬 더 벌을 받아 옥에도 갇히고 공중(公衆) 앞에서 칼을 쓰고 망신을 당할 사람이 마땅히 있었다고 했다. 그리하여 욕설이 오가더니 (당사자인 두 순례자는 오히려 얌전하고 슬기롭게 앉아 있는 동안에) 서로 때리고 맞고 상처를 입히는 것이었다. 마침내 두 가련한 순례자들은 다시 심문자들 앞에 끌려 나와 방금 시장에서 벌어진 소란에 대해 죄가 있다는 판결을 받았다. 그리하여 그들은 그들을 흠씬 두들겨 주고 칼을 씌운 다음 사슬로 묶어 시장 바닥을 돌았다. 더 이상 그들과 함께 말을 하거나 순례에 가담하지 못하도록 겁을 주려는 것이었다. 그러나 크리스천과 페이스풀은 더욱 슬기롭게 처신하고 자기들에게 던져지는 수치와 곤욕을 너무나도 참을성 있게 현명한 태도로 받아들였기 때문에 시장 안의 몇 사람(비록 다른 사람에 비해 적은 수이시난)을 자기네 편으로 넘어오게 할 수 있었다. 그렇게 되자 상대편 관리들은 더욱 화가 나서 두 사람을 죽여 버리자고 결심하게 되었다. 그들은 감옥에 가두거나 묶어 두는 정도로 그칠 게 아니라 아예 죽여야 한다는 것이었다. 왜냐하면 그들은 시장 사람들을 속여 자기

네 편으로 삼았기 때문이라는 것이었다. 최후의 명령이 있기까지 감옥에 넣으라는 지시가 떨어졌다. 그래서 그들은 다시 들어가 발에 고랑을 찼다. 여기서 그들은 신실한 친구였던 이밴질리스트가 해준 얘기들, 특히 길에서 만나리라던 고난에 대한 얘기들이 뚜렷하게 기억나는 것이었다. 그들은 지금 당하는 고통이 가장 좋은 곳에 이르기 위해서는 당해야 할 고통인 만큼 참아 내자고 서로를 위로하였다. 그러면서 속으로는 제각기 자기가 더 심한 고초를 받기를 원했다. 그들은 모든 것을 다스리는 전지전능하신 분께 맡기고 풀려 날 때까지 스스로 처한 상황에 만족하기로 하였다.

적당한 때가 되면 유죄 판결을 내리기 위해 두 순례자를 재판 자리로 끌어내기로 작정하고 있던 관리들은 때가 되자 그들을 고발한 적들 앞에 내세웠다. 재판장의 이름은 헤이트굿〔惡을 증오함〕 영감이었다. 그들의 고발 내용은 하나였고 같은 것이었다. 비록 그 형식은 달랐지만 그 내용은 이런 것이었다.

"피고들은 원수들이었고 고소인들의 상업을 훼방놓았다. 그들은 읍내를 혼란하게 했을 뿐만 아니라 분열시켰고 제 나라 왕의 법을 업신여기는 가장 위험한 사상으로 당파를 지었다."

그러자 페이스풀이, 자기는 가장 높은 자보다 더 높으신 그분께 도전하는 자에게만 항거했을 뿐이라고 대답했다. 그는 말했다. "소동을 일으켰다는 데 대해서 평화의 사람이 되려는 나로서 그런 일이 없었고, 우리 쪽에 당파가 형성된 것도 그들이 우리의 진실과 깨끗함을 보고 모여든 것이므로 그들로서는 보다 고약한 데로부터 좀더 훌륭한 데로 옮긴 것뿐입니다. 그리고 당신네가 말하는 왕(王)이라는 자도 그가 우리 주님의 원수인 비엘지법인 줄 아는 이상, 나는 그와 그의 모든 패거리들을 거부하지 않을 수 없소."

그러자 그들의 왕을 위하여 법정에 서서 피고들을 정죄할 증언을 할 자는 나서서 증언하라는 명령이 떨어졌다. 곧 세 증인 엔비〔질투〕, 슈퍼스티션〔미신〕, 픽생크〔아첨〕가 나와 증언을 하기 시작했다. 재판장은 그들에게 피고들을 아느냐고 먼저 묻고 나서 그들에게 불리한 증언은 모두 말하라고 했다.

먼저 엔비가 일어서서 말했다. "재판장님, 저는 이자를 오래 전부터 알고 있습니다. 이 명예로운 재판정에서 맹세코 증언하는 바입니다. 저는……."

재판관 "잠깐, 선서부터 하고 나서."

그들은 그에게 선서를 시켰다. 그러자 그가 말을 계속했다.

"재판장님, 이자가 그럴듯한 이름은 가졌습니다만, 우리 나라에서 가장 비열한 자입니다. 그는 왕도 백성도 법률도 관습도 우습게 여깁니다. 오직 하는 일이란 이른바 자기 입으로 믿음이니 거룩한 것이니 하고 말하는 불충스런 사상을 모든 인간들에게 심어 주려는 것뿐입니다. 그리고 특별히 나는 그가 언젠가 크리스트교와 우리 배니티 마을은 정반대로 다르기 때문에 화해할 수가 없는 것이라고 말하는 것을 들은 적이 있습니다. 그렇게 말함으로써 그는 우리의 모든 건전한 행위들을 비난했고, 그뿐만 아니라 그런 일을 한다고 우리 자신을 비난한 것입니다, 재판장님."

그러자 재판장이 그에게 말했다. "더 이상 할말이 있는가?"

엔비 "재판장님, 할말은 얼마든지 더 있습니다. 다만 재판정을 지루하게 만들지 않으려는 것뿐입니다. 그러나 다른 분들이 증언을 한 다음에도 그 증언들이 모자란다면 그때 제가 더 보충하도록 하겠습니다."

그리하여 재판관은 그에게 비켜서 있을 것을 명령했다. 그리고 나시 그들은 슈퍼스티션을 불러 피고를 바라보게 했다. 그들은 또한 그에게도 자기네 왕을 위해 그에게 불리한 증언이 있으면 다 해보라고 말하는 것이었다. 그리고 그에게 선서를 시켰다. 그는 말하기 시작하였다.

슈퍼스티션 "재판장님, 저는 이자와 사귀어 본 적도 없고 앞으로도 사귀고 싶지 않습니다. 하지만 그를 이 마을에서 만난 후 며칠 동안 이야기를 나눠 보는 가운데 그가 매우 악질이라는 걸 알게 되었습니다. 왜냐하면 저는 그가 우리의 종교는 무가치하고, 그러므로 하느님을 기쁘게 해드릴 수 없다고 말하는 걸 들었기 때문입니다. 이자의 말대로라면, 재판장님께서도 미루어 알 수 있으시겠습니다만, 우리는 지금 헛것을 섬기고 있으며 여전히 죄를 짓고 있기 때문에 마지막에 가서 정죄함을 받게 될 것입니다. 이것이 제가 말씀드리려는 전부입니다."

그 다음엔 픽생크가 나서서 선서를 한 후 자기네 왕을 위하여 피고에게 불리한 증언을 아는 대로 늘어놓았다.

픽생크 "재판장님, 그리고 장내의 여러분, 이자를 저는 오래 전부터 알고 있었습니다. 그리고 차마 입으로 옮기지도 못할 소리를 그가 하는 걸 들었습니다. 그는 우리의 고귀하신 비엘지법 폐하를 욕했고 폐하의 절친하신 친구 분들인 올드 맨〔老人〕 각하, 카널 딜라이트〔육체의 쾌락〕 각하, 럭주어리어스〔사치〕 각하, 디자이어 오브 베인글로리〔허례〕 각하, 연로하신 레처리〔色狂〕 각하, 해빙 그리디〔貪慾〕 경 그리고 그 밖의 나머지 귀족들을[32] 업신여기는 말을 했으며, 나아가 만일 이 읍내 사람들이 모두 자기와 같은 생각을 갖는다면 이 귀족들 가운데 한 사람도 더 이상 마을에 살 수가 없으리라고까지 지껄여 댔습니다. 그뿐이 아닙니다, 재판장 나리. 그는 이 신성한 재판을 위해 임명받으신 각하까지도 공정하지 못한 악한이라고 불렀을 뿐더러, 그 밖의 많은 비방하는 언어를 사용하여 우리 마을의 숱한 양반들에게 욕을 퍼부었습니다."

픽생크가 말을 마치자 재판장이 피고에게 말했다.

---

32) 죄(罪)란 모두가 각하이고 위대하신 어른들이다. *

"너, 변절자요 이단자에다 배반자야, 이 솔직한 증인들이 너에 대하여 증언한 것을 모두 들었지?"

페이스풀 "몇 마디 스스로 변호하게 허락해 주시겠소?"

재판관 "이봐, 너는 더 이상 살려 둘 수 없는 놈이야. 당장 죽여 마땅해. 그렇지만 우리가 너에게 얼마나 친절했는지 모두가 알게 하기 위해서라도 무슨 말인지 들어 주마."

페이스풀 "1. 우선 엔비 씨가 말한 데 대해 답변하겠소. 내가 한 말은 단 한 마디뿐이었소. 즉 어떤 규칙이나 법률이나 습관이나 백성이라도 하느님의 말씀에 어긋나는 것이면, 그것은 크리스트교에 절대적으로 반대되는 것이라고 말한 것이오. 내가 한 말에 잘못이라도 있거든 지적하시오. 그렇다면 여기 여러 사람 앞에서 내 말을 취소하겠소.

2. 두번째로 슈퍼스티션이 내게 대해 증언한 말에 답하겠소. 내가 말한 것은 이런 말이오. 하느님을 섬기는 데는 신성한 믿음이 필요한데, 하느님의 뜻이 계시되지 않았다면 신성한 믿음은 도무지 있을 수 없다는 것이오. 그러므로 신성한 계시에 부합되지 않는 하느님 예배에 억지로 동참시켜 봐야 그것은 인간적인 믿음에 불과하고, 따라서 그런 믿음을 가지고는 영원한 생명을 얻을 수 없다고 말한 것이오.

3. 픽생크 씨가 말한 것에 대해서는 나는 (내가 욕을 한다고도 하고 그 비슷한 말을 쓴다고 하니 그런 말은 제쳐 놓고) 이 마을의 왕이나 이 신사가 일일이 호명한 그의 어중이떠중이 시종들은 모두 이 마을이나 나라가 아니라 지옥에나 가서 사는 게 더 어울리겠다고 말하는 바이오. 재판장은 신중히 살펴 주시오."

그리자 재판장은 배심원들(지금까지 그들은 한편에 서서 모든 것을 듣고 보았다)에게 말하는 것이었다. "배심원 여러분, 이 마을에서 큰 소동을 벌인 장본인인 이자를 여러분은 보고 있었습니다. 여러분은 그에 대한 덕망 있는 신사들의 증언도 들었습니다. 또한 그의 대답과 자백도 들었습니다. 이 사람을 교수대로 보내느냐 살리느냐는 여러분의 마음에 달려 있습니다. 그러나 먼저 우리의 법률에 대해 여러분에게 설명을 해드리는 게 타당한 일이라고 나는 생각합니다.

우리 왕의 종이었던 바로 대왕 시대에 이방 종교가 번식하고 강성해지는 것을 막기 위해 그들의 사내 아이들은 모두 강에 버리라는 법령이 제정된 적이 있습니다. 또 다른 종인 느브갓네살 대왕 때에는 누구든지 그의 금상(金像)에 무릎 꿇고 절하지 않는 자는 풀무불에 던지라는 법령이 제정되었습니다. 또한 다리우스 시대에는 어느 일정한 기간 동안 그 왕의 신이 아닌 다른 어떤 신을 부르는 자는 사자굴에 던지라는 법령이 제정되기도 했습니다.[33] 그런데 지금 이 반역자는 그 법률의 본질을 깨뜨려 버렸습니다. 그것도 생각만으로 그런 것이 아니라(생각만이라고 해도 용서할 수 없지만) 말과 행실로 어긴 것입니다. 따라서 결코 용서할 수는 없단 말입니다.

바로의 경우, 그의 법령이 아직 나타나지는 않았어도 나타날 가능성이 있는 범죄에 대하여 미리 제정된 것이었지만, 지금은 뚜렷하게 그런 범죄가 드러나 있습니다. 느브갓네살이나 다리우스에 견주어 봐도 그가 우리의 종교에 거역한 것은 여러분께서 알 수 있겠고, 그가 자백한 것만 가지고도 그는 사형을 받아 마땅하다고 봅니다.”

페이스풀이 퇴정했다. 그들의 이름은 블라인드-맨〔盲人〕, 노-굿〔無善〕, 맬리스〔惡意〕, 러브-러스트〔好色〕, 러브-루스〔放蕩〕, 헤디〔性急〕, 하이-마인드〔傲慢〕, 엔미티〔憎惡〕, 라이어〔거짓말쟁이〕, 크루얼티〔殘忍〕, 헤이트-라이트〔光明嫌惡〕, 임플래커블〔無慈悲〕로서, 그들은 모두 유죄 판결을 내리리라 속으로 생각하고 있었다. 따라서 그들은 만장일치로 유죄 판결을 결론 내리고 재판관에게 보고했다. 배심원장인 블라인드-맨이 먼저 말했다.

---

33) 이 법령에 대한 성서적 근거로서는 출애굽기 1장, 다니엘 3, 6장 참조.

"나는 이 사람이 이교도임이 분명하다고 봅니다."

노-굿이 말했다.

"저런 친구는 이 땅 위에서 쫓아냅시다."

"그래요," 맬리스가 말했다. "그자의 얼굴도 보기 싫소."

이번엔 리브-러스트가 말했다.

"나는 그의 언동을 더 이상 참고 볼 수가 없습니다."

"나도 그래요." 리브-루스가 말했다. "그는 언제나 나의 길을 저주하니까요."

"달아요, 달아." 헤디가 급하게 말했다.

"불쌍한 친구" 하고 하이-마인드는 말했다.

"그를 향한 적개심이 끓어오르고 있습니다" 하고 엔미티가 말했다.

"그는 사기꾼입니다" 하고 라이어가 말했다.

"목매다는 것도 과분해요" 하고 말한 것은 크루얼티였다.

"어서 그자를 없애 버립시다" 하고 헤이트-라이트가 말했다.

이번에는 임플래커블이 말했다.

"세상을 다 내게 준다 해도 그와 화해할 수 없습니다. 그러니 이제 그에게 유죄 판결을 내려 사형을 언도합시다." 이렇게 되어 그는 법정에서 끌려 나가 그가 전에 있던 곳으로 가, 거기서 인간이 발명해 낼 수 있는 가장 잔인한 방법으로 처형될 것을 선고받았다.

그리하여 그들은 자기들 법을 따라 먼저 그를 때렸고, 그러고 나서 손찌검을 했고, 칼로 그 피부를 찢고, 돌로 치고, 환도로 찌르고 그리고 마지막엔 불에 태워 한줌의 재로 만들어 버렸다. 그렇게 해서 페이스풀은 종말을 고했던 것이다. 그런데 나는 그 군중들 뒤에서 페이스풀을 시나리고 있던 쌍누마차가 (그의 곤경이 끝나자마자) 그를 태우고 나팔소리 울리는 가운데 천성에 이르는 가장 가까운 지름길인 구름 사이의 곧은 길로 올라가는 모습을 보았다. 그러나 한편 크리스천은 집행이 연기되어 다시 감옥으로 보내졌다. 그리하여 그는 감옥

페이스풀이 해를 입다

안에 한동안 갇혀 있게 되었다. 그러나 천지만물을 다스리는 분께서 관리들의 난폭한 입을 억제하셨으므로, 마침내 크리스천은 그곳에서 빠져 나와 자기 길을 갈 수 있게 되었다. 그는 길을 가면서 노래를 불렀다.

> 장하다, 페이스풀, 그대는 그대의
> 주님을 신실하게 증언했도다.
> 믿음 없는 자들이 그들의 온갖
> 허황된 쾌락을 안고서, 지옥의
> 구렁텅이에서 울부짖을 때, 그대는
> 그대의 주님과 축복을 나누리라.
> 노래하라, 페이스풀, 노래하라. 그리고
> 그대 이름 길이 남길지어다.
> 저들이 그대를 죽였다고 하나,
> 그대 여전히 살아 있으니.

나는 꿈속에서 크리스천이 혼자서 길을 가고 있지 않는 것을 보았다. 호프풀〔希望이 넘침〕── 그 시장(市場)에서 크리스천과 페이스풀이 고역을 당하면서 보여 준 말과 행동을 보고 이름을 그렇게 붙인── 이라는 사람이 나타나 형제의 언약을 맺고 동행을 요청한 것이었다. 진리를 증언하다가 죽은 한 사람의 재에서 다른 한 사람이 일어나 크리스천의 동료가 되었던 것이다. 이 호프풀은, 시장 거리에 살던 많은 사람들이 조만간 일어나 순례의 길을 따라올 것이라고 크리스천에게 말했다.

　나는 그들이 시장 거리를 벗어나자 곧 앞서가던 한 사람을 따라잡는 것을 보았다. 그의 이름은 바이-엔즈〔非理〕라고 했다. 그들이 그에게 먼저 말을 걸었다.

"선생님 고향은 어디고 어디까지 가시는 길입니까?"

그는 페어-스피치〔청산유수의 말솜씨〕라는 마을을 떠나 지금 천성을 향해 가는 길이라고 대답했다(그러나 자기 이름은 밝히지 않았다).

"페어-스피치에서 오신다고요?" 크리스천이 말했다. "그래 그곳에도 착한 사람이 있습니까?"

바이-엔즈 "글쎄요, 있겠지요."

크리스천 "선생님 성함은 무엇입니까?"

바이-엔즈 "당신이나 나나 서로 초면이긴 마찬가지고, 당신이 이 길로 가신다면 기꺼이 동행해 줄 터이지만, 다른 길로 가신다면 나는 혼자서라도 만족합니다."

크리스천 "그 페어-스피치라는 마을에 대해서는 들은 적이 있지요. 그곳은 부유한 곳이라고 하더군요."

바이-엔즈 "그래요, 사실이 그렇습니다. 그곳엔 나의 부유한 친척들도 많이 있어요."

크리스천 "실례입니다만, 그곳에 있는 당신의 친척들이란 누구입니까?"

바이-엔즈 "마을 전체가 다 친척이죠. 특히 턴-어바우트〔反轉〕 경, 타임-서버〔機會主義者〕 경, 페어 스피치 경(그의 조상 이름을 따서 그 이름을 붙였지요). 또한 스무드-맨〔기생 오라비〕 씨, 페이싱-보드웨이즈〔表裏不同〕 씨, 애니싱〔八方美人〕 씨, 그리고 우리 교구의 목사로 일하시는 투-텅즈〔一口二言〕 씨는 외삼촌이죠. 그리고 사실 말이지 나는 지금 당당한 신사가 되었지만, 나의 증조부는 동쪽을 보면서 서쪽으로 배를 모는 뱃사공이었습니다. 내가 지닌 모든 유산은 그렇게 해서 번 것이지요."

크리스천 "결혼은 하셨습니까?"

바이-엔즈 "네, 나의 아내는 매우 정숙한 여자입니다. 장모도 정숙한 분이지요. 그 여자는 페이닝〔거짓으로 꾸밈〕 부인의 딸이었지요.

그러니까 아주 지체 높은 가문에서 태어난 것입니다. 게다가 최고의 교양과 예절을 갖추고 있어 왕자로부터 농부에 이르기까지 그들을 어떻게 대할 것인가 잘 알고 있어요. 이건 사실입니다. 종교를 갖는 데 있어 지나치게 엄격한 자들과 우리 사이에는 어떤 차이점이 있다는 점 말입니다. 그러나 두 개의 사소한 점에 불과하지요. 첫째는, 우리는 결코 바람과 파도를 거스르지 않는다는 점입니다. 둘째는, 우리는 종교가 순탄한 길을 걸어갈 때 열심히 믿고, 태양이 밝게 비추고 모든 사람이 그 종교를 찬양할 때에야 함께 길을 걸어다니길 좋아한다는 점입니다."

그러자 크리스천은 길을 조금 벗어나 자기 동료인 호프풀에게로 가서 이렇게 말했다.

"이자는 페어-스피치의 바이-엔즈라는 자가 분명한 것 같은 생각이 드는데, 만일 그렇다면 우리는 이 세상에서 가장 악랄한 녀석과 함께 가야 할 팔자가 된 셈이오."

호프풀이 말했다.

"이름을 물어 보세요. 자기 이름을 부끄러워할 것 같지는 않아 보이는데요." 그리하여 크리스천은 다시 그에게 가서 말했다.

"여보세요, 당신은 세상의 그 누구보다 많이 알고 있는 것 같군요. 내 추측이 과히 틀리지 않는다면 당신이 누군지 대강 알 수 있을 것 같습니다. 당신의 이름은 페어-스피치의 바이-엔즈 씨 아닙니까?"

바이-엔즈 "그건 내 본명이 아닙니다. 나와 우정을 맺을 수 없는 이들이 내게 붙여 준 별명이죠. 하지만 내 전에 살던 숱한 선량한 양반들이 그랬듯이, 그 별명을 그냥 감수할 수밖에 없는 일이죠."

크리스천 "그러나 남들이 그런 이름으로 부르게 된 어떤 요인이 당신에게 있지 않았습니까?"

바이-엔즈 "천만에, 없습니다! 그들이 나를 그런 이름으로 부르도록 내가 무슨 잘못을 저질렀다면, 그것은 내가 항상 현실을 앞질러 판단했고 그 때문에 남들보다 이득을 더 많이 보았다는 것이겠지요. 그러니까 내가 이득을 보았다는 것은, 그것은 하나의 신의 축복이지 결코 어떤 비난이나 질책을 받을 것은 못 된다고 봅니다."

크리스쳔 "당신이야말로 전부터 내가 듣고 있던 바로 그 장본인이군요. 내 생각을 솔직히 말하라면, 당신이야 좋아하든 말든 우리가 당신을 그런 이름으로 부르는 것은 아주 적절한 처사라고 봅니다."

바이-엔즈 "글쎄요, 당신이 그렇게 생각한다면 나로서는 어쩔 수 없는 일이죠. 만일 나하고 좀더 동행해 보면 내가 꽤 훌륭한 길동무라는 것을 깨닫게 될 것입니다."

크리스쳔 "만일 우리와 함께 가시려면 역경을 뚫고 나가야 할 텐데, 내가 보기에 당신은 그 역경을 좋아하시지 않을 것 같습니다. 게다가 당신은 종교가 비단옷을 입고 있을 때뿐만 아니라 누더기를 걸치고 있을 때에도 그 종교를 간직해야 하며, 큰길에서 환영을 받을 때뿐만 아니라 쇠사슬에 묶여 있을 때에도 종교를 믿어야 합니다."

바이-엔즈 "내 신앙에 대해서 그것을 강요하거나 억압하지는 마십시오. 나를 자유롭게 버려 두시고 당신과 함께 동행하는 것을 막지나 마세요."

크리스쳔 "내가 제의한 것을 따르지 않는 한, 한 발자국도 나가지 못합니다."

그러자 바이-엔즈가 말했다. "나도 나의 옛 원리들을 버릴 수 없습니다. 그것들은 무해할 뿐더러 유익하니까요. 당신과 동행할 수가 없다면, 누군가 나와 동행할 것을 원하는 이가 따라올 때까지 당신이 나를 따라잡기 전처럼 혼자 걷겠습니다."

그때 나는 크리스쳔과 호프풀이 그를 포기하고 멀리 떨어져 나가는 것을 꿈속에서 보았다. 그러나 그들 중 하나가 뒤를 돌아다 보고는 세 사람이 바이-엔즈를 따라가고 있는 광경을 목격했다. 그들이 바이-엔즈를 따라잡자, 그는 정중하게 허리를 굽혀 인사했고 그들 역시 그에게 답례하는 것이었다. 그 세 사람의 이름은 홀드-더-월드〔世上執着〕 씨, 머니-러브〔돈 사랑〕 씨 그리고 세이브-올〔구두쇠〕 씨였는데, 모두 바이-엔즈가 일찍이 절친하게 사귀던 자들이었다. 그들은 모두 학교 동창으로서, 북부의 커비팅〔탐욕〕 지방에 있는 한 상업 도시인 러브-게인〔愛利〕에서 그라이프-맨〔不平客〕이라는 학교 선생에게서 가르침을 받았던 것이다. 이 학교 선생은 그들에게 폭력, 사기, 아첨, 거짓말 혹은 종교의 탈을 써서라도 어떻게 이득을 볼 것인가를 가르쳤고, 그들 넷은 선생의 수단을 충분히 습득했기 때문에 각자 나가서 자기 나름의 그런 학교를 세울 만한 실력자가 되어 있었다.

그런데 내가 말한 대로 서로 인사를 나누자 머니-러브가 바이-엔즈에게 말했다. "우리들 앞에 가는 저자들은 누구입니까?" 크리스천과 호프풀은 그때까지도 모습이 보였던 것이다.

바이-엔즈 "그들은 먼 마을에서 떠나 온 자들인데, 자기네 멋대로 순례의 길을 가고 있어요."

머니-러브 "그거 참, 그런데 왜 좀 지체했다가 우리와 함께 가려고 하지 않을까요? 그들이나 우리나 당신이나 모두 순례의 길을 가고 있는 것일 텐데 말이오."

세이브-올 "그건 고약한 일이군. 의(義)를 지나치게 강조하는 사람들 이야기를 읽었거니와, 그런 사람들은 자기들 외의 모든 사람은 심판하고 정죄해 버리지요. 그러나 내가 알고 싶은 것은 도대체 당신네 사이에 어떤 견해 차이가 얼마나 있었는가 하는 점입니다."

바이-엔즈 "그들은 어떤 날씨도 강행군을 해야 한다고 우겼고, 나는 바람과 파도가 잔잔할 때를 기다려야 한다고 한 것입니다. 그들은 하느님을 위해서라면 무엇이든 단숨에 해야 한다고 했고, 나는 어떤 모험을 해서라도 나의 생명과 재산을 보호하려고 한 것이지요. 그들은 남들이 모두 반대해도 자기들의 주장을 고수해야 한다고 했고, 나는 시대 조류가 부합되고 나의 안전이 보장될 때에만 종교를 소유하겠다고 했습니다. 종교가 누더기를 걸치고 멸시를 당할 때도 그들은 그 종교를 섬겨야 한다고 했고, 나는 종교가 비단옷을 걸치고 햇빛 아래 찬양을 받을 때에야 그 종교를 믿겠다고 했지요."

홀드-더-월드 "바이-엔즈 씨, 그 입장을 고수하십시오. 나는 자기가 소유하고 있는 것을 지킬 자유를 가지고 있으면서도 현명하지 못하게 도 그것을 상실하는 자는 바보 멍텅구리에 불과하다고 보고 싶습니다. 우리, 뱀처럼 지혜로웁시다. 햇볕이 있을 때 건초를 만드는 게 상책입니다.

뱀을 봐요. 겨우내 잠자고 있다가 즐거운 이득을 볼 수 있게 돼야 기동을 하지 않습니까? 하느님은 때로는 햇빛을 주시고 때로는 비도 오게 하십니다. 만일 그들이 비 오는 날에도 강행을 하겠다는 바보들이라면, 우리는 맑은 날을 골라 행군하는 걸로 만족합시다. 나의 경우, 하느님이 우리에게 내려 주시는 은총의 안전지대에 서 있는 종교를 가장 좋아합니다. 그 누가, 하느님은 우리에게 좋은 것을 내려 주시지만 그것들을 건드리지도 못하게 하는 것이 그분의 뜻이라고 억지 생각을 하겠습니까? 아브라함이나 솔로몬이나 모두 종교로 부자가 되었어요. 그리고 욥은 선한 사람은 '금덩이를 먼지처럼 간직한다'고 말했습니다. 당신이 저자들에 대해 설명한 것이 사실이라면 말입니다."

세이브-올 "이 문제에 대해서 우리는 모두 의견의 일치를 보았다고 생각합니다. 그러니 이제 더 이상 왈가왈부할 필요가 없어요."

머니-러브 "그래요, 이 문제에 대해 더 이상 말할 건 없습니다. 성경(聖經)이나 이성(理性)을 믿지 않는 자는 (우리는 두 가지 다 간직하고 있지만) 자신이 갖고 있는 자유도 알지 못하고 자신의 안전 또한 찾지 못하게 마련이니까요."

바이-엔즈 "형제들, 아시다시피 우리는 모두 순례의 길을 가고 있는 중이오. 무료함을 덜기 위해 문제 하나를 내고자 합니다.

가령 어떤 목사나 상인 앞에 이승생활의 좋은 축복을 받을 수 있는 우선권이 놓여져 있는데 그것을 얻기 위해서는 그가 전에 관심을 두지 않았던, 종교의 눈으로 볼 때 적어도 그 외양에 있어 비정상적인 욕망을 가진 것으로 보일 그런 수단을 쓰지 않을 수 없다면, 그가 과연 그 목적을 위해 눈앞의 수단을 사용하지 않고도 참으로 솔직한 인간이라고 인정받을 수 있을까요?"

머니-러브 "무슨 질문인지 알겠습니다. 여기 계신 신사들이 양해하신다면 내가 그 물음에 답변을 해보겠습니다. 첫째, 목사에 대한 문제를 얘기해 본다면, 여기 한 훌륭한 목사가 있다고 하고 그가 지금 받고 있는 보수가 너무나도 적어 좀더 많은 보수를 바라고 있다고 합시다. 그런데 마침 그런 기회가 생긴 것입니다. 그리하여 좀더 공부하고 자주 설교하고 열성을 다하고, 그리고 사람들의 기질이 그것을 요구하기 때문에 자기가 갖고 있던 어떤 원리들을 희생시키기까지 합니다. 그가 이런 일을 하고 나아가 더 애매한 일들을 한다 해도 (그에게 사명이 있는 이상) 역시 그는 정직한 인간이라고 나는 생각합니다. 그 이유는,

1. 보수를 더 받고 싶어하는 그의 열망은 합법적(합법적이 아니라고는 말할 수 없으니까)이며, 그것은 섭리에 따라 그의 앞에 놓여진 것인만큼 양심 여부를 물어 볼 것도 없이, 할 수 있으면 그 보수를 취하는 것이 당연한 일이기 때문입니다.

2. 게다가 그 보수를 받으려는 열망은 그로 하여금 더욱 열심히 설교하도록 했기 때문에 결국 그를 더욱 훌륭하게 만든 셈입니다. 자기의 주어진 재능을 더욱 개발시킨다는 것이야말로 하느님의 마음에 부합되는 일이기 때문입니다.

3. 또한 사람들의 구미에 맞추기 위하여 자기의 원리들을 수정하는 문제에 있어서, 그것은 그의 성격이 자기 희생적이고 달콤하여 설득력 있게 사람을 끄는 힘을 갖고 있으며, 그렇기 때문에 목회자로서는

적격자라는 사실을 증명해 주고 있는 것입니다.

　4. 그러므로 결론적으로 말해 한 목사가 작은 보수를 큰 보수로 바꾸는 것은, 그 자체가 탐욕으로 비판받기보다는 오히려 그 때문에 자기 직분이나 일을 도모함에 있어 발전을 보는 것이므로 자기 사명에 충실하고 선한 일을 할 기회를 놓치지 않는 점이 칭찬받아야 한다고 하겠습니다.

　이제 상인에 대한 당신의 질문을 생각해 볼까요. 본래 가난하던 자가 종교를 갖게 됨으로써 부유한 아내와 결혼하게 되고 자기 가게에 더 많은 훌륭한 고객을 모시게 됐다고 가정해 봅시다. 나는 그의 경우, 합법적인 행위를 했다고 보지 않을 수가 없습니다. 왜냐하면,

　1. 종교적이 된다는 것은 덕(德)이기 때문입니다. 어떤 수단으로 그렇게 되든 간에.

　2. 부유한 아내를 데리고 산다든가 혹은 가게에 더 많은 고객을 모신다는 것은 불법이 아닙니다.

　3. 게다가 종교를 믿어 그런 것들을 얻게 된 자는 좋은 자들로부터 좋은 것을 얻으니 좋고, 그 자신 좋은 사람이 되니 좋은 것입니다. 좋은 아내 생기고 좋은 고객을 끌게 되니 좋은 수입을 올리고, 그런데 이 모두가 종교를 믿어 굴러 들어오게 된 것이니 그 얼마나 좋은 일입니까? 그러므로 이 모든 것을 얻기 위하여 종교를 갖는다는 것은 좋은 일이고 장려할 만한 계획이라고 봅니다."

　바이-엔즈의 물음에 대한 머니-러브의 이와 같은 대답은 그들 모두의 열광적인 박수를 받았다. 그 자리에서 그들은 그것이 건전하고도 유익한 일이라는 결론을 내렸다. 그들은 아무도 그 결론을 반박할 수 없으리라고 생각했고 마침 크리스천과 호프풀이 부르면 들을 수 있는 거리에서 앞서가고 있었으므로, 그들은 서둘러 따라가서는 바로 그 물음을 가지고 공박하기로 마음을 같이했다. 그들이 그런 마음을 먹은 것은 좀전에 그들이 바이-엔즈를 반대했기 때문에 특히 더했던 것

이다. 그래서 그들은 앞서가는 두 사람을 불렀다. 두 사람은 멈추어 서서는 그들이 가까이 오기를 기다렸다. 그들은 가까이 가면서 바이-엔즈가 아니라 홀드-더-월드가 그들에게 문제를 제시하기로 결정을 보았다. 왜냐하면 바이-엔즈가 문제를 던지면 좀 전에 피차 가졌던 감정이 그들의 대답 속에 섞일 우려가 있다고 생각되었기 때문이다.

그들은 마침내 서로 만나 간단한 인사를 나눈 다음, 홀드-더-월드가 크리스천과 그의 동료에게 질문을 던지고 대답할 수 있으면 해보라고 말했다.

그러자 크리스천이 말했다. "종교에 있어 풋내기 어린아이일지라도 그런 물음에 얼마든지 대답할 수 있을 것입니다. 요한복음 6장에도 있듯이 빵을 얻기 위해 그리스도를 따르는 것조차 법에 어긋나는 일이라 하였는데, 하물며 세상의 쾌락을 얻기 위해 그분과 종교를 숨음말〔사냥꾼이 사냥감에 가까이 갈 때 몸을 숨기기 위해 사용하는 말이나 말모형〕로 삼는 것은 그 얼마나 밉살스런 일입니까? 이따위 주장을 하는 자야말로 이단자요 위선자며, 악마요 요술쟁이 외에 아무것도 아닙니다.

1. 이단자 얘기로, 하몰과 세겜은 야곱의 딸과 그 가축을 탐내어 그들에게 접근하는 길은 할례(割禮)를 받는 길밖에는 없음을 알고 자기 동료들에게 이렇게 말했지요. '그들이 할례받듯이 우리 모든 남자들이 할례를 받으면 그들의 가축과 재산과 그 밖의 모든 짐승들이 모두 우리의 것이 되지 않겠는가?' 그들이 취하려 했던 것은 야곱의 딸과 가축이었고, 종교는 그들에게 접근하기 위한 숨음말로 삼은 것이었습니다. 창세기 34장 20~23절에 기록돼 있는 얘기 전부를 읽어 보세요.

2. 그 위선적인 바리새인들 또한 종교를 이용한 자들이었습니다. 기다란 기도는 그들의 겉치레였고 그들의 속셈은 과부의 집을 빼앗는 것이었죠. 하느님은 그들에게 훨씬 중한 벌을 내리셨습니다. 누가복음 20장 46~47절을 읽어 보세요.

3. 악마 유다 또한 이런 식으로 종교를 가졌던 자입니다. 그가 종교를 갖게 된 것은 돈주머니 속의 돈을 꺼내 취할까 해서였지만, 그러나 그는 자신을 상실하고 버림받아 영원한 지옥의 아들이 되고 만 것입니다.

  4. 요술쟁이 시몬도 마찬가지 종교인이었지요. 그는 성령을 돈 주고 사려고 했다가 베드로에게 정죄받았는데, 사도행전 8장 19~22절에 그 내용이 기록돼 있습니다.

  5. 내 마음을 떠나지 않는 생각이 있는데, 그것은 이 세상을 위해 종교를 취하는 자는 이 세상을 위해 종교를 버릴 것이라는 생각입니다. 이를테면 유다 같은 자는 분명히 이 세상의 재물을 탐내어 종교를 가졌다가 바로 그 세상 재물 때문에 종교와 그의 스승을 팔았던 것입니다. 그러므로 그런 물음에 대해 당신들이 한 것 같은 그런 대답을 하거나 또한 그런 대답을 옳은 것으로 받아들인다는 것은 이단적이며 위선적이고 악마적이라고 할 수 있는 것입니다. 사람은 그 행위대로 보상을 받는 법입니다."

 그러자 그들은 잠시 서서 서로 쳐다볼 뿐 크리스천에게 뭐라고 대답할 말을 찾지 못하는 것이었다. 호프풀까지 크리스천의 대답이 옳음을 천명하자 그들 사이에는 무거운 침묵이 흘렀다. 바이-엔즈와 그의 동료들은 걸음을 느리게 하여 뒤에 처지고는 크리스천과 호프풀을 앞서가게 했다. 크리스천이 자기 친구에게 말을 했다.

 "만일 이 사람들이 인간의 선고를 견딜 수 없다면 하느님의 선고 앞에선 어떻게 하겠어요? 질그릇 같은 내게 꼼짝 못 하는 주제에 모든 것을 태우는 불꽃의 책망을 받게 될 땐 어떻게 하겠느냐 말입니다."

 크리스천과 호프풀은 그들을 앞질러 이즈〔安逸〕[34]라고 하는 아름다운 평지에 이르렀는데, 그곳을 그들은 상쾌하게 지나갔다. 그러나 그

---

 34) 순례자가 이 세상에서 맛보는 안일은 잠시뿐. *

평지는 폭이 얼마 되지 않아 그들은 순식간에 그곳을 지나쳤다. 그 평지의 저쪽 끝에는 루커〔돈벌이〕[35]라고 하는 작은 언덕이 있었고, 그 언덕에는 은광(銀鑛)이 있었다. 은은 희귀한 것이므로, 그 길을 이전에 지나가던 사람들 가운데 어떤 사람은 그것을 보려고 다가갔다가 갱(坑)의 가장자리에 너무 가까이 간 바람에 발 밑의 땅이 꺼져 그곳에서 숨지기도 했고 또한 심하게 다쳐 남은 일생을 성한 몸으로 지내지 못하게 되기도 했다.

그때 나는 은광으로 올라가는 길에서 조금 벗어난 곳에 (신사 차림을 한) 데마스[36]가 서서 나그네를 부르고 있는 모습을 꿈속에서 보았다. 그는 크리스천과 그의 동료에게 이렇게 말하는 것이었다.

"이봐요, 이리 오시오. 보여 줄 게 있습니다."

크리스천 "무슨 물건이 있기에 가던 길을 돌아서서까지 가볼 가치가 있다는 겁니까?"

데마스 "여기 은광이 있소. 보석을 캐고 있는 사람도 몇 있습니다. 오기만 하면 약간 고생하여 횡재를 할 거요."

그러자 호프풀이 말했다. "가봅시다."

크리스천 "난 안 갑니다. 나는 전에 이 장소에 대한 얘길 들은 적이 있어요. 그리고 얼마나 많은 사람이 여기서 죽었는가에 대해서도 들었습니다. 게다가 그 보석이란 것은 그것을 찾는 자에겐 올가미입니다. 결국 순례의 길을 방해하고 마니까요."

그리고 나서 크리스천은 데마스를 불러 말했다. "거기 위험하지는 않습니까? 거기서 많은 순례자들이 당하지 않았던가요?"

데마스 "그리 위험하지 않습니다. 조심을 않는 사람은 예외지만."

그러나 말은 그렇게 하면서도 그의 얼굴은 붉어졌다.

---

35) 루커 언덕은 위험한 언덕. *
36) 데마스에 대해서는 신약 디모데후서 4장 10절을 참조.

그러자 크리스천은 호프풀에게 말했다. "한 발짝도 옆으로 딛지 말고 우리 길이나 곧장 갑시다."

호프풀 "틀림없이 바이-엔즈는 여기까지 와서 우리들이 받았던 것과 똑같은 초대를 받게 되면 그것을 보러 저쪽으로 갈 겁니다."

크리스천 "의심할 여지도 없죠. 그의 주의 주장이 그런 것이니까요. 십중팔구 거기서 죽을 겁니다."

그러자 데마스가 다시 부르며 말하는 것이었다. "그래, 이리 와서 보지 않을 셈이오?"

크리스천은 노골적으로 대답했다. "데마스, 당신은 이 길의 주인의 바른길을 방해하는 적이오. 당신은 이미 스스로 길을 벗어난 것 때문에 하느님의 재판관들에게 유죄 판결을 받은 몸인데, 왜 우리까지 같은 파멸에 끌어들이려고 하는 것이지요? 그뿐만 아니라 우리가 길을 잘못 들게 되면 우리의 주님이신 대왕께서 분명히 아시게 될 것이고, 우리는 담대하게 그분 앞에 서야 할 자리에서 부끄러움을 당하게 될 것입니다."

데마스는 자기도 같은 동인(同人) 가운데 하나인데, 잠시 기다려 주면 동행을 하겠다고 소리쳤다.

그러자 크리스천이 말했다. "당신 이름은 무엇이오? 내가 아까 부른 그 이름이 맞습니까?"

데마스 "맞아요, 내 이름은 데마스입니다. 나는 아브라함의 자손이올시다."

크리스천 "나는 당신을 알고 있습니다. 게하지가 당신의 증조부고, 유다가 당신의 아버지며, 당신은 그들이 걸어온 길을 본받았지요. 당신이 하는 일은 악마적인 장난에 불과합니다. 당신 아버지는 배반의 대가로 목을 매었고, 당신 또한 보다 더 나은 대가는 받지 못할 것입니다. 우리가 왕 옆에 설 때에는 당신의 행위를 그대로 고해 바칠 테니 그렇게 아시오."

그리하여 그들은 자기 길을 계속 걸었다.[37]

그때쯤 되어 바이-엔즈 패거리가 다시 나타났는데, 그들은 첫마디에 넘어가 데마스에게로 건너갔다. 나는 그들이 거기서 넘겨다보려다가 갱에 떨어졌는지, 혹은 땅을 파러 내려갔는지, 구덩이 아래서 질펀하게 발산되는 독기(毒氣)에 숨이 막혀 죽었는지는 분명하게 알지 못한다. 그러나 그들이 두 번 다시 길 위에 나타나지 않은 것만은 분명하다.

크리스천은 노래를 불렀다.

> 바이-엔즈와 데마스는 의기가 상통하여
> 하나는 부르고 하나는 달려가,
> 돈벌이를 나누려 했네. 그리하여
> 둘은 이 세상에 붙들려
> 더 이상 나가지 못하였네.

나는 그 평지의 다른 쪽 끝, 아주 오래 된 비석이 서 있는 곳까지 순례자들이 다가가는 것을 보았다. 큰 행길 바로 옆에 세워진 그 비석이 하도 이상한 모양을 하고 있었기 때문에 그들은 그 모양을 함께 바라보고 있었다. 그 모양은 마치 한 여자가 기둥으로 변모한 것처럼 그들에게 보이는 것이었다. 얼마 동안 그들을 들여다보고 또 들여다보았으나 그것이 무엇인지는 알아낼 수가 없었다. 마침내 호프풀이 그 비석 머리에 특이한 문체로 글이 새겨져 있는 것을 발견했다. 그러나 그는 언어학자가 아니었으므로 (배운 바 있는) 크리스천에게 그 뜻을 캐낼 수 있느냐고 물었다. 그리하여 그는 가까이 와서 잠시 그

---

37) 이 이야기에 대한 성서적 근거로서는 구약 열왕기하 5장 20~27절, 신약 마태복음 26장 14~15절, 27장 1~6절을 참조.

크리스쳔과 호프풀이 롯의 아내가 소금 기둥으로 변한 것을 보다

글씨를 들여다보고 나서 다음과 같은 글을 발견해 내었다. "롯의 아내를 기억하라." 그는 그 글을 동료에게 읽어 주었다. 그리고 그들은 그 비석이 롯의 아내가 소돔을 피해 안전한 곳으로 도망치다가 미련 때문에 뒤돌아본 대가로 소금 기둥이 된 바로 그것이라고 결론을 내렸다. 뜻밖의 놀라운 광경을 보고 나서 그들은 이야기를 시작했다.

크리스천 "아, 노형. 참 적절한 시기에 우리가 이걸 보게 됐군요. 데마스가 루커 언덕으로 올라오라고 쬔 직후에 말입니다. 만일 우리가 그가 원한 대로 또는 노형이 가보고 싶어한 대로 그곳으로 갔더라면 우리는 틀림없이 후에 이 길을 올 사람들에게 좋은 구경거리가 되었을 것이오."

호프풀 "내가 그렇게 어리석었던 걸 유감스럽게 생각합니다. 내가 지금 롯의 아내 꼴이 돼 있지 않은 게 신기하군요. 도대체 그 여자의 잘못이나 나의 잘못이나 다른 점이 어디 있겠습니까? 그 여자는 단지 돌아다 보았을 뿐이고 나는 가서 보고 싶어했습니다. 은혜만이 고마울 뿐입니다. 그런 생각이 내 마음에 떠올랐다는 사실이 도대체 부끄럽군요."

크리스천 "여기서 우리가 보는 것을 명심해 두십시다. 앞으로 도움이 될 테니까요. 이 여자는 하나의 심판은 면했습니다. 그래서 소돔의 파멸에서 벗어났지요. 그러나 다른 심판에 당했던 것입니다. 우리가 보는 대로 이렇게 소금 기둥으로 변해 있거든요."

호프풀 "옳은 말씀입니다. 이 여자는 우리 둘에게 경고가 되고 귀감이 될 것입니다. 이 여자가 지은 것 같은 죄를 범하지 말라는 경고이면서, 그런 경고 아래 범죄를 막지 못하면 어떤 심판이 내릴 것인가를 보여 주는 표지(標識)라는 말입니다. 그러므로 고라와 다단과 아비람이 다른 250명과 함께 죄를 짓고 멸망당한 것〔민수기 26장 9~10절 참조〕도 다른 사람에겐 깨우침을 주는 표지요 예(例)가 되는 것입니다. 그런데 한 가지, 나로서는 잘 알 수 없는 의문이 하나 있습니다.

즉 그 여자는 잠깐 뒤돌아보았을 뿐인데(기록에는 그 여자가 한 발자국도 길을 벗어났다고는 돼 있지 않습니다) 소금 기둥으로 변했건만, 어떻게 데마스와 그의 패거리들은 그렇게 당당하게 서서 그 보물을 찾고 있을 수 있느냐는 겁니다. 특히 그들이 눈만 들면 그 여자가 심판을 받아 어떻게 되었는가를 볼 수 있는 데 말입니다."

크리스첸 "네, 이상한 일입니다. 그들의 마음이 강퍅해진 것은 분명해요. 그들을 누구에다 비교해야 적합할지 모르겠군요. 재판관 앞에서 소매치기하는 놈이라 할까요. 교수대 아래서 남의 지갑을 째는 놈이라고나 할까요. 소돔 사람들은 악질적인 죄인들이라고 했는데〔창세기 13장 13절〕, 그 이유는 주님 앞에서 죄를 범했기 때문인 것입니다. 즉 그분이 보시는 데서 소돔을 에덴 동산처럼 만들어 준 그 친절함도 팽개치고 버젓이 범죄를 저질렀거든요. 그랬기에 하느님의 진노는 더욱 커졌고, 따라서 하늘에서 만들 수 있는 가장 뜨거운 불로 재앙을 내리셨던 것입니다. 그러니까 하느님의 목전에서 죄를 짓는 자들이나, 그런 범죄의 대가가 어떤 것임을 보여 주는 경고의 표상을 보면서도 계속 죄를 짓고 있는 그런 자들은 가장 가혹한 형벌을 받으리라는 결론에 도달하는 것이 무리가 아니라는 말입니다."

호프풀 "지당한 얘기를 하셨습니다. 그러나 당신이나 나, 특히 내가 스스로 이런 예가 되지 않은 것은 참으로 다행한 일입니다. 이것은 우리가 하느님께 감사하고 그분을 두려워하며 항상 롯의 아내를 기억하는 계기가 되었습니다."

나는 그들이 어느 상쾌한 강에 다다르는 것을 보았다. 그것은 다윗이 "하느님의 강"〔시편 65편 9절〕이라고 했고, 요한이 "생명수의 강"〔요한계시록 22장 1절〕이라고 한 바로 그 강이었다. 그들은 그 강의 둑 위에 난 길을 걷고 있었다. 크리스첸과 그의 동료는 매우 즐겁게 여행을 계속했다. 그들은 강물을 마시기도 했는데, 물을 마시자 그들의 곤한 정신이 상쾌해지면서 생기가 도는 것이었다. 게다가 그 강의 양

생명수의 강

쪽 둔덕 위에는 온갖 열매를 맺은 푸른 나무들이 서 있었고, 그 나뭇 잎들은 좋은 치료약이었다. 그들은 즐겁게 과일을 따먹기도 했는데, 나뭇잎을 먹으면 소화 불량이 예방되고 여행으로 생긴 여러 가지 병이 낫는 것이었다. 양쪽 강변에는 초장이 있었는데, 그 초장에는 기묘하게 아름다운 백합이 가득 피어 있었다. 그 초장은 사시사철 푸르렀다. 그 초장에서 그들은 편히 누워 잠을 잤다. 그곳이야말로 안전하게 누울 수 있는 곳이었다. 잠에서 깨어나 그들은 다시 나무 열매를 따먹고 물도 마셨다. 그러고는 도로 누워 잠이 드는 것이었다. 그렇게 해서 몇날 몇밤을 거기서 보냈다. 그들은 노래를 불렀다.

> 보라, (순례자를 위로하기 위해)
> 어떻게 이 수정 같은 맑은 강물이
> 큰길가로 흐르는가.
> 초장은 푸르고 향기는 진동하고
> 그들을 위해 과일까지 제공한다.
> 그렇다, 이 나무들이 내는
> 과일과 열매의 맛을, 그 상쾌함을
> 아는 이는
> 지체 없이 그 있는 모든 것을 팔아
> 이 전원(田園)을 사리라.

그들은 다시금 여행을 계속하리라 결정하고(아직 목적지에 이르지 못하였으므로) 일어나 먹고 마시고, 그리고 길을 떠났다.

그들이 얼마 더 나아가지 않아 당분간 길과 강이 서로 떨어지는 것을 나는 꿈속에서 보았다. 그들은 그것이 여간 섭섭한 게 아니었으나 그렇다고 길을 벗어날 엄두는 내지 못하는 것이었다. 강에서 떨어진 그 길은 거친 데다가 그들의 발 또한 오랜 여행 때문에 약해져 있었다. 그리하여 순례자들의 마음은 길 때문에 매우 상심되었다[민수기 21장 4절]. 그들은 계속 걸으면서 좀더 걷기 좋은 길을 바랐다. 그러자 그들 앞에 길 왼쪽으로 초장과 그리로 올라가는 계단이 나타나는 것이었다. 그 초장의 이름은 바이-패스[샛길] 초장이라는 것이었다. 크리스천이 자기의 동료에게 말했다. "만일 이 풀밭이 우리가 가는 길과 나란히만 뻗어 있다면, 우리 풀밭으로 해서 갑시다."[38] 그러고 나서 그는 층계에 다가가 울타리 너머로 큰길과 나란히 뻗어 있는 작은 길을 발견하였다.

"내가 생각했던 대로요." 크리스천이 말했다. "여기 쉬운 길이 있어요. 오시오, 호프풀 씨. 이리로 갑시다."

호프풀 "하지만 그 길을 따라갔다가 우리의 길을 벗어나게 되면 어쩝니까?"

크리스천 "그렇지 않아요. 보시오, 큰길과 평행으로 나 있지 않습니까?"

그리하여 호프풀은 동료에게 설득되어 그를 따라 층계를 올라갔다.[39] 울타리를 넘어 좁은 길로 들어서자 그들의 발이 매우 편해졌음을 느끼게 되었다. 그리고 자기네 앞에서 걸어가고 있는 한 사람을 그들은 보았다. 그의 이름은 베인 콘피던스[虛信]였다. 그리하여 그들은 그를 불러 이 작은 길이 어디로 통하는 것이냐고 물었다. 그가 대답했다. "천성문(天城門)으로 통합니다." "보라고요," 크리스천이 말했다. "내가 뭐라고 했어요? 이젠 우리가 잘못되지 않았음을 알 수 있을 거요." 그리하여 그들은 앞서가는 그를 따라갔다. 그러나 금방 밤이 되어 깜깜해졌으므로 뒤따라가던 그들은 앞에 가던 그의 모습을 볼 수 없게 되었다.

---

38) 하나의 유혹은 또 다른 유혹을 부르는 법. *
39) 강한 크리스천은 약한 이들을 길에서 탈선시킬 수도 있다. *

앞서가던 (베인 콘피던스라는 이름의) 사람은 앞길을 볼 수 없게 되어 깊은 구덩이에 빠지고 말았다. 그 구덩이는 허영에 들뜬 바보들이 빠지라고 그 땅의 주인이 일부러 파놓은 것이었다. 거기 빠진 그의 몸뚱이는 산산조각이 났다.

그때 크리스천과 그의 동료는 그가 떨어지는 소리를 들었다. 그리하여 그들은 어떻게 된 거냐고 큰소리로 물었지만 아무런 대답도 들려 오지 않았고, 다만 그들이 들은 것은 신음 소리뿐이었다. 호프풀이 말했다.

"우리가 지금 있는 곳은 어디죠?" 그러자 그의 동료는 그를 잘못 이끌어 낸 게 아닌가 하여 말을 하지 못했다. 마침 비가 쏟아지고 무서운 천둥 번개가 치고, 그리고 물이 갑자기 불어나기 시작하는 것이었다.

그러자 호프풀이 혼잣소리로 신음하며 말했다. "오, 가던 길을 계속 걸었더라면!"

크리스천 "이 작은 길이 원래의 길에서 벗어나는 것인 줄 까맣게 몰랐어요."

호프풀 "난 처음부터 그게 두려웠습니다. 그래서 조심스럽게 주의하자고 말하지 않았던가요? 내가 좀더 분명히 말씀드렸어야 하는 건데, 사실 나이도 나보다 많고 하셔서."

크리스천 "노형, 너무 꾸짖지 말아 주시오. 노형을 길에서 벗어나게 했고 또 이렇게 절박한 위험에 빠지게 해서 미안합니다. 제발 용서해 주시오. 나쁜 생각으로 그랬던 건 아닙니다."

호프풀 "염려 마세요, 형님. 용서합니다. 그리고 이것도 다 우리에게 도움이 되리라고 나는 믿어요."

크리스천 "당신같이 자비로운 형제와 함께 있게 된 것이 참으로 기쁩니다. 하지만 이렇게 서 있을 수만은 없어요. 다시 돌아가 보도록 합시다."

호프풀 "네, 그러나 이번엔 제가 앞장을 서게 해주십시오, 형님."

크리스천 "아닙니다, 내가 먼저 가겠어요. 그래야 어떤 위험이라도 있으면 내가 먼저 당하게 되지요. 나 때문에 우리가 길에서 벗어나게 됐던 거니까요."

호프풀 "아닙니다, 형님이 먼저 가실 수는 없어요. 그렇지 않아도 마음이 산란하실 텐데, 그러다가 또다시 길을 벗어나게 될지도 모르니까요."

그때 "대로(大路), 곧 네가 전에 가던 길에 착념하여 돌아오라"〔예레미야 31장 21절〕는 소리가 들려 그들의 용기를 북돋아 주었다. 그러나 그때쯤에는 물이 너무나도 거창하게 불어 그 때문에 돌아가는 길은 매우 위험스러웠다. (길 안에 있다가 밖으로 나가는 것이 밖에 있다가 안으로 돌아오는 것보다 더 쉽다고 나는 생각했다.) 그래도 그들은 돌아가는 모험을 감행하였다. 깜깜하게 어두웠고 물결은 높았으므로 그들은 돌아가는 도중 열두 번도 더 물에 빠져 죽을 고비를 넘겼다.

그들이 온갖 재주를 다 동원해도 그날 밤 안으로 다시 층계 있는 데까지 도달한다는 것은 불가능한 일이었다. 그리하여 조그만 안식처를 발견한 그들은 거기 앉아 날이 새기를 기다리기로 했다. 그러나 지쳐 있었으므로 그들은 잠 속에 빠지고 말았다. 그런데 그들이 누워 있는 데서 멀지 않은 곳에 다우팅〔疑惑〕이라는 이름의 성(城)이 있었다. 그 성의 주인은 거인 디스페어〔絶望〕였는데, 그들이 지금 잠자고 있는 곳도 다 그의 영내였던 것이다. 그는 아침 일찍 일어나 자기 영토의 이곳 저곳을 살피며 다니다가 마침 잠을 자고 있는 크리스천과 호프풀을 발견했다. 사납고 거친 목소리로 그는 그들을 깨워, 어디서 와서 자기 영토에서 무슨 짓을 했는가를 물었다. 그들은 그에게 자기네는 순례자로서 길을 잃었던 것이라고 대답했다. 그러자 거인이 말했다. "어젯밤 너희들은 내 영토를 침범하여 짓밟고 다니다가 거기 누워 잠까지 잤으니 이제 나와 함께 가야겠다." 그리하여 그들은 강제로 끌려갔다. 그의 힘이 그들보다 더 강했기 때문이었다. 그들은 자기네의 잘못을 알고 있었으므로 할말도 별로 없었다. 그리하여 거인은 그들을 앞세워 몰고는 성안으로 들어가 그들 두 사람의 마음에 심한 역겨움을 가져다 주는 어둡고 냄새나는 지하실에 가두었다. 여기서 그들은 수요일 아침부터 토요일 밤까지 한 모금의 물도 한 조각의 빵도 먹지 못한 채 어둠 속에서 지냈는데, 아무도 와서 그들의 안부를 묻지 않았다. 그들은 그 악독한 환경에 처해 친구나 친척들로부터 멀리 격리돼 있었던 것이다. 여기서 크리스천의 슬픔은 배로 불어났다. 그것은, 그들이 이런 비참한 지경에 처하게 된 것은 결국 자기의 경솔한 소견에 기인한 것이기 때문이었다.

거인 디스페어에게는 아내가 있었는데, 이름은 디피던스〔수줍음〕라고 했다. 잠자리에 들자 그는 아내에게 자기가 한 일, 즉 영토에 침입해 들어온 두 포로를 지하 감옥에 가둔 일을 얘기해 주었다. 그리고 그는 앞으로 어떻게 그들을 처리하는 게 좋겠느냐고 물어 보았다. 그 여자는 남편에게 그들이 무엇하는 사람들인가, 어디서 왔으며 어디로 가고 있는가를 물었다. 그는 자기가 아는 대로 대답해 주었다. 그러자 여자는 아침에 일어나면 인정사정 볼 것 없이 매를 때리라고 권하는 것이었다. 그리하여 그는 일어나자 굵직한 능금나무 몽둥이를 들고는 지하실에 가둬 놓은 그들에게로 가서 다짜고짜 마치 그들이 개〔犬〕이기나 하듯 마구 욕설을 퍼부었다. 그들이 아무런 대거리도 하지 않는데도 불구하고. 그러고는 달려들어 어찌나 무섭게 때렸던지 그들은 서로 몸을 움직여 도와 줄 수조차 없었고 마룻바닥 위에서 몸을 뒤칠 수도 없었다. 매질을 다한 후에 그는 그들을 버려 두고 가버렸다. 그들은 자기들의 비참한 상황을 애도하면서 비탄 속에서 신음하고 있었다. 그리하여 온종일 그들은 한숨과 쓰라린 비통으로 보내고 말았다. 그날 밤 그의 아내는 남편과 계속하여 그들의 얘기를 나

크리스천과 호프풀이 디스페어의 옥에 갇히다

누다가 그들이 아직 살아 있음을 알고는 그들에게 자살을 권유하라고 남편에게 일러 주었다. 아침이 되자 그는 여느 때처럼 험악한 몸짓으로 그들에게 가서 그들이 전날 입은 상처의 고통으로 괴로워하고 있는 것을 보았다. 그는 그들에게 어차피 이 지하실을 벗어나지는 못할 텐데, 차라리 칼이나 목매달기 아니면 독약 같은 것으로 스스로 목숨을 끊는 게 여기를 벗어나는 단 하나의 길이라고 말했다. "도대체 왜" 하고 그는 말했다. "무엇 때문에 이토록 괴로움이 곧 삶이라는 걸 알면서 생명을 택하느냐?" 그러나 그들은 석방시켜 달라고 그에게 간청을 했다. 그러자 그는 그들을 사납게 노려보더니 달려들어 자기 손으로 그들을 끝장내려고 했다. 그러나 그는 발작을 일으켜(때때로 햇빛이 밝은 날이면 그는 발작을 일으킨다) 당분간 손을 쓸 수가 없게 되었다. 그리하여 그는 물러가면서 전처럼 그들에게 잘 생각해 보라고 말했다. 그리하여 그들은 그의 권유를 받아들이는 게 상책일까 아닐까 서로 토의하기 시작했다.

크리스천 "노형, 우린 이제 어떻게 하죠? 우리가 지금 살고 있는 이 삶은 비참 바로 그것이오. 나로서는 이렇게 사는 게 상책인지 자살하는 게 상책인지 잘 모르겠습니다. 내 마음으로는 삶보다 차라리 질식해 죽는 것을 택하고 싶어요〔욥기 7장 15절 참조〕. 이 지하 감옥보다는 무덤이 훨씬 더 안락합니다. 이곳에서 거인의 지배 아래 살아야 할 이유가 무엇입니까?"

호프풀 "참으로 우리의 지금 상황은 진절머리가 납니다. 그리고 나도 이렇게 사느니보다 죽는 것을 훨씬 더 바라고 있어요. 그러나 그래도 한번 생각해 봅시다. 우리가 향해서 가고 있는 그 나라의 주님께서는 우리에게 살인하지 말라고 하셨습니다. 남의 목숨을 살해하지 말라는 말씀이기는 하지만, 우리가 거인의 권유대로 자신의 목숨을 끊는 것은 더욱 금지된 일인 것입니다. 게다가 다른 사람을 죽이는 자는 다만 그의 육신을 죽일 뿐이지만, 자살하는 자는 영혼까지 함께 죽이는 것이지요. 그리고 무엇보다도 형님은 무덤의 안락함을 얘기하고 계신데, 저 살인자들이 틀림없이 가는 곳인 지옥의 형벌은 잊으셨습니까? 살인자에게는 영원한 생명 같은 건 없으니까요. 그리고 한 번 더 생각해 봐요. 모든 법이 거인 디스페어에게만 달려 있는 건 아닙니다. 지금 우리처럼 그에게 사로잡혀 있다가 그의 손에서 벗어난 사람들이 많이 있을 것이라고 나는 생각합니다. 천지를 지으신 하느님께서 거인 디스페어를 죽게 하실지, 혹은 언젠가 그가 우리를 가두고 문을 잠그는 것을 잊어 먹을는지, 조만간 다시 우리 앞에서 발작을 일으켜 수족을 쓰지 못하게 될지 누가 압니까? 만일 그가 다시 발작을 일으킨다면 나는 사내답게 용기를 내어 그의 손아귀에서 벗어나기 위해 최선을 다해 볼 생각입니다. 나는 지난번 좋은 기회에 손도 써보지 못한 바보였습니다. 그러니 형님, 참고 조금만 더 기다려 봅시다. 행복한 해방자가 될 때가 올 것입니다. 자기 자신을 죽이는 살인자는 되지 맙시다."

이런 말로 호프풀은 자기 형제의 마음을 일단 누그러뜨렸다. 그리하여 그들은 (어둠 속에서) 그날 하루를 슬픔과 우울로 함께 보냈다.

어쨌든 저녁때가 되자 거인은 포로들이 자기의 권유를 따랐나 안 따랐나 보기 위해 다시 지하실에 나타났다. 그러나 그는 그들이 살아 있는 것을 발견했다. 정말로 그들은 살아 있는 것이었다. 그러나 물과 빵을 먹지 못했고 얻어맞을 때 입은 상처 때문에 그들은 겨우 숨만 쉬고 있는 형편이었다. 그들이 살아 있는 것을 본 거인은, 화가 머리 꼭대기까지 올라 그들이 자기의 권유를 듣지 않으므로 차라리 태어나지 않았으면 좋았겠다고 할 만한 형벌을 내리겠다고 말하는 것이었다.

이 말을 듣고 그들은 부들부들 떨었는데, 크리스천은 기절을 했던 것 같다. 그러나 조금 제정신이 돌아오자 그들은 다시 거인의 권유에 대해 이야기를 나누고 그것을 받아들일 것인가 아닌가 토론하기 시작했다. 크리스천은 여전히 그의 권유를 따르려는 것 같았고, 여기에 대해 호프풀은 두번째 답변을 다음과 같이 했다.

호프풀 "형님, 이때까지 형님이 얼마나 용감하셨던가 기억하지 못하십니까? 아폴리온도 형님을 파멸시키지 못했고, 죽음의 그늘 계곡에서 형님이 보고 만난 그 어떤 것도 형님을 꺾지는 못했습니다. 그 많은 난관과 공포와 경악을 뚫고 나온 분이 어떻게 지금은 두려움의 노예가 되셨습니까? 원체 형님보다 더 약하게 태어난 이 몸도 지금 형님과 같이 이 지하 감옥에 갇혀 있습니다. 나 역시 거인을 형님만큼 때려 상처를 입혔고, 빵과 물은 나도 먹지 못했고 그리고 나도 형님과 마찬가지로 어둠 속에서 신음만 하고 있는 신세입니다. 그러나 우리 조금만 더 참아 봅시다. 배니티 시장에서 어떻게 사람을 대했던가, 또한 사슬도 감옥도 그리고 피 흘리는 죽음조차 두려워하지 않던 일을 기억하세요? 그러니 (적어도 크리스천으로서 수치를 당하지 않기 위해서라도) 우리 할 수 있는 데까지 참고 견딥시다."

아침이 되자 거인은 아내가 시킨 대로 그들에게 가서 마당으로 데리고 나와 산재해 있는 뼈와 해골들을 구경시켰다. "이것들은" 하고 그는 말했다. "한때 너희들처럼 내 땅을 침범했던 순례자들이었다. 내가 적당한 때라고 생각되면 나는 그들을 갈가리 찢었지. 앞으로 열흘 안에 너희들도 같은 신세로 만들어 주마. 다시 감옥에 내려가 있어." 그러고 나서 그는 돌아오는 길에 사뭇 그들을 때리는 것이었다. 여전히 슬픔 속에서 그들은 토요일 온종일 누워 있었다. 밤이 되어 디피던스 부인과 그 남편인 거인이 잠자리에 들자, 그들은 포로들에 대한 얘기를 다시 꺼냈다. 그 자리에서 늙은 거인은, 때려서도 협박해서도 그들을 죽여 버릴 수 없으니 참 이상한 일이라고 아내에게 고백했다. 그러자 그의 아내는 이렇게 대답했다. "혹시 그들이 누군가 와서 자기네를 구원해 주리라는 희망을 품고 사는 거나 아닌지 모르겠군요. 아니면 자물통을 열 수 있는 열쇠를 갖고 있어 그것으로 도망치려 하고 있는 건지도 모르죠."

"그럴듯한 말이야." 거인이 말했다. "아침이 되면 그들 몸을 뒤져 보겠어."

한편 그들은 토요일 자정부터 기도를 시작하여 거의 날이 샐 때까지 계속했다.

날이 새기 조금 전에 반은 정신이 나간 크리스천이 열띤 독백을 시작했다. "이런 바보 같으니! 자유로 걸어다닐 시간에 지하 감옥에 엎드려 있다니. 내 품속에 열쇠가 있는데, 프로미스〔言約〕라고 하는 이 열쇠로는 다우팅 성 안의 그 어떤 자물통도 열 수가 있단 말야." 그러자 호프풀이 말했다.

"그것 참 좋은 소식입니다. 형님, 어서 그 열쇠를 꺼내 문을 열어 봅시다." 그리하여 크리스천은 품에서 열쇠를 꺼내 감옥의 문을 열어 보았다. (열쇠를 돌리자) 자물통은 따졌고 문은 쉽게 열렸다. 크리스천과 호프풀은 밖으로 나왔다. 그리고 그들은 마당으로 통하는 중문(中門)으로 가 그 문도 열었다. 마지막으로 철문도 열어야 했는데, 열쇠를 넣어 돌렸으나 너무 뻑뻑하여 힘이 들었다. 그러나 그 문도 열리고 말았다. 그들은 잽싸게 도망치기 위해 문을 밀었다. 그러나 그 문이 열리면서 삐걱거리는 소리가 크게 났으므로, 거인 디스페어가 잠에서 깨어났다. 그는 포로를 다시 잡기 위해 서둘러 일어났으나 수족이 말을 듣지 않았다. 발작이 다시 일어났던 것이다. 그리하여 그는 더 이상 그들을 쫓아올 수가 없었다. 그들은 계속 걸어 왕(王)의 큰길로 다시 나서게 되었다. 그리고 그 거인의 영토를 벗어났으므로 마침내 그들은 안전하게 되었다.

　층계를 내려오자 곧 그들은 뒤에 오는 순례자들이 거인 디스페어의 손아귀에 떨어지지 않도록 무슨 조처를 할 것인가 궁리하기 시작했다. 그리하여 그들은 거기에 기둥을 하나 세우고 그 기둥에다 다음과 같은 글을 새겨 넣기로 작정했다.

　"이 층계를 올라가면 거인 디스페어가 지키는 다우팅 성으로 통한다. 그는 천성의 왕을 멸시하면서 그의 거룩한 순례자들을 멸망시키려고 애쓰는 자다." 그리하여 뒤에 오던 많은 자들이 그 글을 읽고 위험을 피하는 것이었다. 일을 마치고 나서 그들은 다음과 같이 노래를 불렀다.

　　가던 길을 벗어나, 우리는
　　금지된 땅에 발을 들여놓으면 어떻게 된다는 걸 알게 되었네.
　　뒤에 오는 나그네들, 조심하시오,
　　우리가 겪은 고생을 당하지 않도록.
　　디스페어의 성인 다우팅에
　　무단으로 들어가

크리스천과 호프풀이 옥에서 도망하다

그의 포로가 되지 않도록.

그들은 계속 걸어 딜렉터블〔기쁜〕산맥에 이르렀다. 그 산맥은 우리가 전에 말한 그 언덕의 주인 소유였다. 그들은 산에 올라가 거기 있는 정원과 과수원과 포도원, 그리고 샘물을 보았다. 거기서 그들은 마음껏 마시고 씻고 포도를 따먹었다. 그 산꼭대기에는 양을 치는 목자들이 있었는데, 마침 그들은 큰길가에 서 있었다. 순례자들은 그들에게 가서 지팡이에 몸을 의지하고는(오랜 여행으로 피곤한 순례자들은 누구와 서서 얘기할 때면 늘 지팡이에 의지했다) 물었다. "이 딜렉터블 산맥은 누구 소유입니까? 그리고 그 위에서 기르고 있는 양은 누구의 것인가요?"

목자 "이 산맥은 임마누엘〔예수의 다른 이름, 하느님이 함께 하신다는 뜻〕의 땅으로서 그분의 성은 여기서도 보입니다. 양들도 그분의 것이고, 그 양들을 위해 그분은 자기 생명을 버리셨지요."

크리스천 "이 길로 가면 천성으로 가게 됩니까?"

목자 "길을 옳게 드셨습니다."

크리스천 "여기서 얼마나 멀죠?"

목자 "진짜로 그곳에 갈 사람 아니면 아득하게 먼 곳입니다."

크리스천 "그 길은 안전합니까, 아니면 위험합니까?"

목자 "안전하게 갈 수 있는 사람에겐 안전하지만 '범죄하는 자는 걸려 넘어질 것입니다'〔호세아 4장 9절〕."

크리스천 "여행길에 피곤하고 지친 순례자들을 위한 휴식처 같은 게 여기는 없습니까?"

목자 "이 산맥의 주인께서는 우리에게 '손님 대접하는 것을 잊지 말라'〔히브리서 13장 2절〕고 경고하셨죠. 당신네 앞에 좋은 휴식처가 마련되어 있습니다."

그들이 나그네임을 알게 된 목자들이 여러 가지 질문을 던지는 것

크리스천과 호프풀이 에러 산에서 내려다보다

을 나는 꿈속에서 보았다. 이를테면 어디서 왔는가, 어떻게 이 길을 들어서게 됐는가 그리고 어떻게 여기까지 용케 올 수 있었는가 하는 물음들이었다(그 물음에 대해 순례자들은 다른 곳에서와 마찬가지로 대답을 해주었다). 왜냐하면 이 길로 들어섰다가도 이 산맥에까지 얼굴을 나타낸 사람은 극히 적었기 때문이었다. 그러나 대답을 듣고 나서 목자들은 기뻐하며 서로 사랑스런 표정으로 말하는 것이었다. "딜렉터블 산맥에 오신 것을 환영합니다."

목자들은, 아마도 그들의 이름은 날리지〔知識〕, 익스피어리언스〔經驗〕, 워치풀〔주의 깊음〕 그리고 신시어〔誠實〕였을 것인데, 그들의 손을 잡고는 자기네 천막 안으로 데리고 들어가 마침 준비되어 있던 음식을 나누어 주었다. 그들은 말했다. "여기에 잠시 머무르시면서 우리와도 좀 사귀시고 이 딜렉터블 산맥에 있는 좋은 것으로 좀더 위안을 받으셨으면 합니다." 그러자 그들도 머물러 있겠노라고 말하고는 그날 밤은 그곳에서 쉬기로 했다. 밤이 이슥했던 것이다.

아침이 되자 목자들이 크리스천과 호프풀을 깨워 산꼭대기를 산책하자고 말하는 것을 나는 꿈속에서 보았다. 그리하여 그들은 그들과 함께 잠시 산책을 하면서 사방의 좋은 경치를 즐겼다. 목자들이 자기네끼리 얘기했다. "이 순례자들에게 좀 놀랄 만한 것을 보여 주는 게 어떨까?" 그렇게 하기로 작정하고 그들은 우선 순례자들을 데리고 에러〔失手〕라는 이름의 봉우리 꼭대기로 올라갔다. 그 봉우리는 매우 가파른 봉우리였다. 그들은 목자들에게 아래를 내려다보라고 했다. 크리스천과 호프풀은 그 아래 바닥에 꼭대기로부터 떨어져 산산조각이 난 사람들의 시체가 널려 있는 것을 보았다. 크리스천이 물었다. "이것이 무엇입니까?" 목자들이 대답했다. "당신들은 육신의 부활을 믿는 신앙에 대하여 후메내오와 빌레도가 한 그릇된 말을 듣고 실수를 한 사람들 얘기를 들어 보지 못했나요?"[40] 그들이 대답했다. "알고 있어요." 그러자 목자들이 말했다. "저 아래 몸뚱이가 부서져 있는 이들이 바로 그들이랍니다. 그들은 (당신들이 보시다시피) 아직까지도 매장되지 못한 채 저렇게 있는데, 그것은 이 산꼭대기에 너무 높이 올라가거나 봉우리의 가장자리에 너무 가까이 가는 자들에게 경고하기 위해서랍니다."

그리고 나는 그들이 순례자를 데리고 다른 산꼭대기로 가는 것을 보았다. 그 산꼭대기의 이름은 코션〔注意〕이었는데, 그들은 거기서 멀리 앞을 내다보라고 일렀다. 그들이 보니까, 거기 있는 무덤들 사이로 몇 사람이 오르내리고 있는 모습이 보이는 것 같았다. 그런데 그들이 가끔 무덤 위에서 고꾸라지기도 하고 서로 부딪치기도 하는 것으로 보아 그들은 맹인임이 분명하다고 생각되는 것이었다. 크리스천이 물었다. "이것은 무엇을 의미합니까?" 목자들이 대답했다. "이 산 조금 아래에 길을 벗어나 왼쪽 풀밭으로 통하는 계단이 있는 것을 보시지 못했습니까?" 그들이 대답했다. "보았어요." 목자들이 다시 말했다. "그 층계로부터 계속되는 작은 길을 따라가면 거인 디스페어가 지키고 있는 다우팅 성으로 곧장 가게 되죠. 저기 저 사람들도(무덤 사이의 사람들을 가리키며) 그 층계에 이르기까지 당신들과 똑같은 순례자들이었단 말입니다. 그런데 마침 바른길이 거칠었기 때문에 그들은 풀밭으로 가려고 길을 벗어났다가 거인 디스페어에게 사로잡혀 다우팅 성 안의 지하 감옥에 잠시 갇혀 있다가, 마침내 그가 그들의 눈알을 빼고 저 무덤들 사이에 버려 둔 것입니다. 거기서 그들은 지금까지 헤매고 있는 형편이 되었지요. 과연 옛날 현자(賢者)의 말이 맞습니다. '명철의 길을 떠난 사람은 사망의 회중에 거하리라'〔잠언 21장 16절〕." 크리스천과 호프풀은 두 눈에서 눈물을 흘리며 서로의 얼굴을 바라보았다. 그러나 목자들에게는 아무런 말도 하지 않았다.

그리고 나는 목자들이 다른 장소, 곧 벼랑 쪽으로 문이 있는 산 밑

---

40) 디모데후서 2장 17~18절 참조.

으로 그들을 데려가는 것을 꿈속에서 보았다. 그들은 그 문을 열고 순례자들에게 안을 들여다보라고 일렀다. 그 안은 깜깜하게 어두운 데다가 연기가 자욱했다. 그들은 그 안에서 불이 타는 소리와 괴로워 부르짖는 소리를 들은 것 같았다. 그리고 유황 냄새를 맡았다. 크리스천이 물었다. "이것은 무엇을 의미합니까?" 목자들이 그에게 말했다. "이곳은 지옥으로 들어가는 샛길입니다. 위선자들이 이리로 들어가는데, 이를테면 장자권을 팔아먹은 에서라든가, 자기 스승을 판 유다, 복음을 비방한 알렉산더, 거짓과 속임수에 능한 아나니아와 그의 아내 삽비라 같은 자들이 이리로 들어갑니다."

그러자 호프풀이 목자들에게 말했다. "내 생각엔 그런 자들도 한결같이 우리 순례자들과 같은 모양을 했던 걸로 아는데, 그렇지 않았던가요?"

목자 "그랬죠, 그것도 상당히 오랫동안 그랬습니다."

호프풀 "그래서 저렇게 비참한 상태에 떨어지게 됐군요. 그럼에도 불구하고 그들이 살아 있을 동안 얼마나 더 순례의 길을 갈 수 있었을까요?"

목자 "좀더 간 자도 있었을 게고, 어떤 자는 이 산맥에까지 와서 그만인 경우도 있었겠죠."

그러자 순례자들은 서로 자기네끼리 말을 주고받았다. "힘있는 분께 부르짖어 힘을 구해야겠군요."

목자 "그렇지요, 그리고 이미 가지고 있는 힘을 이용할 필요도 있을 것입니다."

그때 순례자들은 계속 길을 가야겠다는 생각을 했고 목자들도 같은 생각을 하게 되었다. 그리하여 그들은 산맥의 끝까지 함께 걸었다. 목자들이 서로 말했다. "여기서 순례자들에게 천성문을 보여 줍시다. 그들이 우리의 망원경을 사용할 재주를 가졌다면 말입니다." 그들의 제의를 순례자들은 기꺼이 받아들였다. 그리하여 그들은 클리어〔明

천성을 바라보다

白)라는 높은 봉우리 위로 순례자들을 데리고 가 자기네 망원경을 주었다. 그들은 열심히 망원경으로 건너다보려고 했지만, 목자들이 방금 보여 주었던 풍경이 어른거려 손이 자꾸만 떨리는 것이었다. 그래서 결국 그들은 망원경의 초점을 바로 맞출 수 없었다. 그러나 그들은 문 같은 모양과 그곳의 영광스런 장면을 어렴풋이 본 것 같은 생각이 들었다. 그들은 떠나면서 노래를 불렀다.

목자들이 비밀을,
다른 모든 사람에겐 감추어진
비밀을 보여 주었네.
그대들 깊은 것, 감추어진 것 그리고
신비한 것을 보려거든
목자들에게 가보라.

서로 헤어질 때 목자 하나가 그들에게 노정표(路程表)를 주었다. 다른 목자는 아첨꾼을 삼가라고 그들에게 일러 주었다. 세번째 목자는 그들에게 요술 걸린 땅에서 잠자지 말라고 일러 주었고, 그리고 네번째 목자가 그들에게 안녕을 고했다. 그때 나는 꿈에서 깨어났다.
 나는 다시 잠이 들어 그 두 순례자가 산을 내려가 큰길을 따라 천성을 향하고 있는 것을 꿈속에서 보았다. 산 아래에서 멀지 않은 곳에 콘시트(自慢)라는 나라가 왼쪽으로 자리 잡고 있었다. 그 나라에서 순례자들이 걷고 있는 큰길로 꼬불꼬불한 작은 길이 이어져 있었다. 그 좁은 샛길에서 무척 쾌활하게 생긴 아이 하나가 나오다가 순례자들과 만났다. 그 아이의 이름은 이그노런스(無知)였다. 크리스천이 그 아이에게 어디서 오는 길이며 어디로 가느냐고 물었다.
 이그노런스 "저요? 저는 저쪽 왼편에 있는 나라에서 태어났는데 지금 천성을 향해 가고 있어요."

무지를 맞나다

이그노런스를 만나다

크리스천 "그런데 그 문은 어떻게 들어갈 셈이냐? 좀 어려울 텐데?"

이그노런스 "다른 이들이 하듯이 하지요."

크리스천 "너에게 문을 열어 줄 만한 무슨 증서라도 가졌니?"

이그노런스 "저는 주님의 뜻을 알고 있어요. 그리고 착하게 살아왔어요. 남의 돈은 다 갚았고 기도도 하고 금식도 하고, 그리고 십일조도 냈어요. 그리고 남을 구제하고 저 나라로 가기 위해 고향을 등졌습니다."

크리스천 "하지만 너는 이 길의 어귀에 있는 좁은 문으로 들어오지 않았지. 그 대신 저 굽은 작은 길로 왔으니, 난 네가 스스로 어떻게 생각하든 심판날이 올 때 네가 문안으로 받아들여지는 대신 강도나 도둑의 이름으로 고발을 당하지 않을까 걱정되는구나."

이그노런스 "아저씨들, 제겐 아저씨들이 낯선 분입니다. 누구신지 모르겠어요. 아저씨네 나라의 종교나 잘 따르십시오. 저는 제 나라 종교를 따르겠습니다. 저는 모두 잘되기를 바랍니다. 그리고 아저씨께서 말씀하신 그 좁은 문만 해도 그것이 우리 나라에서는 너무나도 멀리 떨어져 있다는 것은 온 세상이 다 알고 있습니다. 그리고 우리 나라에 살고 있는 사람들 중 누구도 그 문으로 가는 길을 모르거든요. 사실 알든 모르든 우리에겐 상관없어요. 보시다시피 우리 나라에서 이 길로 나오는 오솔길은 깨끗하고 유쾌하고 푸른 풀이 깔려 있거든요."

크리스천은 그 아이가 자기의 자만에 도취되어 있는 것을 알아차리고 호프풀에게 가서 귓속말로 속삭였다.

"스스로 지혜롭다는 자보다 미련한 자에게 오히려 바랄 게 있지요"〔잠언 26장 12절〕. 그리고 계속해서 말했다. "우매한 자는 길을 걸을 때도 지혜가 모자라 자기가 바보임을 모든 사람에게 광고한답니다〔전도서 10장 3절〕. 그러니 이제 더 이상 저 아이와는 말을 할 게 없어요.

조금 앞에서 걸으면서 그에게 우리의 말을 생각할 수 있는 여유를 주었다가 다시 만나 과연 우리가 해준 말이 그에게 얼마나 도움이 되었는가 알아보기로 하십시다." 그러자 호프풀이 말했다.

> 우리가 해준 말을 곰곰 생각할 잠시의 여유를
> 이그노런스에게 줍시다.
> 그리고 그 좋은 충고를 거절할 수 없게 해줍시다.
> 가장 좋은 것이
> 무언지 모르는 무지(無知)에
> 머무르지 못하도록 하느님은
> 자기의 뜻을 깨닫지 못하는 자는
> (비록 자기 손으로 만드셨지만)
> 구원하지 않겠노라 말씀하셨습니다.

호프풀은 덧붙여 말했다. "한꺼번에 그에게 모든 걸 다 말해 주면 오히려 도움이 되지 못할 것 같군요. 그러니 조금 앞서가다가 그가 능히 알아들을 만하다고 생각될 때 다시 말해 주는 게 어떨까요?"

그리하여 두 사람은 앞서가고 그 뒤를 이그노런스가 따르게 되었다. 상당한 거리를 앞서가던 그들은 몹시 어두운 골목으로 들어서게 되었는데, 거기서 일곱 마귀가 일곱 밧줄로 꽁꽁 묶인 한 사람을 벼랑에서 보았던 그 문으로 끌고 가는 것을 보았다.[41] 그것을 보고 선량한 크리스천과 그의 동료 호프풀은 부들부들 떨기 시작했다. 그러면서도 악마가 그를 끌고 가는 동안 크리스천은 그가 누군지 알아보기 위해 유심히 노려보았다. 그는 그가 아포스터시[背敎] 마을의 터너웨이[變節] 같다고 생각했다. 그러나 그는 그 얼굴을 똑바로 볼 수가 없

---

41) 마태복음 12장 45절과 잠언 5장 22절을 참조.

었다. 왜냐하면 그는 마치 도둑질하다 들킨 자처럼 고개를 푹 숙이고 있었기 때문이었다. 그가 지나간 뒤 호프풀은 그의 등을 바라보다가 그의 등에서 "변덕스런 신앙 고백자, 저주받을 배교자"라고 쓰여진 종지 쪽지를 발견하였다. 이때 크리스천이 자기 동료에게 말했다. "이 근처에 살고 있는 사람에게 생겼던 일의 얘기를 들은 게 기억 나는군요. 그 사람의 이름은 리틀-페이스〔작은 信仰〕라고 했는데 신시어〔誠實〕 마을에 살고 있는 아주 착한 사람이었습니다. 그에게 생긴 일이란 이런 것이었습니다. 이 길 초입에 대로문(大路門)과 연결된 죽은 자의 골목이라는 작은 골목이 있는데, 거기서 살인 사건이 흔히 일어나서 그렇게 부르게 되었답니다. 그런데 이 리틀-페이스는 지금 우리처럼 순례의 길을 가다가 바로 그 자리에 우연히 앉아 쉬다가 잠이 들었던 것입니다. 마침 그때 대로문으로부터 세 명의 건달들이 골목을 내려오고 있었는데, 그들의 이름은 페인트-하트〔겁보〕, 미스트러스트〔懷疑〕 그리고 길트〔犯罪〕라고 하는 삼형제였답니다. 리틀-페이스가 잠자고 있는 것을 본 그들 셋은 달음박질하여 그에게 달려왔지요. 그때 착한 순례자는 막 잠에서 깨어나 여행을 계속하려는 순간이었답니다. 셋은 그에게 달려들어 협박조로 그를 불러 세웠다는 겁니다. 리틀-페이스는 얼굴이 하얗게 질려 싸울 힘도 도망칠 힘도 없었답니다. 그러나 페인트-하트가 그에게 말했습니다. '돈지갑을 내놓아라.' 그가 (돈 빼앗기는 게 억울해) 우물쭈물하자 미스트러스트가 달려들어 그의 주머니에 손을 넣더니 은화가 들어 있는 지갑을 꺼내더란 말입니다. 그래서 그는 소리를 질렀지요. '강도요, 강도.' 그러자 길트가 손에 들고 있던 몽둥이로 리틀-페이스의 머리를 갈겨 그는 피를 쏟으며 땅바닥으로 쓰러졌던 것입니다. 그냥 버려 두면 피를 너무 많이 흘려 죽을 게 뻔한데도 강도들은 그냥 지켜 보고만 있었답니다. 그러나 마침 그때 발자국 소리가 들렸는데, 강도들은 그것이 굿-콘피던스〔安心〕 도시에 살고 있는 그레이트-그레이스〔大恩惠〕가 아닌가 하여 겁을 먹고는 그 착한 순례자를 홀로 버려 둔 채 도망을 쳤더란 말입니다. 한참 시간이 지난 후 리틀-페이스는 간신히 일어나 자기 길을 비틀거리며 갔다고 합니다. 이런 얘기였어요."

호프풀 "그럼 도둑들이 그가 가졌던 모든 재산을 다 가져갔던가요?"

크리스천 "아닙니다. 보석들을 감추어 둔 곳을 그들이 미처 손을 대지 못했기 때문에 보석은 그냥 가지고 있었죠. 그러나 내가 듣기에 그 착한 사람은 강탈당한 것 때문에 몹시 상심해 있더라는 것이었습니다. 강도들이 그의 노자를 거의 다 빼앗고 말았으니까요. 그들은 (이미 말한 대로) 보석을 빼앗지는 못했고 또한 얼마간의 잔돈푼도 남겨 놓기는 했지만, 그것으로 남은 여행을 다 끝낸다는 것은 어림도 없는 일이었답니다. 참, (내가 들은 소식이 사실이라면) 그는 계속 살아 남기 위하여 구걸을 하지 않을 수 없었다는군요. (왜냐하면 그가 가지고 있는 보석을 팔 수가 없었기 때문입니다.) 그러나 구걸도 하고 그 밖의 온갖 짓을 다하면서도 그는 끝내 굶주린 배를 움켜쥐고 나머지 길을 거의 다 갔다고 합니다."

호프풀 "하지만 그 강도들이 하늘 나라에 들어가는 데 필요한 통행증을 빼앗아 가지 않은 것은 참으로 신기한 일이군요."

크리스천 "이상한 일이죠. 어쨌든 그것은 빼앗기지 않았답니다. 그러나 그것을 빼앗지 못한 것은 그의 행동이 날째서가 아니었지요. 그는 도둑들이 달려들 때 너무나도 놀라서 무엇을 감추거나 어떻게 해 볼 힘도 경황도 없었다니까요. 그러므로 그들이 그것을 손에 넣지 못한 것은 그의 어떤 행동 때문이 아니라 차라리 선한 섭리 때문이라고 하겠습니다[디모데후서 1장 14절]."

호프풀 "또한 보석을 빼앗기지 않은 것도 그에게는 큰 위안이 되었을 것입니다."

크리스천 "그것을 유효적절하게 팔아 쓸 수만 있었다면 큰 위안이 되었겠지만, 내가 들은 바에 의하면 그는 그 보석을 나머지 여행길에 거의 사용하지 못했다고 합니다. 게다가 돈을 강탈당한 데 너무나도 상심이 되어 여행 도중 거의 보석 생각을 못했을 뿐더러 간혹 생각이 나서 위안을 느끼다가도 강탈당한 생각이 새삼스럽게 떠오르면 그런 생각들은 모두 사라져 버렸다는 것입니다."

호프풀 "그것 참, 가엾은 사람이군요! 그야말로 커다란 슬픔이 아닐 수 없었겠죠."

크리스천 "슬픔! 정말 큰 슬픔이죠! 그처럼 낯선 장소에서 강도를 만나 모두 빼앗기고 상처까지 입었다면 그 누가 슬프지 않겠어요? 그 불쌍한 사람이 슬픔에 묻혀 죽지 않은 것이 이상한 일입니다. 나머지 여행길에서 그는 음울하고 쓰디쓴 불평만 터뜨렸다고들 하더군요. 그를 앞지르는 사람에게도 그리고 그가 앞지르는 사람에게도 그는 줄곧 자기가 이렇게 어디서 어떤 놈들에게 무엇을 강탈당했으며 어떻게 상처를 입어 하마터면 죽을 뻔했는가를 얘기했다는 것입니다."

호프풀 "그런데 여행 도중 자기의 보석을 팔거나 혹은 전당이라도 잡혀 그 어려움을 어떻게라도 덜어 보려고 하지 않은 것은 이상하군요."

크리스천 "마치 오늘날 머리가 텅 빈 작자들이 말하듯 말씀하시는군요.[42] 무엇 때문에 전당을 잡히며 누구에게 판단 말입니까? 그가 강탈당한 그 나라에서는 아무도 그런 보석을 가치 있게 여기지 않았을 뿐 아니라, 그 자신도 그것을 팔아서까지 자신의 괴로움을 덜어 볼 생각은 없었을 것입니다. 게다가 천성문에서 보물을 제시하지 못하면 그는 출입허가를 받을 수 없었던 것입니다(그리고 그는 이 사실을 잘 알고 있었죠). 그에게 있어 그 일은 수만의 강도를 만나 봉변당하는 것보다 더 비참한 일이었을 것입니다."

---

42) 크리스천은 자기 동료의 분별 없는 언동에 쐐기를 박는다. *

호프풀 "그렇게까지 신랄하게 말씀하실 것은 없어요, 형님. 에서는 가장 중요한 장자권을 팥죽 한 그릇에 팔았는데, 리틀-페이스라고 그렇게 해서 안 될 일이 어디 있습니까?"[43]

크리스천 "에서가 자기 장자권을 팔아먹은 것은 사실입니다. 그리고 그 밖에도 많이 있어요. 그렇게 함으로써 비겁한 겁보가 그랬듯이 그들은 스스로 중요한 축복을 외면하는 것입니다. 그러나 에서와 리틀-페이스 사이에, 그리고 그들이 가지고 있던 재산 사이에는 차이점이 있는 걸 명심해야 합니다. 에서의 장자권은 전형적(典型的)[44]인 것이지만, 리틀-페이스의 보물은 그렇지 않단 말입니다. 에서에게는 그의 배가 하느님이었지만, 리틀-페이스에게 있어서는 그렇지가 않았어요. 에서가 원한 것은 그 육체적인 탐욕이었지만, 리틀-페이스는 아니었습니다. 에서는 자기 창자를 채우는 것 이상 아무것도 원하지 않았습니다. '내가 이제 죽게 되었으니 이까짓 장자권이 무슨 소용이 있겠느냐?' 하고 그는 말했어요. 그러나 리틀-페이스는 믿음을 조금밖에 가지지 못한 것은 그의 운명이었지만, 작은 믿음을 가지고 그런 허망한 일에서 자신을 지켰고, 에서가 자기 장자권을 팔듯이 자기 보석을 팔아 치우는 대신 그것을 간직하고 가치 있게 여겼던 것입니다. 에서가 신앙을, 많은 것은 아니고 아주 조금이라도 가졌다고 기록한 곳은 없습니다. 그러므로 육체만이 전부인 자에게 있어(그 유혹을 이길 믿음을 가지지 못한 자들은 모두 그렇듯이) 그가 자기의 장자권과 영혼과 그 밖의 모든 것을 지옥의 악마에게 팔아 넘긴다고 해서 이상할 건 없어요. 그것은 마치 암내난 암나귀를 아무도 돌이킬 수 없는 것과 마찬가지지요[예레미야 2장 24절]. 그들의 마음이 일단 거기에 쏠

---

43) 창세기 25장 24~34절과 히브리서 12장 16절을 참조.
44) 전형적(typical)── 특히 구약의 사건은 신약 사건이 미리 나타난 모습이라는 뜻에서 상징적이고 표상적이라는 뜻.

리면 그들은 어떤 대가를 치르고라도 그것을 손에 넣게 마련입니다. 그러나 리틀-페이스는 그 기질이 달라요. 그는 거룩한 것에만 마음을 두었습니다. 그의 생활은 위로부터 오는 정신적인 것에 바탕을 둔 것이었지요. 그러니 이런 성품을 가진 그가 (혹시 살 사람이 있었다 하더라도) 무슨 목적으로 그 보물을 팔아 헛된 것으로 자기의 마음을 채우겠습니까? 사람이 자기 고픈 배를 건초로 채우려고 한푼인들 내놓겠어요? 비둘기를 보고 까마귀처럼 썩은 고기를 먹으라고 설득시킬 수 있겠습니까? 믿음이 없는 자들은 정욕을 채우기 위해 자기들의 소유물을 전당잡히고 맡기고 팔고 나아가 즉석에서 자기 자신까지 내주겠지만, 믿음이 있는 자는 그 믿음이 비록 조금뿐이라 하더라도 그렇게는 할 수 없는 것입니다. 여기에 당신의 착오가 있어요."

호프풀 "알겠어요, 그러나 형님의 그 잔인한 비판엔 화가 날 정도였습니다."

크리스천 "뭐 그 정도 가지고. 텅텅 빈 머리로 활개를 치며 사람이 아직 가보지 않은 곳을 오르내리는 어떤 새들에 당신을 빗대 본 것뿐이었어요. 그러나 그건 일단 제쳐 놓고 우리가 지금 논의하고 있는 문제만 생각해 본다면 우리 사이의 문제는 모두 해결될 것입니다."

호프풀 "하지만 크리스천, 그 세 녀석은 모두 겁쟁이에 불과했다고 나는 생각합니다. 그렇지 않고서야 길에서 발소리가 들린다고 그렇게 줄행랑을 칠 수가 있었겠어요? 생각해 보세요. 왜 리틀-페이스는 좀 더 용기를 내지 못했을까요? 일단 한번 부딪쳐 보고, 그리고 나서 어쩔 도리가 없을 때 굴복했어야 한다고 나는 생각합니다."

크리스천 "그들이 겁쟁이라고 말하는 사람은 많이 있지만 직접 당해 보고 그런 말 하는 사람은 거의 없습니다. 용감한 마음은 리틀-페이스도 갖지 못했습니다. 노형이 바로 그 당사자였다면 한바탕 겨뤄 본 후 굴복하셨겠지만. 그러나 지금 배가 부르고 그들이 멀리 떨어져 있으니까 그렇지, 지금이라도 그들이 그에게 나타났듯 당신에게 나타

나면 생각이 달라질 겁니다.[45]

　그러나 다시 생각해 봅시다. 그 강도들은 밑 없는 구덩이의 왕 밑에서 시키는 일을 하는 것뿐입니다. 그 왕은 우는 사자처럼 부르짖으며 [베드로전서 5장 8절] 그들에게 도움이 필요할 때면 직접 달려올 것입니다. 이 리틀-페이스가 당한 비슷한 일을 나도 당한 적이 있는데, 그것은 참으로 무서운 일이었습니다. 세 놈의 악한이 덮칠 때 나는 크리스천답게 저항을 하기 시작했지만, 그들이 한번 크게 부르자 대장이 당장 달려오는 것이었어요. 그렇게 되자 속담처럼 내 생명은 한 푼어치도 되지 않는 것 같더군요. 그러나 하느님의 은총으로 나는 튼튼한 갑옷을 입고 있었습니다. 그렇게 중무장을 하고 있었으면서도 스스로 사내답게 싸우는 게 힘들다는 사실을 나는 깨달았지요. 직접 싸워 보지 않은 사람은 아무도 그 전투에 대해 뭐라고 단언을 내릴 수가 없는 겁니다."

　호프풀 "그러나 말입니다. 형님도 아시다시피 그들은 그레이트-그레이스가 오는 듯하기만 했는데 도망을 쳤단 말입니다."

　크리스천 "그레이트-그레이스가 그 모습을 나타내기만 해도 그놈들뿐 아니라 그 대장까지 도망치곤 한 것은 사실입니다. 그가 곧 하느님의 전사(戰士)니 하나도 이상한 일은 아니죠. 그러나 말입니다. 리틀-페이스와 그레이트-그레이스는 서로 다르다는 것을 알아야 합니다. 하느님의 백성이라고 해서 모두 그의 전사는 아니고 시험을 당해서 모두 전사처럼 무훈을 거둘 수도 없는 것입니다. 소년이라면 누구든 다윗처럼 골리앗을 물리칠 수 있다고 생각하는 게 옳은 일이겠습니까? 굴뚝새가 황소의 힘을 가질 수 있겠어요? 어떤 사람은 강하고 어떤 사람은 약합니다. 어떤 사람은 위대한 신앙을 가졌고 어떤 사람

---

45) 신앙이 없는 곳에 하느님께 바칠 위대한 정신은 없다. 안에 있을 때보다 밖에 있을 때 우리는 더욱 용감하다. *

은 조그만 신앙을 가졌습니다. 그는 약한 사람이었지요. 그래서 궁지에 몰렸던 겁니다."

호프풀 "그레이트-그레이스가 그들에게 먼저 나타났더라면 좋았을 건데."

크리스천 "그레이트-그레이스라고 해도 역시 벅찼을 겁니다. 비록 그레이트-그레이스가 무기를 잘 쓰고 무기를 가지고 있으며 그것을 활용할 능력이 있다 하더라도 그들을 잘 상대할 수 있는 건 그가 칼을 뽑아 적들을 겨누고 있을 때입니다. 만일 그가 손도 쓰기 전에, 비록 페인트-하트, 미스트러스트 그리고 다른 일당이라 하더라도 스스로 힘을 합쳐 덤비면 사태가 어렵게 되어 그들이 아마 그를 넘어뜨릴지도 몰라요. 사람이 일단 쓰러지면, 잘 아시다시피 그가 무슨 일을 할 수 있겠습니까?

그레이트-그레이스의 얼굴을 자세히 보면 거기에 여러 상처가 있는 걸 볼 수 있을 텐데, 그것이 내가 한 말을 사실로 입증해 줄 겁니다. 그런데 나는 언젠가 한 번 (싸움 도중에) 그가 '우리는 살 소망까지 끊어졌다'〔고린도후서 1장 8절〕고 말하는 것을 들었습니다. 이 완강한 악당들과 그 패거리들이 어떻게 다윗 왕으로 하여금 탄식하고 신음하고 그리고 울부짖게 했었습니까? 그래요, 당시 용감한 전사였던 해만과 히스기야도 그들의 공격을 받아 싸우다가 두터운 갑옷을 입었음에도 불구하고 무거운 상처를 입었지요. 베드로까지도 한동안은 자기 힘으로 뭔가 하는 듯했지만, 사람들이 사도들 가운데 우두머리라고 일컬은 것이 무색하게 그들이 덤벼들어 결국 한 비천한 계집애를 무서워하게끔 주물러 놨던 것입니다.

게다가 휘파람만 불어도 그들의 왕은 나타납니다. 그는 결코 휘파람 소리가 들리지 않을 만큼 멀리 가 있지 않고 곁에 있다가 언제고 그들이 곤경에 처하기만 하면 가능한 대로 그들을 도와 주러 달려오지요. 그에 대해서는 이런 말이 있습니다. '칼로 칠지라도 쓸데없고 창이나 살이나 작살도 소용이 없구나. 그것이 철을 초개같이, 놋을 썩은 나무같이 여기니 살이라도 그것으로 도망하게 못 하였고 물매 돌도 그것에게는 겨같이 여겨지는구나. 몽둥이도 검불같이 보고 창을 던짐을 우습게 여기며'〔욥기 41장 26~29절〕. 이럴 경우 어떻게 하시겠습니까? 만일 그가 욥이 타던 말을 어디서나 구할 수 있고 또 그것을 탈 용기와 기술을 갖고 있다면 그가 비상한 일을 할 수 있으리란 건 사실이죠. '왜냐하면 그 말의 목에는 흩날리는 갈기가 입혀져 있고 메뚜기보다 빠르게 달리며 그 콧소리는 웅장하고 골짜기에서 헤집고 그 힘있음을 기뻐하며 앞으로 나아가 군사들을 만나되 두려움을 비웃고 놀라지 아니하며 칼을 당할지라도 물러나지 아니하니, 그 위에서는 화살과 빛나는 창과 큰 창이 쏟아져 내려도 땅을 삼킬 듯이 맹렬하게 성내며 나팔 소리를 들어도 머물러 서지 않고 나팔 소리 나는 속에서 우렁차게 울며 멀리서 싸움 냄새를 맡고 대장들의 구령 소리와 떠드는 소리를 듣기'〔욥기 39장 19~25절〕 때문입니다.

그러나 당신이나 나 같은 보병(步兵)은 아예 적군 만나기를 바라지도 말고, 싸우다 실패한 사람의 이야기를 듣고 우리는 더 잘하리라고 큰소리 치지도 말고, 스스로 대장부답게 용감한 사내라고 자처하는 허영심도 버립시다. 왜냐하면 그런 사람일수록 일을 당하면 시시한 사람이 되게 마련이니까요. 아까도 말했지만 베드로의 경우를 봐요. 그는 뽐내었습니다. 그래요, 뽐냈어요. 그의 텅 빈 마음이 바람을 넣는 대로 그는 다른 사람들보다 더 훌륭한 일을 하고 자기 주인을 위해 더욱 헌신하리라 마음먹었습니다. 그러나 마귀들과의 싸움에서 그보다 더 참패를 한 사람이 누굽니까?

그러므로 왕의 큰길에서 그런 강도 사건이 생겼다는 소문을 듣고 우리가 해야 할 일은 두 가지가 있다 하겠습니다. 첫째는, 반드시 갑옷을 입고 방패를 들고 밖에 나갈 것. 레비아단과 힘써 싸우고도 그를 굴복시키지 못한 사람의 실패한 원인은 바로 그것을 착용하지 않은 데 있었던 것입니다. 그것이 구비되지 않은 것을 보면 적은 결코 우리를 두려워하지 않거든요, 그러므로 전술을 아는 사람은 이렇게 말했습니다. '손에는 믿음의 방패를 잡으십시오. 그 방패로 여러분은 악마가 쏘는 불화살을 막아 꺼버릴 수 있을 것입니다'〔에베소서 6장 16절〕.

하느님이 우리를 보우하시고 우리와 함께 가 주길 원하시는 것 또한 좋은 일입니다. 이것이 죽음의 그늘 계곡에서 다윗을 기쁘게 해주었고, 모세는 하느님 없이 한 발짝 나가는 것보다는 차라리 선 채로 죽는 것을 원하였던 것입니다. 오, 형제여, 만일 그분이 우리와 동행만 해주신다면 우리를 가로막는 무리 수만이 닥친다 한들 두려워할 게 뭐 있겠습니까? 그러나 그분이 없이는 '거만한 조력자들이 죽임을 당한 자의 아래에 엎드러질'〔시편 3장 6절, 욥기 9장 13절, 이사야 10장 4절〕 따름입니다.

나 자신도 전에 싸운 적이 있으나 (가장 훌륭하신 이의 선하심 덕분으로) 여기 이렇게 노형께서 보듯이 살아 있답니다. 그럼에도 불구하고 나는 자신의 사내다움을 자랑할 수가 없어요. 앞으로 더 이상 그런 공격을 받지 않는다면 얼마나 좋겠습니까마는 역시 아직도 우리는 모든 위험을 다 벗어난 것 같지는 않군요. 그러나 사자도 곰도 아직 나를 삼키지 못한 이상, 앞으로 만날 할례받지 못한 필리스틴〔한국어 성서에는 블레셋〕사람으로부터도 하느님께서는 우리를 구원해 주실 것입니다."

크리스천은 계속하여 노래를 불렀다.

    가련한 리틀-페이스! 강도들에게
    둘러싸였다고! 그래서
    강탈을 당했다고! 이것을 기억하라.
    믿음을 가진 자가 더욱더 믿음을 갖는다면

만 명의 적과 싸우더라도
승리를 얻을 것이며, 그렇지 못하면
단 세 명의 적도 못 감당하리라.

그렇게 해서 그들은 계속 걸었고 그 뒤를 이그노런스가 따랐다. 한참 가다가 자기들이 오던 길과 평행되게 또 하나의 길이 곧게 뻗치기 시작하는 장소에 이르렀다. 그들은 어느 쪽 길을 택해야 할지 알 수가 없었다. 그것은 둘 다 자기네 앞으로 똑바르게 뻗은 것 같았기 때문이었다. 그리하여 그들은 한동안 그 자리에 서서 생각을 정리했다. 그런데 어느 쪽 길을 택할까 생각하고 있는 참에 눈을 들어 보니 피부 색깔이 까만 사람이 눈부시게 밝은 옷을 걸치고 나타나서 왜 그렇게 서 있느냐고 물어 오는 것이었다. 그들은 자기네가 지금 천성으로 가고 있는 중인데, 어느 길을 택해야 할지 몰라 이렇게 서 있는 중이라고 대답했다.

"나를 따라오시오" 하고 그가 말했다. "나도 그리로 가는 중이오."

그리하여 그들은 그를 따라 곁길로 들어섰다. 그러나 그 길은 점점 좁아지면서 꼬부라져 그들이 가고자 하는 도성(都城)으로부터 멀어져 가다가 결국에는 그 도성을 완전히 등지게 되는 것이었다. 그래도 그들은 그를 따라갔다. 차츰차츰 그들은 알지도 못하는 사이에 그의 뒤를 따라 그물 속으로 들어가고 있었다. 그 안에 그들은 얽혀 들어 어쩔 줄을 모르고 허둥대고 있는데, 그때 그 사람의 등에서 흰 옷자락이 벗겨지는 것이었다. 그제서야 그들은 자기네가 어디 있는지 알게 되었다. 그리하여 그 속에서 헤어날 수 없게 된 그들은 한동안 울부짖었다.

그러자 크리스천이 자기 동료에게 말했다. "이제 스스로 실수한 것을 알겠구려. 그 목자들이 우리에게 아첨꾼을 조심하라고 말하지 않았던가요? 현자(賢者)가 한 말, '이웃에게 아첨하는 것은 그의 발 앞에 그물을 치는 것'〔잠언 29장 5절〕이라는 말의 뜻이 오늘 우리에게 나타나는군요."

호프풀 "그들은 또 노정표까지 주었지요. 길을 바로 찾아가라고 말입니다. 그것을 꺼내 볼 생각은 못 하고 결국 파괴자의 길을 따라 나서고만 꼴이 됐습니다. 이 점에서 다윗은 우리보다 더 현명했어요. 그는 '사람의 행사로 논하면 나는 주의 입술의 말씀을 좇아 스스로 삼가서 강포한 자의 길을 걷지 않았사오며'〔시편 17편 4절〕라고 말하고 있으니까요."

그물에 걸린 몸으로 그들은 이처럼 안타까워하고 있었다. 마침내 그들은 한 빛나는 분이 손에 가는 노끈으로 꼰 회초리를 들고 자기들에게 다가오는 것을 보았다. 그는 그들이 있는 곳까지 와서 그들에게 어디서 오는 길이며 여기서 무엇을 하고 있는 거냐고 물었다. 그들은 자기들은 가난한 순례자로서 시온을 향해 가는 길인데, 흰 옷을 입은 검은 사람에게 이끌려 자기도 그리로 가는 중이니 따라오라는 그의 말을 듣고 여기까지 오게 된 것이라고 말했다. 그러자 회초리를 든 사람이 이렇게 말하는 것이었다. "그자는 거짓 사도인 아첨꾼인데 스스로 빛의 천사로 변형을 하고 다녀요." 그리고 그는 그물을 찢어 그들을 나오게 했다. 그는 그들에게 말했다. "나를 따라오시오. 다시 길까지 데려다 줄 테니." 그리하여 아첨꾼을 만났던 길까지 그들은 돌아왔다. 그는 다시 그들에게 물었다. "엊저녁은 어디서들 주무셨소?" 그들은 "목자들과 함께 딜렉터블 산꼭대기에서 잤습니다" 하고 대답했다. 그는, 그런데 그 목자들이 길의 방향을 표시해 놓은 노정표를 주지 않았느냐고 그들에게 묻는 것이었다. 그들이 대답했다. "받았습니다." 그가 말했다. "그럼, 갈림길 머리에 섰을 때 그것을 꺼내 보았소?" 그들이 대답했다. "아니오." 그가 왜 보지 않았느냐고 물었다. 그들은 잊었었다고 대답했다. 그는 다시 목자들이 아첨꾼을 조심하란 말은 하지 않더냐고 물었다. 그들이 대답했다. "했어요, 그러

광명훈 사름이 귀독도와 미도 물구믈에서구원훈다

빛나는 분이 크리스천과 호프풀을 그물에서 구원하다

나 미처 그 구변 좋은 사람이 아첨꾼일 줄은 생각도 하지 못했습니다."

그러나 나는 그가 그들에게 땅에 엎드리라고 명령하는 것을 꿈속에서 보았다. 그들이 엎드리자, 그는 그들을 회초리로 세게 때리면서 그들이 가야 할 바른길을 가르쳐 주는 것이었다. 때리면서 그는 이렇게 말했다. "나는 내가 사랑하는 자일수록 책망도 하고 징계도 한다. 그러므로 너는 열심히 노력하고 네 잘못을 뉘우쳐라"〔요한계시록 3장 19절〕. 그리고 나서 그는 그들을 떠나가게 하면서 목자들이 가르쳐 준 방향을 잘 기억하라고 당부하는 것이었다. 그리하여 그들은 그가 보여 준 모든 친절에 감사하며 바른길을 따라 가벼이 걸어갔다. 그리고 노래를 불렀다.

> 이리 오라, 그대 길 가는 나그네여.
> 길을 잃은 순례자가 어떤 고통을
> 당하는가, 와서 보라.
> 그들은 선한 충고를 가벼이 잊었다가
> 얽히는 그물에 걸려 들고 말았다.
> 그들이 다시 풀려 난 것은 사실이나
> 덕분에 매를 맞았지. 이것으로
> 당신네 교훈을 삼으라.

한참 길을 가다가 그들은 한 사람이 가벼운 걸음걸이로 혼자서 큰길을 마주 걸어오는 것을 보았다. 크리스천이 그의 동료에게 말했다. "저기 시온을 등진 사람이 있구려. 우리를 만나러 오는 모양이오."

호프풀 "나도 그를 보고 있어요. 저 사람 또한 아첨꾼일지 모르니 우리 조심합시다."

그는 점점 가까이 와서 마침내 그들과 맞닥뜨렸다. 그의 이름은 에

이시스트〔無神論者〕로서 그들에게 어디로 가는 길이냐고 물어 왔다.

크리스쳔 "우리는 지금 시온 산으로 가는 중입니다."

그러자 에이시스트가 요란하게 웃어 대는 것이었다.

크리스쳔 "왜 웃으시는 겁니까?"

에이시스트 "당신들의 그 어리석음이 우습소. 아무리 지루하게 여행을 해도 여행에서 오는 괴로움말고는 아무것도 얻을 수 없을 테니까."

크리스쳔 "무슨 말씀이오! 우리가 아무것도 받지 못하고 헛수고한단 말이오?"

에이시스트 "받다니! 이 천지간에 당신이 꿈꾸고 있는 그런 곳은 없어요."

크리스쳔 "그러나 장차 올 세상에는 있죠."

에이시스트 "나도 고향에 있을 때 바로 그와 똑같은 말을 들었지요. 그 말을 들은 다음부터 그것을 찾아 나서 20년이나 헤맸어요. 그러나 처음 떠날 때와 마찬가지로 그런 곳은 끝내 나에게 나타나지 않았습니다."

크리스쳔 "우리는 모두 그곳에 대해 들은 일이 있고 또 찾으면 발견되리라고 믿고 있지요."

에이시스트 "나도 집에 있을 때 그 말을 믿지 않았더라면 이렇게 멀리까지 찾아 나서지는 않았을 겁니다. 그러나 결국은 아무런 것도 찾지 못하고 (있었다면 발견했을 거요. 나는 당신네보다 훨씬 더 오래 찾아 헤맸으니까) 나는 지금 고향으로 가는 길이오. 가서 알고 보니 있지도 않는 것을 찾겠다고 나오며 일찍이 팽개쳤던 것들을 도로 즐길 작정이오."

크리스쳔이 자기 동료인 호프풀에게 말했다. "이 사람이 얘기하는 게 참말일까요?"

호프풀 "조심합시다. 이자도 아첨꾼들 가운데 하나요. 조금 전에 이런 작자를 만나 우리가 얼마나 혼이 났었는지를 생각해 봐요. 세상에! 시온 산이 없다니? 우리가 딜렉터블 산맥 위에서 본 게 바로 그 도성의 문이 아니었어요? 또한 지금 우리는 믿음으로 길을 가고 있는 게 아닙니까? 계속 갑시다."

호프풀은 계속 말했다. "회초리를 든 분이 우리를 또다시 따라잡기 전에.[46] 그 교훈을 형님이 내게 가르쳐 주셨어야 할 텐데, 오히려 내가 속삭여 드리게 되었구려. 이런 말씀이 있지 않습니까? '내 아들아, 지식의 말씀에서 떠나게 하는 교훈을 듣지 말지니라'〔잠언 19장 27절〕. 형님, 그의 말을 듣지 마십시오. 그리고 우리는 영혼의 구원에 이르는 믿음을 가집시다〔히브리서 10장 29절〕."

크리스천 "노형, 내가 노형께 그런 물음을 물은 것은 우리가 믿는 진리를 스스로 의심해서가 아니라 노형의 가슴속에 있는 정직의 열매를 꺼내어 살펴보려는 것이었소. 이 사람에 대해서라면 나는 그가 이 세상의 신(神)에 의해 눈이 멀어 있음을 알고 있어요. 노형이나 나나 진리를 믿고 진리에서는 거짓말이 나오지 않음을 알고 있으니 계속 걸어갑시다"

호프풀 "하느님의 영광에 대한 소망으로 나는 지금 기쁘기 한이 없습니다."

그리하여 그들은 그를 등지고 그는 그들을 비웃으면서 각기 자기 길을 갔다.

나는 꿈속에서 그들이 한 지역에 다다르는 것을 보았는데, 그 지역은 본래 공기가 이상하여 그곳에 처음 들어서는 사람을 졸리게 하는 그런 곳이었다. 이곳에 이르러 호프풀은 머리가 몽롱해지고 무겁게 졸리기 시작했다. 그래서 그는 크리스천에게 말했다. "졸려 미치겠어

---

46) 전에 받았던 처벌을 기억하는 것은 지금의 유혹을 견디는 데 도움이 된다. *

호프폴이 요술 걸린 지역에서 졸다

요. 눈을 뜨지 못하겠습니다. 여기 누워 잠깐 눈 좀 붙이십시다."

크리스천 "절대 안 됩니다. 잠들었다간 결코 다시 못 일어나게 될 테니까요."

호프풀 "왜요, 형님. 지친 사람에게 수면은 달콤한 것입니다. 잠깐 눈을 붙이고 나면 정신이 산뜻해질 겁니다."

크리스천 "그 목자 중 한 사람이 요술에 걸린 지역에서 조심하라고 경고해 준 일 생각 안 나요? 그의 말은 여기서 잠들지 않도록 조심하라는 말이었어요. 그러니까 우리는 남들처럼 여기서 잠자지 말고 깨어서 정신을 차려야 한단 말이오〔데살로니가전서 5장 6절〕."

호프풀 "내가 잘못했습니다. 내 혼잣몸이었다면 여기서 잠에 빠져 결국은 죽었을지도 모르겠군요. 과연 '둘은 하나보다 나으니라'〔전도서 4장 9절〕는 현자의 말은 옳군요. 여기까지 형님과 동행하게 된 것이 내게는 은혜였고, 형님께도 그에 대한 응분의 보상이 있을 것입니다."

크리스천 "그러니 이제 이곳의 졸리운 기운을 막기 위해 유익한 이야기를 나누도록 합시다."

호프풀 "그것 참 좋은 생각이십니다."

크리스천 "어디서부터 시작할까요?"

호프풀 "하느님이 지시하신 데서부터 하죠. 그러나 원하신다면 형님이 먼저 시작하십시오."

성도들이 졸릴 때는
이리로 와, 이 두 순례자들이
어떻게 얘기 하나 들어 보시오.
아무렴, 그들에게 어떻게든 배워
졸리운 눈을 뜨도록 하시오.
성도의 교제는, 그것이 잘 이루어만 진다면,

그 어떤 지옥에서라도
　　그들을 깨어 있게 해준다오.[47]

　그리하여 크리스천은 입을 열어 이야기를 시작했다.
　"한 가지 물어 보죠. 어떻게 해서 노형은 애당초 이런 여행을 떠나게 되었어요?"
　호프풀 "내 영혼의 행복을 애당초 어떻게 해서 추구하게 되었느냐는 말씀입니까?"
　크리스천 "그래요, 바로 그것입니다."
　호프풀 "나는 오랫동안 우리 시장 거리에 진열되어 사고 팔리는 물건들에 흠뻑 빠져 있었습니다. 그것들이야말로, 지금 생각해 보면, (내가 만일 그것들에 계속 도취해 있었더라면) 나를 지옥과 멸망 속으로 빠지게 했을 것입니다."
　크리스천 "어떤 물건들이었는데요?"
　호프풀 "이 세상의 온갖 보석과 재물이 다 있었죠. 또한 나는 폭동, 난동, 폭음, 욕설, 사기, 불결, 안식일 범하기 그리고 그 밖에도 영혼을 파멸시킬 만한 일은 무엇이나 다 좋아했습니다. 그러나 나는 형님의 말씀, 그리고 그 배니티 시장에서 고결한 삶과 믿음 때문에 순교를 당하신 페이스풀 님의 말씀을 듣고 거룩한 것에 대해 생각하게 됨으로써 결국 '이 모든 것의 마지막은 죽음'〔로마서 6장 21절〕임을 알게 됐던 것입니다. 그리고 이런 것들 때문에 하느님의 진노하심이 '순종하지 않은 자들 머리 위에'〔에베소서 5장 6절〕 떨어진다는 사실을 알게 됐죠."
　크리스천 "그래서 곧장 확신의 능력을 얻게 되었소?"

---

47) 꿈을 꾼 자의 주(註). * 처음 3판(版)까지는 이 노래가 독립되어 있었으나, 4판 이후에는 "크리스천, 나는 우선 이 노래를 당신께 드리겠소"라는 문장이 삽입되고 있다.

호프풀 "아뇨, 처음 말씀을 듣고 마음이 흔들리기 시작했을 때, 나는 사실 죄의 악함이라든가 그 죄를 지은 대가로 따라오는 형벌에 대해 애써 외면하려 했고 거기서 오는 광명한 빛을 보지 않으려 했습니다."

크리스천 "당신에게 임한 그 하느님의 축복하시는 영(靈)의 작업을 그토록 회피하려고 한 이유는 무엇이었습니까?"

호프풀 "그 이유는 이렇습니다.

첫째, 나는 그것이 내게 임하는 하느님의 역사(役事)인 줄 몰랐습니다. 나는 하느님께서 죄인을 회개시키는 데 있어 우선 그 죄를 깨닫게 하신다는 걸 몰랐던 것입니다.

둘째, 그때까지만 해도 죄라는 것은 아직 내 육신에 있어 달콤한 것이었습니다. 그래서 죄를 떠나기가 싫었지요.

셋째, 나는 차마 옛 친구들에게 작별을 고할 수가 없었습니다. 그들과 함께 있고 함께 움직인다는 건 참으로 유쾌한 일이었으니까요.

넷째, 죄의식이 나를 사로잡던 순간은 너무나도 괴롭고 가슴 아팠기 때문에 견뎌 낼 수가 없었습니다. 그래요, 그것들이 기억나는 것조차 견딜 수가 없었어요."

크리스천 "때로는 당신의 괴로움을 스스로 물리친 적도 있었던 것 같은데요?"

호프풀 "그럼요, 있고말고요. 그러나 괴로움은 또다시 마음속에 들어오고, 그러면 나는 점점 더 괴로워하지 않을 수 없었지요."

크리스천 "그래요? 무엇이 당신의 마음속에 죄의식을 다시 가져다 주었나요?"

호프풀 "여러 가지가 있죠. 이를테면,
1. 그저 길거리에서 착한 사람을 만나거나,
2. 누가 성경 말씀 읽는 것을 듣거나,
3. 머리가 아프기 시작하거나,

4. 이웃 가운데 누가 아프다는 소식을 듣거나,
   5. 장례의 종소리를 듣거나,
   6. 자신의 죽음에 대한 생각을 하거나,
   7. 갑자기 죽었다는 말을 듣거나,
   8. 특히 얼마 안 가서 내가 심판받을 날이 올 것이라는 것을 생각하면 그랬습니다."
   크리스쳔 "그런 어떤 일 때문에 죄의식이 덮칠 때 당신은 쉽게 벗어 버릴 수 있을 때가 간혹 있었나요?"
   호프풀 "아닙니다. 쉽게 물리칠 수는 없었어요. 왜냐하면 그럴 때마다 그 죄의식은 더욱 나의 양심을 단단하게 붙들고 늘어졌으니까요. 그리고 나서 (마음으론 돌아섰으면서도) 다시 죄로 돌아가 버릴까 하고 생각하기만 하면 괴로움은 배가되곤 했습니다."
   크리스쳔 "그래 어떻게 하셨소?"
   호프풀 "나는 애써 자신의 삶을 수정해야 하겠다고 생각했죠. 안 그러면 틀림없이 벌을 받고 말겠다고 여겨졌으니까요."
   크리스쳔 "그래 삶을 수정하려고 애를 썼습니까?"
   호프풀 "그랬죠, 그리하여 나의 죄뿐만 아니라 죄된 동료들로부터도 떠나 기도, 성경 읽기, 눈물로 죄를 회개하는 일, 이웃에게 진리를 전하는 일 등 종교적인 의무를 성실히 수행했습니다. 내가 한 일은 이런 일말고도 많은데 여기서 다 열거할 수는 없어요."
   크리스쳔 "그래, 자신이 만족하게 되었다고 생각되던가요?"
   호프풀 "네, 잠시 동안. 그러나 결국 나의 괴로움이 다시 무겁게 엄습해 와서 그간 이루어 놓은 모든 성과들의 목덜미를 누르더군요."
   크리스쳔 "갱생을 한 다음인데도 어떻게 해서 그런 일이 일어날 수 있었을까요?"
   호프풀 "괴로움을 내게 가져다 준 원인에는 여러 가지가 있었죠. 특히 '우리의 모든 의(義)는 더러운 넝마와 같다' 느니, '아무도 율법의 행위로 구원을 받지는 못한다' 느니, '너희는 일을 다 마친 후에 우리가 무익한 종이라고 말하라'〔이사야 64장 6절, 갈라디아서 2장 16절, 누가복음 17장 10절〕는 등의 말을 들을 때마다 그랬습니다. 그때부터 나는 스스로 따지기 시작했지요. 말하자면 우리의 모든 의가 넝마와 같고 율법의 행위로는 아무도 의롭다고 인정받지 못하며 모든 일을 다 마치고도 여전히 무익한 존재로 남는다면, 그렇다면 법에 준한 하늘 나라를 생각한다는 것은 바보짓이 아니냐는 것이었습니다. 나는 이렇게까지 생각했죠. 만일 한 사람이 상점에 100파운드의 빚을 졌다가 그것을 다 갚고 나서도 상점 장부에 기록된 명세서를 파기하지 않았다가는, 그것을 증거로 삼아 상점 주인이 그를 고소할 수도 있고 그가 다시 빚을 갚을 때까지 감옥에 넣을 수도 있지 않겠는가 하고 말입니다."

크리스천 "그래요, 그래 그 이론을 자신에겐 어떻게 적용했지요?"

호프풀 "나는 스스로 이렇게 생각한 겁니다. 나는 내가 지은 죄로 하느님의 장부책에 큰 빚을 지고 있는 셈인데, 지금 돌아선 삶을 산다고 해서 그것이 장부의 기록을 말소시켜 주지는 않는다, 그러므로 현재의 개선된 생활 속에서라도 나는 잘 생각해 봐야만 한다, 어떻게 하면 지나간 날의 죄 때문에 받게 될 형벌로부터 벗어날 수 있을 것인가?"

크리스천 "매우 잘 적용했군요. 그래서 어떻게 됐습니까?"

호프풀 "늦게나마 갱생을 한 후에도 나를 괴롭히는 게 또 있었습니다. 현재 최선을 다하고 있는 일을 자세히 들여다볼 때 그 안에서 여전히 죄를, 그 최선을 다하고 있는 일과 뒤엉킨 새로운 죄를 발견하게 된 것입니다. 결국 나는, 내가 전에 아무리 자신과 의무에 충실했다 하더라도, 그리고 전의 생활이 아무리 잘못이 없었다 하더라도 한 가지 의무에 소홀하여 지옥에 갈 만한 죄를 범했다는 결론을 내리지 않을 수 없었어요."

크리스천 "그래서 그 다음에 어떻게 하셨습니까?"

호프풀 "어떻게 했느냐고요? 페이스풀에게 심정을 토로하게 되기까지 나는 어떻게 해야 할지를 몰랐지요. 그와 나는 막역한 사이였습니다. 그는 내게 일찍이 죄를 짓지 않은 분의 의를 내가 획득하지 못하는 한, 나의 의는 물론이요 온 세상의 의 가지고도 나를 구원할 수는 없을 것이라고 말했습니다."

크리스천 "그래 그의 말이 진실이라 생각했소?"

호프풀 "그가 만일 내가 자신의 갱생에 만족하고 즐거워할 때 그렇게 말했더라면 나는 그를 바보 취급 했겠지만, 그러나 이미 스스로의 약점을 알았고 그리고 최선을 다해서 계속 달라붙는 죄 때문에 고민하고 있던 차였으므로 그의 말을 인정하지 않을 수가 없었습니다."

크리스천 "그러나 그의 말을 듣고, 사실 한 번도 죄를 짓지 않은 사람이라고 판결을 내릴 수 있는 그런 인물이 정말로 어딘가 있으리라고 생각했습니까?"

호프풀 "물론 처음에는 그 말이 이상하게 들렸지요. 그러나 조금 더 그와 사귀며 이야기를 나누고 나자 그 말을 확신하게 되었습니다."

크리스천 "그래 그 사람이 누구며 어떻게 그의 힘을 빌려 떳떳한 사람이 될 수 있느냐고 물어 보았나요?"

호프풀 "물어 봤죠. 그랬더니 그분은 지금 가장 높으신 어른의 오른편에 앉아 계시는 주님 예수라고 말해 주더군요. 그리고 그는 계속해서 그분이 육신으로 계실 때 행하신 일과 나무에 매달리셨을 때 당하신 고통을 믿음으로써 당신은 의롭게 되는 것이라고 말했습니다. 나는 그에게 다시 물었죠. 어떻게 그분의 의가 하느님 앞에서 다른 사람을 의롭게 하는 그런 영향까지 미칠 수 있느냐고 말입니다. 그랬더니 그는 내게, 그분은 전능하신 하느님으로서 그 하신 일을 했고 죽음까지 당하셨는데 자신을 위해서가 아니라 나를 위해서 죽으셨고,

내가 만일 그분을 믿기만 하면 그분의 행위와 그 행위의 값을 내게도 분배해 주신다고 말해 주는 것이었습니다."

크리스천 "그래 어떻게 하셨습니까?"

호프풀 "나는 자신의 믿음에 제동을 걸었지요. 그분은 나를 구원해 주시지 않을 것이라는 생각이 들었기 때문이었습니다."

크리스천 "그러니까 페이스풀이 뭐라고 하던가요?"

호프풀 "그분에게 가서 보라고 하더군요. 나는 그것을 염치없는 것이라고 말했습니다. 그랬더니 그는 염치없는 짓이 아니라고, 그분은 나를 초청하셨다고 일러 주는 것이었습니다. 그러면서 그는 예수의 행적을 기록한 책을 한 권 내게 주면서 마음놓고 가게 용기를 북돋아 주더군요. 그리고 그는 그 책에 관하여 그 책의 한점 한획이 천지보다 더 튼튼한 것이라고 말했습니다. 그래서 나는 그분에게 가서 무엇을 해야 하느냐고 물었죠. 그는 내게 온갖 마음과 정성을 모아 무릎을 꿇고 아버지께 그분을 뵙게 해달라고 기도해야 한다고 대답했습니다. 나는 다시 그에게, 그럼 아버지껜 어떻게 나아가는 거냐고 물었습니다. 그랬더니 그는 내게, 가서 보면 거기서 춘하추동 언제나 보좌에 앉아 찾아오는 자들을 용서하고 계신 분을 발견하게 될 것이라고 말해 주는 것이었습니다. 나는 그분 앞에 가서 뭐라고 말해야 하는지 모른다고 그에게 말했죠. 그랬더니 그는 이렇게 말하라고 시켰습니다. '하느님, 저에게 자비를 베푸시옵소서. 죄인입니다. 저로 하여금 예수 그리스도를 알고 믿게 해주십시오. 그분의 의로우심이 없었다면, 그리고 그 의로우심을 제가 믿지 않는다면 저는 이미 밖에 버려졌을 것임을 아옵니다. 주님, 저는 당신께서 자비하신 하느님이시요 또 당신의 아들 예수 그리스도를 이 세상의 구세주로 임명하셨다는 말을 들었습니다. 그뿐만 아니라 당신께서는 저 같은 가련한 죄인(저는 참으로 죄인이옵니다)을 위해 그분을 기꺼이 제물로 삼으신다는 것도 들었습니다. 그러하오니 주님, 이번 기회에 당신의 아들 예수 그리스도를 통하여 저의 영혼을 구원하심으로써 당신의 영광을 드러내시옵소서. 아멘.'"

크리스천 "그래 시키는 대로 했습니까?"

호프풀 "했죠, 거듭거듭 했습니다."

크리스천 "그래 하느님 아버지께서 아들을 보여 주셨소?"

호프풀 "아뇨, 첫번째 기도에도, 두번째 기도에도, 세번째에도, 네번째에도, 다섯번째에도, 여섯번째 기도에도 보여 주지 않으셨습니다."

크리스천 "그래서 어떻게 했어요?"

호프풀 "어떻게 했느냐고요? 나는 어떻게 해야 할지를 몰랐죠."

크리스천 "기도를 집어치우고 싶은 생각이 들지 않았어요?"

호프풀 "들었어요, 수백 번도 더."

크리스천 "그런데 어떻게 해서 집어치우지 않았지요?"

호프풀 "나는 내가 들은 얘기, 즉 그리스도의 의 없이는 세상의 그 무엇도 나를 구원할 수 없다는 얘기가 사실이라고 믿었습니다. 그래서 나는 스스로 생각했죠. 그만두고 물러서면 나는 죽는다고. 죽을 바에야 차라리 은혜의 보좌 앞에서 죽겠다고. 그리고 또 이런 말이 생각났습니다. '비록 더딜지라도 기다려라. 지체되지 않고 정녕 오리니'〔하박국 2장 3절〕. 그래서 나는 아버지께서 아들을 보여 주실 때까지 계속 기도를 드렸죠."

크리스천 "그래 그분은 어떻게 나타나셨소?"

호프풀 "나는 그분을 육안(肉眼)이 아니라 마음의 눈으로 보았습니다. 사실인즉 이랬어요. 어느 날 나는 슬펐습니다. 평생 그렇게 슬픈 적이 없을 만큼 몹시 슬펐어요. 그 슬픔은 내가 지은 죄의 막중함과 더러움이 환하게 보였기 때문에 생긴 슬픔이었습니다. 내가 지옥과 그 안에서 내 영혼이 받는 형벌을 하릴없이 바라보고 있을 때 불현듯 하늘 위에서 주 예수께서 나를 내려다보시는 것 같은 느낌이 들었습니다. 그리고 그분께서는 이렇게 말씀하셨습니다. '주 예수 그리스도를 믿으라. 그러면 네가 구원을 얻으리라'〔사도행전 16장 31절〕.
　그러나 나는 이렇게 부르짖었습니다. '주여, 저는 크고 큰 죄인입니다.' 그랬더니 그분께서는 '내 은혜가 네게 족하다'〔고린도후서 12장 9절〕고 대답하시는 것이었습니다. 내가 다시 말했죠. '그러나 주여, 믿는다는 것은 무엇입니까?' 그러자 나는 '내게 오는 자는 다시는 배고프지 않고, 나를 믿는 자는 다시는 목마르지 않을 것이다'〔요한복음 6장 35절〕라는 말을 듣고, 믿는 것과 오는 것이 하나며, 그분께 온 자, 즉 그리스도의 구원을 바라는 마음과 정성을 다해 달려오는 자가 곧 참으로 그리스도를 믿는 자라는 사실을 깨닫게 되었습니다. 그러니까 눈물이 흐르더군요. 나는 계속해서 물었습니다. '그러나 주님, 저처럼 큰 죄인도 당신께서는 용납하시고 구원해 주시옵니까?' 나는 그분이 이렇게 말씀하시는 것을 들었습니다. '내게 오는 자를 내가 결코 내쫓지 않으리라'〔요한복음 6장 37절〕. 나는 다시 말했죠. '그러나 주님, 어떻게 하면 좀더 주님께 가까이 가서 제 마음을 굳건히 할 수 있겠습니까?' 그랬더니 그분은 이렇게 말씀하시는 것이었습니다. '그리스도 예수는 죄인을 구원하시려고 이 세상에 오셨다. 그는 모든 믿는 자의 의를 위하여 율법의 마침이 되셨다. 그는 우리의 죄를 위하여 죽으셨고 우리를 의로 세우기 위하여 다시 사셨다. 그는 우리를 사랑하셔서 자기의 피로 우리의 죄를 씻어 주셨다. 그는 하느님과 우리 사이의 중보자시다. 그는 영원히 살아 계시어 우리를 위해 간구하신다'〔디모데전서 1장 15절, 로마서 10장 4절, 4상 25절, 요한계시록 1장 5절, 디모데전서 2장 5절, 히브리서 7장 25절〕. 이 모든 말을 듣고 결국 나는 자신의 의를 그분의 인격 안에서 찾아야 한다는 것과, 그분의 피로 내 죄의 깨끗함 받기를 원해야 한다는 사실을 깨닫게 되었습니다. 또한 그분이 아버지의 뜻에 순종하여 형벌을 받으신 것은 그분 자신을 위해서가 아니라, 자신이 구원받기 위해 그것을 받아들이고 감사하는 자를 위해서였음을 알게 되었지요. 그러자 나의 가슴은 기쁨으로 가득 찼고, 눈엔 눈물이 흘러 넘쳤으며, 감정은 예수 그리스도의 길과 그분의 이름과 그분의 백성을 향해 마구 치닫는 것이었습니다."

크리스천 "그것이야말로 그리스도께서 당신의 영혼에 나타내신 계시임에 틀림없군요. 그러나 그 계시가 당신의 마음에 어떤 특별한 영향을 끼쳐 주었는가도 말해 주시오."

호프풀 "그것은 나로 하여금, 이 모든 세상은 비록 그 나름의 온갖 의로움이 있다 하더라도 역시 멸망당할 것임을 알게 해주었습니다. 그리고 또한 나는 하느님께서는 공의로우시지만 자기에게 오는 죄인을 떳떳하게 옳은 사람으로 만드실 수 있다는 사실도 알게 되었지요. 지난날 내 생활의 비열함이 말 못 하게 부끄러웠고, 그리고 자신의 무지(無知)가 그렇게도 제 머리를 어지럽힐 수가 없었습니다. 이전에는 예수 그리스도께서 그토록 아름답게 보여진 적이 없었으니까요. 나는 마침내 거룩한 삶을 사랑하게 되었고 주 예수의 이름을 높이고 영광되게 하기 위해 무슨 일이고 하고 싶어졌습니다. 네, 그래요, 내 몸 속에 1000갤런의 피가 있다면 그것을 주 예수를 위해 모두 흘릴 수 있을 것만 같았어요."

그때 나는 꿈속에서 호프풀이 뒤를 돌아보는 것을 보았다. 그들의 뒤를 그들이 일찍이 떨쳐 두었던 이그노런스가 계속 따라오고 있었다. "저길 봐요" 하고 호프풀이 크리스천에게 말했다. "저 아이가 아직도 저렇게 멀리서 따라오고 있어요."

크리스천 "아, 그렇군요. 내게도 보입니다. 우리와 동행하고 싶진 않나 보군요."

호프풀 "하지만 그가 여기까지 우리와 동행했더라도 손해볼 것은 하나도 없었을 겁니다."

크리스천 "그렇죠. 하지만 저 녀석은 틀림없이 다르게 생각하고 있을 겁니다."

호프풀 "나도 그렇게는 생각하고 있어요. 하지만 좀 기다려 보는 게 어떻겠어요?"

　　그래서 그들은 기다렸다.

　　이윽고 크리스천이 그에게 말했다. "얘야, 넌 왜 그렇게 뒤로 처져서 오는 거냐?"

　　이그노런스 "굉장히 좋은 동행이 있기 전엔 나는 늘 혼자서 걷는 걸 좋아해요."

　　크리스천이 호프풀에게 (부드러운 말로) 속삭였다. "내가 뭐랬소? 그가 우리와 동행하는 것을 꺼리고 있다고 하지 않았어요? 하지만 우리는 이 무료한 길을 계속 이야기나 나누면서 가도록 합시다." 그리고 그는 이그노런스를 향해 말했다. "그래, 어떠냐? 지금 네 영혼은 하느님과 어떤 사이에 놓여 있지?"

　　이그노런스 "좋다고 생각해요. 걸어가는 동안 나를 위로하기 위해 계속해서 좋은 생각들이 솟아나니까요."

　　크리스천 "좋은 생각이라니? 그게 대체 뭐지?"

　　이그노런스 "그건 하느님과 천당 생각이지 뭐겠어요?"

　　크리스천 "악마들과 저주받은 영혼들도 그런 생각은 한단다."

　　이그노런스 "하지만 저는 그걸 생각만 하는 게 아니라 열심히 바라기도 하거든요."

　　크리스천 "그곳에 갈 자격이 없는 자들도 천당에 갈 생각은 하지. 게으른 자의 영혼은 그곳을 사모하나 아무것도 얻지 못하거든[잠언 13장 4절]."

　　이그노런스 "하지만 저는 그것들을 생각했을 뿐만 아니라 그것들을 위해 모든 것을 버렸습니다."

　　크리스천 "그건 의심스러운데. 모든 걸 버린다는 건 쉬운 일이 아니니까. 아무렴, 사람들이 생각하는 것보다 훨씬 어려운 일이지. 좌우간 그래 어떻게 해서 무슨 힘으로 너는 하느님과 천당을 위해 모든 것을 버리게 됐니?"

이그노런스 "제 마음이 그렇게 시켰어요."

크리스천 "현자의 말에 이런 말이 있단다. '자기의 마음을 믿는 자는 어리석은 자니라'〔잠언 28장 26절〕."

이그노런스 "그건 악한 마음을 가리켜 한 말이죠. 제 마음은 착합니다."

크리스천 "그걸 어떻게 증명할 수 있니?"

이그노런스 "천당에 대한 희망으로 지금 제 마음이 위안을 받고 있거든요."

크리스천 "그것은 스스로 눈감고 아웅하는 것일 수도 있지. 사람의 마음이란 도무지 희망할 수 없는 대상을 희망하면서 자신을 위로하려고 할 수도 있으니까."

이그노런스 "하지만 제 마음이 생활과 하나가 돼 있느니 만큼, 제 희망은 상당한 근거가 있는 것입니다."

크리스천 "네 마음이 생활과 하나가 되었다고 누가 그러든?"

이그노런스 "제 마음이 그랬죠."

크리스천 "내가 도둑인지 아닌지를 나를 아는 다른 사람에게 물어야지, 자기 마음이 그렇게 말했다니! 이런 일에서는 하느님의 말씀말고 그 어떤 증언도 가치가 없는 법이다."

이그노런스 "하지만 좋은 생각을 품은 마음이 좋은 마음 아니겠어요? 그리고 하느님의 계명대로 사는 생활이 좋은 생활 아니겠어요?"

크리스천 "그렇지, 좋은 생각을 품은 마음은 좋은 마음이고, 하느님의 계명을 지키는 생활은 좋은 생활이지. 그러나 그런 것들을 실제로 가지고 있는 것과 다만 그것을 생각만 하는 것은 전혀 별개의 것이야."

이그노런스 "아저씨, 그래 그 좋은 생각들이나 하느님의 계명을 따르는 생활이란 어떤 것이라고 보세요?"

크리스천 "좋은 생각에는 어떤 종류가 있지. 자신에 관한 좋은 생각, 하느님에 관한 좋은 생각, 그리스도에 관한 좋은 생각 그리고 그 밖의 것들에 대한 좋은 생각 등."

이그노런스 "우리 자신에 관한 좋은 생각이란 무엇이죠?"

크리스천 "하느님의 말씀과 일치되는 생각이지."

이그노런스 "언제 하느님의 말씀과 우리의 생각이 일치되는 거죠?"

크리스천 "그것은 하느님이 우리에게 내리신 그대로 우리 자신이 스스로에게 심판을 내릴 때지. 부연하자면 하느님은 자연 그대로의 상태에 처한 인간을 향해 이렇게 말씀하셨단다. '올바른 사람은 없다. 선한 일을 하는 사람은 없다'〔로마서 3장 10, 12절〕. 그리고 이렇게도 말씀하셨지. '사람의 마음이 생각해 내는 모든 계획은 다만 악할 뿐인데 항상 악하다'〔창세기 6장 5절〕. 그리고 또 '사람의 마음이 계획하는 것은 어려서부터 악하다'〔창세기 8장 12절〕고도 하셨다. 그러니까 우리가 스스로에 관해 생각을 할 때 위와 같이만 생각한다면 우리의 생각은 좋은 것이란 말이다. 그것이 그대로 하느님의 말씀과 일치되니까."

이그노런스 "저는 제 마음이 그렇게 고약하다고는 결코 믿을 수 없습니다."

크리스천 "그러니까 너는 평생 자신에 관한 좋은 생각을 품어 보지 못한 거야. 좀더 들어 봐. 하느님의 말씀은 우리의 마음을 심판하시는 것과 똑같이 우리들이 살아가는 방법도 심판하신단 말이다. 그러니까 우리의 생각이나 행위가 그것에 대한 하느님의 판단과 합치될 때 그 둘은 모두 좋은 것이 되지. 하느님의 심판과 하나가 되니까."

이그노런스 "좀더 자세히 설명해 주셔요."

크리스천 "그러지, 하느님의 말씀은 인간의 방법이 굽어졌고 평탄치 못하며 뒤틀려 있다고 하셨단 말이다. 그것들은 본래가 옳은 길에서 벗어나 있건만 스스로 그것을 모르고 있다고 하느님의 말씀은 지적하셨거든. 그러므로 인간이 자신의 방법에 대해 생각을 할 때, 내 말은 더 겸손한 마음으로 이 사실을 꿰뚫어 볼 때, 그때에야 그는 스스로의 방법에 대한 좋은 생각을 갖게 된다는 것이지. 그의 생각이 마침내 하느님의 말씀이 내리는 심판과 일치하게 되었기 때문에 말이다."

이그노런스 "그럼, 하느님에 관한 좋은 생각이란 무엇입니까?"

크리스천 "(내가 말한 자신에 관한 생각과 마찬가지로) 하느님에 관한 우리의 생각이 하느님에 관한 하느님의 말씀과 일치되는 걸 말한다. 즉 말씀이 가르쳐 주신 대로 우리가 그분의 존재와 속성을 생각할 때가 그때인데, 이 자리에서 그것을 자세하게 이야기할 수는 없어요. 그러나 우리와 연관시켜 하느님에 관한 얘길 한다면, 우리가 그분을 생각할 때 우리 자신이 아는 것보다 더 잘 우리를 알고 계시고 우리들은 발견할 수 없는 사소한 죄까지도 찾아내실 수 있는 분으로 생각한다면 그것이 하느님에 관한 옳은 생각이라고 하겠지. 그분은 우리의 속생각을 잘 알고 계시고 우리의 마음이 아무리 깊어도 그분 앞에서는 활짝 개방된다고 생각한다면 그것 또한 하느님을 바르게 생각하는 것이야. 또 우리의 세상없는 의도 그분의 코에는 악취일 뿐이고 우리가 아무리 최선을 다했다 할지라도 그분 앞에서 떳떳하게 설 수는 없다고 생각한다면, 그것 역시 하느님을 옳게 생각하는 것이라고 하겠지."

이그노런스 "아저씨는 제가 하느님이 저보다 더 멀리 볼 수 없다고 생각하는 그런 바보라고 생각하시는 건가요? 혹은 자기 선행을 가지고 하느님께 자랑을 할 그런 못난이라고 보세요?"

크리스천 "그럼, 너는 이 문제에 대해 어떻게 생각하고 있지?"

이그노런스 "간단히 말씀드리면 의롭게 되기 위해서는 그리스도를 믿어야 한다고 생각합니다."

크리스천 "아니! 자기 자신을 그리스도가 필요 없는 그런 존재로 보면서 그분을 믿어야 한다니! 너는 자신의 타고난 약점이든 지금 가지고 있는 약점이든 스스로의 약점을 보지 못하는, 따라서 하느님 앞에서 자기를 의롭게 하기 위해 그리스도의 인격적 의를 조금도 필요로 하지 않는 그런 사람임에 틀림없어. 그런 네가 어떻게 '나는 그리스도를 믿는다'고 말한단 말이냐."

이그노런스 "나는 그 모든 것을 충분히 믿어요."

크리스천 "어떻게 믿는다고?"

이그노런스 "나는 그리스도께서 죄인을 위해 돌아가셨고, 그리고 내가 그분의 법에 순종하면 은혜로써 나를 용납하시어 하느님 앞에서 저주를 받지 않고 의롭게 되리라는 것을 믿어요. 바꿔 말하면 그리스도께서는 내게 종교적인 책임을 맡기셔서 그것을 내가 실행함으로써 아버지께 용납받고, 따라서 나는 의로운 자가 되리라는 것을 믿는단 말입니다."

크리스천 "네 신앙 고백에 대해 몇 마디 해야겠다.

첫째, 너는 하나의 환상적 신앙[48]을 믿고 있다. 그런 신앙은 하느님의 말씀 가운데 아무 데도 기록되어 있지 않기 때문이다.

둘째, 너는 거짓 신앙을 믿고 있다. 왜냐하면 그리스도의 인격적 의로부터 정당성(正當性)을 취해다가 그것을 자기 자신에게 적용시키기 때문이다.

셋째, 그 신앙에 따르면 그리스도는 너의 인격이 아니라 행위를 의롭게 하는 분이 되고, 따라서 인격으로 하여금 행위를 위한 것이 되게 하는 분이 되므로 옳지 않다.

넷째, 그러므로 그 신앙은 의심스럽다. 전능하신 하느님의 앞에서 과연 그 진노를 면하게 할는지. 왜냐하면 참으로 의롭게 하는 신앙은 영혼(율법에 의하여 상실될 것을 자각하는)을 그리스도의 의 속으로

---

48) 환상 속에서만 존재하는 신앙(fantastical faith).

(그분의 의는 자기를 순종하여 하느님께 용납받는 자를 의롭게 하는 그런 은총의 행위가 아니라, 자신이 율법에 순종하시어 우리가 마땅히 감당해야 할 고통과 해야 할 일을 담당하신 것인데) 피란하게 하기 때문이다. 참된 신앙은 이 의를 받아들이는 것이다. 영혼은 그 옷자락 안에 감싸여 티 없는 존재로 하느님 앞에 서게 되고, 그때에 하느님은 그 영혼을 용납하시어 형벌을 면케 해주시는 것이다."

이그노런스 "그렇다면! 우리와는 아무런 상관도 없이 그리스도가 개인적으로 한 일을 믿으라는 말인가요? 그런 주장은 우리의 욕정을 묶었던 재갈을 풀어지게 하고 모두 자기 멋대로 살게 만들 것입니다. 단지 그리스도께서 이르신 그 개인적 의를 믿기만 하여 모든 것으로부터 우리가 의로움을 인정받는다면 우리가 어떻게 살든 상관없을 게 아닙니까?"

크리스천 "네 이름은 이그노런스〔無知〕지? 이름 그대로구나. 그 말하는 걸 보니 꼭 그래. 올바르게 만드는 의라는 게 뭔지, 자기의 영혼이 믿음을 통해 어떻게 하느님의 진노로부터 안전하게 되는지 너는 모르고 있단 말이다. 참으로 너는 그리스도의 의가 내포하고 있는 구원의 신앙이 어떤 효과들을 나타내는지 그걸 모르고 있어요. 그분의 이름을 사랑하고 그분의 말씀과 길과 백성을 사랑하는 것으로 그 믿음이 표현된다는 사실을. 네 그 무지한 상상과는 사뭇 다르지."

호프풀 "하늘로부터 그리스도가 그에게 나타나셨는지 한번 물어 봐요."

이그노런스 "뭐요? 아저씨는 계시를 믿는 사람이군요. 나는 두 분을 비롯해서 그 어떤 사람도 계시에 대해 뭐라고 말하는 사람은 머리가 돌았다고 생각합니다."[49]

호프풀 "그건 또 무슨 소리지? 그리스도께서는 하느님 안에 숨어

---

49) 이그노런스, 그들과 낚시질한다.*

계셔서 모든 육안에는 드러나 보이지 않으므로 아버지 하느님께서 보여 주시지 않으면 그 누구의 눈에도 띄지 않는단 말이다."

이그노런스 "그건 아저씨네 신앙이지 제 신앙은 아닙니다. 제 신앙은 아저씨네 신앙 못지 않게 훌륭하다고 난 확신합니다. 비록 제 머리 속에는 아저씨네만큼 많은 잡동사니 생각들이 들어차 있지는 않지만 말입니다."[50]

크리스천 "한마디만 더하지. 이 문제에 대해 그렇게 간단하게 말해서는 안 돼요. 나는 (내 동료가 이미 언급했듯이) 아버지의 계시 없이 그 누구도 예수 그리스도를 알 수는 없다고 분명히 그리고 단호하게 말해 둬야겠다. 아무렴, 인간의 영혼이 그리스도를 의지하는 믿음 (그것이 정당한 것일지라도)은 결국 하느님의 전능하신 힘이 아니면 가질 수 없는 것이지. 내가 보기에 너 같은 무지한 사람은 그걸 모르고 있는 것 같다. 그러니 이제 정신을 차리고 자신의 비천함을 깨달아 주 예수께 달려가렴. 그분의 의로써, 그것은 곧 하느님의 의인데 (왜냐하면 그분 자신이 하느님이시니까), 너는 형벌로부터 구원받게 될 것이다."

이그노런스 "아저씨는 너무 빠르게 걸으십니다. 따라갈 수가 없어요. 앞서가십시오. 전 조금 뒤떨어져 갈 테니까요."

그리하여 그들은 다음과 같이 말했다.

좋다, 이그노런스, 너야말로
열 번씩이나 좋은 충고를 무시하는
그런 바보란 말이냐?
끝내 거부하면, 머잖아
그것이 잘못이었음을 알게 되리라.

---

50) 그는 자기가 알지도 못하는 것에 대해 꾸짖고 있다. *

젊은 아이야, 두려워 말고 겸손하게
받아들이면, 좋은 충고는 너를
구원하리니, 들어라.
그러나 끝내 무시한다면
경고하노니, 너는 끝내, 끝내
패배자가 되고 말리라.

크리스천이 자기의 동행자에게 말을 건넸다.

크리스천 "여보, 나의 좋은 벗 호프풀. 이젠 우리들 얘기로 돌아가야 할 것 같군요."

그리하여 나는 꿈속에서 그 둘이 한 발짝 앞서 걷고 그 뒤를 이그노런스가 떨어져서 따라가고 있는 모습을 보았다. 다시 크리스천이 동행에게 말했다. "저 가엾은 아이가 불쌍하군. 틀림없이 잘못되고 말 테니."

호프풀 "안됐어요. 우리 마음에도 그와 같은 사람들이 많이 있었죠. 온 가족, 아니 온 거리에 (심지어는 순례자들 가운데도) 그런 사람들이 가득 차 있었답니다. 우리 고향에도 그런 자가 많으니 하물며 그가 태어난 곳에는 얼마나 많겠어요?"

크리스천 "참으로 '주께서 그들의 눈을 멀게 하심은 그들이 알아보지 못하게 하려 함이다'[요한복음 12장 40절]라는 말씀은 사실입니다. 그러나 지금은 우리끼리의 말이지만, 그런 자들에 대해 어떻게 생각하시오? 그들에게도 죄에 대한 깨달음이 주어지고, 따라서 자기네 현 상황이 위험함을 두려워할 그런 시간이 있을까요? 어떻게 보십니까?"

호프풀 "글쎄요, 연장자시니 먼저 대답해 보십시오."

크리스천 "그럼 내가 말하지요. (내 생각엔) 그들도 가끔 그런 때를 당할 것이라고 봅니다. 그러나 원래 무지하게 태어난 까닭에 그런 깨달음이 스스로에게 유익하리라는 걸 그들은 이해하지 못하고 있는 거지요. 그러므로 그들은 죄책감을 기를 쓰고 누르면서 자기들 마음이 내키는 대로 스스로를 계속하여 기만하는 것입니다."

호프풀 "나도 그 말에 동감입니다. 즉 두려움은 사람을 착하게 만들고 처음 순례의 길을 떠날 때 올바른 자리에 서게 만들지요."

크리스천 "두려움을 옳게만 느낀다면 그건 틀림없이 그래요. 그래서 말씀에도 이렇게 기록돼 있는 게 아니오? '하느님을 두려워하는 것이 지혜의 시작이니라'〔시편 111편 10절, 잠언 9장 10절〕."

호프풀 "올바른 두려움이란 무엇을 말하는 겁니까?"

크리스천 "참된 또는 올바른 두려움은 세 가지 점에서 발견되지요.

첫째, 그 동기(動機). 죄에서 구원받으려는 마음을 일으킴.

둘째, 그것은 인간의 영혼으로 하여금 구원받기 위해 그리스도에게 철저히 붙게 한다.

셋째, 두려움은 영혼으로 하여금 하느님을 크게 섬기고 그분의 말씀과 길을 지키고 부드럽게 하며, 그리고 하느님을 불경스럽게 하는 쪽으로 좌로든 우로든 치우치는 것을, 그리하여 평화를 깨뜨리고 성령(聖靈)을 슬프게 하며 원수로 하여금 하느님을 비방하게 허용하는 일을 두려워하게 만든다."

호프풀 "잘 말씀하셨어요. 하신 말씀이 사실 그대로라고 믿습니다. 이제 이 요술에 걸린 지역을 얼추 다 지난 게 아닐까요?"

크리스천 "글쎄요, 왜, 우리 얘기가 싫증이 났습니까?"

호프풀 "아닙니다. 천만에요. 그저 우리가 지금 어디에 있는가를 알고 싶어서요."

크리스천 "이제 목적지까지는 약 2마일 정도 남은 것 같아요. 하여튼 얘기를 계속합시다. 그러기에 무식한 자들은 죄책감이 자신에게 유일한 것인 줄 모르고는 그것을 억제하려고만 애쓰고 있단 말이오."

호프풀 "어떻게 그것들을 억누르려고 하지요?"

크리스천 "첫째, 그들은 두려움을 악마가 가져다 주는 걸로(실은 하느님이 가져다 주시는 것인데) 생각하고, 그래서 마치 그것들이 자신을 멸망으로 곧장 이끌기나 하듯 항거하지요.

둘째, 그리고 그들은 두려움이 자기네의 신앙을 손상시킨다고도 생각해요(가련하게도 그들에겐 아무런 신앙도 없지만). 그래서 두려움이 파고들지 못하도록 마음을 단단하게 굳히는 겁니다.

셋째, 그들은 결코 두려워해서는 안 된다고 잘못 생각하고 있어요. 그래서 실은 두려워하고 있으면서도 억지로 아닌 체 가장하고 있단 말이오.

넷째, 그들은 두려움이 그들의 저 보잘것없는 옛 자기성화(自己聖化)를 빼앗아 가리라고 생각하고는 있는 힘을 다해 저항하고 있는 것이오."

호프풀 "그것에 대해서라면 나도 약간의 체험으로 알고 있어요. 사실 자신이 무엇인지를 알기 전에도 나도 그런 자였으니까요."

크리스천 "자, 이제 이그노런스에 관해서는 이쯤 얘길 끝내고 다른 유익한 이야기를 나누도록 합시다."

호프풀 "전적으로 찬성입니다. 하지만 이번에도 먼저 시작하셔야겠습니다."

크리스천 "그럼 좋아요. 한 10년쯤 전에 당신 고향에 살던 템포러리[일시적]라는 사람을 혹 알고 있소? 당시 종교적으로 꽤 앞서 있던 사람이었는데."

호프풀 "알고 있어요! 그래요, 어네스트[正直] 마을에서 2마일쯤 떨어진 그레이스리스[은혜를 알지 못함] 마을에 살고 있었지요. 거기서 턴백[돌아섬]이라는 사람 바로 옆방에 살았죠."

크리스천 "옳아요, 그들은 한지붕 밑에서 살았지요. 한때 그 사람 꽤 진보적이었어요. 그때만 해도 그는 어느 정도 자신의 죄를 볼 수 있었고, 따라서 그 죄의 값으로 따라오는 형벌에 대해서도 알고 있었다고 나는 믿습니다."

호프풀 "나도 같은 생각입니다. 그는 가끔 내게로 와서(겨우 3마일 밖에 되지 않는 거리였으니까요) 많이 울곤 했지요. 나는 진심으로 그를 불쌍하게 여겼고 그를 가망 없는 자로 보지는 않았습니다. 하지만 모든 사람이 다 '주여, 주여' 하고 울부짖지는 않는다는 걸 우리는 알 수 있죠."

크리스천 "한번은 지금 우리들이 하고 있는 것처럼 순례의 길을 떠나겠노라고 그가 내게 말한 적도 있었어요. 그러나 별안간 세이브-셀프(自救)라는 사람과 교제하게 되면서부터 그는 딴사람이 되고 말았지요."

호프풀 "그에 관한 얘기가 나왔으니 말이지, 그 사람뿐 아니라 다른 사람들도 도대체 무슨 이유로 그렇게 갑자기 뒤로 미끄러지게 되는지 알아볼 필요가 있을 것 같아요."

크리스천 "그것 참 매우 유익한 일이겠군요. 당신부터 얘기해 보시오."

호프풀 "좋습니다, 내가 보기엔 네 가지 이유가 있는 것 같습니다.

첫째, 그런 사람들의 양심은 각성되었다고 하지만 마음은 여전히 변하지 않은 것입니다. 그러므로 죄의식의 힘이 사라지게 되면 그들을 종교적이게 만들던 힘마저 없어지고 말지요. 그렇게 될 때 자연히 그들은 옛날의 습성으로 돌아가는 거죠. 마치 토했던 음식을 도로 삼키는 개와 같다고 할까요? 개가 먹으면 안 될 음식을 먹었을 때 뱃속이 아픈 동안에는 계속하여 토해 내지만, 그것도 제 마음이 그렇게 시켜서 그러는 것도 아니고(개에게 마음이라는 게 있다면) 뱃속이 아파서 그러는 거죠. 그러다가 아픔이 가시면 그 토사물에 미처 섞여 나오지 않은 식탐(食貪)에 끌려 토해 냈던 것을 다시 삼키지 않습니까? 과연 '개는 제가 토한 것을 도로 먹는다'〔베드로후서 2장 22절〕는 말씀은 진리입니다. 이와 같이 지옥의 형벌에 대한 공포 때문에 천당을 사모하던 자들은 그들의 지옥에 대한 인식이나 형벌에 대한 두려움이 식으면, 천당과 구원에 대한 열망도 따라서 식는 것이라고 나는 말하고 싶습니다. 다시 말하면 그들의 죄의식이나 두려움이 사라져 버리면, 그들의 천당과 행복에 대한 열망도 스러지고 다시 옛날의 습성으로 돌아가고 만다는 것입니다.

둘째, 또 하나의 이유는, 그들은 자기네를 압도하는 두려움에 노예처럼 굴복하고 있다는 사실입니다. 다름 아닌 인간에 대한 공포에 말입니다. '사람을 두려워하면 올무에 걸린다'〔잠언 29장 25절〕는 성경말씀도 있지요. 그리하여 지옥의 화염이 그들의 귓전에서 타오르는 동안에는 천당을 갈망한다고 하지만, 그 무서움이 조금 사라졌다 하면 그들은 스스로 다시 생각해 보는 것입니다. 즉 지혜를 되찾아 모든 것을 다 잃을지도 모르는 모험을 (그들은 무엇인지 모르고 있으므로) 피하거나, 최소한 피할 수 없는 그러면서도 불필요한 고난에서는 스스로 발을 빼는 것이 선한 일이라고 생각하는 거죠. 그리하여 다시 속물이 되고 마는 겁니다.

셋째, 종교를 창피한 걸로 아는 마음이 또한 그들의 길에 장애물로 놓여 있습니다. 그들은 오만하고 건방지죠. 그래서 종교란 것이 저속하고 유치한 것으로만 보이는 겁니다. 그리하여 지옥과 장차 닥칠 형벌에 대한 생각이 떠나고 말 땐, 그들은 곧장 옛날의 길로 돌아가 버리는 거죠.

넷째, 죄의식이나 공포감에 사로잡히는 것이 그들에겐 죽기보다 싫은 일입니다. 그들은 어려움에 직접 들어가기 전까지는 그 어려움을 생각조차 하기 싫어하죠. 그 어려움이 처음 눈에 띄었을 때도, 만일 그들이 어려움 만나는 것을 꺼리지 않는다면 그들은 의로운 사람들이 한 것처럼 그 어려움 속에 뛰어들어가 안전하게 될 것입니다. 그러나 그들은 방금 전에도 말씀드렸듯이, 죄나 두려움에 대해서는 생각하는 것조차 질색이니, 일단 하느님의 진노에 대한 생각으로부터 벗어나게만 되면 기꺼이 마음을 굳히고는 나아가 마음을 더욱 단단하게 만들

만한 일만을 골라 하게 되는 것입니다."

크리스천 "정말 그렇소. 문제의 근본은 그들의 마음과 뜻이 별로 변화되지 않은 데 있으니까요. 그러니까 그들은 고작 재판장 앞에 선 중죄인(重罪人) 같은 신세일 뿐입니다. 그는 부들부들 떨고 진심으로 뉘우치는 것처럼 보이지만, 그 밑바닥에 있는 것은 범죄를 꺼리는 마음이 아니라 교수형에 대한 두려움인 것입니다. 예컨대 그를 만일 무죄 석방시켜 준다면 그는 다시 도둑이 될 것이란 말입니다. 그러니까 그 본성은 여전한 거죠. 만일 그의 마음이 변한다면 아마도 그는 다른 사람이 될 것입니다."

호프풀 "그들이 옛날로 돌아가는 이유를 제가 말씀드렸으니, 이제는 어떻게 돌아가는가 그 방법에 대해 말씀해 주십시오."

크리스천 "그러지요.

1. 하느님과 죽음과 장차 올 최후 심판에 대한 기억들을 모두 버립니다.
2. 그 다음으로는 은밀한 기도, 정욕의 억제, 근신, 죄에 대한 뉘우침 같은 개인적인 의무들을 차츰차츰 버립니다.
3. 그러고는 생동하고 따뜻한 그리스도 교인들과 교제를 끊습니다.
4. 그러고는 설교 듣는 것, 성경 읽는 것, 집회에 참석하는 것 등 공적인 의무에 냉담해지는 겁니다.
5. 그 다음에는 전에 말한 대로 신자들의 옷자락에 열심히 구멍을 내고 그것으로 자기가 종교를 버리는 구실로 삼지요.
6. 그러고는 육체적이고 방종하며 음탕한 사람들과 어울리며 사귀기 시작하는 것입니다.
7. 그러고는 비밀스럽게 음담패설을 즐기고, 혹시라도 정직하다고 평을 받는 사람들 가운데서 그런 사람을 찾게 되면 기뻐하면서 그들의 본을 받는다는 명목으로 더욱 노골적으로 그런 것을 합니다.
8. 그런 다음에는 조그마한 범죄쯤 공공연하게 저지르는 거죠.

9. 그 다음에 더욱 단단해져서 그들은 마침내 본색을 드러냅니다. 그리하여 은총의 기적이 그것을 방지해 주지 않는 한, 그들은 하릴없이 고난의 구렁텅이에 다시 빠지게 되고 마침내 스스로 속이는 가운데 영원히 멸망하고 마는 것입니다."

그때 나는 꿈속에서 순례자들이 요술 걸린 지역을 벗어나 뿔라[51]의 지역으로 들어가는 것을 보았다. 그곳의 공기는 매우 달콤하고 유쾌했다. 길은 그 복판으로 곧게 뻗어 있었고, 거기서 그들은 꽤 오랫동안 즐겁게 쉴 수 있었다. 새들의 노랫소리는 끊임없이 들려 왔고 지면에 가득 핀 꽃들을 매일매일 볼 수도 있었다. 그리고 그 고장의 산비둘기들이 지저귀는 소리도 들려 왔다. 그곳에서는 밤과 낮을 가리지 않고 태양이 빛을 비추는 것이었다. 그곳은 죽음의 그늘 계곡을 벗어난 곳이었고, 거인 디스페어의 손길도 미치지 못했고 그리고 다우팅 성도 시야에 들어오지 않는 곳이었다. 거기서 그들은 자기네가 향하여 가고 있는 도성을 보았다. 그리고 그곳의 주민들[52]도 만나게 되었다.

그 땅에는 빛나는 사람들이 걸어다니고 있었다. 하늘 나라의 접경이었던 것이다. 이곳에서 또한 신랑과 신부의 언약은 새로 맺어졌다. 그렇다, "마치 신랑이 신부를 기뻐함같이 그들의 하느님이 그들을 기뻐하리라"〔이사야 62장 5절〕는 말씀 그대로였다. 거기서 그들은 식량과 음료의 부족을 느끼지 못했고, 그 동안 순례의 길에서 항상 부족하던 물자를 풍부하게 쓸 수 있었다. 도성으로부터 큰 목소리로 "너희는 딸 시온에게 이르라. 보라, 네 구원이 임하느니라. 보라, 그의 상급이 그에게 있느니라"〔이사야 62장 11절〕고 외치는 것을 그들은 들었다.

---

51) 번역상 성서적 근거로 삼은 구절은 이사야 62장 4절이다. 이 부분의 많은 구절이 이사야 62장과 아가 2장 10~12절에서 추출되고 있다.

52) 천사들. *

그곳의 모든 주민들은 서로 "거룩한 백성, 야훼가 구하실 백성, 찾으신 백성"〔이사야 62장 12절〕이라고 부르는 것이었다.

그곳을 걸어가는 그들은 그들이 목적지로 삼은 하늘 나라에서 멀리 떨어진 다른 지역에서보다 훨씬 더 즐거워하였다. 도성이 가까워지자, 그들은 더욱 자세히 그 모습을 볼 수가 있었다. 도성은 모두 진주와 보석으로 꾸며져 있었고 길은 금으로 포장되어 있었다. 그 찬란한 도성의 영광과 거기에 반사되는 빛을 보자 크리스쳔은 어서 도착하고 싶은 마음에 병이 들고 말았다. 호프풀도 같은 증세를 일으켰다. 그리하여 그들은 잠시 누워서 고통의 신음 소리를 내었다. "만일 내 사랑하는 이를 보거든 내가 상사병에 걸려 있더라고 전해 주시오" 〔아가 5~8장〕.

그러나 조금 원기를 회복하여 병세를 이길 만하게 되자, 그들은 가던 길을 계속 걸어 과수원과 포도밭과 정원이 있는 곳으로 차츰차츰 가까이 다가갔다. 큰길로부터 그 밭으로 들어가는 문들이 보였다. 그 앞에 이르러 길 위에 서 있는 정원사를 만나자 순례자들이 물었다. "이것은 어느 분의 포도밭이고 정원입니까?" 그가 대답했다. "모두 하느님의 것입니다. 하느님 자신을 기쁘게 하고 또 순례자들을 위안하기 위해 심어 놓으셨지요." 정원사는 말을 마치고 그들을 안으로 안내하여 맛있는 열매로 기운을 회복하라고 일러 주었다. 그리고 그는 하느님의 산책길과 편히 앉아 쉬는 정자도 보여 주었다. 거기서 그들은 잠시 쉬다가 잠이 들었다.

그때 나는 꿈속에서 그들이 잠을 자면서 얘기하는 것을 보았다. 그들은 그 동안 여행길에서 하던 것보다도 더 많은 이야기를 잠자면서 나누는 것이었다. 이상해하고 있는 나에게 정원사가 말했다. "이 일이 이상하십니까? 이 포도밭의 포도는 어찌나 단지 그것을 먹은 사람들은 '자는 자의 입술로 하여금 말하게'〔아가 1장 9절〕 한다는 말대로, 자면서도 말을 합니다."

천사를 만나다

그들은 이내 잠에서 깨어나 도성으로 올라가자고 서로 말하는 것이었다. 그러나 이미 말한 대로 도성에서 반사되는 태양의 빛이 너무나도 찬란했으므로(왜냐하면 "도성은 순금"〔요한계시록 21장 18절〕이었기 때문이다), 그들은 육안으로 직접 그곳을 바라볼 수가 없었고 특별히 만든 기구를 통해서만 볼 수가 있었다. 나는 그들이 계속 걸어가다가 순금같이 빛나는 옷을 입고 얼굴에서도 광채를 발하는 두 사람과 만나는 것을 보았다.

그 두 사람은 순례자들에게 어디서 오느냐고 물었고, 그들은 대답을 하였다. 그들은 또 순례자들에게 오는 도중 어디서 묵었으며 어떤 어려움과 위험을 당했고 또 어떤 위안과 기쁨을 얻었느냐고 물었다. 그들은 사실대로 대답을 하였다. 그러자 그들은 순례자들에게 말하는 것이었다. "이제 당신들은 두 개의 난관만 더 통과하면 됩니다. 그러면 도성에 들어가는 겁니다."

그러자 크리스천과 그의 동료는 그들에게 동행해 줄 것을 청했다. 그들은 동행할 것에 동의하였다. "그러나" 하고 그들은 말했다. "당신네가 도성에 이를 수 있는 것은 오직 당신네 신앙에 달려 있습니다." 나는 꿈속에서 성문이 보이는 곳까지 그들이 함께 걸어가는 것을 보았다.

그리고 나는 또한 그들과 성문 사이에 강[53]이 한줄기 흐르고 있는 것을 보았는데, 그 강에는 건너갈 다리가 없는 것이었다. 그 강은 매우 깊었다. 그리하여 그 앞에 선 순례자들은 크게 당황하였다. 그러나 그들과 동행하던 사람들은 이렇게 말하는 것이었다. "어떻게 해서든지 이 강을 건너야 합니다. 건너지 못하면 성문에 이를 수가 없으니까요."

순례자들은 성문까지 갈 수 있는 다른 길은 없느냐고 묻기 시작했다.[54] 그러자 그들은 이렇게 대답하였다. "있긴 있지요. 그러나 천지창조 이후 두 사람밖에는 그 길을 밟을 수 있는 허락을 받지 못하였습니다. 그 두 사람은 에녹과 엘리야죠. 앞으로도 최후 심판의 나팔 소리가 울릴 때까지 아무도 그 길로 가지는 못할 것입니다." 그러자 순례자들, 특히 그 중에서도 크리스천은 마음속으로 낙담이 되어 이리저리 다른 길을 찾아보았으나 그 강을 피해 갈 수 있는 다른 길은 아무 데서도 보이지 않았다. 그들은 동행자들에게 강물이 한결같이

---

53) 죽음. *

54) 죽음은 그것을 통해서 우리가 이 세상을 벗어나 영광에 이르는 것인데도 흔히 환영을 받지 못하고 있다. *

깊으냐고 물었다. 그들은 그렇지 않다고 대답을 해줬으나, 그것은 순례자들에게 아무런 도움도 되지 못했다. 왜냐하면 그들의 말은 이런 것이었기 때문이다. "강이 깊으냐 얕으냐는 이곳의 왕이신 하느님을 당신네가 어느만큼 믿느냐에 달려 있습니다."[55]

그리하여 그들은 물 속으로 들어갔다. 크리스쳔은 이내 물 속으로 빠져 들어가기 시작하여 자기의 절친한 친구인 호프풀에게 크게 소리쳤다. "나는 깊은 물에 빠졌소. 파도가 내 머리를 덮었고 그 물결은 내 몸을 삼켰소. 오, 셀라."[56]

호프풀이 말했다. "안심하시오, 형님. 바닥이 밟히는 것 같아요. 안심입니다." 다시 크리스쳔이 말했다. "아, 친구여. 죽음의 슬픔이 나를 감싸고 있어요. 나는 젖과 꿀이 흐르는 땅을 보지 못할 것만 같소." 그 말과 함께 거대한 어둠과 공포가 크리스쳔을 덮어씌웠다. 그리하여 그는 더 이상 앞을 볼 수 없게 되었다. 마침내 그는 정신을 잃고, 자기가 순례의 길에서 만났던 온갖 신선한 위안들을 기억하지도 못하고 남에게 이야기할 수도 없게 되었다. 그저 말할 수 있어 내놓은 소리는 다만 그가 지금 마음에 두려움을 갖고 물에 빠져 죽을 것을, 그리고 성문에 들어가지 못할 것을 마음 깊이 불안해하고 있다는 사실을 알려 줄 뿐이었다. 또한 곁에 서 있는 동행자들 눈에는, 그가 순례의 길을 떠나기 전과 떠난 후에 저지른 죄에 대해 참회하는 모습이 역력해 보이는 것이었다. 그가 때때로 횡설수설하는 것을 보아 지금 여러 종류의 꼬마 도깨비들과 악령들에게 시달리고 있는 것도 같았다. 그리하여 호프풀은 자기 형제의 머리를 물 위에 내놓게 하는 데 전력을 기울이지 않으면 안 되었다. 그래도 때로 물 속에 완

---

55) 죽는 일에 있어서 천사들은 우리를 도와 주지 못한다. *
56) 요나 2장 3~6절, 시편 42편 7절, 88편 7절에서 같은 절규가 나오고 있다.

죽음의 강을 건너다

전히 잠겼다가 한참 후에야 반시체가 되어 떠오르곤 하는 것이었다. 호프풀은 열심히 그를 위로하였다. "형님, 저기 성문이 보입니다. 우리를 영접하려고 문 곁에 사람들이 서 있어요." 그러나 크리스천은 이렇게 대답하는 것이었다. "그들이 기다리는 건 당신이야. 당신은 처음 만날 때부터 호프풀[희망이 넘침]이었어." "형님도 희망을 가졌었지요" 하고 그가 크리스천에게 말했다. "아, 노형, 만일 내가 옳았다면 분명히 주께서 일어나셔서 나를 도우실 게요. 그러나 내 죄 때문에 그분은 나를 이렇게 함정에 빠뜨리시고도 그냥 버려 두시는 거요." 그러자 호프풀이 말했다. "형님, 악한 자에 대하여 '저희는 죽는 때에도 고통이 없고 그 힘이 건강하며 타인과 같은 고난이 없고 타인과 같은 재앙도 없나니'[시편 73편 4~5절]라고 한 성경 말씀을 잊으셨군요. 지금 이렇게 물 속에서 받는 고통과 시련은 하느님이 형님을 버리셨다는 표시가 아니라, 이때까지 받아 온 주의 은혜를 기억하면서 시련 속에서도 그분을 의지하는가 아닌가 시험하려는 것이란 말입니다." 그때 나는 꿈속에서 크리스천이 잠시 생각에 잠기는 것을 보았다. 그에게 호프풀이 다시 말을 덧붙였다. "마음 푹 놓으세요. 예수 그리스도께서 형님을 완전케 해주십니다." 그 말을 듣고 크리스천은 큰소리로 외쳤다. "아, 다시 그분이 보인다. 그분이 말씀하시는구나. '네가 물 가운데로 지날 때 내가 함께 할 것이니라. 강을 건널 때 물이 너를 삼키지 못하리라'[이사야 43장 2절]."

그리하여 두 사람은 용기를 얻었고, 마침내 다 건너갈 때까지 원수는 돌처럼 굳어지고 말았다. 크리스천은 강바닥을 밟게 되었고 거기서부터는 얕은 강을 쉽게 건널 수 있었다. 그리하여 그들은 강을 건넜다. 강의 둑에 이르자 그들은 거기서 자기네를 기다리고 있는 빛나는 두 사람을 다시 보았다. 강물에서 나오는 두 사람에게 인사를 건네고 나서 그들은 말했다. "우리는 구원의 상속자가 될 분들에게 봉사하라고 보냄을 받은 봉사의 영들입니다."[57] 그리하여 그들은 성문을 향하여 나아갔다. 물론 그 두 사람이 손을 잡아 앞에서 이끌어 주었기 때문에 그들은 힘들이지 않고 올라갈 수 있었다. 게다가 그들은 썩어 없어질 옷가지들을 강물에다 버리고 왔던 것이다. 그들은 물 속에 들어갈 때는 그 옷들을 입고 들어갔지만 나올 때는 벗어 버렸던 것이다. 그리하여 그들은 도성이 서 있는 터가 구름보다도 높은 곳이었지만 민첩하고도 빠르게 올라갔다. 그들은 이렇게 공중을 올라가면서 강을 무사히 건넌 데다가 붙들어 주며 동행하는 영광스런 안내자들이 있음에 위안을 느끼며 달콤한 이야기를 주고받는 것이었다.

그들이 빛나는 사람들과 나눈 이야기는 천당의 영광에 관한 것이었는데, 그들은 그 아름다움이며 영광은 어떻게 표현할 길이 없다고 말해 주는 것이었다.

"거기엔 시온 산이 있고 하늘 예루살렘과 무수한 천사들, 그리고 완전하게 된 의인(義人)의 영혼들이 있답니다." 그들은 계속 말했다. "당신네는 이제 곧 하느님의 낙원에 이르게 될 겁니다. 거기서 생명의 나무를 볼 것이요, 그 나무의 영원히 시들지 않는 열매를 먹게 될 것입니다. 그리고 거기에 가면 흰 옷을 받아 입고 매일매일 왕이신 하느님과 함께 산보하고 이야기할 텐데 영원히 그럴 것입니다.[58] 거기서 당신들은 저 아래 지상에서 겪은 일, 곧 슬픔, 고통, 질병, 죽음 등을 다시는 보지 않아도 될 것입니다. '옛 것들은 다 지나갔기'〔요한계시록 21장 4절〕때문이죠. 당신들은 이제 아브라함, 이삭, 야곱 그리고 예언자들과, 장차 닥칠 악으로부터 하느님께서 구해 내시어 편히 침대에서 쉬고 있는 사람들을 만나게 될 것입니다. 그들 모두 의롭게 지내고 있지요." 순례자들이 물었다. "그 거룩한 곳에서 우리는 무엇

---

57) 그들이 이 세상을 벗어나자마자 천사들은 기다리다가 맞는다. * 천사의 등장은 그 성서적 기원을 히브리서 1장 14절에 둔다.
58) 천국의 묘사는 히브리서 12장 22~24절, 요한계시록 2장 7절, 3장 4절 등에서 참조.

을 해야 합니까?" 빛나는 사람들이 대답했다. "거기서 당신들은 그동안 겪은 모든 고초에 대한 위안을 받게 될 것입니다. 그리고 슬픔 대신 기쁨을 얻을 것입니다. 거기서 당신들은 심은 것을 거두어야 합니다. 여행 도중 기도 드린 것, 눈물 흘린 것, 하느님을 위해 고통받은 것, 그 모든 것의 열매를 거두어야 합니다. 거기서 당신들은 금면류관을 받아 쓰고 거룩하신 분의 모습을 항상 볼 수 있는 즐거움을 누리게 될 것입니다. '그가 계신 대로 볼'〔요한 1서 3장 2절〕 것이기 때문입니다. 지상에서는 섬기고 싶었으나 육체의 약점 때문에 잘 섬기지 못했던 그분을 당신들은 갈채와 감사로 쉬지 않고 섬길 것입니다. 거기서 당신들의 눈은 보는 것이 즐거울 것이고 전능하신 분의 유쾌한 목소리를 듣는 귀도 기쁨이 넘칠 것입니다. 거기서 당신들은 먼저 갔던 친구들과 다시 즐거움을 나눌 것이고 당신들의 뒤에 거룩한 곳을 찾아오는 모든 사람을 만나는 기쁨도 맛볼 것입니다. 거기서 당신들은 또한 영광과 존귀의 옷을 입고 영광의 왕이신 하느님과 함께 타는 데 손색이 없는 수레를 소유할 것입니다. 그분이 바람 날개를 타고 구름에 싸여 나팔 소리와 함께 세상에 내려오실 때 당신들도 동행할 것이고, 심판하는 보좌에 앉으실 때 당신들도 그분의 곁에 앉을 것입니다. 그래요, 그분이 악행자들에게 선고를 내리실 때 당신들도 그 심판에 참여하게 될 것입니다. 그 신분이 천사든 인간이든 악행자는 그분과 당신들의 원수니까요. 그리고 그분이 다시 도성에 돌아오실 때 당신들도 나팔 소리에 묻혀 돌아올 것이고 그리고 영원히 그분과 함께 있을 것입니다."

 그들이 성문 가까이에 이르자 한 떼의 천군(天軍)이 영접하러 나오는 게 보였다. 그들에게 두 명의 빛나는 사람이 말했다. "이 사람들은 세상에 있을 때 주님을 사랑하였고 그 이름을 위하여 모든 것을 버린 사람들이오. 주께서 우리를 보내셔서 이 사람들을 영접하게 하셨소. 해서 이제 이 사람들을 여기까지 데려왔으니 안으로 들어가서 구세주의 얼굴을 뵙도록 해주시오." 그러자 하늘 군사들이 큰 목소리로 부르짖는 것이었다. "어린 양의 혼인 잔치에 초대를 받은 사람은 복이 있다"〔요한계시록 19장 9절〕.

　이때 하느님의 나팔수들이 또한 그들을 맞이하려고 나왔는데, 희고 빛나는 제복을 입은 그들은 하늘 나라가 온통 울리도록 나팔 소리를 내는 것이었다. 나팔수들은 크리스천과 그의 동료가 세상으로부터 떠나 온 것을 극구 칭송하여 노래와 나팔 소리로 환영하였다. 그러고 나서 그들은 순례자들을 사방에서 옹위하여 어떤 자는 앞에서, 어떤 자는 뒤에서 그리고 오른편에서, 왼편에서 둘러싼 채 (마치 그들을 더 높은 곳으로 안내하는 형국으로) 가락이 붙은 노랫소리와 높은 나팔 소리를 울리면서 나아가는 것이었다. 그것은 마치 하늘 스스로가 그들을 영접하기 위해 내려온 것같이 보였다. 그리하여 그들은 함께 걸었는데, 걷는 동안 줄곧 나팔수들은 즐거운 음악 소리와 함께 적당한 몸짓과 표정까지 섞어 크리스천과 그의 형제에게 자신들이 그들을 얼마나 기쁘게 환영하며 그들을 만나기 위해 자신들이 얼마나 즐겁게 마중 나왔는가를 보여 주는 것이었다. 이제 그 두 사람은 아직 천당에 이르지 않았으면서도 천사들의 모습에 둘러싸이고 그들의 아름다운 가락에 묻혀 마치 천당 속에 있는 것같이 보였다. 여기서 마침내 그들은 천성의 모습을 보았고, 그 안에 있는 종이란 종은 모두 그들을 환영하여 울리고 있는 것같이 들렸다. 그러나 무엇보다도 그들을 감격시킨 것은 이렇듯 훌륭한 무리와 함께 그것도 영원히 거기 살게 되리라는 벅찬 생각이었다. 오! 그 누가 그들의 기쁨을 필설로 표현할 수 있겠는가? 마침내 그들은 성문에까지 다다랐다.

　성문에 이르자 거기 문 위에 금으로 쓰여진 글이 있었다. "그의 계명을 지키는 자에게 복이 있도다. 이는 그가 생명의 나무에 나아가며 문들을 통하여 성에 들어갈 권세를 얻었음이라"〔요한계시록 22장 14절 참조〕.

천국에 들어가다

그때 나는 빛나는 사람들이 그들에게 문 앞에서 소리를 지르라고 일러 주는 것을 꿈속에서 보았다. 그들이 소리를 지르자 성문 위로 에녹, 모세, 엘리야 등의 얼굴이 나타났는데, 그들에게 순례자들이 말했다. "여기 이 순례자들은 이곳의 왕을 사모하여 멸망의 도시를 떠나 온 자들입니다." 그리고 나서 순례자들은 각자 여행을 시작할 때 받았던 증서들을 제시해 보여 주었다. 그 증서는 곧 왕에게 전달되었고, 그것을 읽은 왕은 "그 사람들이 어디 있는가?" 하고 물었다. "그들은 지금 문밖에 서 있습니다" 하고 누군가 대답했다. 그러자 왕은 문을 열라고 명령하는 것이었다. 그리고 그는 말했다. "너희는 문을 열고 신(信)을 지키는 의로운 나라로 들어오게 할지어다"〔이사야 26장 2절〕.

나는 마침내 그들이 문안으로 들어가는 것을 꿈속에서 보았다. 그런데 그들은 들어가자마자 그 모습이 바뀌고 황금처럼 빛나는 새 옷을 입고 있는 것이 아닌가! 또한 어떤 이들이 하프와 면류관을 들고 와서 그들에게 주었는데, 하프는 찬양할 때 쓰기 위한 것이었고 면류관은 그들의 품위를 높이는 것이었다. 그리고 나는 그 도성 안의 모든 종이 다시 한 번 기쁘게 울리고 있는 소리를 꿈속에서 들었다. 두 사람을 향하여 "들어와 네 주인의 기쁨을 나누라"〔마태복음 25장 21절〕는 소리가 들려 오기도 하였다. 나는 그들도 큰소리로 노래하는 것을 들었다. "보좌에 앉으신 이와 어린 양에게 찬양과 존귀와 영광과 권능이 영원 무궁하도록 있으시옵소서"〔요한계시록 5장 13절〕.

그들이 들어갈 수 있도록 문이 열리는 순간, 나는 그 안을 들여다보았다. 도성은 마치 태양처럼 눈부셨고, 금으로 포장된 거리를 면류관을 쓴 사람들이 종려나무 가지를 손에 들고 그리고 금하프에 맞춰 찬양의 노래를 부르면서 걸어다니고 있었다.

그리고 또한 날개를 가진 사람들이 쉴 새 없이 화답하여 "거룩하다, 거룩하다, 거룩하다, 하느님이시여"라고 말하는 것이었다. 이윽고 문이 닫혔다. 닫혔지만 방금 본 것이 눈에 선하여 나는 그 안에 들어가 살고 싶은 마음이 간절했다.

이 모든 것을 눈여겨보다가 문득 뒤를 돌아보니 거기 이그노런스가 강변에 막 도달하고 있었다. 그러나 그는 아까 두 사람이 겪던 것보다는 절반도 안 되는 고생 끝에 강을 곧장 건너는 것이었다. 그것은 때마침 베인-호프(絶望)라는 뱃사공이 거기 있다가 그를 자기 배에 태워 주었기 때문이었다. 그리하여 그는 아까 본 두 사람처럼 성문을 향하여 산을 올라왔다. 그러나 마중 나온 사람은 하나도 보이지 않고 혼자서만 올라오는 것이었다. 성문 앞에 이르자 그는 성문 위에 쓰여 있는 글을 쳐다보고는 금방 문이 열려 들어갈 수 있으려니 여기는 얼굴로 두드리기 시작했다. 그러나 성문 위로 모습을 드러낸 사람들이 그에게 "어디서 온 사람인가? 그리고 무엇을 하러 왔는가?" 하고 묻는 것이었다. 그가 대답했다. "나는 왕이신 하느님 앞에서 먹고 마셨습니다. 그리고 그분은 우리들의 길거리에서 가르치셨죠." 그러자 그들은 하느님께 보여 드리겠다고 하면서 그에게 증서를 요구하는 것이었다. 그는 자기 속을 더듬어 찾아보았지만 증서는 보이지 않았다. 그러자 그들이 말했다. "증서가 없나?" 그러나 그는 한마디 대답도 하지 못했다. 그들은 사실대로 왕이신 하느님께 보고를 올렸다. 왕은 그를 보려고 내려가는 대신 좀 전에 크리스천과 호프풀을 안내했던 두 빛나는 사람에게 밖으로 나가서 이그노런스를 잡아 그 손발을 묶은 다음 내다 버리라고 명령하는 것이었다. 그들은 그를 붙들어 공중을 뚫고 내가 전에 보았던 산허리의 동굴문으로 데리고 가더니 그 안에다 그를 밀어 넣었다. 나는 그곳 천당으로부터도 저 멸망의 도시에 나 있는 것과 마찬가지의 지옥행 길이 나 있는 것을 보았다. 나는 잠을 깨었다. 그리고 이 모든 것이 꿈이었음을 알게 되었다.

맺는 말

자, 독자여, 나는 그대들에게
내가 꾼 꿈 얘기를 들려 주었다.
그것을 나에게, 혹은 그대 자신에게, 아니면
다른 이웃에게 해몽해 줄 수 있겠는가?
해몽하되 잘못 해몽 않도록 조심하라.
그것은 이익 대신 그대에게
손실을 가져다 줄 뿐이니까.
오해에서 악은 생기는 법이다.

또한 내 꿈의 겉모양만 가지고 왈가왈부하는 일에
너무 치우치지 않도록 조심하라.
내가 그런 모형이나 비유들을 스스로 비웃거나
반박하는 일에서
벗어나지 못하는 일이 없도록,
그런 것은 아이들이나 멍텅구리에게 맡기고
그대일랑 내 얘기의 알맹이를 보아 달라.

커튼을 걷고 나의 베일 안을 살펴, 내가
사용한 비유들을 헤치고 그 안의 것을
놓치지 마라.
거기서, 그대가 찾기만 한다면, 거기서
그대는 정직한 사람에게 도움이 될 것들을
발견하리라.
거기서 혹시 나의 쇠똥을 보거든 그대는
그것을 용감하게 버리고 금덩어리만
소중하게 간직하라.
잡동사니 속에 나의 금이 들어 있을 줄
누가 아는가?
아무도 씨 때문에 사과를 버리지는 않는다.
하지만 만일 그대가 나의 모든 이야기를
헛된 것으로 알아 버린다면, 나로서는 다시 한 번
꿈을 꿀 수밖에 없다는 것 또한 알고 있다네.

제 2 부

이 세계로부터

장차 올 세계로의

순례의 행진 제2부

크리스천의 아내와 아이들의

위험한 여행

그리고

소망하던 나라에 안착하는

모습을 보여 주는

하나의 꿈의 비유 형식을 빌려

·

존 버니언

"내가 비유(譬喩)를 베풀었노라."

·

호세아 12장 10절

《천로역정》 제2부를 내놓으면서

가라, 나의 작은 책아,
나의 첫번 순례자가 얼굴이라도
비쳤던 곳이라면 어디든 가라.
가서 문을 두드리라. 만일 누가
"게 누구요?" 하고 묻거든
너는 이렇게 대답하거라.
"크리스티아나가 왔습니다."
만일 그가 들어오라고 하거든
아이들을 모두 이끌고 들어가거라.
들어가서 네 모든 재주를 다하여
그들이 누구고 그리고 어디로부터
왔는지를 이야기하라.
어쩌면 그 모습이나 이름을 보고도
그들을 알아볼지도 모른다.
그러나 그렇지 못하거든,
다시 그들에게 물어 보아라. 전에
언젠가 크리스천이라고 하는 한 순례자를

영접해 들였던 일이 있느냐고.
그런 적이 있었고 또 그의 여행기를
재미있게 읽었다고 대답하거든,
그렇거든 바로 그의 핏줄, 곧
그의 아내와 아이들이 왔노라고
그들에게 일러 주어라.

그들은 장차 올 세계를 위하여
집과 가정을 버리고 순례의 길을
떠났노라고 이야기하라.
여행 도중에 갖가지 어려움을 만났고
밤낮없이 고난을 겪었고
뱀들의 등을 짓밟았고 마귀들과 싸웠고
숱한 악마들을 정복했노라고 전하라.
그렇다, 거기에다 덧붙여
순례자들을 사랑하고 그들의
여행길을 보호해 주는 용감하고
대단한 분들이 있다는 것도 알려 주라.
그리고 그들이 어떻게 지금도
아버지의 뜻을 행하기 위하여
이 세상을 거역하고 있는가도.

가라, 가서 순례자만이 맛볼 수 있는
순례자로서의 모든 진미(珍味)에
대하여도 이야기하라.
그들이 어떻게 왕의 사랑하심을
입고 그 보호를 받는가도 알려 주라.

그가 그들을 위하여
얼마나 훌륭한 저택들을 마련하였는가도.
비록 거친 바람과 출렁이는 파도에
부딪혀도, 얼마나 그들이
자기들의 주님과 그의 길을 붙잡고
최후에 맛볼 기쁨을 향해
용감하고 침착하게 나아가는가도
아울러 이야기해 주어라.

어쩌면 그들은 진심으로 너를
안아 주리라, 내 첫번 책을 안아 주었던 것처럼.
그리고
너와 네 동행자들을 지극한 격려와
다정함으로 감싸 주어
자신들이 순례자를 사랑하고 있음을
보여 주리라.

이의(異議)·1
그러나 그들이 나를 진정한
당신의 책이라고 믿지 않으면 어쩌리까?
어떤 자들이 순례자와 그의 여행을
흉내내어 흡사 진짜처럼 만들어
수없이 많은 이들에게 넘겨 주고 있으니 말입니다.

대답
나의 순례기(巡禮記)를 위조하고
거기다 같은 제목을 붙여

팔아먹는 자들이 요즘 생긴 건
사실이다. 게다가 심지어는
자기들 책에다가 내 이름과 책 제목을 붙여
팔아먹는 자들도 있다.
그러나 위조품은 그 꼴 자체가
이미 나의 것이 아님을
스스로 폭로하고 있다.

만일 그런 자들을 만나거든
너는 다만 네 고유의 언어로
그들 앞에서 증언할 일이다.
오늘날에는 사용되지 않고 또
쉽게 흉내낼 수도 없는 그런 언어로.

만일 그런데도 여전히 너를 의심하거나,
너를 마치 집시같이 여겨
파렴치하게 돌아다니며 온 나라를
어지럽게 하는 존재로 알거나,
가당치도 않은 일들로 착한 사람들을
속여먹는 존재로 알거든
그때엔 나를 부르라. 그러면
내가 가서 네가 곧 나의
순례기임을 증거하리라.
그렇다. 너만이 나의 순례기요
앞으로도 그러할 것임을 내가
증거하리라.

이의 · 2

그러나 만일 내가 어떤 이에게
그의 목숨이 지옥에 떨어지기를
원하는 자들의 이야기를 전했는데,
그 이야기 때문에 그가 전보다 더욱
화를 내게 된다면, 나는 그의
문전(門前)에서 어찌하리까?

대답

나의 책아, 그런 자들을 무서워 마라.
그들은 근거 없는 공포의 근거일 뿐
다른 아무것도 아니기 때문이다.
나의 순례기는 지난번에도
바다와 육지를 여행했으나
그 어떤 나라, 어떤 부잣집이든 어떤 가난뱅이의 집이든
아무 데서도 푸대접받거나 문간에서
쫓겨났다는 얘길 나는 아직
들은 적이 없다.

사람들이 서로 죽이고 있는
프랑스나 플랜더스에서도
나의 순례기는 친구처럼 형제처럼
대접을 받고 있다.

홀란드에서도 내가 듣기로는
나의 순례기가 금값보다도
비싸다고들 한다.

스코틀랜드의 고지(高地) 사람들이나
아일랜드 사람들도 나의 순례기가
낯익다고들 이구동성(異口同聲)이다.

선진국인 뉴잉글랜드에서는
지극한 애정으로 받아들일 뿐 아니라
그 모양과 내용을 좀더 돋보이게 하기 위하여
장정을 새롭게 하거나 보석으로
장식까지 하고 있다. 그리하여
나의 순례기가 당당하게 활보하는 가운데
수천의 사람들이 매일매일
그 순례자의 이야기를 나누며 노래하고 있는 것이다.

네가 고향 가까이 와보더라도
나의 순례기가 수치를 당하거나 부끄러워할
아무런 근거가 없음을 알 수 있을 것이다.
도시나 시골이나 쌍수를 들어
순례자를 환영하고 있다. 그렇다,
그 어떤 무리들도 그들에게
나의 순례기가 슬쩍 얼굴만 비쳐도
얼굴에 미소를 띠지 않을 도리가
없게 되어 있는 형편이다.

용감한 무사들도 나의 순례기를
옆에 끼고 사랑하며,
부피가 큰 다른 책들보다도
더 높이 평가를 해주고 그리고

기쁨으로 나의 종달새가 솔개보다
낫다고들 말하고 있다.

젊은 숙녀들도 젊은 신사들도
나의 순례기에 적지 않은 친절을
보여 주고 있다.
그들의 안방에, 가슴에 그리고
그들의 마음에는 순례기가
들어 있다. 그것은, 그 책이
그들에게 여러 가지 훌륭한 수수께끼를
아주 건전한 가락으로 전해 주어
읽은 수고의 갑절이 되는 유익을
가져다 주기 때문이다. 아무렴,
어떤 이들은 나의 책을 금보다
값지게 여기고 있다고 나는 감히
말할 수 있다.

길거리에서 뛰노는 아이들조차
나의 거룩한 순례자를 길에서 만나면
그에게 깍듯이 경례하고 행운을
빌며 그야말로 시대의 유일한
젊은이라고 말할 것이다.

그를 아직 보지 못한 자들일지라도
그에 대해 들은 이야기만으로도
벌써 존경하며 순례자와 그의
동료들을 어떻게든 만나

익히 들어 알고 있는 순례의 이야기들을
직접 들을 수 있기를 사모한다.

그렇다, 비록 처음에는 그를 사랑하지 않고,
그를 바보 멍텅구리라고
부르던 자들도 그를 참으로 보고
그의 얘기를 듣는다면
틀림없이 마음을 고쳐 오히려
자기의 사랑하는 이에게 소개할 것이다.

그런즉, 나의 두번째 소산인
너는, 스스로 남에게 나타나기를
부끄러워할 필요가 없다. 너의
전신(前身)을 잘 대접했던 이들이
새삼스럽게 너를 상처 입힐
이유가 없으니까.
두번째로 나가는 너도 역시
젊은이에게나 늙은이에게나
비틀거리는 자에게나 안정된 자에게나
좋고 유익하고 풍부한 것들을
함께 지니고 있기 때문이다.

이의 · 3
그러나 개중에는 그가 너무 크게 웃으며,
또 그 머리를 구름 속에
가리고 있다고 책잡는 자들도 있더이다.
그리고 또 어떤 자들은

그의 말과 이야기가 너무 모호하여
도무지 무슨 소린지
종잡을 수가 없다고도 하더이다.

대답
누구든 순례자의 눈물 젖은 눈을 보면 그의 웃음과 눈물이
의미하는 것을 알아볼 수 있으리라(고 나는 생각한다).
성질에 따라 어떤 일들은
사람의 가슴을 아프게 하면서도 동시에
그의 얼굴에는 환상적인 미소를
띠게 만든다.
야곱이 양 치는 라헬을 보았을 때
그는 입을 맞추면서 울었다.

어떤 자들은 그의 머리가
구름 속에 숨어 있다고 하지만,
그것은 다만 지혜가 어떻게 스스로
자신의 옷자락 속에 숨어 있는가를
보여 주는 것일 뿐. 그리고
찾고자 하는 것을 추적하여
마음을 움직이는 자는,
그토록 애매한 문구 속에 숨은 것들이
결국 신앙심 깊은 이들로 하여금
그 애매한 가락으로 우리에게
이야기하고자 하는 게 무엇인가를,
더욱 매력을 느껴 깨닫게 하기
위한 것들임을 발견할 것이다.

그리고 나는 또한,
애매한 비유법(比喩法)이 비유법을
채용하지 않은 글보다는 더욱
공상에 깊이 들어가
읽는 이의 마음과 머리에 더욱
빠르게 박힌다는 사실을 알고 있다.

그런즉, 나의 책아,
그 어떤 낙담으로 길 떠나기를
주저하는 일이 없게 하라. 보라,
너는 지금 원수들에게가 아니라
친구들에게 보냄받고 있다.
너 자신과 네 안에 들어 있는
순례자들과 그의 말들을 영접하여
있을 자리를 마련해 줄 친구들에게.

더욱이, 나의 첫번 순례기가
그냥 지나쳐 버린 것을 너, 나의 멋진 두번째 순례기가
밝혀 내어야 하는 것이다.
크리스천이 자물쇠를 잠그고 지나쳐 간 것을
다정한 크리스티아나, 그녀의
열쇠로 열어라.

이의 · 4
하지만 어떤 자들은 당신이 첫번째
사용했던 방법들을 사랑하지 않더이다.
터무니없는 이야기라고 평가하고는

먼지처럼 버리더이다.
그런 자들을 만나면
무슨 말을 하리까?
그들이 나를 무시하듯이 나도
그들을 멸시하리까? 말리까?

대답
나의 크리스티아나, 그대가 만일
그런 자들을 만나거든
어떻게든 사랑스런 얼굴로 대하라.
그들의 욕설에 같이 욕설로
맞장구치지는 마라.
만일 그들이 얼굴을 찌푸리거든
그래도 제발 부탁하노니
그들에게 미소하라.
아마도 그들의 천성이 그렇든지,
아니면 어떤 나쁜 소문을 듣고
무조건 그대를 멸시하거나
책잡는 것일 테니.

어떤 자는 치즈를 좋아하지 않고,
어떤 자는 고기를 좋아하지 않고 그리고
어떤 자는 자기의 친구나
집이나 가정조차도 좋아하지 않는다.
어떤 자는 돼지만 보면 질색을 하고
닭고기도 싫어하고 새고기도
싫어하는가 하면 그런 자들이

뻐꾸기나 올빼미는 또 좋아한다.
나의 크리스티아나, 그런 것은
그들 맛대로 고르라고 버려 두고
그들에게서 즐거움을 찾는 자들에게만
찾아가라.
어떤 일이 있든 시비하지 말고
항상 겸손한 몸짓으로
순례자의 격(格)에 맞게
그들 앞에 자신을 드러내어라.

그런즉, 나의 작은 책아, 가라.
가서 너를 영접하여 받아들이는
자에게 긴밀하게 접촉하고
모든 것을 보여 주어라.
그렇지 않은 자에게는 입을 다물라.
너는 그들에게 가서 그들을
축복하고 너나 나보다 훨씬
훌륭한 순례자가 될 수 있는 길을
그들로 하여금 선택할 수 있도록
도와 주기 바란다.

내가 다시 말하노니, 가라.
가서 그대가 누구인지를 모든
사람에게 알려 주어라.
나는 크리스티아나이며, 나와 나의
네 명의 아들이 여기 온 것은
사람들에게 있어 순례자가 된다는 것이 과연 무엇인지를

얘기해 주려 함이라고, 그렇게 말하라.
모든 사람에게.

또한 지금 그대와 함께
순례의 길을 가고 있는 이들이
누구며 어떤 사람들인지도 말하라.
이렇게 말하라. "여기 이분은
나의 이웃 머시〔慈悲〕로서
나와 함께 순례의 길에 오른 지
아주 오래 되었답니다.
오셔서 이 깨끗한 동정녀의 얼굴을
보십시오. 보시고 게으름뱅이와
순례자를 식별하는 법을 배우시오."
그렇다, 어떻게든 다른 젊은 처녀들로 하여금
그녀를 보고
장차 올 세계를 자랑스럽게 여기는
법을 배우도록 해주어라.
명랑한 처녀들이 하느님을 따르려고
벌받을 늙은 죄인들을 버리는
그때야말로
늙은이들의 비웃음을 받으면서
젊은이들이 호산나 부르짖는 바로
그때와 같은 것이다.

다음에는 늙은 어네스트〔正直〕에 대하여,
그대가 처음 만났을 때
순례자의 길을 혼자 터벅터벅

걷고 있던 그 백발의 어네스트에
대하여도 그들에게 이야기하라.
그렇지, 그가 얼마나 솔직담백한
마음을 소유하고 있었는지, 그리고
자기의 선한 주님을 뒤따라
어떻게 자기의 십자가를 감당했는지를.
어쩌면 그 얘기를 듣고
머리 센 늙은이들이 사랑에 빠져
자신들의 죄를 슬퍼하도록
그리스도께 설복당할는지도 모를 일이다.
그리고 또한 마스터 피어링〔不安〕이라는 이가
어떻게 해서
순례의 길에 올랐으며
고독이 사무치는 시간을 어떻게
두려움과 눈물로 보냈는지, 그리고
최후에 어떻게 그 기쁨에 넘치는
상(賞)을 받게 되었는지도 그들에게 이야기하라.
영혼은 비록 의기소침했으나
그는 선한 사람이었고
선한 사람이기에 생명을 상속받는다고.

또한 마스터 피블마인드〔心弱者〕에 대하여도,
앞서가지는 못하지만
꾸준히 뒤따르고 있는 자에 대하여도
그들에게 이야기해 주어라.
그가 어떻게 살해당할 뻔했으며
그 순간 그레이트-하트〔큰 마음〕가

어떻게 그를 살려 주었는가에 대해서도.
마음은 비록 약했으나, 그는
진실한 마음의 사람이었고
누구든 그의 얼굴에서 참된 경건을
읽을 수 있었으리라는 것을.

아울러 마스터 레디-투-홀트〔망설임〕에 대하여도,
목발은 짚었지만 별로 헛디디는
일이 없었던 자에 대하여도 말하라.
그와 마스터 피블마인드가 어떻게
서로 사랑하게 되었으며 거의
매사에 의견이 일치되었던가를.
그리고 그렇게도 여유가 없는
일정에서도 때로 한 사람은 노래를
부르고 다른 한 사람은 춤을
추기도 했다는 것을 이야기하라.
이야기하여 모두에게 알리라.

마스터 밸리언트-포-트루스〔眞理의 勇士〕도 잊지 마라.
그 나이는 어리지만 용감했던 사람을.
그의 정신이 얼마나 강했던지
아무도 그를 후퇴시키지 못했다는
사실을 모두에게 알려 주어라.
그리고 어떻게 하여 그와
그레이트-하트가 다우팅 성을 함락시키고
거인 디스페어를 죽였는가에 대해서도.
마스터 디스폰던시〔落心〕와 그의 딸 머치-어프레이드〔겁쟁이〕도

간과하지 마라. 비록 그들이
(어떤 이의 눈에는) 하느님의 버림을 받은 자처럼 보이게
초라한 옷을 걸치고 누워 있었지만.
그들은 가볍게, 그러나 착실하게 걸어 끝내는
순례자의 하느님이 자기네의 친구였음을 발견하게 되었다.
이 모든 것을 세상에 이야기한 후
나의 책아, 돌아서서 이 거문고들의
줄을 퉁겨라.
건드리기만 해도 아름다운 음악이
흘러나오는 이 거문고들은
절름발이를 춤추게 하고
거인(巨人)을 무너뜨릴 것이다.
네 가슴 안에 심어져 있는
수수께끼를 마음대로 자유롭게
제시하고 풀어 보아라. 그러고도
남은 것은 신비한 문장 그대로 남겨 두어
현명한 상상력의 독자들로 하여금
스스로 풀어 유익함을 얻게 하라.

이 작은 책과 나를 아울러
사랑하는 이들에게
이 작은 책아, 복을 가져다 주기를,
그리고 이 책을 사는 사람이
공연히 돈만 버렸노라는 말을 않게 되기를.
그렇다, 나의 이 두번째 순례기가
모든 착한 순례자들의 환상을
만족시켜 주는 그런 열매를 맺게 되기를.

그리고 곁길로 빠진 자들을
설득하여 그 마음과 발길을 돌려
다시 바른길로 들어서게 해주기를.
이것이 저자(著者)의 간절한 기원이다.

존 버니언

순례자의 행진 제2부
꿈으로 비유하여

　친애하는 독자 여러분, 얼마 전에 나는 크리스쳔이라는 한 순례자와 그의 천성(天城)을 향한 위험한 여행에 대하여 꾼 나의 꿈 이야기를 들려드렸는데, 그것은 내게는 기쁨이 되었고 여러분에게는 유익한 것이 된 것으로 알고 있다. 그때 나는 그의 아내와 아이들에 대해서도 언급했는데, 그것은 어떻게 하여 그들이 그와 함께 순례의 길에 오르려 하지 않았던가 하는 얘기였다. 그리하여 그는 어쩔 수 없이 그들을 두고 혼자 떠날 수밖에 없었던 것이다. 그는 그대로 멸망의 도시에 머물러 있다가는 필연코 당하게 될 그 징벌이 두려워 참고 견딜 수가 없었던 때문이다. 그렇게 되어 내가 전에 얘기했던 대로 그는 가족을 버리고 혼자 떠났던 것이다.
　그 후 여러 가지 일에 시달리다 보니 나는 늘 산책하던 장소, 곧 그가 처음 여행을 떠나는 것을 내가 보았던 그곳에 다시 가볼 기회를 좀처럼 얻지 못했다. 그리하여 그가 남기고 간 사람들의 뒷얘기를 여러분에게 알려 주고 싶은 마음은 있으면서도 아직 조사해 볼 짬이 없었던 것이다. 그러나 최근에 그쪽으로 가볼 일이 생긴 나는 다시 그곳으로 내려가 보았다. 바로 그 장소에서 1마일쯤 떨어진 숲속의 여관에 여장을 푼 나는 잠을 자는 동안 다시 꿈을 꾸었다.

꿈속에서 나는 한 나이 많은 신사가 누워 있는 나의 곁으로 다가오는 것을 보았다. 그리고 그도 내가 가려던 곳으로 얼마간 간다기에 나는 일어나서 그와 함께 걸었다. 우리들은 걸음을 옮기는 동안 보통 여행자들이 그렇듯 쉽게 대화를 나누게 되었던 것 같다. 그런데 이야기는 우연히 크리스천과 그의 여행에 관한 것이 되었다. 내가 먼저 노인에게 이렇게 말을 걸었기 때문이었다.

"노인 어른" 하고 나는 말했다. "이 길 왼쪽 저 아래에 있는 마을이 무슨 마을입니까?"

그러자 서개시티〔賢明〕씨는, 그것이 그의 이름이었는데, 이렇게 말했다. "멸망의 도시라고 상당히 유명한 곳인데, 매우 악한 마음을 가진 자들과 게으른 자들이 가득 살고 있는 마을이오."

"아, 바로 그곳이로군요" 하고 나는 말했다. "언젠가 저도 한 번 가 본 적이 있는데, 과연 지금 노인께서 말씀하시는 그대로입니다."

서개시티 "어쩔 수 없는 사실이지. 나도 실은 그곳에 살고 있는 자들에 대해 좀더 낫게 얘기하고 싶지만 어쩔 수 없는 일이오."

"훌륭하십니다, 노인 어른." 내가 말했다. "말씀을 듣고 보니 노인께서는 선한 것을 얘기하고 듣는 것을 좋아하는 그런 매우 착한 분이시군요. 혹시 그 마을에 살던 크리스천이라는 사람이 더 높은 곳을 향하여 순례의 길을 떠난 일이 있었는데, 그에게 무슨 일이 일어났는지 들으신 적이 있습니까?"

서개시티 "그의 얘기를 들었느냐고? 듣다마다. 그뿐 아니라 그가 여행 도중 겪었다는 온갖 방해 공작과 고난과 전쟁, 그리고 포로로 잡혔던 일, 울던 일, 신음하던 일, 놀라고 무서워한 일까지 모두 들었소. 게다가 그에 대한 이야기로 내가 사는 마을이 온통 떠들썩했었다는 사실까지 말해 둬야겠소. 그러나 그에 대한 이야기를 듣고도 그의 뒤를 따른다거나 그의 여행 기록을 파헤쳐 보려는 집안은 거의 없었소. 그래요, 그의 고난에 찬 여행 이야기를 들은 많은 자들이 그의 여로에 행운을 빌어 주었던 것 같소. 사실 그는 고향에 있는 동안에는 모든 사람들 입에서 바보라고 불렸지만 일단 떠난 후에는 모두에게서 상당한 존경을 받았던 것이오. 그는 지금 그가 있는 곳에서 행복하게 살고 있다고들 하니까 더욱 그랬지. 그 소문을 들은 많은 사람들이 스스로 엄두를 내어 그 고난의 여행을 떠날 생각은 못 하면서도 그가 얻은 영화에 대해서는 군침을 삼키고 있단 말이오."

"만일 그들이," 내가 말했다. "그가 지금 있는 곳에서 행복하게 살고 있다고 생각한다면 그건 옳은 생각입니다. 그가 지금 살고 있는 곳은 생명의 샘이라는 곳인데, 그곳에는 아무런 슬픔도 섞여 있지 않기 때문에 그는 고역이나 근심 없이 편하게 살고 있거든요."

서개시티 "사람들이 그에 대해 지껄이는 얘길 들어 보면 참 이상하지. 어떤 자들은 그가 지금 흰 옷을 입고 걸어다니며〔요한계시록 3장 4절〕 목에는 금목걸이를 걸고 진주를 총총히 박아 넣은 금면류관을 쓰고 있다고도 하더군. 또 어떤 자들은 그가 여행을 하는 동안 가끔 만났던 그 눈부시게 빛나는 이들이 그의 동료가 되어, 마치 여기서 사람들이 서로 이웃해 살듯 그렇게 가까이 지내고 있다고도 합디다. 게다가 그곳의 왕께서 이미 그에게 굉장히 호화찬란하고 안락한 궁전 안의 처소를 하사(下賜)하셔서, 그 안에서 매일매일 왕과 함께 먹고 마시고 산보하고 담화하면서 그곳의 모든 것을 심판하시는 왕의 미소와 사랑을 흠뻑 받고 있다는 얘기가 아주 확신 있게 전해지고 있지. 무엇보다도 그곳의 주님이신 왕자께서 머지않아 이 땅에 오셔서, 크리스천이 처음 순례자가 되겠다고 나섰을 때 왜 이웃 사람들이 그토록 깔보고 비웃었는지 그 이유를, 만일 그들이 댈 수 있다면, 따질 것이라고 예견하는 사람들도 있어요. 말하자면 그가 지금 왕자와 몹시 친밀한 사이이기 때문에 그가 순례자로 들어설 때 받은 수모에 대하여 왕자는 마치 자신이 받은 것으로 생각하고 지대한 관심을 품고 계시다는 거지. 하긴 크리스천이 왕자에 대한 사랑으로 끝까지 그 모든 위험들을 견뎌 냈으니 그럴 만도 한 일이오. 놀란 건 없어요."

"그것 참 기쁜 일입니다." 내가 말했다. "그 가련한 사람 생각을 하면 정말 기뻐요. 그 모든 고역 끝에 지금은 안식을 얻었고[요한계시록 14장 13절] 눈물로 심은 열매를 기쁨으로 거두고 원수들의 총알이 미치지 못하는 곳, 그를 미워하는 자들의 손길을 벗어난 곳에서 살게 됐으니 말입니다. 또한 나는 그에 대한 소문이 이토록 방방곡곡에 퍼져 있다는 사실이 기쁩니다. 그런 소문이 남아 있는 어떤 자들에게 좋은 영향을 끼치지 않으리라고 누가 장담하겠습니까? 그런데 노인 어른, 그에 대한 기억이 제 마음에 선명한 동안 여쭤 보고 싶은 게 있습니다. 혹시 그의 남은 아내와 아이들에 대한 무슨 얘기를 들은 게 있으십니까? 나의 마음은 그 가련한 심령들이 어떻게 됐는지 궁금해하고 있습니다."

서개시티 "누구? 크리스티아나와 그녀의 아들들 말이오? 그들도 크리스쳔의 뒤를 따랐소. 그들은 처음에는 바보처럼 놀아 크리스쳔의 눈물어린 호소마저 듣지 않았지만 다시 생각하여 놀라운 마음의 변화를 가져왔던 것이오. 그래서 곧장 보따리를 싸고는 그의 뒤를 따랐어요."

"그것 참 잘됐군요." 내가 말했다. "잘됐어요. 그래, 아내와 아이들이 모두 떠났단 말씀이시죠?"

서개시티 "사실이오. 나는 당신에게 그때 상황을 설명할 수도 있소. 마침 그 자리에 있었기 때문에 되어 가는 일을 모두 살펴볼 수 있었으니까."

"그렇다면," 내가 말했다. "그 말씀만 믿고 그대로 남에게 전달해도 되겠습니까?"

서개시티 "그 점에 대해서는 걱정 마시오. 그 착한 여인과 네 아들들은 이미 순례의 길을 떠났으니까. 당분간 우리는 동행하게 될 것 같은데, 내 자초지종을 모두 설명하리다.

크리스티아나(그녀가 아이들을 데리고 순례의 길을 떠나는 날로부터 그녀의 이름은 크리스티아나가 되었소)는 남편이 강을 건너간 후 더 이상 그의 목소리를 듣지 못하게 되자, 마음속에서 상념(想念)들이 발동하기 시작하였어요. 먼저 떠오르는 생각은 자기의 남편을 잃어버렸다는 생각, 곧 사랑의 부부관계가 영원히 결딴났다는 생각이었지. 당신도 아시다시피," 그는 계속하여 내게 말했다. "인간인 이상, 사랑하는 친족을 잃었을 때 떠오르는 그에 대한 추억으로 괴로워하지 않을 수 없는 것 아니오? 해서 그녀는 참 많이 울었지. 그뿐이 아니었소. 그녀는 남편에 대한 자신의 무정한 태도가 결국 남편과 영원히 헤어지게 한 원인이 아니었던가, 그 때문에 남편은 자기를 버리고 홀로 떠나간 게 아니었던가 스스로 생각하기 시작했던 것이오. 거기다가 자기의 사랑하는 배우자에게 평소 불친절하고 부자연스럽게, 그리고 불평스럽게 대해 왔던 일들이 생각나면서 그 모든 일들이 양심에 무거운 짐이 되었지요. 더욱이 남편이 보여 주었던 그 끈질긴 호소, 쓰디쓴 눈물 그리고 자탄(自嘆)이 되살아 기억나며, 함께 가자고(그녀와 그녀의 아이들에게) 애원하고 사랑으로 호소하던 것을 받아들이지 않으려고 마음을 완강하게 도사리던 생각이 들어 그녀는 아주 무너져 버리는 것 같았소. 등에 무거운 짐을 진 크리스천이 자기 앞에서 보여 준 몸짓과 언동이 마치 번갯불처럼 되살아 오며 그녀의 마음을 갈가리 찢어 놓았지. 무엇보다도 '어떻게 하여야 나는 구원받을 수 있을까?' 하던 그의 부르짖음이 그녀의 귀에서 구슬프게 울리고 있었소.

마침내 그녀는 자기 아이들에게 말했지. '얘들아, 우린 이제 다 글렀다. 나는 아버지를 떠나 보낸 죄를 지었단다. 그래서 아버지는 가셨지. 아버지는 우리를 같이 데려가시려 했지만 내가 말을 듣지 않았단 말이다. 결국 나는 너희들의 생명까지 훼방을 놓고 만 셈이다.' 그러자 사내 아이들은 일제히 눈물을 흘리며 아버지의 뒤를 따라가자고 부르짖었소. '아,' 크리스티아나가 말했지. '우리가 그를 따라가기만 했어도 지금 당하고 있는 고통은 덜 수 있었을 텐데. 내 비록 처음에는 너희 아버지가 고통을 받는 것을 보고 어리석은 공상, 아니면 우울증 때문이라고 어리석게 생각했었지만 사실 그 원인은 다른 데 있었더구나. 아버지는 죽음의 함정으로부터 도망치는 데 도움이 될 빛을 위로부터 받으셨던 거다.' 그 말 끝에 그들은 다시 한 번 울면서 부르짖었지. '아, 저주스런 그날이여.'

이튿날 밤 크리스티아나는 꿈을 꾸었다는군요. 꿈속에서 넓은 양피지(羊皮紙)가 한 장 자기 눈앞에 펼쳐졌는데, 그 위에는 자신의 어두운 과거 행실들이 그때와 함께 기록되어 있더라는 것이오. 그녀는 잠을 자면서 크게 부르짖었지요. '주님, 이 죄인을 긍휼히 여기옵소서.' 어린아이들도 그 소리를 들었답니다.

이 일이 있은 후 그녀는 두 사람의 악한이 자기 침대 곁에 서 있는 것을 본 듯했는데 그들이 이렇게 말하더라는 거였소. '이 여자를 어떻게 하는 것이 좋을까? 자나깨나 불쌍히 여겨 달라고 소리지르고 있으니 말야. 이대로 버려 두어 계속 괴로워하게 하다가는 그녀의 남편을 잃어버렸듯이 그녀마저도 잃어버리겠군. 어떤 수단을 써서라도 이 여자가 장차 무슨 일이 일어날까에 대하여 생각하지 못하도록 막아야겠어. 그냥 두었다가는 이 여자가 순례의 길에 오르는 것을 세상없어도 막을 수 없을 테니.'[1]

그녀는 땀에 흠뻑 젖어 잠을 깨었소. 온몸을 부들부들 떨다가 다시 조금 후 잠이 들었지. 그녀는 자기 남편인 크리스천이 수많은 영생자들 틈에 섞여 손에는 하프를 들고, 머리에 무지개를 두른 보좌에 앉은 이 앞에 서서 하프를 타고 있는 것을 보고 있는 것 같은 생각이 들었소. 그녀는 또한 자기 남편이 왕자의 발 아래 절하면서 '저를 이

---

1) 이것을 주목하라. 이것이 곧 지옥의 정수(精髓)다. *

곳까지 이끌어 주신 나의 주님 대왕께 진심으로 감사하옵니다' 하고 말하는 것을 보았지. 그러자 주변에 서 있던 무리들이 일제히 하프를 타면서 소리 높여 외쳤는데〔요한계시록 14장 2절〕, 그들이 뭐라고 외쳤는지는 크리스천과 그의 동료들을 제외하고는 아무도 알아들을 수 없었답니다.

  이튿날, 그녀는 자리에서 일어나 하느님께 기도를 드리고 아이들과 잠시 이야기하고 있는데 누가 문을 두드리는 것이었소. 그에게 그녀는 '하느님의 이름으로 오신 분이거든 들어오세요'라고 말했지. 그러자 그가 '아멘,' 하고 말하면서 문을 열고는 '이 집에 평안이 있으시길 바랍니다'라고 인사를 하는 것이었소. 인사를 마치고 그는 '크리스티아나, 내가 왜 왔는지 아십니까?' 하고 물었소. 그 말을 듣자 그녀의 얼굴은 빨갛게 되고 사뭇 떨렸지요. 그러면서도 그가 어디서 왔으며 무슨 용건으로 왔는지를 알고 싶은 욕망으로 가슴이 달아오르는 것이었소. 그가 그녀에게 말했소. '나의 이름은 시크리트〔秘密〕요. 높은 데 사는 사람들과 함께 살고 있습니다. 그곳 사람들이 이르기를 당신이 그곳에 가기를 매우 갈망하고 있다더군요. 그리고 또 당신이 전에 남편의 말을 듣지 않기 위해 마음을 완강하게 굳히고 아이들에게는 그 사실을 숨겨 온 것을 죄악으로 깨달아 알고 있다는 소문도 있어요. 크리스티아나, 자비하신 분께서 나를 당신에게 보내, 하느님이신 그분은 언제든지 용서할 준비가 되어 있으며 기쁨을 느끼는 분이라고 얘기하라 하셨습니다. 그분께서는 또한 당신을 자기 면전에 초대하시어 상에 앉히고 그 집안의 기름진 음식으로 대접하고 당신의 조상인 야곱의 유산을 나눠 주실 것임을 당신에게 알려 주라 하셨습니다.

  거기서 당신의 남편인 크리스천도 우러러보는 자들에게 생명을 주시는 그분을 다른 수많은 동료들과 함께 우러러보고 있습니다. 그들은 당신의 발걸음 소리가 당신 아버님의 집 문지방을 넘어서는 것을

들으면 모두 기뻐할 것입니다.'

이 말을 듣고 크리스티아나는 사무치는 부끄러움에 얼굴을 붉히며 고개를 푹 숙였소. 방문객은 말을 계속했소. '크리스티아나, 여기 당신 남편의 왕께서 당신에게 보내시는 편지를 내가 가져왔습니다.' 그녀가 편지를 받아 봉투를 열자 지극한 향기가 풍겼고, 그리고 그 글씨는 금박으로 쓰여 있었소. 그 내용인즉, '왕께서는 그녀의 남편 크리스천이 했던 것과 같은 일을 그녀에게도 하게 하리라. 즉 그녀를 자기의 도성에 오게 하여 영원히 기쁨을 누리며 살게 하리라'는 것이었소. 편지를 보고 그 착한 여인은 걷잡을 수 없이 감격하여 방문객에게 큰소리로 물어 보았소. '선생님, 선생님께서는 나와 내 아이들을 데려다 주어 이 왕이신 하느님을 섬길 수 있게 해주시겠습니까?'

그러자 방문객이 말했소. '크리스티아나, 달콤한 것이 있으려면 쓴 것이 먼저 있어야 하는 법이오. 당신도 당신보다 먼저 천성에 들어간 그가 겪었던 것과 같은 고난을 통과해야만 합니다. 따라서 이제 나는 당신 남편인 크리스천이 했던 그 일을 당신도 하라고 권하겠습니다. 평원 저쪽에 있는 좁은 문으로 가시오. 당신이 가야 할 길의 입구에 그 문이 서 있으니까요. 급히 서두르기 바랍니다. 그리고 또한 이 편지를 품속에 넣고 가면서 당신과 당신의 아이들이 암송할 수 있을 때까지 항상 읽도록 하십시오. 순례자의 집에 있을 동안 당신이 불러야 할 노래가 그 안에 들어 있으니까요〔시편 119편 54절〕. 또한 저쪽 문에 이르러 당신은 이 편지를 제시하여야 합니다.'"

그때 나는 꿈속에서 노인이 나에게 이 이야기를 들려주는 동안 그 스스로 깊이 이야기에 빨려 들어가 심취하고 있는 듯한 기색을 보았다. 그는 계속하여 말했다. "그리하여 크리스티아나는 아이들을 불러 놓고 입을 열어 이렇게 말했던 것이오. '나의 아이들아, 너희들도 알고 있겠지만 최근에 나는 너희 아버지의 죽음에 대하여 많은 생각을 해보았다. 그것은 그분이 행복하게 계실는지에 대해 의심해서가 아니라 지금 잘 계신 데 대해 만족하고 있기 때문이다. 나는 또한 지금 나와 너희들이 당하고 있는 처지에 대해서도 골똘히 생각해 보았다. 아무리 생각해 봐도 지금 우리의 처지는 본래가 비참한 것이라고 여겨지는구나. 게다가 아버지가 고민에 빠져 계실 때 내가 취했던 태도들이 양심에 여간 무거운 짐이 되질 않는다. 나는 나의 마음과 너희들의 마음을 아울러 돌처럼 굳게 만들고는 아버지와 함께 순례의 길에 오르는 걸 거절했단 말이다.

어젯밤 내가 꾼 꿈과 오늘 아침 이 나그네님이 주신 용기가 아니었다면 나는 그 생각들로 말미암아 꼭 죽었을 게다. 애들아, 일어나 보따리를 싸자. 그러고는 천성으로 인도한다는 그 좁은 문으로 가자. 가서 아버지를 만나고 그곳의 법에 따라 평화스럽게 살고 계신 아버지와 그의 동료들 가운데 우리도 끼여들자.'

어머니의 마음이 그렇게 기울어진 것이 기뻐 아이들은 눈물을 흘렸지. 그때 방문객은 그들에게 작별을 고했고, 그들은 곧 여행을 떠날 준비를 시작했던 것이오.

그런데 막 그들이 떠나려 할 때, 크리스티아나의 이웃에 살고 있던 두 여인이 집으로 찾아와 문을 두드렸소.[2] 문밖에 서 있는 그들에게 그녀는 전에 했듯이 '하느님의 이름으로 오신 분이거든 들어오세요' 하고 말했지. 그 말을 듣고 두 여인은 어리둥절했소. 그런 종류의 말을 전에 들어 본 적도 없거니와 크리스티아나의 입에서 그런 말이 떨어질 줄은 차마 몰랐거든. 하여튼 그들은 들어왔소. 그런데 들어와 보니 그 착한 여인이 집을 떠날 준비를 하고 있더란 말이오.

그래서 그들이 물었지. '아니, 여보세요, 이거 어쩌자는 겁니까?'

크리스티아나는 두 사람 가운데 연장자인 티머러스〔겁쟁이〕 부인에게 대답했소. '나는 지금 여행 떠날 준비를 하고 있는 중이랍니다.'

---

2) 그녀의 이웃인 머시〔慈悲〕와 함께 티머러스〔겁쟁이〕가 방문한 것이다. *

(이 티머러스는 크리스천을 디피컬티 언덕에서 만나, 사자들이 무서우니 돌아가라고 하던 바로 그자의 딸이었다.)

티머러스 '무슨 여행인데요?'

크리스티아나 '제 남편을 따라가는 거예요.'

그녀는 말하면서 흐느껴 울기 시작했소.

티머러스 '그런 짓은 안 하는 게 좋겠네요. 아이들 생각을 해서라도 그렇게 마구 자신을 버려서야 어디 되겠어요?'

크리스티아나 '아니에요. 아이들도 함께 간답니다. 어느 아이도 남아 있겠다는 애는 없어요.'

티머러스 '정말 누가 이런 생각을 댁의 마음에 심어 주었는지 모르겠군요.'

크리스티아나 '오, 댁에서도 내가 아는 것만큼 안다면 틀림없이 나와 함께 가려고 하실 겁니다.'

티머러스 '도대체 친구들을 버리고 아무도 어디 있는지 모르는 그 낯선 곳으로 떠나게 만든 그 새 지식이라는 게 뭐죠?'

크리스티아나는 이렇게 대답하였소. '남편이 떠나자, 특히 그가 강을 건너 버린 후 나는 마음이 아파 왔어요. 그러나 무엇보다도 내 마음을 괴롭힌 것은 그이가 고민하고 있을 때 내가 인색하게 대해 준 일에 대한 기억이었습니다. 게다가 지금의 내 처지는 그때 그이의 처지와 다를 게 없어요. 말하자면 순례의 길을 떠나지 않을 수 없게 됐지요. 어젯밤 꿈을 꾸었는데 남편을 보았어요. 아, 내 영혼은 그이와 더불어 함께 있었답니다! 그이는 그 나라의 왕과 함께 식탁에 앉아 먹고 마시며 영생자들과 어울리고 있었어요. 지금 그가 살고 있는 집은 어찌나 훌륭한지, 내 생각에 이 땅 위의 가장 훌륭한 궁전도 거기에 비하면 쓰레기통 같을 겁니다. 그곳의 왕자께서 나에게도 만일 오겠다면 받아들이겠다는 약속을 전해 오셨어요. 그 심부름꾼이 방금 전에만 해도 여기 있었는데 초대하는 내용이 적혀 있는 편지를 주고

갔답니다.' 그러면서 그녀는 편지를 꺼내 읽어 주고는 그들에게 말했소. '이걸 어떻게 생각하세요?'

티머러스 '오, 댁은 내외가 다 미쳤군요. 그런 어려운 일을 하려 들다니! 댁의 남편이 첫발부터 어떤 곤경을 당했는지는 댁에서도 들어 알고 있겠죠. 우리의 이웃인 옵스티니트가 지금도 증언하고 있으니까요. 처음엔 그도 플라이어블과 함께 댁의 남편을 따라갔지만 무서워서 더 이상 갈 수 없는 곳에 이르자 현명한 사람답게 되돌아왔지요. 우리는 어떻게 댁의 남편이 사자와 아폴리온과 죽음의 그늘과 그 비슷한 숱한 곤경들을 만나게 되었는지 귀가 아프게 들어 왔습니다. 그가 배니티라는 시장에서 당한 일은 댁에서도 잊을 수 없을 겁니다. 그가 남자인데도 그토록 어려웠는데 하물며 연약한 아녀자의 몸으로 어떻게 그런 일을 감당하겠다는 거예요? 게다가 이 귀여운 네 아기들은 댁의 자녀, 즉 댁의 살과 뼈라는 점을 생각하셔야지요. 댁의 몸뚱이 하나야 설혹 스스로 내던지는 성급한 짓을 할 수 있을지 모르나 댁의 몸에서 나온 아이들을 생각해서라도 그냥 집에 머물러 계시라고요.'[3]

그러나 크리스티아나는 이렇게 말했소. '나를 유혹하지 마세요. 지금 나는 거의 다 잡은 상을 눈앞에 두고 있는데, 이 기회에 그것을 잡지 않으면 커다란 바보가 되고 말 것입니다. 그리고 댁께서는 내가 길에서 만나게 될 그 모든 어려움들에 대해 이야기하셨습니다만, 그것들은 나의 용기를 꺾을 수 없을 뿐 아니라 오히려 내가 옳다는 것을 보여 주고 있는 것입니다. 쓴 것이 있은 후엔 단 것이 오고, 그리고 그것이 그 단 것을 더욱 단 것으로 만들어 줄 거예요. 그러나 내가 여쭈어 본 대로 댁들이 하느님의 이름으로 오신 게 아니거든 이제 그만 돌아가 주시고 더 이상 저를 불안하게 만들지 말아 주세요.'

---

3) 말하자면 육신의 합리화(合理化). *

그러자 티머러스는 그녀에게 욕을 하면서 같이 온 여인에게 말하는 것이었소. '갑시다, 머시. 우리의 권고와 호의조차 무시하니 자기 멋대로 하라고 버려 두고 가자고요.' 그러나 머시는 선 자리에서 멈칫거리며 쉽게 동조할 수가 없었소. 거기에는 두 가지 이유가 있었지. 첫째는, 그녀의 내부에 자리 잡은 연민의 정이 크리스티아나에게 쏠렸기 때문이었소. 그래서 그녀는 속으로 자신에게 이렇게 말했소. '이분이 꼭 떠날 이유가 있다면 조금이라도 같이 가면서 도와 드려야지.' 둘째는, 같은 연민의 정이 자기 자신에게 쏠렸던 때문이오. 크리스티아나가 한 말이 어느 정도 자신의 마음을 사로잡았던 것이지. 그녀는 다시 속으로 다짐했소. '이 크리스티아나와 좀더 얘길 해봐야겠다. 그녀가 하는 말에서 진리와 생명을 발견하게 된다면 나도 마음을 같이하여 그녀와 동행하겠다.' 그리하여 머시는 자기 이웃인 티머러스에게 이렇게 말하는 것이었소.

머시 '이봐요, 부인. 오늘 아침 내가 당신과 크리스티아나를 보러 온 건 사실이에요. 그러나 당신도 보다시피 지금 이분이 고향을 아주 떠나려 하고 계신데, 우리가 조금이라도 동행하면서 도와 드릴 일이 있으면 도와 드리는 게 도리라고 생각해요. 날씨도 이리 청명한데.'

그러나 그녀는 두번째 이유는 입 밖에 내지 않았소.

티머러스 '오라, 이제는 당신도 그 바보 같은 짓을 할 작정이로군요. 하지만 시기를 잘 살펴 현명하게 처신하라고요. 위험 밖에 있을 땐 위험하지 않고 위험 속에 들어가면 위험한 거니까요.'

그리하여 티머러스 부인은 집으로 돌아가고, 크리스티아나는 여행 길에 올랐던 것이오. 집으로 돌아간 티머러스는 배츠-아이스〔박쥐눈〕부인, 인콘시더리트〔無分別〕부인, 라이트-마인드〔輕薄〕부인, 노-나싱〔天癡〕부인 등 자기 이웃을 집으로 불러들였어요. 그들이 다 모이자, 그녀는 크리스티아나가 여행을 떠난 일을 이렇게 얘기하기 시작하였소.

티머러스 '여러분, 오늘 아침 별로 할 일도 없길래 크리스티아나를 찾아갔더랬어요. 문밖에 가서는 우리의 습관대로 문을 두드렸지요. 그랬더니 그녀가 '누군지 하느님 이름으로 오셨거든 들어오세요' 하고 말하는 게 아니겠어요? 나는 별일 없으려니 생각하고 안으로 들어갔죠. 그러자 막상 들어가 보니 그녀가 자기 아이들까지 데리고 이 마을을 떠날 채비를 차리고 있는 것이었어요. 그래서 내가 도대체 무슨 일이냐고 물었죠. 그녀의 대답인즉, 요컨대 자기 남편이 했던 것 같이 자기도 순례의 길을 떠나겠다는 것이었어요. 그녀는 자기가 꾼 꿈 얘기며, 남편이 지금 있는 곳의 왕이 자기에게도 초청장을 보냈다는 얘기를 늘어놓더군요.'

그러자 노-나싱 부인이 말했소. '그래 정말 갈까요?'

티머러스 '물론 무슨 일이 있어도 그 여자는 가고 말 거예요. 나는 그걸 확신합니다. (여행 도중 만나게 될 여러 가지 난관들을 일러 주면서) 어떻게든 집에 머물러 있게 하려고 내가 열심히 얘기해 준 게 오히려 그녀에게는 여행을 떠나야겠다는 의욕을 심어 준 결과가 되고 말 정도였으니까요. 그 여자는 그저 "쓴 것이 있은 후에 단 것이 옵니다. 그렇고말고요. 쓴 것이 쓰면 쓸수록 후에 단 것은 더 달죠" 하며 되풀이하는 것이었어요.'

배츠-아이스 부인 '원 세상에, 눈멀고 어리석은 여자로군. 자기 남편이 겪은 고통을 보고 아무런 경계심도 생기지 않더란 말인가? 내 생각엔 그녀의 남편이 여기 다시 돌아온다면 틀림없이 편안하게 쉬면서 그 아무 소득도 없이 고달프기만 한 여행 같은 건 떠나지 않을 거예요.'

인콘시더리트 부인도 한마디 했지요. '그런 머리가 돈 여자는 마을에서 떠나라고 합시다. 그게 우리 편에서도 좋은 일이라고 생각해요. 그 여자가 그냥 머물러 살면서 계속 그따위 생각을 품고 있다면 누가 맘놓고 살 수 있겠어요? 엉터리없는 것으로 이웃간에 정이나 끊어 놓고, 현명한 사람이라면 도저히 들어 넘길 수 없는 허튼 수작만 늘어 놓을 테니까 말예요. 그러니까 내 생각엔, 그 여자가 떠나가는 게 조금도 섭섭한 일이 아니란 거죠. 갈 테면 가라고 해요. 그 여자가 있던 자리에 더 훌륭한 사람이 들어와 살게 합시다. 그런 변덕쟁이 바보가 살고 있는 한, 이 세상은 결코 좋은 세상이 못 되니까요.'

라이트-마인드 부인 또한 덧붙여 말하는 것이었소. '이따위 얘긴 집어치웁시다. 어제 나는 마담 완턴[色情] 댁에 갔었는데, 거기서 우리는 새파랗게 젊은 애들처럼 재미를 봤답니다. 그 장소에는 나말고 러브-더-플레시[肉感的] 부인, 레처리[色狂] 씨, 필스[淫談] 부인, 그 밖에 서너 명이 더 있었어요. 우리는 음악과 춤과 여러 가지 즐거운 놀이를 했답니다. 역시 그 마담은 교양 높은 숙녀고 레처리 씨는 참 멋있는 분이시더군요.'

바로 그때 크리스티아나는 막 길을 떠났고 머시가 따라 나서고 있었소. 그리하여 아이들까지 데리고 길을 걸으면서 크리스티아나는 이야기를 시작했지요.

'참 머시, 이렇게 당신이 조금이나마 나와 동행해 주셔서 고마워요. 내겐 뜻밖의 호의랍니다.'

젊은 머시(그녀는 아직 어렸다)가 대답하였소. '제가 아주머니와 함께 가기로 마음먹은 이상, 다시는 마을 근처에도 가지 않겠어요.'

크리스티아나 '좋아요, 머시, 나와 운명을 함께 합시다. 나는 우리들의 순례의 길이 어떻게 끝날는지 잘 알고 있어요. 지금 내 남편은 스페인의 금광과도 바꿀 수 없는 곳에 계시답니다. 당신도 비록 나의 초대에 응해 가고 있긴 하지만 결코 그곳에서 추방당하지는 않을 거예요. 나와 나의 아이늘을 초대하신 그 왕께서는 자비[머시] 베푸는 걸 즐기시는 분이랍니다. 정 뭣하다면 내가 당신을 하녀로 데리고 갈 수도 있어요. 물론 당신이 원하신다면. 그렇다고 무슨 차별을 두자는 건 아니고 그저 같이 가면서 모든 것을 공동으로 쓰자는 겁니다.'

머시 '하지만 저도 역시 받아들여지리라는 어떤 확신을 어디서 얻을 수 있나요? 제가 틀림없이 용납되리라는 확신을 줄 수 있는 분이 계신다면 앞길이 아무리 험난해도 그분의 도움을 받아 가며 지루하지 않게 갈 수 있겠는데요.'

크리스티아나 '착한 머시, 내가 어떻게 할까를 일러 주지요. 나와 함께 좁은 문까지 갑시다. 거기서 내가 당신의 경우 어떻게 해야 하는지를 물어 봐 주겠어요.[4] 거기서 당신에게 용기를 줄 수 있는 대답이 안 나온다면 집으로 돌아가도 나로서는 할말이 없어요. 그리고 당신이 나와 아이들에게 동행하면서 보여 준 친절에도 보답하겠어요.'

머시 '그럼 그곳까지 가서 다음 일을 따르기로 하겠어요. 하늘의 왕께서 제게 자비를 베풀어 그 문의 주인으로 하여금 제 운명을 결정짓게 해주셨으면 합니다.'

그러자 크리스티아나의 마음은 즐거워졌소. 그것은 동료가 하나 생겼기 때문만이 아니라, 이 가련한 젊은 여자로 하여금 자신의 영혼의 구원에 깊이 관심을 갖도록 설득시키는 데 성공했기 때문이었지요. 그들은 함께 걸어 나갔는데 가는 길에 머시가 울음을 터뜨리는 것이었소. 크리스티아나가 '왜 울어요?' 하고 물었소.

머시 '가엾어서 그래요. 아직도 그 죄악이 가득 찬 마을에 남아 있는 친척들을 생각하니 울지 않을 수가 없어요. 게다가 이젠 아무도 그들을 가르치거나 장차 무슨 일이 일어날지를 알려 줄 사람이 없다는 걸 생각하니 한층 더 슬픔이 무거워져요.'

크리스티아나 '연민어린 동정심을 가진 이는 순례자가 되는 법입니다. 당신은 흡사 착한 크리스천이 나를 두고 떠날 때 내게 대하여 걱정하듯이 동료들을 걱정하는군요. 그때 남편은 내가 그의 말을 듣지

---

4) 크리스티아나는 그리스도이신 문(門)까지 그녀를 이끈다. 그리고 거기서 그녀를 위해 물어 줄 것을 약속한다. *

않아 눈물을 많이 흘렸지요. 그러나 그와 나의 주님이신 하느님께서 그의 눈물을 모두 병에 담아 두셨던 것입니다〔시편 56편 8절〕. 지금 나와 당신, 그리고 이 사랑스런 아이들은 그 눈물의 열매와 이익을 거두고 있는 거죠. 머시, 나는 지금 당신이 흘리는 눈물이 모두 허사가 되지는 않으리라 생각해요. 진리의 말씀에도 "눈물을 흘리며 씨를 뿌리는 자는 기쁨으로 거두리로다. 울며 씨를 뿌리러 나가는 자는 정녕 기쁨으로 그 단을 가지고 돌아오리라"〔시편 126편 5~6절〕라고 하지 않았던가요?'

그러자 머시가 이렇게 말했소.

'가장 복되신 이가 인도자 되시어,
당신의 뜻이라면, 이 몸을
당신의 문까지, 그 땅까지,
거룩한 산까지 이끄소서.

그리고 어떠한 일이 일어나더라도 당신의
은총과 거룩한 길로부터 벗어나지 못하도록
이 몸을 지키시옵소서.

그리고 이 몸이 남겨 둔
모든 사람들을 모으사, 주님이시여
원컨대 저들로 하여금
온 정신과 마음으로 당신의
것이 되게 하소서.'

나와 동행하는 노인은 계속 말했다. "그러나 디스폰드 수렁에 이르자 크리스티아나는 걸음을 멈추었소. 멈춘 그녀는 '바로 여기가 사랑하는 나의 남편이 빠져 질식해 죽을 뻔한 곳이군'하고 말했소. 그리고 그녀는 순례자들을 위해 이곳을 보수하라는 왕의 명령에도 불구하고 전보다 더 고약하게 돼버린 현장을 발견했소." 나는 그게 정말이냐고 물었다. "정말이고말고," 노인 신사는 계속 말했다. "그 이유는 자칭 왕의 일꾼이라고 나서는 자들이 많이 있는데, 그들이 왕의 큰길을 보수한답시고 돌 대신 쓰레기와 똥을 가져다가 수리는커녕 더 크게 손실만 입히기 때문이지.[5] 그래서 크리스티아나와 그녀의 아이들은 걸음을 멈추게 됐던 것이요. 그러나 이번에는 머시가 말했소. '자, 모험을 해봅시다. 다만 조심만 하면 돼요.' 그리하여 그들은 발 밑을 조심하여 살피며 징검다리를 기우뚱 건너가기 시작했소. 그 동안 크리스티아나가 미끄러져 떨어질 뻔한 일이 한두 번이 아니었지. 못을 건너자마다 그들의 귀에는 이런 음성이 들려 오는 것 같았소. '주의 약속이 이루어질 줄 믿는 여인은 참으로 행복합니다'[누가복음 1장 45절].

그들은 길을 계속 걸었는데, 머시가 크리스티아나에게 이렇게 말하는 것이었소. '저에게 아주머니처럼 좁은 문에서 환영받을 확실한 보장이 있었더라면 디스폰드 수렁 정도로 용기를 잃지는 않았을 거예요.'

'글쎄요,' 하고 상대방이 말했소. '당신에게는 당신의 상처가 있고 내겐 나의 상처가 있죠. 어쨌든 우리는 앞으로 이 여행이 끝날 때까지는 참으로 숱한 고난을 당해야 할 거예요.

그 기막힌 영광에 이르려고 길을 떠난 우리들의 행복을 시기하는 자들도 있겠고, 우리를 시기할 뿐만 아니라 미워하는 자들이 그 어떤 공포와 공갈, 난관과 재난으로 우리의 길을 훼방할지 알 수 없는 일 아니겠어요?'

---

5) 말하자면 생명의 말씀 대신 자신의 육체적 결단을.*

바로 이때에 서개시티 씨는 나를 떠났고, 나는 혼자 계속하여 꿈을 꾸게 되었다. 그리하여 나는 크리스티아나, 머시 그리고 아이들이 모두 문 앞에 이르는 것을 보았다. 문에 이르자 그들은 어떻게 문을 두드릴 것이며, 문을 열어 준 문지기에게는 무슨 말을 할 것인지를 상의하기 위해 잠시 시간을 보냈다. 결국 가장 나이가 많은 크리스티아나가 문을 두드리고 문이 열린 후에는 그녀가 문지기에게 말하기로 의견을 모았다. 그리하여 그녀는 문을 두드리기 시작했는데, 앞서간 그녀의 남편이 했듯이 두드리고 또 두드리는 것이었다. 그러자 대답 대신 그들의 귀에는 개 짖는 소리, 그것도 굉장히 큰 개의 짖는 소리가 들려 오는 것 같았다. 여인들과 아이들은 개의 소리에 무서워 떨고 있었다.[6] 그들은 맹견이 금방 달려들 것만 같아 문 두드리기를 멈추고 잠시 그대로 있었다. 그리하여 그들은 마음이 갈팡질팡하여 어떻게 해야 할지를 몰랐다. 개가 무서워 계속 문을 두드릴 수도 없었고, 문지기가 보고 꾸짖을 게 두려워 되돌아갈 수도 없었던 것이다. 마침내 그들은 문을 계속 두드리기로 하고 전보다 더욱 세게 두드렸다. 그제야 문지기가 말하는 것이었다. "거기 누가 왔소?" 그러자 개는 짖기를 멈추었고 문이 열렸다.

크리스티아나가 공손히 인사를 하며 말했다. "이 고귀한 문을 함부로 두드린 계집종에게 노여워하지 마옵소서." 문지기가 말했다. "어디서 왔소? 그리고 무엇을 원하시오?"

크리스티아나가 대답했다. "우리는 전에 크리스천이 떠나 온 그 마을에서 왔고 가는 곳도 그가 가고자 한 바로 그곳이옵니다. 괜찮으시다면 저희에게 이 문을 열어 주시어 저 천성에 이르는 길에 들어설 수 있도록 해주시기를 바라옵니다. 덧붙여 말씀드립니다만, 저는 지금 저 높은 곳에서 살고 있는 크리스천의 아내였던 크리스티아나라고

---

6) 개는 즉 악마, 기도의 적이다. *

합니다."

　그 말을 듣고 문지기는 깜짝 놀라며 말하는 것이었다. "아니 얼마 전까지만 해도 순례자의 생활을 그토록 싫어했던 여자가 지금 순례자가 됐단 말인가?" 그러자 그녀는 다시 고개를 숙여 절하며 말했다. "그렇습니다. 그리고 이 사랑스런 아이들도 마찬가지입니다."

　그러자 그는 그녀의 손을 잡아 안으로 들여보내면서 아울러 이렇게 말하는 것이었다. "어린이들이 내게 오는 것을 용납하고 막지 말라" [마가복음 10장 14절]. 그리고 나서 그는 문을 닫았다. 문을 닫고 그는 문 위 누각에 있는 나팔수에게 크리스티아나의 입문(入門)을 나팔 소리와 큰 외침으로 기쁘게 환영하라고 일렀다. 그리하여 나팔수는 큰 소리와 그윽한 곡조로 공중을 가득 메웠다.

　그런데 이 모든 일이 벌어지고 있는 동안 가련한 머시는 문밖에 서서 자신의 입문이 거절될 것을 두려워하며 울며 떨고 있었다. 그러자 자식들과 함께 문안에 들어온 크리스티아나가 머시를 위해 간청하기 시작했다.

　크리스티아나 "주여, 저와 함께 온 동행이 아직 문밖에 서 있습니다. 그 여자도 저와 같은 마음을 먹고 이곳까지 왔습니다. 그런데 그 여자는 제가 저의 남편의 왕으로부터 초대를 받은 데 비해 자기는 아무런 초대도 받지 못했다고 생각하여 크게 낙심하고 있습니다."

　이윽고 머시는 더 이상 견딜 수가 없게 되었다. 1분이 그녀에겐 한 시간처럼 여겨지는 것이었다. 그리하여 그녀는 크리스티아나가 간청하는 데 방해가 될 정도로 크게 문을 두드리기 시작했다.[7] 그 두드리는 소리에 크리스티아나는 놀라기까지 하였다. 마침내 문지기가 말했다. "거기 누가 왔소?" 크리스티아나가 말했다. "저의 동료입니다."

　그리하여 문지기는 문을 열고 밖을 내다보았다. 그러자 머시는 기

---

7) 지연(遲延)은 갈급한 영혼을 더욱 성급하게 만든다. *

절하여 넘어져 있었다. 그녀는 그 문이 결코 열릴 것 같지 않아 머리가 어지러워지고 겁이 났던 것이다. 문지기가 그녀를 손으로 잡아 일으키며 말했다. "처녀, 일어나시오."

"오, 선생님" 하고 그녀가 말했다. "어지러워요. 제 안에 생명이 그대로 남아 있는지 모르겠군요." 그러자 그가 대답했다. "이렇게 말한 사람이 있었소. '내 영혼이 내 속에서 피곤할 때에 내가 야훼를 생각하였삽더니 내 기도가 주께 이르렀사오며 주의 성전에 미쳤나이다'〔요나 2장 7절〕. 두려워 마시오. 일어나서 어떻게 돼서 예까지 왔는지 말해요."

머시 "저는 크리스티아나처럼 초청받은 일도 없이 이렇게 왔습니다. 그녀를 초청한 이는 임금님이시지만, 저는 그녀의 초청을 받았답니다. 그래서 책망받을까봐 두려운 거예요."

"그 여자가 당신과 함께 이곳에 오기를 바랍디까?"

머시 "네, 그래서 주께서 지금 보시는 대로 이렇게 왔습니다. 그러니 조금이라도 베풀 은혜와 죄를 용서할 여유가 있으시거든 이 가련한 계집종에게도 조금쯤 베풀어 주시기를 간절히 소망하옵니다."

그러자 그는 다시 그녀의 손을 잡아 다정하게 끌어들이며 말하는 것이었다. "나는 나를 믿는 자를 위해서는 언제나 기도드립니다. 그가 무슨 방법으로 나오든 간에." 그는 계속하여 곁에 서 있는 자들에게 말했다. "무엇이든지 가져다 이 여자의 원기를 회복시켜 어지럼증을 가라앉혀 주어라." 그리하여 그들은 몰약 한줌을〔아가 1장 13절〕 가져다 주어 곧 그녀를 회복시켰다.

이리하여 길목에서 주(主)를 만나게 된 크리스티아나와 그녀의 아이들, 그리고 머시는 그의 친절한 이야기까지 들었다.

그래도 그들은 계속하여 그에게 말했다. "우리는 여전히 지은 죄 때문에 마음이 괴롭습니다. 주님, 우리를 용서해 주시고 앞으로 어떻게 해야 할지를 가르쳐 주세요."

"나는 나의 말과 행동으로 용서합니다" 하고 그가 말했다. "용서의 약속이 그 말이고 그 약속을 실현한 것이 그 행동이오. 말의 용서는 내 입술의 키스로 그리고 몸의 용서는 몸에 입은 상처로."

나는 꿈속에서 그가 여러 가지 좋은 말들을 해주어 그들이 기뻐하는 것을 보았다. 그리고 또한 그는 그들을 성문 꼭대기로 데리고 올라가 어떤 행위로 그들이 구원을 받았는지를 보여 주었고, 그들이 장차 여행 도중에 위안으로 삼을 그 광경[8]에 대하여 이야기해 주는 것이었다.

그는 그들을 서늘한 방에 잠시 버려 두었는데, 그곳에서 그들은 자기들끼리 입을 열었다. "오, 참말이지 우리가 여기까지 온 게 얼마나 기쁜지 몰라요!"

머시 "아주머니도 기쁘시겠지만, 저야말로 기뻐서 깡충깡충 뛰고 싶을 정도예요."

크리스티아나 "문밖에 서 있을 때 (아무리 두드려 봐도 대답이 없어서) 우리의 모든 노력이 허사가 된 게 아닌가 하는 생각이 들더군요. 특히 그 사나운 짐승이 우리를 보고 마구 짖을 때는 더 그랬어요."

머시 "그러나 제게 있어 더 겁난 일은 아주머니네가 문안으로 들어가고 저 혼자 밖에 남아 있는 일이었어요. 저는 '두 여인이 맷돌을 갈고 있으며 하나는 데려가고 하나는 버려 둘 것이다'〔마태복음 24장 41절〕라는 말씀이 그대로 이루어지는구나 하고 생각했지요. 저는 '다 글렀다, 다 글렀어' 하고 울부짖고 싶을 걸 참느라고 여간 애를 쓰지 않았답니다.

그러고는 더 이상 문을 두드릴 엄두가 나지 않았는데 문설주에 기록돼 있는 글을 보고는 용기를 얻었지요. 그래서 저는 문을 계속 두드리든가 죽든가 해야겠다고 생각했습니다. 그래서 두드렸지요. 심령

---

8) 십자가에 달린 그리스도의 모습이 멀리서 보인다. *

이 생사의 기로에 서 있었기 때문에 어떻게 두드렸는지는 지금 말씀 드릴 수가 없어요."

크리스티아나 "어떻게 두드렸는지 얘기할 수가 없다고요? 당신이 두드리는 소리가 어찌나 굉장했던지 내가 깜짝 놀랄 정도였답니다. 내 생전에 그런 노크 소리는 들어 본 적이 없었던 것 같아요. 그래서 나는 혹시 당신이 폭력이라도 써서 천국을 강제로 침범하려는 것인 줄[9] 알았다니까요."

머시 "아이 참, 누구든지 제 입장이 돼보세요. 누가 그렇게 하지 않겠어요? 아주머니도 아시다시피 문은 제 앞에서 닫히고 사나운 개의 짖는 소리는 계속 들려 오는 것이었어요. 그때의 저처럼 마음의 갈피를 잡지 못한 사람이 어떻게 있는 힘을 다해 문을 두드리지 않을 수 있었겠어요? 그런데 저의 그 난폭한 짓에 대해 주님께서는 뭐라고 하셨나요? 화를 내지나 않으셨나요?"

크리스티아나 "당신이 요란하게 내는 소리를 들으시더니 신비스럽고도 순진한 미소를 띠시더군요. 분명히 당신의 행위가 그분의 마음을 기쁘게 해드렸던 것 같아요. 조금도 역겨워하시는 표정은 아니었으니까요. 그러나 내 마음에 이상하게 생각되는 것은 왜 그분이 그렇게 사나운 개를 기르고 계신가 하는 겁니다. 그것을 미리 알았더라면 과연 내가 이렇게 위험을 무릅쓰고 문을 두드렸을지 모르겠어요. 그러나 지금 어쨌든 무리는 문안에 들어와 있어요. 나는 그게 그저 가슴 벅차게 기쁠 뿐입니다."

머시 "아주머니만 괜찮으시다면 다음에 그분이 내려오실 때 왜 뜰에 그토록 사나운 짐승을 기르고 계신지 여쭈어 보겠어요. 그렇다고 그분이 언짢게 여기시는 않으시겠죠?"

"그래요, 물어 보세요" 하고 아이들이 말했다. "그리고 그놈을 목매

---

9) 마태복음 11장 12절 참조.

달라고 하세요. 앞으로 나가다가 그놈에게 물릴까봐 겁이 나요."
 마침내 그가 다시 그들에게 내려오자 머시가 그의 발 앞에 얼굴을 땅에 대고 엎드려 절하면서 말했다. "주님, 송아지 대신 제 입술로 드리는 찬양의 제물을 받으시옵소서."10)
 그가 그녀에게 말했다. "그대에게 평안이 있으시오. 일어서요."
 그러자 그녀는 계속 얼굴을 땅에 댄 채 말했다. "오 주님, 주님께서는 제가 탄원할 때 의로우십니다. 하오나 당신의 판단에 대해 한마디 말씀드리겠사옵니다. 어찌하여 뜰에 그토록 사나운 짐승을 두시어 그것을 보고 저희와 같은 아녀자와 아이들이 두려워 문으로부터 도망칠 마음이 들게 하시옵니까〔예레미야 12장 11절〕?"
 그가 대답하여 말했다. "그 개의 주인은 내가 아니오. 그 개는 나의 뜰과 인접한 다른 사람의 땅에 항상 살고 있어요. 나를 찾아오는 순례자들은 그 개의 짖는 소리만 들을 뿐입니다. 저기 보이는 성에 살고 있는데 그 성벽이 이곳과 인접해 있는 것이오. 그 개는 사나운 울음소리로 수많은 순례자들을 겁주어 왔어요. 사실 그 개를 기르고 있는 자는 나와 나의 집에 어떤 좋은 일을 하기 위해서 기르는 게 아니라 나에게 오지 못하게 하고 무서워서 문을 두드리지 못하게 하기 위해서 기르는 것입니다. 때로 그는 개를 풀어 놓아 내가 사랑하는 자들을 겁나게 했지만, 나는 지금까지 애써 참고 있어요. 나는 그렇지만 나를 찾아오는 순례자들을 때맞추어 도와 주어, 그 짐승다운 성품 때문에 순례자들이 피해를 입지는 않게 하지요. 그렇지, 귀여운 당신이 이런 사실을 미리 알았더라면 개를 무서워하지는 않았겠군!
 문전 걸식하는 거지들도 동냥을 놓칠 우려가 있으면 개가 짖든 으르렁거리든 개의치 않고 문을 두드리지 않소? 그런데 개 한 마리, 그것도 남의 집 개가 어떻게 내게 오는 순례자들을 못 오게 하겠어요?

---
10) 호세아 14장 2절, 히브리서 13장 15절 참조.

게다가 나는 그 개의 짖는 소리를 오히려 순례자들에게 이익이 되도록 이용하고 있거든요. 나는 그들을 사자의 아가리에서 건져 내고 사랑하는 자들을 개의 권세로부터 건져 냅니다〔시편 22편 20~21절〕."

그러자 머시가 말했다. "제가 무식했었습니다. 미처 알지도 못하는 것을 지껄였습니다. 이제는 당신께서 모든 일을 선하게 이루시는 줄 알겠습니다."

크리스티아나가 자기네의 여행에 대해 이야기를 꺼내어 앞으로 닥칠 여러 가지를 물었다. 그리하여 그는 전에 그녀의 남편에게 했듯이 그들을 먹이고 발을 씻겨 준 다음, 그들의 길 떠나는 것을 보살펴 주었다.

나는 꿈속에서 그들이 청명한 날씨를 즐기며 길을 걸어가고 있는 것을 보았다.

크리스티아나가 노래를 부르기 시작했다.

    복되도다,
    내가 순례의 길을 떠난 날.
    복되도다,
    내 안에 계시어 나를 떠나게 하신 분.

    영생을 찾아 길 떠난 지는 오래지만
    나는 지금 있는 힘을 다 내어
    발걸음을 빨리하네.
    못 가는 것보다는 늦게 가는 것이
    더 나을 줄 알아.

    눈물은 변하여 기쁨이 되고
    근심은 믿음이 되니

이제 우리의 시작은 (누구의 말대로)
우리의 종말을 내보여 주는구나.

그런데 크리스티아나와 그의 동행들이 가는 길을 끼고 성벽이 하나 있었다. 그 성벽 안마당엔 방금 전에 언급했던 그 개를 소유한 자의 정원[11]이 있었다. 그 정원에서 자란 나무들이 열매를 담 밖으로 늘어뜨리고 있었는데, 먹음직하게 익었으므로 그것을 발견한 행인들이 가끔 따먹고 병이 들곤 했다. 크리스티아나의 아이들도, 아이들이란 어디서나 마찬가지이므로, 열매 달린 가지들을 휘어잡아 따먹기 시작했다. 어머니가 야단을 쳤지만 아이들은 여전히 계속 따먹었다.
"얘들아" 하고 그녀가 말했다. "너희들은 지금 죄를 짓고 있는 거야. 그 나무 열매는 우리 것이 아니란 말이다." 그러면서도 그녀는 그 나무들이 원수의 소유물인 줄은 미처 모르고 있었다. 만일 알았더라면 그녀는 무서워 죽을 뻔했을 것이다. 그런대로 나무 밑을 지나 그들은 여행을 계속하였다. 그런데 그들이 떠나 온 곳으로부터 화살이 닿는 거리의 두 배쯤 왔을 때, 아주 험상궂게 생긴 두 사나이가 그들을 마주 보고 다가오는 것이었다. 그들을 보고 크리스티아나와 그녀의 동료인 머시는 가리개로 얼굴을 가리고 여행을 계속하였다. 아이들은 앞서가고 있었는데 마침내 서로 만나게 되었다. 그들을 만나러 내려온 두 악한은 곧장 여인들 앞으로 다가가더니 두 팔로 껴안으려 했다. 크리스티아나가 소리쳤다. "비켜요. 가던 길이나 조용히 가시지." 그러나 그들 두 사나이는 귀머거리인 양 크리스티아나의 말은 들은 척도 않고 그들에게 손을 대기 시작하는 것이었다. 그러자 크리스티아나는 화가 머리끝까지 올라 그들을 발로 걷어찼다. 머시도 재간껏 그들을 피했다. 크리스티아나가 다시 말했다. "비켜요, 그냥

---

11) 악마의 정원. *

가라고요. 당신네도 보다시피 우리는 친구들의 자선 덕분에 사는 순례자로서 당신네에게 빼앗길 돈이 없으니까."

악한 두 사나이 중 한 악한이 말했다. "우리는 돈을 빼앗으려는 게 아닐세. 다만 우리가 요구하는 극히 사소한 청을 들어 준다면 당신네를 영원히 당당한 여성으로 만들어 주겠다는 이야기를 하려는 것뿐이지."

그러자 크리스티아나가 그들의 말뜻을 알아듣고는 다시 말했다. "우리는 당신네가 무슨 청을 하든 듣지도 살피지도 따르지도 않을 겁니다. 우리는 급해요. 이렇게 멈추어 있을 수가 없단 말예요. 지금 우리는 죽느냐 사느냐 하는 순간이거든요." 그리하여 그녀와 그녀의 동료는 다시 한 번 그들을 비켜 지나가려고 하였다. 그러나 사나이들은 그들의 앞을 가로막았다.

그러고는 이렇게 말하는 것이었다. "당신네 목숨을 해치려는 것도 아니야. 우리가 요구하는 것은 다른 걸세."

크리스티아나 "참! 우리의 몸과 영혼을 모두 차지하겠다는 거지요. 나는 당신들이 그 때문에 이렇게 온 걸 잘 알고 있어요. 하지만 장래의 행복을 망가뜨릴 그따위 함정에 빠지느니 차라리 이 자리에서 죽어 버리고 말겠소."

말을 마치고 두 여인은 목소리를 맞추어 소리질렀다. "살인이요, 살인이요." 그러면서 여성을 보호하기 위한 법률의 그늘에 뛰어들었다. 그러나 사나이들은 여전히 다가오며 그들을 욕보일 생각을 버리지 않는 것이었다. 두 여인은 다시 울부짖었다.

그런데 좀 전에 얘기한 대로 그들은 아직 떠나 왔던 문으로부터 과히 멀지 않은 곳에 있었으므로 그들의 목소리는 그곳에까지 들렸다. 그리하여 그 집에서 몇 사람이 나와, 소리지르는 여자가 크리스티아나인 줄 알아차리고는 서둘러 달려왔다. 그들의 모습이 눈에 들어왔을 때, 여인들은 있는 힘을 다 내어 싸우고 있었고 그 곁에서 아이들은 울고 있었다. 그들을 구원하러 달려온 사람이 악한들을 큰소리로 꾸짖는 것이었다. "무슨 짓을 하고 있는가? 우리 주님의 백성을 감히 욕보이겠다는 거냐?" 그러면서 그가 두 악한을 잡으려 하자, 그들은 커다란 개가 있는 집 정원 안으로 담을 넘어 도망쳐 버렸다. 그리하여 두 악한은 개의 보호를 받게 되었다. 구조자(救助者)는 두 여인에게 다가와 어떻게 된 사연인지를 물었다. 여인들이 대답했다. "고맙습니다. 참말로 고맙습니다. 그저 약간 놀랐을 뿐입니다. 우리를 도와 주시려고 오셔서 감사합니다. 오시지 않았다면 우리는 당하고 말았을 거예요."

몇 마디 말을 더 듣고 난 후 구조자는 이렇게 말하였다. "나는 당신네가 저 위 문에 들어왔을 때 연약한 아녀자의 몸으로서 어째서 주님께 안내자를 딸려 보내 달라고 청원하지 않는지 이상스럽게 여겼소. 그랬으면 주께서 기꺼이 허락하셨을 게고, 따라서 이따위 고난은 당하지 않을 수 있었을 텐데."

크리스티아나 "아 참, 우리는 그 당장의 복에 너무 취해서 장차 올 위험 같은 건 깜박 잊고 있었답니다. 게다가 이렇게 왕궁 가까운 곳에 그런 악한들이 있을 줄이야 생각도 못했죠. 우리가 안내자를 요청했더라면 모든 일이 잘되었을 것은 사실입니다만, 안내자가 있는 게 우리에게 이로울 줄 잘 아셨을 주께서 왜 우리에게 안내자를 딸려 보내지 않으셨는지 알 수가 없군요."

구조자 "청하지 않는 것을 줄 필요는 없지요. 그렇게 되면 받은 것을 소중히 여기지 않을 테니까요. 그러나 어떤 물건이 필요하던 차에 그것을 구하다가 얻게 되면 그는 그것을 소중하게 여기고 유효적절하게 사용할 것이오. 만일 우리 주님께서 자진하여 당신네에게 안내자를 딸려 보내셨더라면, 미리 요청 못 한 실책을 지금 느끼는 것처럼 뼈아프게 느끼지는 못했을 것이오. 그러므로 모든 일은 선하게 되는 겁니다. 결국 당신들은 좀더 신중하게 되었으니까요."

크리스티아나 "우리가 다시 주님께 돌아가 어리석었음을 고백하고 안내자를 한 분 요청해야 할까요?"

구조자 "당신의 고백은 내가 주님께 전해 드리겠소. 그러니 다시 돌아갈 필요는 없어요. 당신은 가는 곳마다 아무것도 부족한 것을 느끼지 않을 것이오. 순례자들을 위하여 주께서 마련하신 숙소마다 그 어떤 유혹으로부터도 자신을 지킬 수 있도록 온갖 장비를 다 갖추어 놓았으니까요. 그러나 좀 전에 말한 대로 그분은 요청하는 자에게만 제공을 하실 것이오〔에스겔 36장 37절〕." 말을 마치고 그는 자기 처소로 돌아갔고, 순례자들은 자기들의 여행을 계속하였다.

머시가 말했다. "참 맹랑한 일이군요. 우리는 모든 위험을 일단 지나쳤고 다시는 고통을 당하지 않을 줄 알았는데요."

크리스티아나 "당신이야말로 천진난만하구려. 당신은 그래도 많은 용서를 받을 수 있겠지만 나의 과오는 너무나 중해요. 나는 문밖에 나서기 전부터 이런 위험이 있으리라는 걸 알고 있었으면서도 미리 준비를 하고 떠났어야 할 곳에서 그냥 떠났거든요. 그러니까 나는 훨씬 더 책망을 받아야 할 입장입니다."

그러자 머시가 말했다.

"집을 떠나기 전에 이런 일이 있을 줄 어떻게 아셨죠? 제발, 그 수수께끼를 좀 풀어 주세요."

크리스티아나 "말씀드리지요. 집을 떠나기 전에 어느 날 밤 지금 당한 일을 꿈에서 당했답니다. 지금 만난 자들과 같이 생긴 두 사나이가 내 침대 곁에 서서 어떻게 하면 나의 구원을 훼방놓을까 상의하는 것을 본 것 같아요. 그들이 한 말을 그대로 옮겨 보죠. 그들은 '이 여사가 사나깨나 용서해 달라고 부르짖으니 어쩌지? 이대로 두다가는 이 여자의 남편을 잃어버렸던 것처럼 이 여자 또한 놓치겠는걸?' 하고 말하는 것이었어요(그때 나는 한참 괴로워하고 있었거든요). 당신도 알다시피 이런 꿈을 꾸고도 조심을 하지 않았고 준비를 했어야 하는 곳에서 그냥 떠났으니 무슨 꼴이에요."

"결국" 하고 머시는 말했다. "이번에 저지른 소홀한 실책이 우리 자신의 불완전함을 깨닫는 계기를 마련한 셈이 됐군요. 이 일을 계기로 주님께서는 얼마나 그 은혜가 풍성한지를 보여 주셨어요. 우리가 보다시피 그분은 요청받지도 않은 친절로 우리를 따라오시다가 다만 자신의 기쁨을 이루기 위하여 우리보다 강한 자들의 손으로부터 우리를 구해 주셨으니까요."

이렇게 이야기를 계속 나누면서 한동안 걷던 그들은 길가에 세워진 한 채의 집에 가까이 이르렀는데, 그 집은 독자들이 이 책의 제1부에서 자세히 본 대로 순례자들에게 휴식을 제공하기 위해 지어진 집이었다. 그리하여 이윽고 그 집 앞으로 다가가 방문에 당도한 그들은 그(인터프리터의 집) 안에서 떠들썩한 소리가 새어 나오는 것을 들었다. 크리스티아나라는 이름이 그 집안 소리에 섞여 나오는 것을 들은 듯하여 그들은 바짝 귀를 기울였다. 그녀가 그녀의 아이들과 함께 순례의 길을 떠났다는 소문은 그녀보다 한 발 앞질러 퍼지고 있었던 것이다. 그리고 소문의 주인공이 바로 얼마 전까지만 해도 순례의 길을 떠나자는 남편의 제의를 냉정하게 거절했던 크리스천의 아내라는 사실이 듣는 이들의 마음을 기쁘게 만들어 주었다. 화제의 주인공이 바로 문밖에 서 있는 것도 모른 채 열심히 이야기하고 있는 선량한 사람들의 말소리에 그들은 귀를 기울였다. 이윽고 크리스티아나는 전에 좁은 문에서 했던 것처럼 그 방문을 두드렸다. 문을 두드리자 안에서 처녀가 한 사람 나타나 문밖에 서 있는 두 여인을 내다보는 것이었다.

처녀가 그들에게 말했다. "누굴 찾아오셨나요?"

크리스티아나가 대답했다. "우리는 이 집이 순례자들을 위해 특별히 지어 놓은 집인 줄 알고 있어요. 그래서 이렇게 왔답니다. 이 집에서 좀 쉬었다 갈 수 있을는지요. 보시다시피 날도 저물었고 더 이상 밤길을 가기도 어렵군요."

처녀 "성함이 어떻게 되시는지 가르쳐 주세요. 안에 계신 주인님께 말씀드려야겠으니."

크리스티아나 "이름은 크리스티아나입니다. 몇 년 전 이 길을 간 순례자의 아내지요. 여기 네 아이들은 그의 자식들입니다. 그리고 여기 이 아가씨는 내 동료인데 함께 지금 순례의 길을 가고 있는 중이랍니다."

그러자 이너슨트〔天眞〕(이것이 그 처녀의 이름이었다)는 안으로 달려가 사람들에게 말했다. "지금 문밖에 누가 서 있는지 아시겠어요? 크리스티아나와 그녀의 네 아이들, 그리고 동료 한 사람이 이리로 들어오려고 기다리고 서 있답니다." 그러자 그들은 기쁨에 넘쳐 자기들의 주인에게 달려가 말하는 것이었다. 주인이 스스로 밖으로 나와 그들을 보고 말했다. "저 크리스천이 순례의 길을 떠날 때 두고 떠났던 크리스티아나가 당신이오?"

크리스티아나 "제가 그 마음이 굳은 여자입니다. 그래서 남편을 혼자 떠나게 했었죠. 여기 네 아이들은 그의 자식들이랍니다. 그러나 여기 이렇게 오고 말았습니다. 이 길밖에는 다른 옳은 길이 없음을 저는 확신하게 됐어요."

인터프리터 "어떤 사람이 자기 아들에게 '오늘 포도원에 가서 일하라'고 하니까 '싫습니다' 해놓고 후에 가서 '뉘우치고 밭으로 갔다'는 성경말씀〔마태복음 21장 28~29절〕이 그대로 이루어졌구려."

그러자 크리스티아나가 말했다. "그렇기를 원하나이다, 아멘. 하느님께서 제게 대하여 말씀하신 것이 그대로 이루어지고, 그리하여 마시막 날에 아무런 흠 없이 부끄러움도 없이 그분을 뵐 수 있게 되기를 바랄 뿐이옵니다."

인터프리터 "그런데 왜 그렇게 문간에 서 있어요? 들어와요, 아브라함의 따님. 마침 우리는 당신의 이야기를 하고 있던 중이오. 당신이 어떻게 해서 순례의 길을 떠나게 되었는가에 대한 소문이 당신보다 앞서 들려왔거든요. 들어와라 얘들아. 그리고 아가씨도 들어와요, 어서."

그는 그들을 모두 집안으로 들여보냈다.

그들은 안으로 들어가자 자리에 앉아 쉴 수 있었다. 자리에 앉자 곧 순례자들에게 시중을 들도록 되어 있는 사람들이 들어와 그들을 맞이하는 것이었다. 크리스티아나가 순례자가 된 것을 기뻐하여 한 사람이 웃자 다른 사람도 웃고, 마침내 온 방안 사람들이 다 즐거이 웃는 것이었다.[12] 그들은 또한 소년들을 보고는 환영의 표시로 얼굴을 친절하게 쓰다듬어 주었다. 그들은 머시에게도 마찬가지로 따뜻하게 대하여 주며 자기들 주인님의 집에 온 것을 환영하노라고 그들에게 말했다. 잠시 후 마침 저녁 식사 준비가 아직 돼 있지 않았으므로 인터프리터는 그들을 자기의 뜻 깊은 방들로 데리고 가 얼마 전 크리스티아나의 남편 크리스천에게 보여 주었던 것들을 보여 주었다. 그리하여 그들은 거기서 우리에 갇힌 사람, 꿈꾸는 사람, 원수들을 헤치고 그 갈 길을 여는 사람, 모든 자들 가운데 가장 큰 자의 초상화, 기타 여러 가지 크리스천에게 유익함을 주었던 다른 것들을 보았다.

이 일이 끝나자 크리스티아나와 그 일행이 본 것들을 대강 되새기게 한 다음, 인터프리터는 그들을 데리고 다른 방으로 들어갔다. 거기에는 눈을 내리떠 아래를 바라볼 뿐 위를 쳐다보는 일이 없는 한 사람이 손에는 쇠스랑을 들고 서 있었다. 그의 머리 위에서는 천국의 면류관을 손에 든 사람이 그에게 쇠스랑 대신 면류관을 받으라고 타이르고 있었으나, 그는 들은 척도 않고 쳐다보는 일도 없이 마룻바닥 위의 짚더미와 작은 나무토막과 먼지들만 쇠스랑으로 긁어모으는 것

---

12) 연로한 성자(聖者)들은 젊은 성자들이 하느님의 길을 걷는 것을 보고 기뻐한다. *

이었다.

크리스티아나가 입을 열었다. "이것이 무엇을 뜻하는지 어느 정도 알겠군요. 저 사람은 이 세상 인간의 모습이죠, 안 그렇습니까, 선생님?"

인터프리터 "바로 말씀하셨소. 그가 가지고 있는 쇠스랑은 그의 육욕(肉慾)을 뜻합니다. 그리고 보시다시피 천국의 면류관을 받으라는 권유에는 들은 척도 않고 짚이나 나무토막, 먼지 같은 것들만 긁어모으는 것은 무엇을 의미하느냐 하면, 저와 같이 어떤 자들에게는 하늘 나라가 한 우화에 불과하고 지금 여기 존재하는 것이 유일한 실체라고 여겨지고 있음을 보여 주는 것이오. 또한 보시다시피 저 사람이 아래쪽만을 내려다보는 것은 세상 물질에 온 마음을 쏟으면 그 물질은 사람의 마음을 하느님에게서 멀어지게 한다는 것을 의미하는 것입니다."

크리스티아나가 말했다. "오, 이 쇠스랑으로부터 저를 구원하소서."

인터프리터 "그런 기도는 드리는 사람이 없어 녹이 슬 지경이오. '나를 부유하게 마소서'[13]라고 기도하는 사람은 만 명 중에 하나 있을까 말까지요. 그저 사람들이 값진 것으로 알아 찾고 구하는 것이라곤 짚이나 나뭇조각, 먼지 따위뿐이오."

그 말을 듣고 머시와 크리스티아나는 울면서 말했다. "슬프게도, 참말 그렇습니다."

그들에게 이러한 광경을 보여 주고 나서 인터프리터는 그 집에서 가장 훌륭한 방(그것은 매우 호화스럽게 꾸며져 있었다)으로 그들을 안내하였다. 안으로 들어가자 그는 그들에게 방의 사방을 살펴보고 도움이 될 만한 것들이 있나 찾으라고 말했다. 그들은 벽을 돌아보고 또 돌아봤으나 한 마리의 커다란 거미 외에는 아무것도 발견할 수 없

---

13) 잠언 30장 8절 참조.

었는데, 그 거미마저 그들은 간과해 버렸다.

그때에 머시가 말했다. "아무것도 보이지 않는데요?"

그러나 크리스티아나는 침묵을 지켰다.

인터프리터 "하지만 다시 보시오."

그래서 그녀는 다시 보고 또 보았다. 그러고는 이렇게 말했다. "벽에 매달려 있는 흉칙한 거미 외에는 아무것도 없어요." 그러자 그가 말했다. "이 넓은 방에 거미 한 마리밖에 없단 말입니까?" 그러자 크리스티아나의 눈에 눈물이 맺혔다. 그녀는 이해력이 빠른 여인이었기 때문이다. 그녀는 말했다. "그렇습니다, 한 마리만이 아닙니다. 저 거미의 속에 있는 것보다 훨씬 해로운 독을 품고 있는 거미들이 여기 있습니다." 그러자 인터프리터가 안심이 된 얼굴로 그녀를 바라보며 말하는 것이었다. "옳게 말씀하셨소." 이 말을 듣고 머시는 얼굴을 붉혔고 아이들은 손으로 얼굴을 가렸다. 그들도 결국 수수께끼의 뜻을 이해하게 되었던 것이다.

인터프리터가 다시 말을 계속했다.

"보시다시피 손에 줄을 걸고 돌아다니는 거미조차 왕의 궁전에 살고 있소〔잠언 30장 28절〕. 이와 같은 말씀이 기록되어 있는 것은, 아무리 죄의 독을 가득 품고 있는 자라도 믿음의 손을 줄에 걸면 하늘 나라 궁전의 가장 훌륭한 방에라도 거할 수 있다는 사실을 보여 주려는 것뿐이오."

크리스티아나 "그런 비슷한 생각은 했었지만, 그렇게까지는 상상도 못 했습니다. 저는 우리들이 거미 같다는 생각, 그리고 아무리 훌륭한 방을 꾸미고 그 안에 살아도 추한 벌레처럼 보일 뿐이라는 생각은 했지만, 저 거미를 보고, 저 독이 많고 흉칙하게 생긴 벌레를 보고 믿음의 작용이 어떻다는 걸 배우리라고는 차마 생각하지도 못했어요. 거미는 여전히 줄을 손으로 잡고 이 훌륭한 방에 살고 있군요. 하느님은 아무것도 헛되게 만들지는 않으셨습니다."

그들은 모두 기쁜 표정이었으나 눈에서는 눈물을 흘리고 있었다. 서로 마주 바라보다가 그들은 일제히 인터프리터에게 절을 하는 것이었다.

그는 다음으로 한 마리의 암탉과 병아리들이 있는 방으로 그들을 데리고 가서 잠시 살펴보게 했다. 병아리 한 마리가 방 모퉁이로 가서 물을 마시는데 마실 때마다 고개를 쳐들고는 하늘을 바라보는 것이었다.

"봐요" 하고 그가 말했다. "이 작은 병아리가 어떻게 하고 있나. 그리고 은혜를 받을 때마다 감사하는 걸 배우시오. 자, 좀더 잘 살펴보시오." 그리하여 그들은 암탉이 하는 일을 유심히 살펴보고는 결국 암탉이 병아리들을 네 가지 방법으로 다룬다는 사실을 발견해 내었다. 첫째, 보통 부르는 소리가 있는데 하루 종일 그 소리를 내고 있음. 둘째, 특별히 부르는 소리가 있는데 몇 번만 그 소리를 내고 있음. 셋째, 자애로운 음조로 나는 소리. 넷째, 크게 부르짖음.

"자!" 하고 그가 말했다. "이 암탉을 당신네 임금님으로, 그리고 병아리들을 그 임금의 충성스런 백성으로 비교해 보시오. 이 암탉이 하듯 그분께서는 자기 백성에게 이와 같은 방법으로 대하신답니다. 보통 부르는 소리로는 아무것도 주시지 않고, 특별히 부르는 소리를 낼 땐 반드시 무엇인가 주시며, 그들을 자기 날개 아래 품으실 때는 자애로운 소리를 내시고 그리고 원수가 올 때는 크게 소리쳐 경고를 내리서거든요. 내가 특별히 두 분을 이 방으로 모셔 온 것은, 두 분께서는 여성이므로 보다 쉽게 이해하실 것이기 때문이었습니다."

크리스티아나 "선생님, 제발 다른 것들도 더 보여 주세요."

그래서 그는 그들을 도살장으로 안내했는데, 마침 한 도살자가 양을 잡고 있었다. 그런데 보니까 양은 조금도 바둥거리지 않으며 묵묵히 죽음을 받아들이는 것이었다. 인터프리터가 말했다. "어떤 부당한 일도 원망이나 불평 없이 참고 받는 것을 이 양에게서 배우시오. 얼마나 조용히 죽음을 받아들이고 있나, 또한 귀 뒤에서부터 가죽이 벗겨져 나가는 고통을 아무런 저항 없이 어떻게 견디고 있나를 잘 보십시오. 당신들의 왕께선 당신들을 자기의 양이라고 부르신답니다."

그 다음 그는 그들을 자기 정원으로 데리고 들어갔는데, 그곳에는 온갖 꽃들이 만발해 있었다. 그가 말했다. "이 꽃들이 보이지요?" 크리스티아나가 대답했다. "네."

그러자 그가 다시 말했다. "잘 보시오. 꽃들은 모두 그 모양이나 향기 또는 그 가치조차 다르지만, 그래서 어떤 꽃들이 어떤 꽃보다 훌륭할 수도 있지만, 일단 정원사가 정해 준 자리에서 떠나지 않고 서로 다투는 일이 없어요."

다음에 그는 밀과 보리를 심은 밭으로 그들을 데리고 갔다. 그러나 가까이 가보니 이삭은 모두 잘려져 나가고 짚대만이 남아 있는 것이었다. 그가 다시 말했다. "이 밭에는 거름을 주고 갈고 씨를 뿌렸어요. 그러나 이렇게 짚대만 남아 있으니 어떻게 할까요?" 크리스티아나가 말했다. "더러는 태우고 나머지는 퇴비나 만들어야지요."

그러자 인터프리터가 다시 말했다. "보시다시피 우리가 찾는 것은 열매인데, 그것이 없으니 불에 태우거나 사람의 발에 밟혀 썩게 하는 수밖에 없지요. 당신들도 같은 식으로 저주받지 않게 조심하시오."

그들은 집으로 돌아오는 길에 한 마리의 작은 티티새가 흉칙하게 커다란 거미를 물고 있는 것을 보았다. 인터프리터가 말했다. "여길 봐요." 자세히 들여다보다가 머시는 어리둥절해 있는데, 크리스티아나가 입을 열었다. "저렇게 아름다운 새, 다른 무엇보다도 인간과 친밀하게 사귀는 저 새가 저런 모양을 하고 있다니 참 어울리지 않는군요. 저런 새들은 빵 부스러기를 먹거나 아니면 다른 것을 먹더라도 해가 없는 것을 먹으리라 생각했는데요. 이젠 정이 뚝 떨어집니다."

그러자 인터프리터가 대꾸했다. "이 작은 티티새는 어떤 신앙 고백자들의 본모습을 잘 보여 주고 있어요. 겉으로 보기에 그들은 티티새처럼 목소리도 예쁘고 그 색깔이나 몸짓도 곱지요. 그들은 또한 다른 진실한 신앙 고백자들을 굉장히 사랑하고 나아가 그들과 친밀하게 사귀려는 것처럼 보입니다. 마치 착한 사람의 빵 부스러기 없이는 살수 없다는 듯이. 뿐만 아니라 그들은 주의 독실한 신자들이나 임명받은 자들의 집을 찾아다니기도 하지만, 그러나 자기들끼리 있을 때는 티티새처럼 거미를 잡아먹기도 하고 가리는 것 없이 집어삼키며 죄를 물 마시듯 마시지요."

이윽고 그들은 다시 집으로 돌아왔는데, 그때까지도 저녁 식사 준비가 돼 있지 않았으므로 크리스티아나는 다른 유익한 것을 더 보여주든가 이야기라도 해달라고 인터프리터에게 간청했다.

그리하여 인터프리터는 이야기를 시작했다. "암퇘지는 살이 찔수록 진흙 구렁텅이를 좋아하고 황소는 살이 찔수록 도살장에 먼저 끌려가게 되며 육체는 건강할수록 악에 쉽게 빠지는 법이오.

여자들에겐 곱게 꾸미고 단장하는 것을 좋아하는 성격이 있는 만큼 하느님 앞에 나갈 때도 그렇게 단장하고 나가는 것이 값진 일입니다.

하루 이틀 밤을 새우는 것은 쉽지만 1년 내내 일어나 있다는 건 어려운 일이오. 마찬가지로 처음 신앙을 고백하는 것은 쉽지만 그 신앙을 끝까지 지킨다는 건 쉬운 일이 아닙니다.

선장이라면 누구든 폭풍에 휘말렸을 때 물건을 먼저 바다에 던질 것입니다. 그 누가 가장 값진 걸 던지겠어요? 하느님을 두려워하지 않는 자가 아니고는 그렇게 하지 못할 것입니다.

구멍 하나가 배를 가라앉히는 것과 마찬가지로 단 하나의 죄가 죄인을 파멸시킵니다.

친구를 잃어버리는 자는 자신의 신의를 짓밟는 데 불과하지만, 자기의 구세주를 잊어버리는 자는 자신에게 말 못 할 무자비를 베푸는 것이지요.

죄를 짓고 살면서 죽은 후의 행복을 바라는 자는 깜부기를 심고 나서 자기 곳간을 밀이나 보리로 채우리라고 생각하는 자와 마찬가지입니다.

 선한 삶을 살려는 자는 자신의 최종의 날을 끌어다 당겨 놓고는 그와 더불어 항상 살아야 합니다.

 쑤군거리는 것과 생각을 변경하는 것은 죄가 이 세계에 존재한다는 증거입니다.

 하느님께서 가볍게 보시는 이 세상을 살 가치가 있다고들 생각한다면 하느님이 추천하시는 하늘 나라는 어떻겠습니까?

 숱한 괴로움이 동반되는 이 삶을 포기하기 싫다면 천당의 생활은 어떻겠어요?

 누구나 사람의 선행을 추켜올리기 좋아합니다. 그러나 과연 하느님의 선하심을 추앙하는 것이 의무라고 생각하는 사람은 몇이나 됩니까?

 우리는 가끔 식사를 하고 음식을 남길 때가 있지요. 마찬가지로 예수 그리스도 안에는 온 세상이 다 배를 채우고도 남을 풍부한 진가(眞價)와 의(義)가 있는 것입니다."

 말을 마치고 인터프리터는 그들을 데리고 다시 정원으로 나가 속은 텅 비었으면서도 잎을 피운 한 나무를 보여 주었다. 머시가 물었다. "이것은 무슨 뜻이죠?" "겉은 훌륭하지만 속은 썩은 이 나무는" 하고 그가 말했다. "하느님의 정원 안에 살고 있는 많은 사람들에 비유할 수 있지요. 그들은 입으로 하느님을 온통 찬양하면서도 그를 위해 일은 하나도 하지 않고, 그 잎은 무성하지만 속은 하나도 쓸모가 없어 마귀의 부시통에 담을 부싯깃밖에는 되지 않거든요."

 마침내 저녁 식사가 준비되었다. 식탁 위에 온갖 음식을 올려 놓고 한 사람이 감사 기도를 드린 다음 함께 먹기 시작했다. 인터프리터는 자기 집에 유숙하는 사람들의 식사에 음악을 곁들여 주는 습성이 있었으므로, 음유시인(吟遊詩人)들이 와서 연주를 했다. 그들 가운데는

가수도 하나 있었는데 목소리가 매우 아름다웠다. 그의 노래는 이런 것이었다.

주님만이 나의 부양자(扶養者)
나를 먹이시네.
나 이제 부족함 없으니
무엇을 더 요구하리?

노래와 음악이 끝나자, 인터프리터는 크리스티아나에게 어떤 동기로 해서 순례의 첫걸음을 떼어놓게 되었는가를 물었다.
크리스티아나가 대답했다. "처음에는 남편을 잃은 것이 생각나 마음에 슬픔이 싹텄습니다만, 그러나 그 모든 것은 자연스런 감정이었을 뿐이었죠. 그런데 그 후에 남편이 겪던 그 괴로움과 순례의 열정이 저의 마음속에 스며들면서 그에게 냉혹하게 대했던 과거가 회상되는 것이었어요. 그래서 생긴 죄의식 때문에 결국 못에 빠져 죽으려고 했는데, 그때 남편이 잘 있는 모습을 꿈에 보았고 그가 살고 있는 나라의 왕께서 초대하는 편지까지 보내 주셨던 것입니다. 그 꿈과 편지가 온통 제 마음을 사로잡아 이 길로 나서지 않으면 안 되게 만들었죠."
인터프리터 "그래 문을 나서기 전에 아무런 방해도 받지 않으셨소?"
크리스티아나 "받았어요. 이웃 가운데 티머러스 부인이라는 분이 있었죠. (그녀는 사자가 무서우니 되돌아가자고 저의 남편을 꾀던 자의 친족입니다.) 그녀는 제가 시도하려는 여행을 바보 같은 모험일 뿐이라고 하면서 남편이 겪은 온갖 시련과 고통을 주워섬기며 어떻게든 여행을 만류하는 것이었어요. 그러나 저는 그 모든 방해를 용케 넘겼습니다. 그러나 제 계획을 좌절시키려고 음모를 짜고 있는 듯한 두 악한을 꿈에서 보고는 상당히 무서워 떨었죠. 그래요, 아직도 그들의 모습이 마음속에 남아 있어 만나는 사람마다 무섭고, 그들이 혹시 나를 해치거나 엉뚱한 길로 가게 하는 거나 아닌가 하여 겁이 납니다. 다른 사람들에게는 알리고 싶지 않지만 선생님에게는 솔직히 말씀드려야겠어요. 이 길로 들어서는 문에서부터 여기까지 오는 동안에 우리는 너무나 무서운 습격을 당해 사람 살리라고 소리를 쳤던 적이 있답니다. 그런데 그때 습격해 온 두 악한은 바로 제가 꿈에서 본 그자들 같았어요."

그러자 인터프리터가 말했다. "시작은 좋았어요. 결말은 더 좋을 겁니다." 그리고 그는 머시에게 얼굴을 돌리며 말했다. "아가씨는 어떻게 해서 여기까지 오시게 됐나요?"

그러자 머시는 얼굴을 붉히며 잠시 말을 못 하고 몸을 떨었다.

그가 다시 말했다. "무서워 말아요. 오직 믿고 마음속에 있는 것을 얘기해요."

그리하여 그녀는 입을 열기 시작했다. "사실은 선생님, 저는 경험이 부족하기 때문에 침묵을 지키려는 것입니다. 그리고 그 경험 부족이 제 마지막을 망칠 것 같은 두려움이 저를 사로잡고 있어요. 저는 동료인 크리스티아나 부인이 겪은 것과 같은 꿈이나 환상도 보지 못했어요. 따라서 착한 친지들의 권유를 뿌리친 것을 슬퍼할 무엇도 없답니다."

인터프리터 "그렇다면 아가씨, 당신으로 하여금 이 길을 떠나도록 설복한 것은 무엇이오?"

머시 "글쎄요, 여기 계시는 이분이 마을을 떠나려고 짐을 싸고 있을 때 저는 다른 한 분과 우연히 방문을 하게 됐어요. 우리는 문을 두드리고 안으로 들어갔죠. 들어가서 짐을 싸고 있는 것을 보고는 왜 그러느냐고 물었지요. 그랬더니 이분 말씀이 자기 남편한테로 오라는 초청을 받았을 뿐만 아니라, 꿈속에서 자기 남편이 면류관을 쓴 영생자들과 함께 손에 하프를 들고 왕자의 식탁에 같이 앉아 먹고 마시며 자기를 그리로 이끌어 주신 분을 찬양하는 모습을 보았다는 것이었어요. 그런 말을 듣고 있는 동안 제 마음속에서 불이 타오르는 것만 같았습니다. 그래서 저는 속으로 말했죠. '만일 이게 사실이라면 나는 부모와 고향을 버려도 좋다. 크리스티아나 아주머니와 같이 가야지.'

그래서 나는 이분께 더 많은 진실을 가르쳐 달라고, 그리고 나도 함께 데리고 갈 수 있느냐고 애원했죠. 더 이상 그 마을에선 존재할 수 없도록 이제 남은 것은 파멸뿐임을 비로소 알게 됐으니까요. 그러나 막상 길을 떠나면서도 마음은 무거웠습니다. 그것은 떠나기 싫은 길을 떠나서가 아니라 뒤에 남겨 둔 많은 친척들 때문이었죠. 지금의 심정은 어떻게든 크리스티아나 아주머니를 따라 그분의 남편과 왕께서 계신 곳까지 가려는 마음뿐입니다."

인터프리터 "아가씨의 출발은 잘된 것이오. 진리를 신뢰한 출발이었으니까. 당신은 나오미와 그녀의 하느님인 야훼를 사랑하여 부모와 고향을 떠나 낯선 곳으로 갔던 룻과 같은 여인이오. '야훼께서 네 행한 일을 보응하시기를 원하며, 이스라엘의 하느님 야훼께서 그 날개 아래 보호를 받으러 온 네게 온전한 상 주시기를 원하노라'〔룻기 2장 12절〕."

이윽고 식사가 끝나고 곧 침상이 준비되었다. 여자들은 따로 떨어져 누웠고 아이들은 아이들끼리 누웠다. 자리에 누웠으나 머시는 기쁨이 넘쳐 잠을 이룰 수가 없었다. 목적지까지 다 가서 실패하지나 않을까 하는 의혹이 그 어느 때보다 멀리 사라졌던 것이다. 그리하여 그녀는 자리에 누운 채 자기에게 그토록 은혜를 베풀어 주신 하느님께 찬양과 축복을 올렸다.

아침이 되사 태양과 함께 자리에서 일어난 그들은 곧 떠날 채비를 차렸다. 그러자 인터프리터가 그들에게 잠시 머물러 있으라고 청하는 것이었다. "왜냐하면" 하고 그가 말했다. "여기서부터 당신들은 질서를 지켜야 하기 때문이오." 그는 처음 그들에게 문을 열어 주었던 처녀에게 말했다. "이분들을 정원으로 모셔 목욕을 하게 해드려라. 여행 도중에 묻은 먼지와 때를 말끔히 씻어 깨끗하고 청결하게 해드려라." 그러자 이너슨트라고 불리는 그 처녀가 그들을 데리고 정원으로 들어가 목욕터에 이르러 몸을 씻으라고 말했다. 집주인은 자기 집을 찾아온 사람들에게 순례의 길을 다시 떠나기 전에 꼭 몸을 씻게 한다는 것이었다. 그리하여 그들은 아이들까지 데리고 들어가 몸을 닦았다. 목욕을 하고 나오자 몸이 깨끗해지고 상쾌해진 것은 물론 사지관절이 모두 원기왕성해져 있는 것이었다. 목욕하러 들어가기 전에 비하면 그들의 모습은 훨씬 더 아름다웠다.

목욕을 마치고 정원에서 나와 돌아오자 인터프리터가 그들을 자세히 들여다보고는 말하는 것이었다. "달처럼 아름답구나"〔아가 6장 10절〕. 그리고는 목욕을 한 이들에게 찍어 주게 돼 있는 도장을 가져 오라고 명령을 내렸다. 도장을 가져 오자 그들이 앞으로 어딜 가든지 증거로 삼도록 얼굴에 도장을 찍어 주는 것이었다. 그 도장은 이스라엘 자손들이 이집트에서 탈출할 때 먹었던 유월절(逾越節)[14] 떡의 내용이요 모든 것으로서 양미간에 찍는 것이었다. 이 도장은 그들의 아름다움을 더욱 돋보이게 하였다. 얼굴에 단 장신구 구실을 하였기 때문이다. 뿐만 아니라 그들의 품위까지 더 높여 천사들처럼 보이게 해 주는 것이었다.

인터프리터는 다시 두 여인을 시중들고 있는 처녀를 불러 말했다. "법의실에 들어가서 이 사람들이 입을 옷을 가져오너라."

그녀는 법의실에서 흰 옷을 꺼내 왔다. 그러자 그가 그들에게 옷을 입으라고 말하는 것이었다. 그것은 희고 깨끗한 세마포로 된 옷이었다〔요한계시록 19장 4, 18절〕. 옷을 입자 여인들은 상대방의 모습을 보고 깜짝 놀랐다. 서로 자기 자신의 모습은 보지 못하고 상대방의 모

---

14) 출애굽기 13장 8~10절 참조.

습만 볼 수 있었던 것이다. 그리하여 그들은 서로 상대방이 자기보다 훌륭하다고 말하기 시작했다. "아가씨가 나보다 더 아름다워요"하고 한 사람이 말하자, "아주머니가 저보다 더 어여뻐요"하고 상대방이 말을 받았다. 아이들도 그들의 바뀐 모습을 놀란 눈으로 쳐다보고 서 있었다.

그제서야 인터프리터는 그레이트-하트〔큰 마음〕라는 남자 하인을 불러 칼과 투구와 방패로 무장하라고 지시하고는 "이 나의 딸들을 데리고 뷰티풀〔아름다운〕이라는 집에까지 안내해 드려라. 거기서 투숙해야 할 테니까"하고 명령했다. 그리하여 그는 무장을 하고 그들 앞에 서서 길을 떠났다. 인터프리터가 말했다. "성공을 빕니다." 그와 함께 집안에 있던 다른 식구들도 모두 나와 온갖 축복의 말로 인사를 하는 것이었다. 그들은 길을 가면서 노래를 불렀다.

　　이곳은 우리의 두번째 무대였네.
　　이곳에서 우리는 오랜 세월
　　남들에게는 감추어져 있던 온갖
　　좋은 것들을 보고 들었네.

　　거름 헤치는 쇠스랑을 든 사람,
　　거미, 암탉 그리고 병아리들이
　　내게 또한 교훈을 주었으니
　　그 교훈을 따라 살리라.

　　도실자, 정원사와 그 밭,
　　티티새와 그 티티새의 먹이
　　또한 속이 썩은 나무가
　　그 무거운 교훈으로 나를 굴복시켜

깨어 기도하게,
성실을 지키게,
날마나 날마나 나의 십자가를 지게
그리고 두려움으로
주님을 섬기게 하는구나.

나는 꿈속에서 그레이트-하트를 앞세우고 그 뒤를 따라 그들이 계속 걸어가고 있는 것을 보았다. 마침내 그들은 크리스천이 등에 졌던 짐이 벗겨져 무덤 속으로 굴러 들어갔던 바로 그 장소에 이르렀다. 거기서 그들은 잠시 쉬며 하느님을 찬양하였다. 크리스티아나가 입을 열었다. "좁은 문에서 들었던 얘기가 새삼 떠오르는군요. 즉 우리는 말과 행위로 용서를 받아야 하는데, 말로 받는다는 건 약속에 의해 받는 것이고, 행위로 받는다는 것은 그 용서가 성취된 방법에 의한다는 말이었지요. 약속이 무엇인가는 얼추 짐작이 가지만 행위에 의해 용서받는다는 것은, 또는 용서가 성취된 방법에 의해 용서받는다는 것은 무슨 뜻인지 모르겠어요. 그레이트-하트 씨, 당신은 알고 계시겠지요. 괜찮으시다면 그 점에 대해서 좀 얘기해 주시겠어요?"
그레이트-하트 "행위로 용서받는다는 말은 용서받을 사람의 행위가 아니라 그 사람을 위해 다른 사람이 행한 행위로 용서받는단 말입니다. 문제를 좀더 넓혀서 얘기하자면 당신이나 머시나 아이들이 받은 용서는 다른 사람의 행위에 의해, 즉 당신들을 좁은 문으로 들어오게 하신 분의 행위에 의해 이루어진 것이란 말입니다. 이렇게 이중의 길을 통해 그분은 용서를 성취하셨지요. 그분은 당신을 감싸 주기 위해 의를 펴시고 당신 속을 씻어 주기 위해 피를 흘리신 것입니다."[15]

---

15) 이 말은 좁은 문에서 있었던 말에 대한 풀이며 그리스도에 의해 의롭게 됨에 대한 설명이다. *

크리스티아나 "하지만 만일 그분이 자기의 의를 우리와 나누셨다면 그분 자신을 위한 의는 어떻게 되죠?"

그레이트-하트 "그분의 의는 당신의 요구를 채우고 또 자신의 요구를 채우고도 남아요."

크리스티아나 "좀더 자세히 설명해 주세요."

그레이트-하트 "그러죠. 그러나 우선 우리가 지금 얘기하고 있는 분은 세상에서 그분과 비교될 만한 분을 가지지 않으신 유일한 분이라는 걸 먼저 전제해야 하겠습니다. 그분은 한 인격에 두 개의 본성(natures)을 가지고 계신데, 그 둘은 명백하게 구분은 되지만 서로 분리될 수는 없어요. 그 각각의 본성에는 의가 속해 있고, 그 각각의 의는 본성을 이루는 요소입니다. 그러므로 그 정의나 의를 분리시킨다는 것은 곧 그 본성 자체를 소멸시키는 결과를 가져오는 것입니다. 그러므로 두 개의 의가, 혹은 그 중의 하나라도 그것이 우리에게 덧씌워져 우리로 하여금 정의롭게 살도록 만들어 준다고 해서 우리가 그 의의 한 부분이 될 수는 없지요. 게다가 그분에게는 또 하나의 의가 있습니다. 그 두 본성이 합하여 하나를 이루었기 때문이지요. 그리고 이것은 인성(人性)을 떠난 신성(神性)만의 의나 또는 신성을 떠난 인성만의 의가 아니라 두 본성의 일치 안에 위치하는 의, 그러니까 하느님이 그분께 위촉하신 중개자로서의 사명을 다 이루게 하기 위해 따로 준비하신 의라고 부르는 것이 적당할 것입니다. 만일 그분이 첫번째 의를 나눠 주신다면 그것은 그분의 신성을 나눠 주시는 것이요, 두번째 의를 나눠 주신다면 그것은 자신의 순수한 인성을 나눠 주시는 것이며, 세번째 의를 나눠 주신다면 그것은 중개자로서의 사명을 실현하게 할 그 완전성을 나눠 주시는 것이 되지요. 그러므로 그분께서는 하느님이 나타내신 뜻을 성취하거나 그에 복종하여 죄인들 위에 펴시고 그들의 죄를 덮어 줄 또 다른 의를 가지고 계신 것입니다.

그래서 이렇게 말씀하셨지요. '한 사람이 순종하지 않음으로 많은 사람이 죄인이 된 것같이 한 사람의 순종하심으로 많은 사람이 의인이 되리라'〔로마서 5장 19절〕."

크리스티아나 "그럼 다른 의들은 우리에게 소용이 없는 것일까요?"

그레이트-하트 "없진 않죠. 그 의들은 그분의 본성에 필수적인 요소이므로 다른 자들이 나누어 가질 수 없지만, 남을 의롭게 하는 그 의가 바로 그 의들이 지닌 힘에 의해 목적을 달성하는 것이니까요. 그분의 신성의 의는 순종의 덕을 가져다 주고, 인성의 의는 의롭게 하는 일에 순종할 능력을 주며, 이 두 본성의 일치 위에 세워진 의는 하느님으로부터 위임받은 사명을 실행하는 데 권위를 부여하지요.

그리고 하느님으로서의 그리스도께 필요하지 않은 의가 있어요. 그분은 그것 없이도 하느님이시기 때문이지요. 인간으로서의 그리스도께 필요하지 않은 의도 있어요. 그것 없이도 그분은 완전한 인간이시니까요. 또한 신-인간으로서의 그리스도께 필요하지 않은 의도 있습니다. 그것 없이도 그분은 완전하신 분이니까요. 그러니까 하느님으로서의 그리스도나 인간으로서의 그리스도나 신-인간으로서의 그리스도께서는 그분 자신에게 연관되는 의는 필요로 하지 않으시는 겁니다. 따라서 그분은 자신에겐 소용이 없는 그 의롭게 하는 의를 나누어 주실 수 있지요. 그것을 '의의 선물'〔로마서 5장 17절〕이라고 부르는 이유도 그 때문입니다. 이 의로움은 주 그리스도 예수께서 친히 율법 아래서 이루신 것이므로 나누어지지 않으면 안 되는 것입니다. 왜냐하면 율법은 그분으로 하여금 의롭게 행할 뿐만 아니라 그것을 남에게 분배해야 하는 의무를 지웠으니까요. 그러므로 율법대로 한다면 두 벌의 옷을 가졌을 때 한 벌은 옷이 없는 자에게 주어야 합니다. 그런데 우리 주님께서는 지금 두 벌의 옷을 가지고 계신데, 하나는 자신을 위한 옷이고 또 하나는 나누어 주기 위한 것이지요. 그래서 그분은 지금 없는 사람에게 무상으로 분배하고 계신 것입니다. 그러므로 크리스티아나, 머시 그리고 여기 이 아이들은 자신의 노력이 아니라 다른 분의 행위 또는 행적으로 용서함을 받은 것이란 말입니다. 당신들의 주 그리스도께서는 일을 하시고, 그 일을 따라 거두어진 수확을 다음에 만나는 거지들에게 나누어 주시는 그런 분입니다.

그러나 또한 그분의 행위로 용서함을 받기 위해서는 하느님에게 어떤 대가가 지불돼야만, 이를테면 우리를 감싸는 무엇이 준비돼야만 하는 것입니다. 죄는 우리를 정의로운 율법의 정당한 저주 아래 있게 만들었습니다. 이 저주로부터 우리는 구원받기 위하여 이미 저지른 과오에 대한 대가를 지불해야 하는데, 그 대가로서 주님께서 우리 대신 피를 흘리며 죽으셨던 것입니다. 그리하여 그분은 자기의 피로 당신들의 죄의 값을 보상하셨고, 그 의로 당신들의 더러워지고 추한 영혼을 감싸 주셨습니다. 그 대가로 하느님께서는 최후의 심판날 당신들을 불문에 부쳐 처벌하지 않으실 것입니다."

크리스티아나 "참 훌륭한 말씀입니다. 말씀과 행위로 용서함을 받았다는 말에 대해 이제 조금 깨닫게 되었습니다. 착한 머시, 우리 이 뜻을 마음에 새기도록 노력합시다. 그리고 애들아, 너희들도 명심해 두어라. 그런데 선생님, 제 남편이 등의 짐이 벗겨져 세 번이나 기쁨에 넘쳐 뛰었던 것도 이 사실을 알고 나서가 아니었을까요?"

그레이트-하트 "그렇죠. 다른 무엇으로도 끊을 수 없던 그 줄을 끊은 것은 바로 그 사실에 대한 믿음이었지요. 당신 남편이 십자가에 이르기까지 짐을 지고 고통을 당해야 했던 것은 그 참 가치를 스스로 체득하게 하기 위한 것이었습니다."

크리스티아나 "저도 그렇게 생각했습니다. 전에도 마음이 즐겁고 기뻤던 적은 있었습니다만, 지금은 열 배도 더 기쁘고 상쾌하군요. 그리고 지금까지는 별로 느껴 보지 못했지만, 세상에서 가장 무거운 짐을 진 자라도 이곳에 와서 내가 본 것을 보고 믿기만 한다면 그의 마음은 더욱 즐겁고 활기에 넘치게 될 것 같네요."

그레이트-하트 "이런 것을 보고 생각하는 것은 짐에 대한 걱정을 없애고 위안을 가져다 줄 뿐만 아니라 속죄받은 데 대한 감사의 정까지 우러나게 하지요. 죄에 대한 용서가 약속만으로가 아니라 위에서 말한 대로 그런 일들로 인해 성취된다는 것을 한 번만이라도 생각해 본 사람이라면 그 누가 피 흘리심으로 속죄해 주신 그분을 경애하지 않을 수 있겠습니까?"

크리스티아나 "옳습니다. 주님께서 저를 위하여 피를 흘리셨음을 생각하면 제 가슴에서도 피가 흐르는 것 같아요. 오, 사랑하는 주님! 오, 축복받으신 주님! 당신께서는 저를 소유할 권리가 있으십니다. 당신께서는 저를 사셨습니다. 당신께서는 저의 모든 것을 소유할 권리가 있으십니다. 당신께서는 제 몸값의 만 배도 더 되는 값으로 저를 사셨습니다. 그 모든 행위가 저의 남편 눈에서 눈물이 흐르게 하고 동시에 어려운 길을 서둘러 가게 한 것은 조금도 이상할 것 없사옵니다. 그가 그토록 함께 떠나자 했건만 저는 끝내 천박한 존재가 되어 그를 홀로 떠나 보내고 말았던 것입니다. 오 머시, 당신 어머니와 아버지가 여기 함께 계신다면! 그리고 티머러스 부인도! 그렇지, 그 마담 완턴도 여기 함께 있다면 얼마나 좋을까! 분명히 그들의 마음도 감동을 받았을 거예요. 그리하여 그 마음속의 겁도 강한 욕정도 그들로 하여금 착한 순례자의 길을 포기하고 집으로 돌아가게 하지는 못했을 것입니다."

그레이트-하트 "지금 당신은 뜨거운 감동을 받아 말하고 있습니다. 그런데 언제나 그런 감격을 느끼리라 생각하십니까? 그런 감격은 모든 사람에게 통하는 것도 아니고 또 예수께서 피 흘리시는 것을 본 사람이라고 다 겪는 것도 아닙니다. 그때 곁에 서서 그분의 가슴에서 솟은 피가 땅으로 흐르는 것을 보고도 감격을 느끼기는커녕 애통하는 대신 깔깔거리고 웃으며, 그의 제자가 되는 대신 더욱 마음을 단단하게 굳힌 그런 자들도 있었지요. 그러므로 당신들이 특별히 이런 감격을 느끼는 것은 내가 말한 모든 것을 머리에 남아 있도록 만들어 주는 신성한 섭리에 의한 것입니다. 어미 닭이 하루 종일 부르는 소리는 병아리들에게 먹이를 주려는 것이 아님을 기억하시오. 지금 당신들은 특별한 은혜를 받고 있는 것입니다."

나는 그들이 마침내 크리스천이 순례의 길을 가다가 심플, 슬로드 그리고 프리점션이 잠들어 누워 있는 것을 발견한 바로 그 장소에 이르는 것을 꿈속에서 보았다. 자세히 보니 그들은 길에서 조금 떨어진 곳에 철사로 목매달려 있는 것이었다.

머시가 자기들을 안내하고 있는 안내자에게 말했다. "저 세 사람은 누구인가요? 왜 저렇게 목매달려 있죠?"

그레이트-하트 "저 셋은 본래 질이 매우 나쁜 사람들이었어요. 그들은 자신들이 순례자 될 마음이 없었을 뿐 아니라 만나는 사람마다 순례자가 되지 못하게 훼방했습니다. 그들은 자신들도 게으르고 어리석었지만 남들까지 그렇게 만들려고 애를 썼고 종당에 가면 잘될 것이라고 가르치기까지 했지요. 크리스천이 여길 지나갈 때는 그들은 잠을 자고 있었는데, 지금 당신들이 지나갈 때는 저렇게 목매달려 있군요."

머시 "그래 저 사람들의 꾐에 넘어간 사람이 있었나요?"

그레이트-하트 "있죠. 그들은 적지 않은 사람을 정로(正路)에서 벗어나게 만들었어요. 그들이 설득하여 그들과 같은 행동을 하게 만든 사람 가운데는 슬로-페이스〔느림보〕라는 자가 있었습니다. 그리고 또한 쇼트-윈드〔短氣〕라는 사람, 노-하트〔無心〕라는 사람, 링거-애프터-러스트〔色骨〕라는 사람, 슬리피-헤드〔멍청이〕라는 사람, 덜〔흐리멍텅〕이라는 이름을 가진 젊은 여자 등이 그의 꾐에 넘어갔어요. 게다가 그들은 당신들의 주님에 대한 악선전을 펴, 그가 일꾼을 혹사하는 현장 감독이라고 떠들어댔습니다. 또한 그 거룩한 땅에 대해서도 그것이 알려진 것만큼 그렇게 좋은 곳은 결코 아니라고 악선전을 일삼았던 것입니다. 그리고 또한 그들은 그의 사도들을 중상모략하여 그들 중 가장 훌륭한 이들을 남의 일 참견하기 좋아하는 골치 아픈 존재들이라고 규정하기도 했지요. 한 걸음 더 나아가 그들은 하느님의 빵을 깍지라고, 하느님의 자녀들이 누리는 안락을 환상이라고 그리고 순례자들의 노력과 순례 자체를 아무런 목적도 없는 헛일이라고 말했던 것입니다."

크리스티아나 "그렇군요, 그들이 그런 자들이라면 하등의 연민도 보여 줄 게 없군요. 그들은 당연히 받아야 할 벌을 받고 있는 것입니다. 제 생각엔 그들의 몸뚱이가 이처럼 길가에 달려 있어 다른 사람들이 보고 경계를 하게 되는 것은 잘된 일이라 여겨집니다. 그뿐만 아니라 아주 그들이 못된 짓을 하던 장소에 그들의 죄상을 기록한 철판이나 동판을 새겨 두어 다른 악한 자들에게 대한 경고까지 되게 했더라면 더 좋았을 뻔했습니다."

그레이트-하트 "그런 게 세워져 있지요. 좀더 담 쪽으로 가까이 가면 잘 보일 겁니다."

머시 "아니, 차라리 그들은 그냥 매달려 있게 하고 그 이름은 썩게 하고 그들의 죄상은 영원히 살아 있게 하여 그들을 괴롭게 했으면 좋겠습니다. 우리가 여기 오기 전에 목매달린 게 정말 다행입니다. 안 그랬으면 우리같이 연약한 여자들에게 무슨 짓을 했을지 알게 뭡니까?"

그리고 그녀는 노래를 한 수(首) 지어 부르는 것이었다.

저기 저렇게 매달린 세 사람,
그 꼴은 진리를 거스르는 자들에게
본보기로다.
우리 뒤에 오는 자 중에
순례자의 벗이 되지 않는 자는

저런 꼴이 될 것을 두려워하라.
그리고 나의 영혼아,
거룩하신 분을 거역하는 자들은
모두 저런 꼴이 되리라는 것을
명심하여라.

그들은 계속 걸어 디피컬티 언덕의 기슭에 도달했는데, 거기서 그들의 선한 동료인 그레이트-하트 씨는 크리스천이 그곳을 지날 때 무슨 일이 일어났는가를 얘기해 주기로 결심을 하는 것이었다. 그리하여 그는 우선 그들을 우물로 데리고 갔다. "봐요" 하고 그는 말했다. "이것은 크리스천이 언덕을 오르기 전에 마셨던 우물입니다. 그때 이 우물은 맑고 깨끗했었지요. 그런데 지금은 순례자들이 먹고 마시는 것을 질투하는 자들이 발로 흐려 놓아 더러워졌군요." 그러자 머시가 말했다. "왜 그렇게 질투를 할까!"[16] 그들의 안내자가 말했다. "물을 떠서 깨끗하고 좋은 그릇에 담아 두면 괜찮을 겁니다. 더러운 것은 가라앉고 물은 더 맑아질 테니까요." 그리하여 크리스티아나 일행은 그의 말대로 물을 길어 항아리에 담아 두었다가 찌꺼기가 바닥에 가라앉은 다음 마셨다.

그 후 그는 언덕의 기슭에 있는 두 갈래 길을 보여 주었다. 그것은 전에 포멀리티와 하이포크러시가 길을 잃었던 곳이었다. "그리고" 하고 그가 말했다. "이 길은 위험한 길입니다. 크리스천이 이리로 지나갈 때 두 사람이 잘못 들어섰다가 망한 일이 있지요. 보시다시피 이 길은 지금 쇠사슬과 말뚝과 도랑으로 막혀 있지만 아직도 언덕으로 오르는 고생을 택하는 대신 이리로 가려는 자들이 있답니다."

---

16) 이 구절을 에스겔 24장 18절과 비교하라. 그릇된 시대에 좋은 교의(敎義)를 세운다는 것은 어려운 일이다. *

크리스티아나 "'궤사(詭詐)한 자의 길은 험하니라'〔잠언 13장 15절〕. 목뼈가 부러지지 않고 그런 길을 갈 수 있다는 게 기이한 일이죠."

그레이트-하트 "개중에는 왕의 사도들이 그들을 보고 위험하고 잘못된 길을 가고 있으니 조심하라고 일러 주어도 고집스럽게 모험을 하려는 자들도 있지요. 그럴 때마다 그들은 오히려 반발하며 이렇게 욕설을 하는 것입니다. '네가 왕의 이름으로 우리에게 하는 말을 우리가 듣지 아니하고, 우리 입에서 낸 모든 말을 정녕 실행하리라 운운'〔예레미야 44장 16~17절〕. 자세히 봐요. 이 길은 지금 쇠사슬과 말뚝과 도랑으로만 막아 놓은 것이 아니라 울타리까지 쌓아 놓지 않았어요? 그런데도 그들은 이 길을 택하겠다는 것입니다."

크리스티아나 "그들은 게으른 거예요. 그들은 아픔을 사랑할 줄 몰라요. 언덕을 똑바로 오른다는 건 그들에게 유쾌한 일이 못 되죠. 그들에게서 '게으른 자의 길은 가시 울타리와 같다'〔잠언 15장 19절〕라는 말씀이 그대로 입증되는 것입니다. 그래요, 그들은 천성으로 가는 길인 이 언덕을 오르는 대신 함정 위를 걸으려고 할 것입니다."

그들은 계속하여 언덕을 올라가기 시작했다. 그러나 꼭대기에 미처 오르기 전에 크리스티아나는 헐떡거리면서 말하는 것이었다. "참말로 이 언덕은 가파르군요. 자기의 영혼보다 안락함을 더 좋아하는 자들이 좀더 평탄한 길을 고르는 것이 별로 이상할 것도 없네요." 그러자 머시가 말했다. "난 좀 앉아야겠어요." 아이들도 마침내 울기 시작했다. "자자, 어서 가요" 하고 그레이트-하트가 말했다. "여기서 주저앉으면 안 돼요. 조금만 더 올라가면 왕자님의 정자가 있으니까." 그리고 그는 막내아들의 손을 잡고 언덕을 올라갔다.

정자에 다다랐을 때, 그들은 더 이상 버티고 서 있을 마음이 없었다. 그들은 모두가 지독한 더위에 지쳐 있었던 것이다. 머시가 말했다. "쉰다는 게 이렇게도 달콤한걸! 순례자들의 왕자님이야말로 참 좋은 분이시군요. 이렇게 순례자들을 위한 휴식처를 마련해 주셨으니 말입니다.[17] 이 정자에 대한 얘기는 많이 들었지만 눈으로 직접 보는 것은 처음입니다. 그러나 여기서 잠들지 않도록 조심하십시다. 전에 크리스천께서 잠에 빠졌다가 크게 손해보셨다는 얘기를 들었어요."

그때 그레이트-하트가 아이들에게 말했다. "자, 귀여운 꼬마들, 좀 어떠냐? 그래, 순례의 길을 간다는 게 어떻게 생각되지?" 막내가 말했다. "아저씨, 전 가슴이 터져 버릴 것만 같았어요. 하지만 마침 그 때 제 손을 잡아 주셔서 고맙습니다. 이제 엄마가 전에 얘기해 주신 게 기억나요. 엄마는, 하늘 나라에 가는 길은 사다리를 오르는 것과 같고 지옥으로 가는 길은 언덕을 내려가는 것과 같다고 하셨거든요. 하지만 전 언덕을 내려가 죽느니 사다리를 올라가 살아야겠어요."

그러자 머시가 말했다. "하지만 속담에 '언덕을 내려가는 게 쉽다' 는 말이 있지." 그 말에 제임스(이것이 그 아이의 이름이었다)가 말했다. "제 생각에는 언덕을 내려가는 게 가장 어려운 일이 될 그날이 올 것 같아요." "똑똑한 아이로군" 하고 그 안내자가 말했다. "네가 머시에게 올바르게 대답했다." 그러자 머시는 웃음을 지었고 아이는 얼굴을 붉히는 것이었다.

크리스티아나 "자, 앉아서 다리를 쉬는 동안 입맛이라도 돋우게 좀 먹어 보겠어요? 인터프리터 씨의 집 문을 나설 때 그분이 손에 쥐어 주신 석류알 하나가 여기 있으니까. 그분은 또 꿀 한줌하고 작은 병에 술도 담아 주셨어요."[18] "나도 그분이 뭔가 주시는 줄 알았어요" 하고 머시가 말했다. "그분이 아주머니를 한쪽으로 부르셨거든요."

"그래요, 그랬죠" 하고 크리스티아나가 말했다. "하지만 머시, 처음 집을 떠날 때 말한 것을 나는 지켜야겠어요. 당신이 기꺼이 내 동행사가 되어 주셨으니, 나는 가진 모든 것을 당신과 나눠야 합니다."

---

17) 이 부분은 마태복음 11장 28, 29절에서 따온 것인 듯.
18) 이 선물들의 명목은 아마도 아가 8장 2절, 5장 1절에서 따온 것인 듯.

그리고 나서 그녀는 그들에게 먹을 것을 나누어 주었다. 머시와 아이들도 함께 음식을 먹었다. 크리스티아나가 그레이트-하트 씨에게 말했다. "함께 좀 드시겠어요?" 그러나 그는 이렇게 대답하는 것이었다. "당신들은 순례의 길을 계속 가야 하지만 나는 곧 돌아갈 몸이오. 먹어 두는 게 퍽 도움이 될 게요. 집에 가면 나는 매일 그런 걸 먹는답니다." 그리하여 그들이 먹고 마신 후 조금 잡담을 나누자 안내자는 말하는 것이었다. "날이 저물어 가고 있어요. 괜찮거든 길 떠날 채비를 차립시다." 그리하여 그들은 일어나 어린이들을 앞세우고 걷기 시작했는데, 크리스티아나는 그만 술병을 가져오는 걸 깜빡 잊어버리고 말았다. 그래서 그녀는 어린 아들을 시켜 돌아가 그것을 갖고 오게 했다. 머시가 말했다. "여기는 잃어버리는 곳인가 봐요. 여기서 크리스천께서는 두루마리를 잃어버리셨고 크리스티아나께서는 병을 놓고 오셨으니. 선생님, 무슨 까닭일까요?" 그러자 그들의 안내자가 대답하였다. "원인은 잠과 망각이지요. 어떤 사람은 깨어 있어야 할 때 잠을 자고, 어떤 사람은 기억해야 할 때 잊어먹고 말거든요. 바로 이 때문에 간혹 휴식처에서 순례자들이 뭔가 잃어버리곤 한답니다. 순례자들은 가장 기쁜 순간에도 전에 받았던 물건들을 잘 챙겨야 해요. 그러나 그러질 못해서 가끔 그들의 즐거움은 눈물로 끝나고 유쾌한 마음은 우울증으로 바뀌곤 하지요. 이 장소에서 크리스천이 당했던 얘기가 바로 그 얘기죠."

이윽고 미스트러스트와 티머러스가 사자를 무서워하여 크리스천에게 되돌아갈 것을 종용하던 그 장소에 이르자 처형대가 하나 거기 설치돼 있는 것을 그들은 보았다. 그리고 그 처형대 앞에 길 쪽으로 널찍한 게시판이 서 있는데, 게시된 윗부분에는 시(詩)가 한 수 적혀 있었고 아래에는 그 장소에 처형대를 설치한 이유가 기록돼 있는 것이었다. 그 시는 이런 시였다.

이 처형대를 보는 자,
그 마음과 입술을 삼갈 일이다.
만일 삼가지 아니하면
예전에 당한 자들처럼 여기서
처형을 받을 것이니.

그 시 아래쪽에는 이런 글이 기록돼 있었다. "이 처형대는 겁을 집어먹거나(티머러스, timorous) 의심을 품어(미스트러스트, mistrust) 계속 순례의 길 가기를 두려워하는 자들을 벌주기 위하여 여기 세운 것이다. 바로 이 자리에서 크리스천의 여행을 훼방하려던 미스트러스트와 티머러스가 불에 달군 쇠로 혀를 지지는 형을 받았다."

그때 머시가 말했다. "이것은 다윗의 노래와 비슷한 데가 있군요. '너 궤사한 혀여, 무엇으로 네게 주며 무엇으로 네게 더할꼬? 장사의 날카로운 살과 노가주나무 숯불이로다'〔시편 120편 3~4절〕."

그리하여 그들은 사자들의 모습이 눈에 들어올 때까지 앞으로 나아갔다. 그런데 그레이트-하트 씨는 참으로 굳센 사람이었다. 그래서 그는 사자를 겁내지 않았다. 그러나 마침내 사자가 있는 곳까지 이르자 앞서가던 아이들은 사자가 무서워 뒤를 보며 서 있다가 어른들의 뒤에 처져 따라가는 것이었다. 그것을 보고 그들을 안내하던 자가 웃으며 말했다. "아무 위험도 없을 때는 앞장서서 걷더니, 사자가 나타나니까 뒤로 꽁무니를 빼는구나!"[19] 그들은 계속 올라갔는데, 그레이트-하트 씨는 사자를 무찌르고라도 길을 내어 주기 위하여 칼을 빼들었다. 그때 사자들 편을 들어 주려는 듯한 사내가 나타났다. 그리하여 그는 순례 안내자에게 말하는 것이었다. "여긴 무엇 하러 왔나?"

---

19) 위험하지 않을 때는 용감하게 나아가다가 어려움이 닥치면 가라앉는 자들의 전형(典型). *

그 사나이의 이름은 그림〔험상궂은〕이라고도 하고 블러디-맨〔피투성이〕이라고도 하는데, 그것은 그가 순례자들을 잔인하게 죽여 왔기 때문이었다. 그는 거인족의 한 사람이었다.

그러자 순례 안내자가 말했다. "이 여인들과 아이들은 순례의 길을 가고 있는 중이다. 그런데 이 길로 가야만 하게 된 것이다. 당신이나 사자들이 있다 하더라도 이 길로 가고 말 것이다."

그림 "여긴 그들의 길이 아닐 뿐더러 결코 이리는 못 가게 할 테다. 그들을 막으려고 여기 온 거니, 나는 사자들 편을 들어야겠다."

사실대로 말한다면 이 길목을 지키는 사자들이 횡포하고 또 그들을 도와 주는 흉측한 사나이가 있어 이 길을 지나가는 사람이 한동안 없었고, 그래서 길 위는 거의 풀로 덮여 있을 지경이었다.

크리스티아나가 말했다. "비록 이때까지 이 큰길로 지나간 사람이 없고 나그네들도 그냥 지나치고 말도록 강요받았다 하더라도 내가 일어선 이상, 그렇게는 안 될 거요. 나는 이제 이스라엘의 어미가 되어 이렇게 서 있단 말이오."[20]

그림은 사자들을 믿고는, 결코 지나가게 하지 않을 테니 그리로 지나갈 생각도 하지 말라고 말했다.

그러자 그들의 안내자는 먼저 그림에게 달려들어 칼로 힘껏 내리쳤다. 그리하여 그는 뒤로 물러서지 않을 수 없게 되었다.

그러자 (사자 편을 들려던) 그가 말하는 것이었다. "그래 내 영역 내에서 나를 죽일 셈인가?"

그레이트-하트 "우리가 지금 가고 있는 이 길은 우리 임금님의 길인데, 너는 이 길목에다 사자를 풀어 놓고 있는 거다. 비록 이 여인과 아이들이 연약하다고는 하지만, 그러나 사자쯤 있든 없든 이 길을 가고 말 터이니 그리 알아라."

---

20) 이 본문은 아마도 사사기 5장 6, 7절에서 따온 것인 듯.

이 말과 함께 그는 또다시 그를 내리쳐 무릎을 꿇게 하고 말았다. 그의 투구가 부서져 버렸던 것이다. 다음 일격으로 그는 팔 하나를 잘라 버렸다. 그러자 거인은 흉측하게 소리를 질렀는데 그 소리에 여자들은 무서워 떨었다. 그러나 이때 그가 땅에 쓰러져 뒹구는 것을 보고 그들은 기쁨을 감추지 못했다. 그런데도 사자들은 묶여 있었기 때문에 그들에게 아무런 짓도 하지 못하는 것이었다. 마침내 그 사자들을 편들려던 늙은 그림이 숨을 거두자 그레이트-하트는 순례자들에게 말하는 것이었다. "자, 나를 따라오시오. 사자들이 아무런 해도 끼치지 못할 테니까요." 그리하여 그들은 계속 걸었다. 그러나 사자들의 곁을 지날 때 여자들은 무서워 떨었고 아이들도 거의 죽을 상이 되어 있었다. 그러나 그들은 마침내 아무런 해도 입지 않고 계속해서 나갔다.

이윽고 그들은 문지기네 오두막이 보이는 곳까지 이르러 단숨에 문앞으로 다가갔다. 밤중에 그곳을 걸어가는 것이 몹시 위험한 일이었으므로 그들은 더욱 서둘렀다. 문앞에 이르러 안내자가 문을 두드리자, 안에서 문지기의 소리가 들려왔다. "거기 누구요?" 안내자가 "나요, 나" 하고 대답하자, 이내 목소리를 알아차린 문지기가 문루에서 내려왔다(그 안내자는 이미 여러 번 순례자들을 안내하여 그곳에 갔었던 것이다). 내려온 그는 문을 열고 문앞에 서 있는 안내자를 보았다(그는 뒤에 떨어져 있는 여인들을 미처 못 보고 있었다). 그가 안내자에게 말했다. "안녕하시오, 그레이트-하트 씨. 밤늦게 웬일이십니까?" 그가 대답했다. "순례자 몇 사람을 데려왔어요. 주님의 명령에 따라 이곳에서 쉬어야겠습니다. 오는 길에 사자들을 편들어 오던 거인을 만나지만 않았어도 좀더 일찍 올 수 있었을 것이오. 하지만 한참 동안 끈질기게 그놈과 싸운 끝에 마침내 그를 베어 버리고 순례자들을 안전하게 데려오기는 했지요."

문지기 "들어오셔서 하룻밤 쉬시고 내일 아침 떠나시지요?"

그레이트-하트 "안 돼요. 오늘 밤 안으로 주님께 돌아가야 합니다."
크리스티아나 "오, 선생님. 어떻게 헤어질 수 있을지 모르겠네요. 우리에게 그토록 믿음직스럽게 대해 주셨고 우리를 사랑해 주셨고 우리를 위해 그토록 자상하게 가르쳐 주셨는데…… 보여 주신 그 모든 호의를 잊지 못할 것입니다."
그러자 머시도 말했다. "오, 여행이 끝날 때까지 저희와 함께 가주실 수 없을까요? 저희들처럼 나약한 여자들이 이토록 험난하기만 한 길을 친구나 보호자 없이 어떻게 갈 수가 있겠어요?"
아이들 중에 가장 어린 제임스도 말했다. "제발, 아저씨, 우리와 같이 가면서 도와 주세요. 우리들은 약한 데다 길은 보시다시피 위험하기만 하니까요."
그레이트-하트 "나는 주님의 명령대로 움직일 따름이오. 만일 그분께서 당신네들을 끝까지 안내하라고 하셨다면 나는 기꺼이 동행할 것입니다. 그러나 이 점에 있어 당신들은 처음에 실수를 했어요. 그분께서 내게 당신들을 안내해 주라고 명령하셨을 그때, 당신들은 나를 여행 끝까지 동행시켜 달라고 요구했어야 했지요. 그랬다면 그분은 당신들의 요구를 들어 주셨을 것입니다.[21] 어쨌든 여기서 나는 물러갑니다. 자, 착하신 크리스티아나, 머시 그리고 나의 귀여운 아이들아, 안녕."
그러자 문지기 워치풀이 크리스티아나에게 고향은 어디며 친척이 누구냐고 묻는 것이었다. 그녀는 대답했다. "저는 멸망의 도시에서 왔습니다. 저는 남편이 죽은 과부지요. 남편 이름은 순례자 크리스천이랍니다." "뭐요" 하고 문지기가 말했다. "그가 당신의 남편이었소?" "그래요" 하고 그녀가 말했다. "그리고 이 아이들은 그의 자식들이랍니다. 이 아가씨는(머시를 가리키며) 제 동향 사람이지요." 문지기는

---

21) 도움을 청하지 않아서 받지 못한다. *

그럴 때 늘 하는 대로 종을 울렸다. 그러자 처녀 한 사람이 문간에 몸을 나타냈는데, 그녀의 이름은 험블-마인드(겸손한 마음)였다. 그녀에게 문지기가 말했다. "크리스천의 부인 크리스티아나가 아이들을 데리고 순례의 길을 떠나 예까지 왔다고 안에 가서 말해라." 그리하여 그녀는 안에 들어가서 그대로 말을 했다. 처녀가 안에 들어가서 그 말을 하자마자 이내 온통 기뻐하는 소리가 떠들썩하게 울려 나오는 것이었다.

그러면서 그들은 급하게 문지기에게로 달려왔다. 그것은 크리스티아나가 아직 문간에 서 있었기 때문이었다. 그 중 예의바른 사람이 그녀에게 말했다. "들어오시오, 착한 사람의 부인, 축복받은 부인, 함께 오신 분들과 어서 들어오시오." 이리하여 그녀는 안으로 들어갔다. 아이들과 동행자도 그녀를 따랐다. 안으로 들어가자 그들은 굉장히 큰방에 안내받아 거기 앉아 쉴 수 있게 되었다. 그들이 앉아 쉬고 있는데 그 집의 주인이 찾아와 손님을 영접하였다. 그들은 손님이 누구인지 알아보고는 서로 입을 맞추며 인사를 나눈 다음 이렇게 말하는 것이었다. "잘 오셨어요. 하느님의 은혜를 담는 그릇들인 당신들 그리고 당신 친구들도 모두 환영합니다."

밤도 깊었고 긴 여행에 지친 데다가 무서운 사자들에게 시달리느라고 피곤해진 그들은 어서 속히 쉴 수 있게 되기만을 갈망하였다. "안 돼요" 하고 그 집안 사람들이 말했다. "우선 요기를 해서 기운을 되찾아야 합니다." 그들은 이미 양고기 요리에 치는 양념까지 모두 준비하고 있었던 것이다(요한복음 1장 29절 참조). 문지기가 이미 그들이 길을 떠났다는 소문을 듣고는 안에 있는 사람들에게 미리 준비를 시켰던 것이다. 그리하여 그들은 저녁을 먹은 후 찬송을 부름으로써 기도를 마치고는 자리에 누울 수 있기를 열망하였다. "한데" 하고 크리스티아나가 말했다. "당돌한 말입니다만, 하실 수 있다면 전에 남편이 묵었던 방에 머무르게 해주십시오." 그리하여 그들은 위로 올라가 모두가 한방에 눕게 되었다. 누워 쉬게 되자 크리스티아나와 머시는 이것저것 이야기를 나누기 시작했다.

크리스티아나 "전에 남편이 떠날 때만 해도 내가 이렇게 뒤따라오게 될 줄은 참으로 꿈에도 생각 못 했어요."

머시 "그리고 그분이 계시던 방에서 그분이 누우셨던 침대에 이렇게 눕게 되리라고는 미처 생각 못 하셨겠지요."

크리스티아나 "그뿐인가요? 마음놓고 그분의 얼굴을 대한다든가, 그분과 함께 왕이신 우리 주님을 섬기게 되리라고는 생각하지도 못했는데 지금은 그렇게 되리라고 믿어지는군요."

머시 "잠깐! 저 소리 들리지 않으세요?"

크리스티아나 "들려요. 우리가 여기 있는 것을 기뻐하는 음악 소리 같군요."

머시 "멋있군요! 우리가 여기 있는 걸 기뻐하는 음악이 집안에서, 가슴속에서 그리고 또한 하늘 나라에서 울리다니요!"

그들은 이야기를 좀 나누다가 함께 잠 속에 빠져 들어갔다. 아침이 되어 잠에서 깨어나자 크리스티아나가 머시에게 말했다.

크리스티아나 "간밤에 잠을 자면서 웃던데 왜 그랬어요? 꿈을 꾸었나요?"

머시 "꿈을 꿨어요, 그것도 아주 달콤한 꿈을. 그런데 정말 제가 웃었어요?"

크리스티아나 "그럼요, 아주 자지러지게 웃던걸요. 하여튼 머시, 그 꿈 얘기 좀 해주시지 않겠어요?"

머시 "외딴 곳에 혼자 앉아 제 마음이 강퍅한 걸 탄식하며 울고 있는 꿈을 꾸고 있었어요. 그곳에 앉아 있은 지 얼마 되지 않아 많은 사람들이 모여들어 저를 바라보기도 하고 제가 하는 말을 들으려는 것도 같았습니다. 그래서 그들은 귀를 기울였고 저는 계속하여 제 마음의 강퍅함을 한탄하고 있었지요. 그러나 모여든 사람들 가운데 더러는 저를 비웃기도 하고 또 어떤 사람들은 저를 밀어내기 시작하는 것이었어요. 바로 그 순간 저는 날개를 가진 누군가가 머리 위에서 제게로 날아 내려오는 것을 느꼈습니다. 그는 곧바로 제게로 와서 이렇게 말하는 것이었어요. '머시, 왜 고민해요?' 제 고민을 얘기해 드렸더니 그는 저를 안심시키면서 '평안하라'고 말했습니다. 그리고 그는 손수건으로 제 눈물을 닦아 주고는 금과 은으로 장식한 옷을 입혀 주었어요. 또한 목에는 목걸이, 귀에는 귀고리, 머리에는 아름다운 면류관을 씌워 주는 것이었습니다〔에스겔 16장 11~13절〕. 그리고 그는 저의 손을 잡더니 '날 따라와요' 하고 말했지요. 그래서 우리는 황금으로 된 문이 있는 곳까지 올라갔습니다. 그가 문을 두드리자 안에 있던 사람들이 문을 열어 주었고 안으로 들어간 그를 따라 나는 어떤 분이 높은 의자에 앉아 계신 곳까지 가게 되었습니다. 그 높은 의자에 앉아 계시던 분께서 저를 보고 '어서 오너라, 내 딸아' 하고 말씀하시는 것이었어요. 그곳은 눈부시게 밝았고 별처럼, 아니 태양처럼 빛나고 있었지요. 거기서 저는 아주머니의 남편 되시는 분을 뵌 듯합니다. 그때 꿈에서 깨어났어요. 그런데 정말 제가 웃었어요?"

크리스티아나 "웃었어요라니요. 그 웃는 모습을 직접 봤더라면……. 당신이 꾼 꿈은 암만 봐도 길몽이에요. 반쪽은 꿈에서 봤으니 나머지 부분은 실제로 보게 되겠네요. 하느님은 한 번 말씀하시고 다시 말씀하시지만 사람은 귀를 기울이지 않아요. 꿈에서나 한밤의 환상을 통해서나 깊은 잠에 빠졌을 때나 침상에서의 졸음을 통해서 하느님은 말씀하시거든요〔욥기 33장 14~15절〕. 따라서 침상에 누웠을 때 하느님과 얘기하기 위해 반드시 눈을 뜨고 있을 건 없지요. 그분은 우리가 잠자고 있을 때도 찾아오실 수 있고 그 음성을 들려주실 수 있습니다. 잠잘 때도 우리의 마음은 깨어 있으니까 하느님은 말씀이나 격언이나 징조 혹은 비유로 깨어 있을 때와 마찬가지로 말씀하실 수가 있단 말입니다."

머시 "어쨌든 그런 꿈을 꾼 게 기뻐요. 머잖아 그 꿈이 이루어져 다시 한 번 웃을 수 있었으면 합니다."

크리스티아나 "이젠 일어나서 무엇을 해야 할지 알아봐야겠네요."

머시 "저, 만일 저분들이 얼마 동안 머무르라고 하신다면 기꺼이 그 청을 받아들이는 게 좋겠어요. 여기 잠시 머물면서 아가씨들과 좀 더 사귀어 보고 싶어요. 프루던스나 파이어티나 채리티 모두 얌전하고 똑똑한 아가씨들인 것 같더군요."

크리스티아나 "그들이 어떻게 할지 기다려 봅시다."

그리하여 그들은 자리에서 일어나 매무시를 고치고는 아래로 내려갔다. 거기 있던 사람들이 저마다 그들에게 간밤 잠자리가 편안했던가 안부를 물어 왔다.

머시 "참 좋았어요. 평생 어젯밤처럼 편안한 잠자리에서 자본 적이 없었답니다."

그러자 프루던스와 파이어티가 말했다. "얼마간 여기 더 머무르시겠다면 성심껏 대접해 드리겠어요."

채리티 "네, 그리고 즐거운 마음으로……."

그리하여 그들은 그곳에 한 달 남짓 머무르면서 서로 아주 친숙하게 되었다. 특히 프루던스는 크리스티아나가 아이들을 어떻게 교육했는지 알고자 하여 아이들에게 뭘 좀 물어 봐도 되겠느냐고 그녀에게 요청하는 것이었다. 그녀는 쾌히 허락했다. 그리하여 그녀는 우선 제임스라는 이름을 가진 막내에게 물었다.

그녀가 물었다. "얘, 제임스, 누가 너를 만드셨는지 얘기해 줄 수 있겠니?"

제임스 "성부, 성자, 성신이십니다."

프루던스 "착한 아이다. 누가 널 구해 주셨는지 얘기할 수 있겠니?"

제임스 "성부, 성자, 성신이십니다."

프루던스 "참 착한 아이구나. 하지만 성부께서 어떻게 널 구원하셨지?"

제임스 "그분께서 은혜를 베푸신 거죠."

프루던스 "성자께서는 어떻게 널 구원하셨지?"

제임스 "그분의 옳으심과 죽으심과 피 흘리심과 생명으로요."

프루던스 "그러면 성신께서는 어떻게 너를 구원하시지?"

제임스 "그분의 빛을 비추심과 기력을 넣어 주심과 보호하심으로 구원하십니다."

프루던스는 크리스티아나에게 말머리를 돌렸다. "어쩌면 아이들을 이렇게 훌륭하게 기르셨어요? 제일 작은 꼬마가 이 정도로 대답하니 다른 아이들에겐 같은 걸 물어 볼 것도 없겠군요. 이젠 끝에서 둘째 아드님에게 다른 걸 물어 보겠습니다."

프루던스 "자, 조지프(그의 이름은 조지프였다), 뭘 좀 물어 봐도 괜찮겠니?"

조지프 "성의껏 답해 드리겠어요."

프루던스 "사람이란 무엇이지?"

조지프 "동생이 아까 말했듯이 하느님께서 만드신 이성(理性)을 가진 피조물입니다."

프루던스 "'구원'이란 말을 들으면 무엇이 생각나니?"

조지프 "죄를 지어서 비참한 포로가 된 인간입니다."

프루던스 "그가 삼위일체 하느님께 구원받는다는 건 무슨 뜻일까?"

조지프 "죄는 너무나도 크고 힘이 센 폭군이기 때문에 하느님말고는 그 아무도 죄의 속박으로부터 인간을 끌어낼 수가 없습니다. 그런데 하느님께서는 지극히 선하시고 인간을 사랑하시기 때문에 그 비참한 상태에서 그를 꺼내 주시는 겁니다."

프루던스 "불쌍한 인간을 구원하시는 하느님의 목적은 무엇이지?"

조지프 "그분의 이름과 은혜와 정의 등을 기리는 것입니다. 그리고 또 그분이 만드신 만물의 영원한 행복이죠."

프루던스 "누가 구원을 받을 수 있는 사람이지?"
조지프 "자기가 구원받았음을 용납하는 사람이에요."
프루던스 "조지프, 넌 착한 애구나. 어머니가 아주 잘 가르쳐 주셨어. 그리고 너도 어머니 말씀을 착실하게 들었구나."
그 다음 프루던스는 둘째 아들인 새뮤얼에게 말하는 것이었다.
프루던스 "자, 새뮤얼, 몇 가지 물어 봐도 괜찮겠니?"
새뮤얼 "네, 좋습니다."
프루던스 "하늘 나라란 뭐지?"
새뮤얼 "하느님이 계신 곳이기 때문에 세상에서 가장 축복받은 나라입니다."
프루던스 "지옥은 뭐지?"
새뮤얼 "죄와 악마와 죽음이 있는 곳이니까 가장 비참한 나라죠."
프루던스 "너는 왜 천당으로 가려는 거지?"
새뮤얼 "우선 하느님을 뵐 수 있을 것이고 지루하지 않게 그분을 섬길 수 있을 것이기 때문이죠. 또한 그리스도를 뵙고 영원히 그분을 사랑할 수 있을 것이고, 이곳에서는 그 어떤 수단을 써서도 느낄 수 없던 성령의 충만하심을 느낄 수 있을 것이기 때문입니다."
프루던스 "역시 훌륭한 아이구나. 아주 잘 배웠어."
그는 다시 매튜라고 불리는 맏아들에게 말을 걸었다. "자, 매튜, 몇 가지 물어 봐도 될까?"
매튜 "좋습니다."
프루던스 "그럼 물어 보자. 하느님이 계시기 전에는 무엇이 존재했다고 보니?"
매튜 "아무것도 존재하지 않았습니다. 첫날이 시작될 때까지도 하느님 외에는 아무것도 없었지요. 하느님께서 엿새 동안 하늘과 땅과 바다, 그리고 그 안에 있는 온갖 것들을 만드셨으니까요〔출애굽기 20장 11절〕."

프루던스 "성경에 대해선 어떻게 생각하니?"
매튜 "그것은 거룩한 하느님의 말씀입니다."
프루던스 "그 안에는 네가 깨닫지 못하는 것도 많이 기록돼 있니?"
매튜 "네, 많아요."
프루던스 "그래, 읽다가 이해하지 못할 대목이 나오면 어떻게 하지?"
매튜 "저는 하느님께서 저보다 현명하시다고 생각합니다. 그래서 성경 말씀 가운데 제가 알아서 유익할 만한 부분은 깨우쳐 달라고 기도 드리지요."
프루던스 "죽은 사람의 부활을 너는 어떻게 믿니?"
매튜 "저는 죽은 사람들이 땅속에 묻힌 그대로의 모습을 하고 일어나게 되리라고 믿습니다. 썩은 몸으로가 아니라 산 모습으로 말입니다. 제가 부활을 믿는 데는 두 가지 근거가 있습니다. 첫째는 하느님께서 약속하셨기 때문이고, 둘째는 하느님께는 그럴 만한 능력이 있기 때문입니다."

그러자 프루던스가 아이들에게 말하는 것이었다. "너희들은 앞으로도 계속 어머니 말씀을 명심해야 한다. 어머니는 더 가르치실 수 있으니까 말야. 뿐만 아니라 남들이 하는 좋은 말에도 귀를 기울여야 한다. 모두 너희들 잘되라고 하시는 말씀이니까. 또한 하늘과 땅이 너희들에게 가르치는 것을 조심스럽게 살펴보고, 특히 너희 아버지로 하여금 순례자가 되도록 해준 성경책을 명심하여 읽도록 하여라. 나도 너희들이 여기 머무는 동안 가능한 한 너희들에게 가르쳐 주겠다. 신앙에 깊이 들어가게 할 만한 질문들을 내게 해준다면 기쁘겠다."

그 후 그들 순례자 일행이 그곳에 머문 지 일주일이 됐을 때, 머시에게 한 방문객이 찾아와 함께 사귈 것을 제의하였다. 그의 이름은 브리스크[快活]라고 했다. 약간의 교양이 있고 게다가 신앙심이 있는 척했는데 실은 매우 세속에 물든 사람이었다. 그는 머시에게 한두 번 찾아오더니 결국 사랑을 고백하고 말았다. 머시는 아름다운 처녀였고, 그래서 사실 굉장히 매혹적이었던 것이다.

그녀는 또한 항상 무슨 일인가 하지 않고는 배기지 못하는 성격이었다. 스스로 할 일이 없을 때면, 긴 양말과 옷을 열심히 만들어 필요한 사람들에게 나누어 주는 것이었다. 그녀가 그런 것들을 만들어 어디에 어떻게 쓰는 줄 모르고 브리스크 씨는 다만 그녀가 절대 게으름 피우지 않는다는 사실에 감복된 것 같았다. "좋은 색시가 되겠군!" 하고 그는 스스로 중얼거렸다.

머시는 집안 식구들에게 사실을 털어놓고는 그에 대한 정보를 들려달라고 부탁했다. 그들이 아무래도 그녀보다는 그에 대해 잘 알 것 같았기 때문이다. 그래서 그들은 그가 매우 분주한 젊은이로서 신앙심이 있는 것처럼 보이나 선한 능력과는 거리가 먼 사람 같다고 말해 주었다.

"안 되겠네요. 그렇담" 하고 머시가 말했다. "다시는 그를 만나지 않겠어요. 내 영혼에 방해가 되는 것은 결코 가까이 하지 않을 생각이니까요."

그에게 실망을 주는 일은 그리 대단한 일이 아니라고 프루던스가 대답했다. 처음에 시작했던 대로 가난한 사람을 위해 일을 계속하기만 하면 그는 쉽게 정열이 식을 것이라는 것이었다.

그리하여 그가 다시 찾아왔을 때 그녀는 가난한 사람을 위한 물건을 만드는 일에 여전히 열중하고 있었다. 그가 말했다. "맨날 무슨 일이오?" 그녀가 대답했다. "네, 나를 위한 일이면서 또 남을 위한 일이기도 하죠." "그래 하루에 얼마나 벌어들입니까?" 하고 그가 물었다. "내가 이 일을 하는 것은 다가올 최후의 시간에 대비하여 선행을 쌓고 좋은 터를 잡아 두어 영원한 삶을 얻기 위해서[디모데전서 18장 19절]랍니다." "그렇다면 그것들을 어떻게 처분하시오?" 하고 그가 물었다. "헐벗은 사람을 입히는 겁니다" 하고 그녀가 말했다. 이 말에 그는 안색이 달라졌다. 그 뒤 그는 두 번 다시 그녀를 찾아오지 않았다. 왜 발을 끊었느냐는 질문에 그는 그녀가 예쁘기는 하지만 머리가 좀 돌았다고 대답하는 것이었다.

  그가 그녀를 떠나자 프루던스가 말했다. "브리스크 씨가 쉽게 당신을 포기하리라고 내가 말하지 않았어요? 그래요, 그는 당신에 대해 좋지 못한 소문을 퍼뜨리며 돌아다닐 겁니다. 그는 신앙이 있는 척하고 머시를 사랑하는 척하지만, 그러나 머시와 그는 서로 판이한 성격 때문에 결코 짝이 될 수는 없다고 나는 생각해요."[22]

  머시 "말은 안 했지만, 남편 될 사람은 여럿 있었답니다. 그들은 모두 제 용모에 대해서는 흠을 잡을 수 없었으나 제 마음의 상태를 좋아하지 않았어요. 그래서 결코 저는 결합할 수가 없었지요."

  프루던스 "요즘 세상에 자비심이란 그저 하나의 명목에 불과할 뿐이랍니다. 자비를 실제로 베풀려면 당신과 같은 정신 상태를 가져야 하는데, 그런 정신 상태를 견뎌 낼 사람은 거의 없지요."

  머시 "좋아요. 만일 아무도 저를 맞아 주지 않는다면 저는 그냥 처녀로 죽든지, 아니면 제 정신 상태를 남편으로 삼고 살겠습니다. 저는 제 성격을 고칠 수 없어요. 이 점에 대해 저와 엇나가는 사람을 살아 있는 동안 결코 받아들일 수도 또한 없답니다. 나에게는 이런 야비한 남자와 결혼한 바운티풀[人心이 厚함]이라는 언니가 있어요. 그런데 언니는 결혼 후에도 계속하여 가난한 이들을 보살펴 주었기 때문에 둘은 사이가 좋지 않았지요. 마침내 남편은 네거리에서 아내를 구박 주더니 집 밖으로 쫓아내고 말았습니다."

  프루던스 "그러면서도 그는 역시 신앙 고백자였겠지요? 틀림없죠?"
  머시 "네, 그랬어요. 지금 세상은 그런 자들로 가득 차 있지요. 저

---

22) 실제로 자비심을 베푸는 머시는 배척당하고 이름만으로의 머시는 환영받는다. *

는 그런 따위들과 아무 상관도 하지 않겠습니다."

그때 크리스티아나의 장남인 매튜가 병이 들었다. 아픔이 심하게 그의 몸을 덮쳐, 때로 배창자가 끊어지는 것같이 아프다며 뒹구는 것이었다. 그런데 마침 그곳에서 멀지 않은 데에 스킬〔老鍊〕씨라는 평판 좋은 노인 의사가 살고 있었다. 크리스티아나가 원하여 그에게 왕진을 청하는 사람을 보내자 그가 찾아왔다. 그는 방안으로 들어가서 잠시 동안 진찰을 하고 나더니 배앓이라고[23] 진단을 내렸다. 그리고 그는 소년의 어머니에게 물었다. "최근 매튜가 무얼 먹었습니까?" "건강에 좋은 것 아니면 먹이지 않았어요" 하고 크리스티아나가 말했다. 의사가 말을 받았다. "이 애 위 속에는 소화되지 않는 무엇이 들어 있습니다. 무슨 수로든 게워 내게 해야지 그러잖으면 죽어요."

그러자 새뮤얼이 말했다. "엄마, 엄마, 그 왜 이리로 오는 골목에 있는 좁은 문을 벗어나 조금밖에 안 왔을 때 형이 주워먹은 게 있잖아요? 길 왼쪽을 낀 담장 너머에 실과나무들이 있었고 그 실과나무에 열린 열매를 형이 따먹었단 말예요."

크리스티아나 "그래, 맞았다. 정말 그때 그 과일을 따먹었어. 못된 녀석, 내가 나무랬는데도 그냥 따먹었지."

스킬 "건강에 좋지 않은 음식을 뭔가 먹었음이 분명해요. 그 열매라면 무엇보다도 해로운 건데. 비엘지법의 과수원에 열린 열매거든요. 어떻게 해서 아무도 그걸 조심하라고 일러 주지 못했는지 이상한 일입니다. 그걸 먹고 죽은 사람이 한둘이 아니오."

그러자 크리스티아나가 울면서 말하는 것이었다. "아, 이 망할 자식아! 이 어미의 불찰이다. 이 아이를 위해 어떻게 해야 하나요?"

스킬 "자, 너무 그렇게 상심은 마십시오. 아이는 괜찮아질 게요. 하지만 게우고 설사를 해야 해요."

---

23) 양심의 배앓이. *

크리스티아나 "제발 선생님, 치료비는 얼마가 들든 최선을 다해 주세요."

스킬 "아뇨, 난 정당하게 받겠소."

그리하여 그는 아이에게 설사약을 주었는데, 그러나 그 약효가 너무나 미약했다. 그 약은 염소의 피와 암소 태운 재에다 약간의 우슬초 즙을 섞어 만든 것이라고 하였다.[24] 그것을 알고 스킬 씨는 그에게 다른 약을 먹였다. 그것은 그리스도의 살과 피로 만든(ex carne et sanguine Christi)〔요한복음 6장 53~58절 참조〕것이었다(당신도 알다시피 의사들은 자기 환자들에게 이상한 약을 조제해 준다). 그것은 그리스도의 살과 피에다 한두 마디 하느님의 언약과 적당한 양의 소금을 섞어 알약으로 만든 것이었다. 그는 이 약을 굶으면서 회개의 눈물을 타서 한 번에 세 개씩 삼키라고 했다. 약을 다 만들어 소년에게 주었으나 그는 살이 찢어지는 듯 아프면서도 약 먹기를 싫어하는 것이었다. "자자" 하고 의사가 말했다. "먹어야만 한다." "냄새만 맡아도 구역질이 나요" 하고 소년이 말했다. "난 꼭 네게 이 약을 먹여야겠다" 하고 그의 어머니가 말했다. "먹는 대로 토하고 말 거예요" 하고 소년이 말했다. "저어, 선생님," 크리스티아나가 스킬 씨에게 말했다. "약 맛이 어떤가요?" "맛이 나쁘지는 않아요." 의사가 말했다. 그 말을 듣고 그녀는 약 알 하나에다 혀끝을 대보았다. "오, 매튜야" 하고 그녀가 말했다. "이 약은 꿀보다도 더 달단다. 네가 만일 엄마를 사랑한다면, 네 동생들을 사랑한다면, 머시를 사랑한다면 그리고 네 삶을 사랑한다면 약을 먹으려무나." 그리하여 법석을 떨면서 하느님께 간단한 축복 기도를 드린 후 그는 약을 삼켰다. 약은 즉시 효력을 나타냈다. 그로 하여금 구토를 하게 하고 조용히 쉬게 하여, 정상적인

---

24) 염소의 피와 암소를 태우는 것은 구약시대의 제사 방법으로서 이것 가지고는 인간을 구원할 수 없다는 점을 간접적으로 시사하고 있다.

체온으로 편안히 숨쉬면서 잠이 들게 하였던 것이다. 마침내 그는 배앓이에서 해방되었다.

잠시 후, 그는 일어나서 지팡이에 의지하고[25] 이방 저방 돌아다니면서 프루던스, 파이어티, 채리티 들과 자기가 어떻게 병들었다가 고침을 받았나에 대하여 이야기를 나누었다.

아들의 병이 완쾌되자 크리스티아나가 스킬 씨에게 물었다. "선생님, 제 아들의 병을 고치기 위해 고생하신 것, 무엇으로 보답해 드려야 하죠?" 그러자 그가 말했다. "이럴 경우에 적용되는 규례대로 의과대학 학장님께 보답하시면 됩니다."

크리스티아나 "알겠습니다. 그런데 선생님, 이 약이 다른 병에도 듣나요?"

스킬 "이것은 만병통치약이오. 순례자들이 걸리는 어떤 병에도 좋습니다. 잘만 간수하면 생각 이상으로 오래 보존됩니다."

크리스티아나 "저, 선생님. 그 약 열두 곽만 조제해 주셔요. 이 약만 가지고 다니면 다른 약이 필요 없을 테니까요."

스킬 "이 약은 병을 치료하는 데도 좋지만 예방하는 데도 좋습니다. 그래요, 사람이 이 약을 적당하게만 복용하면 영원히 살 수도 있지요. 그러나 착하신 크리스티아나 부인, 꼭 내가 처방한 대로만 복용해야 합니다.[26] 그렇지 않으면 아무런 효과도 없으니까요." 그리하여 그는 크리스티아나 자신과 그녀의 아이들, 그리고 머시에게 각각 약을 조제해 주고 나서 매튜에게는 다시는 풋실과를 따먹지 않겠다는 다짐을 받았다. 그리고 그는 그들에게 입을 맞춘 다음 돌아갔다.

프루던스가 아이들에게 무엇이든 도움이 될 만한 걸 물으면 기꺼이 대답해 주마고 한 얘기는 이미 한 바 있다.

---

25) 그의 신앙의 손에 잡힌 하느님의 말씀. *
26) 회개의 눈물에 섞어 복용해야만 한다. *

그리하여 병에 걸렸던 매튜가 그녀에게 어찌하여 약이 대개 입에 쓴가를 물었다.

프루던스 "그건 하느님의 말씀이 육체적인 입에 그리 달갑지 않은 것임을 보여 주는 것이란다."

매튜 "왜 약이 효력을 내면 구토하고 설사를 하게 하는 거죠?"

프루던스 "그건 하느님의 말씀이 효력을 낼 때 인간의 마음을 깨끗하게 해주는 것임을 보여 주는 거지. 약이 육체를 깨끗하게 만들어 주는 것처럼 하느님의 말씀은 영혼을 깨끗하게 하거든."

매튜 "불길이 위로 솟아오르는 것에서 우리가 배워야 할 것은 무엇인가요? 그리고 태양의 광선과 따뜻한 기운이 아래로 내려오는 것을 보고는 무얼 배워야 하죠?"

프루던스 "불길이 오르는 것을 보고는 열성과 정열을 가지고 하늘나라에 올라가는 걸 배우고, 그 빛과 따뜻한 기운을 내리쬐는 태양에게선 세상을 구원하시는 구세주께서 높은 자리에 계시다가도 우리들 아래에 있는 인간을 사랑하는 마음으로 내려오신다는 걸 배우게 되지."

매튜 "구름은 수분을 어디서 얻게 되나요?"

프루던스 "바다에서지."

매튜 "그 사실에서 우리는 무얼 배울 수 있을까요?"

프루던스 "성직자들이 하느님에게 교의(敎義)를 받는다는 것이지."

매튜 "왜 구름들이 자신을 비워 땅으로 내려오는 걸까요?"

프루던스 "성직자들은 자기들이 하느님에 대하여 아는 바를 세상에 전달해야 한다는 걸 보여 주는 거란다."

매튜 "해가 무지개를 있게 하는 이유는 무엇입니까?"

프루던스 "하느님의 은총에 관한 언약이 그리스도라는 분을 통해서 확실히 우리에게 지켜지는 것을 보여 주려는 거지."

매튜 "왜 바닷물은 육지를 통해 샘이 되어 우리에게 솟아나는 거죠?"

프루던스 "그건 하느님의 은총이 그리스도의 몸을 통해 우리에게 내리는 것을 보여 주려는 거란다."

매튜 "그럼 왜 어떤 샘물은 높은 산꼭대기에서 솟아나지요?"

프루던스 "은총의 정신은 가난하고 낮은 사람들에게 솟아나는 것과 마찬가지로 어떤 권세가들에게도 솟아난다는 걸 보여 주기 위해서."

매튜 "불꽃이 초 심지에 꼭 붙어서 타는 이유는 무엇이지요?"

프루던스 "그건 은혜가 마음에 불붙지 않고는 우리 안에서 생명의 진실한 빛이 결코 타오르지 않는다는 것을 보여 주려는 것이란다."

매튜 "촛불이 타기 위해서는 심지뿐만이 아니라 나머지 초가 모두 타야 하는데 왜 그렇죠?"

프루던스 "하느님의 은혜를 온전한 상태로 우리 속에 간직하려면 몸과 마음을 다하여 소모시켜야 한다는 점을 보여 주려는 거지."

매튜 "왜 펠리컨은 제 부리로 제 가슴을 쪼아대죠?"

프루던스 "어린 새끼를 자신의 피로 먹여 살리기 위해서지. 그것을 보고 우리는 복된 그리스도께서 자기의 어린 백성들을 사랑하셔서 그들을 죽음으로부터 건지기 위하여 자기의 피를 흘리기까지 하셨음을 알 수 있단다."

매튜 "수탉이 우는 소리를 들을 때 무엇을 깨달을 수 있나요?"

프루던스 "베드로의 죄와 베드로의 회개를 기억하게 되겠지. 수탉 울음소리는 또한 날이 샌다는 걸 뜻하기도 한다. 그러니까 그 울음소리를 듣게 되면 우리는 최후의 그 무서운 날을 생각하게 되는 거야."

그럭저럭 한 달이 지나고 나서 그들은 다시 길을 떠나야겠다는 의사를 집안 사람들에게 표시했다. 그때 조지프가 자기의 어머니에게 말했다. "인터프리터 씨 댁에 사람을 보내 우리의 남은 여행을 인도하기 위해 그레이트-하트 씨를 한 번 더 파견해 주십사고 요청하는 걸 잊지 말았으면 좋겠어요." "말 잘했다" 하고 그녀가 말했다. "하마터면 잊을 뻔했구나." 그리하여 그녀는 요청하는 서신을 한 통 작성하고, 그것을 믿을 만한 일꾼을 시켜 좋은 협력자인 인터프리터 씨에게 전달해 달라고 문지기인 워치풀 씨에게 부탁했다. 서신을 받아 그 내용을 읽어 본 인터프리터 씨는 심부름꾼에게 말했다. "내가 그 사람을 보내겠다더라고 전하게."

크리스티아나가 머물던 집의 온 가족은 계속 길을 가고자 하는 그들의 뜻을 알고 모두 한 곳에 모여 그토록 유익한 손님을 보내 주신 그들의 왕께 감사를 드렸다. 감사 기도를 마치고 그들은 크리스티아나에게 말했다. "저희들이 순례자들과 이별할 때 으레 하는 관습대로 몇 가지 보여 드릴까 하는데 보시겠어요? 보시면 남은 길을 가면서 곰곰이 생각하실 수 있을 텐데요." 그리하여 그들은 크리스티아나와 아이들, 그리고 머시를 데리고 작은 방으로 들어가더니 과일 한 개를 보여 주었다. 이브가 먹고 자기 남편에게도 먹이고, 그래서 그 대가로 낙원에서 쫓겨나게 됐던 그 과일이었다. 그들은 크리스티아나에게 무엇이 생각나느냐고 물었다. 크리스티아나가 대답했다. "먹어도 좋은 건지 독인지 나로서는 알지 못하겠군요." 그리하여 그들이 내력을 설명해 주자, 그녀는 두 손을 들고는 놀라는 것이었다.

그 다음 그들은 그녀를 다른 장소로 데리고 가서 야곱의 사다리를 보여 주었다. 그때 마침 천사 몇 명이 그 사다리를 올라가고 있었다. 크리스티아나는 천사들이 사다리를 오르고 있는 모습을 놓치지 않고 바라보았다. 다른 일행들도 열심히 보고 있었다. 그들은 또 다른 방으로 데리고 가서 다른 것을 보여 주려고 했으나, 그때 제임스가 어머니에게 말했다.

"여기 조금 더 머물러 있자고 해요, 어머니. 참으로 굉장한 구경거립니다." 그리하여 그들은 다시 돌아서서 그 유쾌한 광경에 넋을 잃고 서 있는 것이었다. 그리고 나서 그들은 황금으로 만든 닻 한 개가 걸려 있는 방으로 들어갔다. 거기서 그들은 크리스티아나에게 그 닻을 내리라고 했다. "그 닻을 언제나 지니고 있어야 합니다. 그것을 휘장 안에 간직하여 풍랑을 만날 때마다 움직이지 않고 든든하게 서 있도록 해야 하니까요"[27] 하고 그들이 말했다. 그들은 모두 기뻐했다. 그 다음 그들은 우리의 조상 아브라함이 아들 이삭을 제물로 바친 산꼭대기로 그들을 데리고 올라갔다. 거기서 그들은 관광자원으로 보존돼 온 제단이며 나뭇단, 불, 칼 등을 보았다. 그것을 보고 나서 그들은 두 손을 쳐들고 스스로 축복하면서 말했다. "오, 위대한 아브라함, 주님을 사랑하여 자신을 죽인 사람!" 이 모든 것을 보여 준 다음, 프루던스는 그들을 인도하여 식당으로 들어갔다. 식당 안에는 훌륭한 버지널[16, 7세기의 유명한 피아노의 일종]이 한 쌍 놓여져 있었다. 그것을 연주하면서 프루던스는 지금까지 보여 준 것들을 가사로 만들어 노래하는 것이었다.

    이브의 능금을 우리가 보였으니
    그것을 보고 늘 조심하라.
    야곱의 사다리를 또 보았네,
    천사들이 오르는 사다리.

    닻 한 개 선물까지 받았으나
    그것으로 만족할 일 아니네.
    아브라함과 같이
    가장 귀한 것을 바칠 때까지는.

그때 누가 문밖에서 문을 두드렸다. 문지기가 문을 열자 거기에 그레이트-하트 씨가 서 있는 게 아닌가? 그가 방안으로 들어오자 온통

---

[27] 히브리서 6장 19절 참조.

방안은 기쁨으로 가득 차는 것이었다. 얼마 전에 그 늙은 거인 그림 (블러디-맨)을 죽이고 그들을 사자들로부터 구해 준 일이 새삼 기억 났던 것이다.

그레이트-하트 씨가 크리스티아나와 머시에게 말했다. "우리 주님 께서 당신네에게 각각 포도주 한 병과 약간의 볶은 콩을 석류알 두 개와 함께 보내셨습니다. 또 아이들에겐 약간의 무화과와 건포도를 보내셔서 여독을 풀라고 하셨지요." 그리하여 그들은 다시 여행을 계 속하게 되었다. 프루던스와 파이어티가 바래다주러 나섰다. 문간에 이르자 크리스티아나는 문지기에게 그 동안 누구 문밖을 지나간 사람 이 있느냐고 물어 보았다. 그가 대답했다. "얼마 전에 단 한 사람이 지나갔을 뿐입니다. 그런데 그가 말하기를, 최근 당신들이 가야 할 임금님의 큰길에 큰 강도가 나타난 일이 있었다고 하더군요. 하지만 도둑들은 체포되어 불원간 재판을 받게 된다고 합디다." 그 말을 듣 고 크리스티아나와 머시는 두려워 떨었다. 그러나 매튜가 이렇게 말 하는 것이었다. "어머니, 무서워할 것 없어요. 그레이트-하트 아저씨 가 우리와 함께 가면서 우리를 인도해 주실 텐데요, 뭐."

크리스티아나가 문지기에게 말했다. "선생님, 제가 이 문으로 들어 온 이래 보여 주신 호의에 정말 뭐라 감사해야 할지 모르겠군요. 그 리고 제 아이들에게 사랑과 친절을 베풀어 주신 것도 감사드립니다. 그저 선생님을 존경하는 표시로 이 조그만 물건을 드리니 받아 주세 요." 그녀는 그의 손바닥에 천사 모양을 새긴 금화 한 닢을 놓아 주 었다.

그것을 받고 그는 허리를 굽혀 인사하며 말했다. "부인의 옷이 언제 나 희고 머리에는 기름이 마르지 않으시길 바랍니다. 머시 아가씨도 죽지 말고 오래 살아 많은 일 하십시오." 그리고 아이들에게는 이렇 게 말했다. "너희들은 소년 시절의 정욕을 떠나 현명한 분들의 경건 을 본받도록 해라. 그래서 어머님의 마음을 기쁘게 해드리고 점잖은 분들의 칭찬을 들어야지." 그들은 문지기에게 감사하고 헤어졌다.
　나는 꿈속에서 그들이 산의 벼랑에까지 이르는 것을 보았다. 거기서 파이어티가 혼자 무엇인가 생각하다 말고 소리를 치는 것이었다. "어머나! 크리스티아나 일행께 드리려던 걸 잊고 그냥 왔네요! 돌아가서 가져와야겠어요." 그러고는 그녀는 달려갔다. 그녀가 없는 동안, 크리스티아나는 오른쪽으로 조금 떨어진 수풀에서 아주 상쾌한 가락이 들려 오는 것을 느꼈다. 그 가락은 다음과 같은 가사를 싣고 있었다.

　　내 평생 사는 동안
　　주님은 그 은혜 숨김없이 보이셨네.
　　그런즉 주님의 집이
　　내 평생 거처할 처소가 되리라.

그리고 그녀는 또 다음과 같은 대꾸가 들려 오는 것을 느꼈다.

　　우리 주 하느님은 선하시니
　　그분의 자비 영원하도다.
　　그분의 진리 언제나 굳건하고
　　세세토록 보존되리로다.

　그리하여 크리스티아나는 누가 저 유쾌한 음악 소리를 내는가 프루던스에게 물었다. "그것은 이 고장의 새들이 부르는 것이죠. 그들은 이 노래를 햇살이 따뜻하고 꽃이 피어나는 봄이 아니면 잘 부르지 않는답니다. 봄날에는 하루 종일 노래를 부르죠. 나도 가끔 그 노랫소리를 들으려고 밖으로 나옵니다. 때로 그 새를 집에서 기르기도 하죠. 우리가 울적할 땐 아주 좋은 동료가 되어 주고 또한 그들이 사는 숲과 수풀과 한적한 장소들을 살고 싶은 곳으로 만들어 주기도 한답니다."

바로 그때 파이어티가 돌아와 크리스티아나에게 말했다. "이걸 보세요. 우리 집에서 당신들이 보신 것들을 대충 기록한 종이를 가져왔어요. 잊어 먹을 만할 때 보면 기억을 되살리실 수 있을 겁니다. 그것들을 기억하면 마음이 정돈되어 위안을 받으실 수 있을 겁니다."

드디어 그들은 산을 내려가 휴밀리에이션〔겸손〕 골짜기에 이르렀다. 벼랑은 가파르고 미끄러웠다. 그러나 무척 조심을 했으므로 그들은 무사히 내려갈 수가 있었다. 골짜기 아래에 이르자 파이어티가 크리스티아나에게 말했다. "바로 여기가 부인의 남편이신 크리스천께서 더러운 악마 아폴리온을 만나 결사적인 대결을 하셨던 곳이랍니다. 부인도 그 얘긴 들으셨을 거라고 알고 있습니다. 하지만 용기를 잃지는 마셔요. 그레이트-하트 씨가 안내자로 계시는 한, 훨씬 더 편한 여행을 하시게 될 테니까요." 이 말과 함께 그들은 순례자들을 안내자에게 부탁하고 돌아갔다.

그러자 그레이트-하트 씨가 말했다. "이 계곡을 겁낼 필요는 없습니다. 우리가 스스로 사서 고생하지 않는 한, 우리를 해칠 건 없으니까요. 여기서 크리스천이 아폴리온을 만나 사생결단을 한 것은 사실입니다. 그러나 그건 계곡을 내려오면서 미끄러졌기 때문이었어요. 거기서 미끄러진 사람은 꼭 여기서 결판을 내야 하게 돼 있거든요. 이 골짜기가 힘든 곳이라는 이름이 붙은 것도 그 때문입니다. 어느 어느 장소에게 누구 누구가 무서운 일을 당했다는 소문을 들으면 대개의 사람들은 그 장소에 악마나 나쁜 귀신이 있다는 생각들을 하게 되거든요. 사실은 그런 일을 당한 건 모두 당사자들의 실책 때문인데도 말입니다.

이 휴밀리에이션 골짜기는 사실 그 어느 까마귀라도 날아 넘어갈 수 있는 계곡입니다. 막상 접근해서 살펴보면 우리는 틀림없이 왜 여기서 크리스천이 수난을 겪게 되었던가를 설명해 줄 만한 무엇을 발견할 수 있게 될 것입니다."

그때 제임스가 자기 어머니에게 말했다. "저기 보세요. 저쪽에 기둥이 서 있는데 무언가 그 기둥에 적혀 있는 것 같아요. 가서 뭐라고 적혀 있나 읽어 봐요." 그래서 가까이 가보았더니 다음과 같은 글이 적혀 있는 것을 그들은 보았다. "여기까지 오기 전에 크리스천이 미끄러진 일과 여기서 겪었던 싸움을 보고, 후에 오는 자들은 경계를 삼으라." "보시오" 하고 안내자가 말했다. "여기 어디서 크리스천이 고난을 당한 이유를 알아볼 수 있을 거라고 했지 않았어요?" 그리고 그는 크리스티아나를 향하여 다시 말했다. "크리스천이 여기서 미끄러지고 수난을 당했다고 해서 남들보다 특별히 더 불명예스러운 건 아니오. 왜냐하면 이 산은 내려가는 것보다 돌아가는 게 더 쉬운데 그런 산은 이 천지간에 얼마 되지 않기 때문이오. 이제 그에 대한 얘기는 그만 합시다. 그는 지금 편안히 쉬고 있으니까요. 그는 어떻든 적들을 멋있게 정복했습니다. 우리도 시험을 당할 때 그보다 더 나쁜 처지에는 빠지지 않게 해달라고 위에 계신 분께 탄원합시다.

그러나 우리는 휴밀리에이션 계곡에 다시 오게 될 것입니다. 여기는 이 근처에서 보기 드문 옥토지요. 기름진 땅이 보시다시피 대부분 초원으로 덮여 있습니다. 특히 지금 우리들처럼 여름에 오는 사람은, 그에게 만일 경치를 보는 것을 즐기는 성격이 있고 게다가 이곳에 와 본 적이 없다면, 굉장한 경치를 만끽하게 될 것입니다. 보세요, 저 계곡을 덮은 푸른 숲과 아름다운 백합들을. 나는 또한 이 휴밀리에이션 계곡에서 토지를 경작하며 부지런히 살고 있는 사람들을 많이 알고 있습니다. (하느님은 교만한 자를 물리치고 겸손한 자에게 더욱더 은혜를 베푸시니까요[야고보 4장 6절]). 참으로 이 땅은 비옥하여 많은 수확을 거둘 수 있답니다. 아버지 하느님의 집으로 가는 지름길이 이곳으로 나 있어 산을 넘거나 언덕을 오르내리는 수고 없이 갈 수 있었으면 하고 바라는 이들도 더러 있지요. 하지만 길은 길입니다. 가다 보면 목적지가 나오는 법이지요."

그들은 계속 이야기를 나누며 걸어가다가 마침 자기 부친의 양 떼를 먹이고 있는 소년을 만났다. 소년은 남루한 옷을 입고 있었지만, 그 얼굴은 매우 청순하고 복스러웠다. 그는 자리에 앉아 노래를 부르고 있었다. "들어 봐요" 하고 그레이트-하트 씨가 말했다. "저 목동 소년이 무슨 노래를 부르고 있는지." 그들은 귀를 기울였다.

    낮은 곳에 있는 자
    떨어질까 두려워할 염려 없네.
    비천한 자, 오만을 모르고
    겸손한 자, 영원히
    하느님의 보호를 받으리.

    나는 지금 있는 것으로 만족해
    많든 혹은 적든.
    그리고 주님, 주님께선 그런 자를 구원하시니
    나는 여전히 이렇게 만족하렵니다.

    순례의 길 가는 자에게
    소유한다는 건 무거운 짐.
    이곳에서 적게 가지는 자
    저 세상에서 다시없는 복 받으니
    세세토록 변함없는 큰 복이라.

안내자가 말했다. "노래하는 소리 들었어요? 이 소년이야말로 비단 옷 입은 자나 양단옷 걸친 자들보다 더 즐겁게 살고 있고, 그 가슴에는 하치즈〔오랑캐꽃의 일종〕라고 하는 약초를 더 많이 간직하고 있는 게 틀림없습니다. 어쨌든 우리 하던 얘기로 돌아갑시다.

　전에 우리 주님께서 이 계곡에다 별장을 두셨었지요. 그분은 이 계곡에 계시는 걸 무척 좋아하셨고 또 초원을 걸어다니시기도 하셨습니다. 공기가 무척 상쾌했으니까요. 게다가 이곳에 살면 누구나 이 세상의 소음과 분주함에서 해방되거든요. 온 세상이 소음과 혼잡으로 가득 차 있지만 유독 이 휴밀리에이션 계곡만은 한적하고 고요하답니다. 여기서는 사람들이 다른 곳에서처럼 명상을 훼방받는 일도 없지요. 이 계곡에는 순례자의 생활을 사랑하는 자 외에는 아무도 발을 들여놓지 않습니다. 비록 여기서 크리스천이 악마 아폴리온을 만나 죽기를 걸고 싸워야 했지만, 그 전에 여길 지나간 사람들은 찬사를 받았고 보석과 생명의 말씀들을 이곳에서 발견했다는 사실을 알려 드리지 않을 수 없습니다.

　좀 전에 우리 주님께서 이곳에 별장을 두시고 즐겨 이곳을 산책하셨다는 얘길 내가 했지요? 덧붙여 말할 게 있습니다. 그것은 이곳과 이곳에 살고 있는 사람들, 그리고 이곳을 통과하는 사람들에게 주님께서는 길을 보수하고 또 계속 순례의 길을 용기 있게 가라고 해마다 연금을 지불하고 계시다는 사실입니다."

　그들이 말을 계속할 때 새뮤얼이 그레이트-하트 씨에게 말했다. "선생님, 이 골짜기에서 아버님과 아폴리온이 싸웠다는 건 알겠는데요. 하지만 이 넓은 계곡 어디에서 싸웠는지 모르겠군요."

　그레이트-하트 "네 부친과 아폴리온이 싸웠던 곳은 저쪽 너머 포게트풀〔健忘〕 초원을 막 지난 좁은 길목에서였다. 그곳이 이 근방에서 가장 위험한 곳이지. 왜냐하면 어느 때고 순례자들이 위험을 만날 때는 바로 그들이 받은 은혜를 망각하고 자기들이 얼마나 그 은혜받기에 부족한 존재인가를 잊어버릴 때거든. 이곳에서 수난을 당한 건 네 부친말고도 많이 있단다. 그곳에 대한 얘기는 그곳에 가서 더 하기로 하자. 그때 그런 싸움이 있었음을 증명할 만한 어떤 표시나 비석 같은 게 어디 남아 있을 게다."

그러자 머시가 말했다. "우리가 여행길에 지나온 그 어떤 다른 곳과 마찬가지로 이곳도 괜찮은 곳이라고 생각되는군요. 장소도 마음에 들어요. 마차 지나가는 소리나 바퀴 굴러가는 소리가 들리지 않는 이런 장소에 있는 게 저는 좋아요. 이런 곳에서 인간은 큰 훼방도 받지 않고 자기가 누구며, 어디서 왔으며, 무엇을 하고 있는가 그리고 하느님께서는 자기를 무슨 일에 부르셨는가 생각할 수 있을 것 같아요. 여기서 인간은 생각하고, 가슴을 열고 그리고 그 마음을 녹여 마침내 두 눈에는 헤스본의 연못처럼 눈물이 고일 것입니다〔아가 7장 4절〕. 이 계곡을 곧바로 지나가는 이들은 우물을 만들 것이고, 하느님이 하늘에서 내려주시는 빗물이 그 못을 또한 채울 것입니다. 왕께서 자기 백성에게 포도밭을 주시겠다던 곳도 여기입니다. 누구든지 이리로 지나가는 자는 노래를 부를 것입니다. (아폴리온을 만난 크리스천까지도 노래했지요.)"

그레이트-하트 "옳은 말이오. 나도 여러 번 이 계곡을 지나가 봤지만 이곳보다 더 좋은 곳은 없더군요.

뿐만 아니라 많은 순례자들을 안내해 봤지만 그들도 한결같은 말을 했어요. '마음이 가난하고 심령에 통회하며 나의 말을 인하여 떠는 자, 그 사람을 내가 돌봐 주리라'〔이사야 66장 2절〕고 왕께서 말씀하셨습니다."

마침내 그들은 싸움이 벌어졌던 바로 그곳에 이르렀다. 안내자가 크리스티아나와 아이들, 그리고 머시에게 말했다. "여기가 거기요. 이 자리에 크리스천이 서 있었는데 저쪽에서 아폴리온이 다가왔지요. 봐요, 여기 내가 얘기한 대로 당신 남편이 흘린 피가 돌 위에 그대로 남아 있지 않아요? 그리고 또 봐요, 여기저기 아폴리온의 부서진 창 조각이 아직도 뒹굴고 있어요. 그리고 싸울 때 서로 상대방을 맞아

선 자리를 단단히 다지느라고 발로 다진 자국들, 발길에 채여 부서진 돌덩이들도 그대로 있어요. 사실 말이지 그때 크리스천은 이 자리에서 참으로 남자답게 버텼습니다. 헤라클레스도 이렇지는 못했을 정도였지요. 아폴리온은 싸움에 지자 다음 골짜기로 도망쳤습니다. 죽음의 그늘 계곡이라고도 부르는 그 골짜기로 우리도 곧 가게 될 것입니다. 봐요, 저기 기념비가 세워져 있군요. 이 싸움과 크리스천의 승리를 영원히 빛나게 하기 위해 새겨 놨지요."

그 비석은 바로 길가에 세워져 있었다. 그래서 그들은 비석 앞으로 다가가 거기에 적힌 글을 읽어 보았다.

여기에서 멀지 않은 곳에서
참으로 기이하고도 진지한
전투가 있었다.
크리스천과 아폴리온이
피차 정복하려고 싸웠던 것.

인간이 남아답게 용감히 싸워
마침내 악마를 도주하게 했으니
그것을 기념하여 여기에 비를 세워
사실을 사실로써 증거한다.

이곳을 지나치자 그들은 곧 죽음의 그늘 계곡 입구에 이르렀다. 이 계곡은 많은 사람들이 증언하듯이 다른 계곡보다 더 길고 여러 가지 악한 것들이 들끓고 있었으나 이들 여인들과 아이들은 훨씬 쉽게 통과할 수 있었다. 때가 마침 대낮이었던 데다가 그레이트-하트 씨가 안내를 했기 때문이었다.

계곡에 들어서자 그들의 귀에는 죽어 가는 사람의 거친 신음 소리가 들려 오는 것만 같았다. 또한 고문을 당하는 자가 울부짖는 소리도 들려 오는 것 같았다. 그 소리에 아이들은 무서워 떨었고 여자들도 안색이 파랗게 질려 버렸다. 그러나 안내자는 안심하라고 타이르는 것이었다.

그리하여 그들은 앞으로 조금 더 나아갔다. 그런데 땅속에 허공이 있는 것처럼 그들이 걸어가고 있는 땅이 흔들리고 있는 것이었다. 그들은 또한 뱀의 그것 같은 쉿쉿거리는 바람 소리도 들었다. 그러나 아무것도 눈에 보이지 않았다. 마침내 아이들이 입을 열었다. "이 음침한 골짜기를 아직 더 가야 하나요?" 그래도 안내자는 여전히 용기를 내어 발밑을 조심하라고만 일러 주는 것이었다. "함정에 빠지지 않도록 조심해요."

그때 제임스가 앓기 시작했는데, 내가 보기엔 무서움 때문이었던 듯하다. 그의 어머니는 그에게 인터프리터의 집에서 얻은 술과 스킬 씨에게서 얻은 알약 세 개를 주었다. 그것을 먹고 나자 아이는 곧 회복되기 시작했다. 그들은 계속 걸어 마침내 계곡의 중간 지점에 이르렀다. 거기서 크리스티아나가 말했다. "저 앞에서 뭔가 본 것 같아요. 생전 처음 보는 형태였어요." 그러자 조지프가 말했다. "어머니, 그게 뭐예요?" "흉칙한 것이었단다. 얘야, 아주 흉칙한 것이었어" 하고 그녀가 말했다. "하지만 어머니, 어떻게 생겼는데요?" "글쎄, 어떻게 생겼는지는 말할 수가 없구나." 그러는 사이에 그들은 자꾸 그것이 있는 쪽으로 접근해 갔다. 그녀가 말했다. "이제 다 왔어."

"자, 자" 하고 그레이트-하트 씨가 말했다. "무서워 죽겠는 사람은 내게 바싹 붙어요." 마침내 악마가 나타나 안내자와 마주쳤다. 그러나 막상 맞부딪치자 그는 형체도 없이 모든 사람의 눈에서 사라져 버리고 말았다. 그제서야 그들은 얼마 전에 들었던 얘기가 기억나는 것이었다. "악마와 대항하여 싸우라. 그러면 악마는 달아나리라."

원기를 다시 얼마간 회복하여 그들은 계속 걸었다. 그러나 얼마 나아가지 못하고 머시는 되돌아보다가 사자처럼 생긴 짐승이 빠른 걸음으로 뒤쫓아오고 있는 것같이 생각되었다. 그 짐승은 큰소리로 울부짖었는데, 그럴 때마다 온 계곡이 울렸고 순례자들의 마음 또한 두려워지는 것이었다. 아무렇지도 않은 사람은 그들의 안내자뿐이었다. 드디어 맹수가 다가왔다. 그레이트-하트 씨가 맨 뒤로 가고 순례자들은 그의 앞에 서서 걸었다. 사자는 그냥 달려왔고 그 달려오는 사자를 향해 그레이트-하트 씨는 몸을 내던져 덤벼들었다.[28] 사자는 그가 저항해 싸울 것을 결심한 줄 알자 뒷걸음치더니 더 이상 따라오지 않았다.

그리하여 그들은 다시 안내자를 앞장세우고 길 전체가 수렁으로 뒤덮인 곳에까지 이르렀다. 그런데 막상 그 수렁길을 걸어갈 준비를 갖추기도 전에 짙은 안개와 어둠이 덮어 지척을 분간할 수도 없게 되었다. 그리하여 순례자들은 부르짖었다.

"아아, 이제 어쩌면 좋은가?"

그러나 그들의 안내자가 대답했다. "무서워 말아요. 가만히 서서 어떻게 되나 살펴봅시다." 그리하여 그들은 길이 막혔으므로 서 있을 도리밖에 없었다. 그러자 원수들이 떠들며 급히 달리는 소리가 훨씬 가까이에서 들리는 것같이 생각되는 것이었다. 그리고 수렁의 불길과 연기도 더 똑똑히 보이는 것이었다.

크리스티아나가 머시에게 말했다. "이제 가련한 내 남편이 어떤 곳을 지나갔는지 알겠네요. 이곳에 대한 소문은 들었지만 직접 와본 적은 없으니까요. 참 안됐어요. 그이는 여길 혼자서, 그것도 밤에 지나갔단 말예요. 이 길을 가느라고 꼬박 밤을 새웠는데 밤새도록 악마들은 그의 몸을 찢기나 할 듯이 덤벼들었답니다. 많은 사람들이 얘기는 하지만, 과연 죽음의 그늘 계곡이 어떤 덴지는 와보지 않고선 모를

---

28) 이 부분은 아마도 베드로전서 5장 8절을 참고로 한 듯하다.

겁니다. '마음의 고통은 그 마음이 알고 마음의 즐거움에 타인은 참예하지 못하느니라'〔잠언 14장 10절〕. 여기는 정말 무서운 곳이에요."

그레이트-하트 "이것은 마치 큰불 속으로 들어가는 것 같기도 하고 또는 깊은 데로 빠져 내려가는 것 같기도 합니다. 깊은 바다 복판에 있는 것 같기도 하고 산의 뿌리로 내려가는 것 같기도 하군요. 이제 마치 대지가 그 빗장으로 우리를 영원히 가두어 두는 것 같기도 합니다. 그러나 어둠 속에서 빛도 없이 걷는 자는 주의 이름을 믿고 하느님께 의지하라고 했습니다〔이사야 50장 10절〕. 내 경우만 보더라도 이미 말한 대로 이 계곡을 몇 차례나 지나갔고 또 지금보다 더 어려운 처지에 빠지기도 했지만 여기 이렇게 살아 있지 않습니까? 나는 스스로 제 목숨을 구해 낸 장본인도 아닌 까닭에 자랑하는 건 아닙니다. 그러나 나는 우리가 넉넉히 구원받으리라는 것을 믿어요. 자, 우리의 어둠을 밝혀 주실 수 있는 그분께 빛을 달라고 기도합시다. 그분은 이따위 어둠뿐만 아니라 지옥에 있는 모든 사탄까지도 꾸짖어 물리칠 수 있는 분이십니다."

그리하여 그들은 울부짖으면서 기도를 드렸다. 하느님은 그들에게 빛을 주시고 그들을 해방시키셨다. 더 이상 아무것도 그들의 길을 가로막지 않았고 수렁길은 어느덧 사라져 버렸던 것이다.

그러나 아직 계곡을 다 벗어난 것은 아니었다. 그래서 계속 걸어가는데 도중에 지독한 악취가 풍겨 그들을 괴롭혔다. 머시가 크리스티아나에게 말했다.

"여기서는 우리가 좁은 문과 인터프리터 씨 댁에서, 그리고 얼마 전에 묵었던 집에서 본 것 같은 기분좋은 것들을 찾아볼 수 없네요."

"오, 하지만" 하고 한 아이가 말했다. "여기 계속 머물러 있는 것보다 이렇게 지나간다는 건 좋은 일이지요. 그리고 제 생각엔 우리가 이런 델 지나가야만 하는 이유 가운데 하나는 우리가 가서 살 그 집을 더욱 살기 좋은 데로 만들려는 데 있는 것 같습니다."

"말 잘했다, 새뮤얼" 하고 안내자가 말했다. "넌 제법 어른스럽게 말하는구나." "만일 여기에서 벗어나기만 한다면" 하고 소년이 말했다. "그 어느 때보다도 더욱 밝고 곧은 길을 소중하게 여길 것 같아요."

그러자 안내자가 말했다. "머잖아 이곳을 벗어나게 될 것이다."

그들은 계속 걸었다. 이번에는 조지프가 말했다. "아직도 이 계곡의 끝을 볼 수 없나요?" 안내자가 말했다. "발부리나 살펴봐. 곧 함정투성이 길을 가게 될 테니."

그리하여 그들은 발부리를 조심하며 계속 걸어 나갔다. 그러나 함정이 너무 많아 고생이 말이 아니었다. 함정들 사이로 빠져 나가다가 온몸이 찢어진 사람 하나가 왼쪽의 수렁에 빠져 있는 것을 그들은 보았다. 그것을 보고 안내자가 말했다. "저 사람은 이 길을 가던 히들리스〔不注意〕라는 자인데 저기 저렇게 누워 있은 지 꽤 오래 됐습니다. 그가 붙잡혀 죽음을 당할 때 테이크히드〔注意〕라는 사람이 같이 있었는데 그는 그들의 손아귀를 벗어났지요. 여기서 얼마나 많은 희생자가 생겼는지는 상상조차 할 수 없습니다. 그런데도 아직 인간들은 어리석어서 순례의 길을 가볍게 생각하고는 안내자도 없이 이 길을 가곤 합니다. 가련한 크리스천, 그가 빠져 나갈 수 있었던 것은 놀라운 일이었어요. 그러나 그는 하느님의 사랑을 받는 사람이었지요. 게다가 그는 마음이 참 착했어요. 그렇지 않았더라면 여기서 살아 나가지 못했을 것입니다."

그들은 이윽고 그 길의 막바지에 이르렀는데 그곳은 바로 크리스천이 지나가다 굴을 보았던 곳이었다. 그 굴에서 몰〔쇠망치〕이라고 하는 거인이 하나 나왔다. 이 몰이란 자는 궤변으로 젊은 순례자들을 망쳐 놓은 자였는데, 그레이트-하트의 이름을 부르면서 이렇게 말하는 것이었다.

"이따위 짓을 하지 말라고 몇 번이나 그랬지?" 그러자 그레이트-하트가 말했다. "뭐라고?" "뭐라고라니?" 거인이 말했다. "몰라서 묻나? 어쨌든 오늘은 끝장이다."

"하지만." 그레이트-하트 씨가 말했다. "싸우기 전에 왜 싸워야 하는지 그 이유나 좀 알자." (이때 여자들과 아이들은 무서워 떨며 어찌할 줄 모르고 서 있었다.) 거인이 말했다. "넌 우리 나라를 침범했다. 가장 고약한 도둑놈들을 이끌고 침범했단 말이다." "그렇게 막연한 말은 거두고" 하고 그레이트-하트 씨가 말했다. "좀더 자세하게 말하게." 그러자 거인이 말했다. "너는 교활하게 사람을 유괴한단 말이다. 너는 여자와 아이들을 긁어모아 낯선 나라로 보내 버려 결국 우리 주님의 왕국을 약하게 만들고 있어."

이번엔 그레이트-하트 씨가 대답했다. "나는 하늘에 계신 하느님의 종이다. 죄인들을 회개하도록 설득시키는 것이 내가 하는 일이다. 나는 남자와 여자를, 그리고 아이들까지 어둠에서 밝음으로, 사탄의 압력 아래서 하느님께로 돌아서게 하라는 명령을 받고 일하는 것이다. 네가 시비 거는 게 그 때문이라면 자, 빨리 겨루어 보자."

그러자 거인이 다가섰다. 그레이트-하트 씨도 그를 맞상대하러 나아갔다. 나아가면서 그는 칼을 빼어 들었는데, 거인은 곤봉을 꼬나 쥐었다.

더 이상 아무 말도 하지 않고 두 사람은 싸움을 시작했다. 그런데 거인이 첫번 휘두른 곤봉에 맞아 그레이트-하트 씨가 한쪽 무릎을 꿇으며 쓰러지고 말았다. 그와 함께 여인들과 아이들은 울음을 터뜨렸다. 그레이트-하트 씨는 마음을 가다듬고서 맹렬하게 덤벼들어 마침내 거인의 팔에 상처를 입혔다. 불을 뿜는 듯한 전투가 한 시간 가량이나 계속되었는데, 거인의 코에서는 뜨거운 가마솥처럼 열기가 뿜어져 나왔다.

그들은 피차 숨을 돌리기 위해 떨어져 앉았다. 그 동안 그레이트-하트 씨는 줄곧 기도를 올렸다. 싸움이 계속되는 동안 여인들과 아이들은 한숨 쉬고 울부짖는 것 외에 아무 일도 할 수가 없었다.

숨을 돌리자 그들은 다시 싸움을 시작했다. 마침내 그레이트-하트 씨가 온몸의 힘을 모아 내리친 일격에 거인은 쓰러지고 말았다. "아니, 잠깐, 내가 일어날 테니 기다려라" 하고 거인이 소리쳤다. 그래서 그레이트-하트 씨는 깨끗하게 기다려 주었다. 그리하여 싸움은 다시 계속되었는데, 이번에는 거인이 휘두른 곤봉에 하마터면 그레이트-하트 씨의 머리가 부서질 뻔하였다. 위험을 느낀 그레이트-하트 씨는 정신을 가다듬어 상대방의 다섯째 갈비뼈 아래를 찔렀다. 그러자 거인은 비틀거리며 더 이상 곤봉을 휘두르지 못하는 것이었다. 그레이트-하트 씨는 두번째 칼로 거인의 머리를 잘라 버렸다. 마침내 여인들과 아이들은 기쁨의 환성을 올렸고, 그레이트-하트 씨도 구원해 주신 하느님께 찬양을 올렸다.

그 일이 끝나자 그들은 기둥을 하나 세워 거기에 거인의 목을 매달고 뒤에 오는 나그네들이 볼 수 있도록 다음과 같은 글을 써 붙였다.

 이 머리의 주인은
 순례자들을 괴롭히는 놈이었다.
 나 그레이트-하트가
 순례자들의 안내를 맡을 때까지,
 그리하여 그들의 적인 놈을
 거꾸러뜨릴 때까지
 그는 순례자들의 길을 막고
 하나도 남겨 두지 않았었다.

그들이 큰길 곁에 마련돼 있는 전망(展望) 장소로 올라가는 것을 나는 보았다. (그곳은 크리스천이 그의 친구인 페이스풀을 처음으로 본 장소였다.) 그들은 거기 앉아 먹고 마시며 즐겁게 휴식했다. 방금 무서운 적의 수중에서 벗어난 것이 그다지도 즐거웠던 것이다. 앉아서 먹고 쉬는 동안 크리스티아나가 안내자에게 싸움에서 입은 상처는 없느냐고 물었다. 그레이트-하트 씨가 대답했다. "피부에 약간 상처를 입었을 뿐입니다. 하지만 그것이 내가 얼마나 우리 주님과 당신들을 사랑하는가에 대한 증거가 되어 훗날 상을 받을 것을 생각하면 아무렇지도 않습니다."

"선생님, 선생님은 그가 곤봉을 들고 덤벼들 때 무섭지 않으셨어요?" "나 자신의 힘을 믿지 않고 그 어느 누구보다 힘이 세신 분께 의지하는 것이 나의 의무지요." "하지만 그가 처음에 선생님을 무릎 꿇게 했을 땐 어땠어요?" "우리 주님께서도 처음엔 쓰러지셨지만 최후에 승리하신 걸 생각했지요" 하고 그가 말했다.

매튜 "모두들 각자 나름대로 생각하시겠지만, 저는 우리를 이렇게 계곡에서 이끌어 내시고 또 적의 손아귀에서 구원해 내신 것이야말로 하느님께서 우리에게 베푸신 놀라운 은혜라고 생각합니다. 저로서는 하느님께서 이런 상황에서 이처럼 우리에 대한 사랑을 증명하신 마당에 더 이상 하느님을 불신할 아무 까닭이 없다고 봅니다."

그리하여 그들은 일어나 계속 걸어갔다. 얼마 멀지 않은 곳에 참나무 한 그루가 서 있었는데, 가까이 다가가서 보자 나무 아래서 한 늙은 순례자가 곤히 잠을 자고 있는 것이었다. 그들은 그의 옷과 지팡이와 허리띠를 보고 그가 순례자임을 알 수 있었다.

안내자 그레이트-하트 씨가 흔들어 깨우자 그 늙은 사람은 눈을 뜨고 소리쳤다. "무슨 일이오? 당신은 누구요? 여기서 뭘 하고 있는 거요."

그레이트-하트 "아니, 뭐 그렇게 화를 내지는 마세요. 여기 있는 사람들은 모두 친구니까요."

그러나 그 노인은 벌떡 일어나 몸을 사리면서 도대체 누구냐고 따지는 것이었다. 안내자가 대답했다. "제 이름은 그레이트-하트라고 합니다. 여기 이 천성으로 가는 순례자들을 안내하는 사람이죠."
 그러자 어네스트 씨가 말했다. "용서해 주시오. 나는 또 당신네들이 얼마 전에 리틀-페이스에게서 돈을 몽땅 털어 간 강도들과 한패거린 줄 알고 겁났지. 이제 보아하니 당신네들은 정직한 사람들이군."
 그레이트-하트 "만일 우리가 그 강도들이었다면 노인께서는 어떻게 자신을 보호하실 참이었습니까?"
 어네스트 "어떻게 했겠느냐고? 힘이 다할 때까지 싸웠을 게요. 내가 그렇게 대항하는 한, 당신들도 나를 어쩌지 못해요. 그리스도인은 스스로 포기하지 않는 한, 아무도 정복하지 못하는 법이니까."
 그레이트-하트 "말씀 잘하셨습니다. 바른 말씀을 하시는 걸 보니 노인께서는 정직한 분이시군요."
 어네스트 "당신 말을 듣고 보니 당신도 진짜 순례자가 어떤 자라는 걸 알고 있군. 보통들 순례자란 제일 쉽게 정복되는 무리인 줄 알고 있거든."
 그레이트-하트 "정말, 뵙게 돼서 반갑습니다. 이제 노인장 성함과 어디서 오셨는지 좀 말씀해 주시겠습니까?"
 어네스트 "이름은 말할 수 없지만, 고향은 대주지. 나는 스튜피디티〔愚鈍〕마을에서 왔는데 멸망의 도시에서 4마장쯤 떨어진 곳이오."
 그레이트-하트 "아, 그 마을에서 오셨어요? 그러면 대충 성함이 어떻게 되시는지 알겠습니다. 어네스트옹이시죠? 아니십니까?"
 그러자 노인은 얼굴을 붉히며 말했다. "어네스트가 내 이름이오(추상명사 어네스트가 아니라). 나는 이름만이 아니고 성질 자체도 어네스트하길 바라고 있소."
 어네스트 "그런데 여보시오, 그런 못난 마을에서 왔다고 하는데 어떻게 내가 누구인 줄 아셨소?"
 그레이트-하트 "전에 우리는 주님에게서 노인장 얘길 들었지요. 그 분은 땅 위에서 일어나는 모든 걸 알고 계시거든요. 그러나 설마 노인의 고향 같은 곳에서 누가 순례의 길을 떠날까 했었지요. 그곳은 멸망의 도시보다 더 고약한 곳이거든요."29)

어네스트 "그렇지, 우리들은 다른 곳보다 태양으로부터 더 먼 곳에서 살고 있기 때문에 더 차고 무감각하지요. 그러나 빙산 위에 사는 사람일지라도 의로운 태양이 그 머리 위를 비추면 그의 얼어붙은 마음은 녹고 말 것이오. 내 경우가 바로 그 경우지."

그레이트-하트 "그렇군요, 어네스트님, 정말 그렇겠어요."

그러자 노인은 순례자들에게 일일이 사랑의 입맞춤으로 인사를 하고 나서 이름들이 무엇이며 순례의 길을 떠난 이후 어떻게 여기까지 왔느냐고 물었다.

크리스티아나가 대답했다. "제 이름은 아마 노인 어른께서도 들으신 적이 있을 것입니다. 순례자 크리스천이 제 남편이에요. 그리고 애들은 그의 아들들입니다."

그녀가 누구인지 알고 난 노인은 말할 수 없이 기뻐하였다. 껑충껑충 뛰며 미소를 띠고 그들에게 온갖 축복의 말을 하는 것이었다.

어네스트 "당신 남편에 대해서, 그가 여행 도중에 겪은 모험과 전투들에 대해서 많이 들었소. 당신 남편의 이름은 지금 온 세계에 퍼져 있어요. 그런 말을 들으면 위안이 되겠지. 그의 믿음, 그의 용기, 그의 인내 그리고 어떠한 상황 아래서도 지킨 그 성실성은 그의 이름을 유명하게 만들었지." 그는 아이들을 향해 이름이 무어냐고 물었다. 아이들은 각기 자기 이름을 대주었다. 그러자 노인이 아이들에게 말했다. "매튜, 너는 세무원 매튜[한국어 성서에는 마태. 세무원으로 있다가 예수의 제자가 됨]처럼 되되 악한 매튜가 아니라 덕망 있는 매튜가 되거라. 그리고 새뮤얼[한국어 성서에는 사무엘]아," 노인은 새뮤얼에게 말했다.

---

29) 우둔한 자는 단순히 정욕적인 자보다 더욱 고약하다.*

"너는 예언자 새뮤얼처럼 믿음 좋고 기도하는 사람이 되거라. 조지프, 너는 포티파〔한국어 성서에는 보디발. 이집트의 장군〕의 집에 있었던 조지프〔한국어 성서에는 요셉〕처럼 지조를 지키고 유혹을 물리치는 사람이 되거라. 제임스, 너는 의로운 사람 제임스처럼, 우리 주님의 아우 제임스〔한국어 성서에는 야고보〕처럼 되거라."

그들은 머시를 그에게 소개하고 나서, 그녀가 어떻게 고향과 친척을 떠나 크리스티아나와 그 아이들과 동행하게 되었는가를 이야기해 주었다.

그러자 그 정직한 노인이 그녀에게 말했다. "아가씨 이름이 머시라고? 장차 당하게 될 여러 가지 난관 속에서도 자비심을 유지하여 마침내 자비의 샘을 기쁜 얼굴로 맞이하시오."

이러는 동안 시종일관하여 안내자 그레이트-하트 씨는 기쁨에 넘쳐 이 사람 저 사람을 웃으며 바라보는 것이었다. 그들은 함께 걷기 시작했는데, 안내자가 노인에게 혹시 같은 고향에서 떠난 피어링〔不安〕이라는 순례자를 아느냐고 물어 보았다.

어네스트 "알지, 잘 알고 있소. 그는 일의 뿌리를 가지고 있는 사람〔욥기 19장 28절〕이었지. 그러나 그는 내가 평생 만나 본 순례자들 가운데 가장 말썽 많은 친구였소."

그레이트-하트 "그 사람 성격을 환히 아시는 걸 보니 과연 잘 알고 계시는군요."

어네스트 "알다마다! 그와 나는 꽤 친한 사이였소. 목적지에 거의 다 갈 때까지 함께 있었지. 이후에〔저승에서〕우리에게 어떤 일이 일어날까에 대해 그가 처음 생각을 시작했을 때도 나는 같이 있었소."

그레이트-하트 "저도 우리 주님의 집에서부터 천성의 문 앞에까지 그를 안내했습니다."

어네스트 "그때도 그가 말썽 많은 인물인 걸 알고 있었소?"

그레이트-하트 "알고 있었지요. 그러나 저는 용케 견딜 수 있었습니다. 제가 안내해야 할 사람들 가운데는 그런 성품을 지닌 사람도 간혹 있으니까요."

어네스트 "아무튼 좋소. 그 사람 얘기 좀 들어 봅시다. 그래 그가 어떻게 해서 당신의 안내를 받게 되었소?"

그레이트-하트 "그러죠. 그는 자신이 목적지까지 가지 못하고 중도에서 실패하지나 않을까 줄곧 걱정하고 있더군요. 조그만 장애에 대한 이야기만 들어도 그는 무서워했습니다. 디스폰드 수렁에서는 무려 한 달간이나 머뭇거리면서 숱한 사람들이 자기를 앞질러 가는 것을 보면서도 안타까워하지도 않고 많은 사람들이 손을 내밀어 잡아 주려고 했지만 나설 엄두도 내지 못하고 있었답니다. 그러면서 되돌아가려고도 하지 않더란 소문이었습니다. 그는 천성에 이르지 못한다면 차라리 죽어 버리겠다고 말은 하면서도 난관을 만날 때마다 기가 죽고, 어떤 사람이 앞길에 던져 놓은 지푸라기에조차 걸려 넘어졌지요. 어쨌든 아까 말씀드린 대로 오랫동안 디스폰드 수렁에 누워 있던 그는, 어떻게 돼서 그리 됐는지 모르겠습니다만, 어느 햇빛 밝은 아침 모험을 시작하여 수렁을 건넜답니다. 그러나 막상 건너고 나서도 그는 자신이 한 일을 믿을 수 없었지요. 제 생각엔 그는 디스폰드 수렁을 항상 자기 마음속에 품고 다니는 것 같았어요. 그렇지 않고서야 그는 그런 꼴일 수가 없었지요. 마침내 그는 문에까지 이르렀습니다. 무슨 문인지는 물론 알고 계시겠지요. 그러나 그는 그 문 앞에서도 문을 두드리기 전에 꽤 오래 그냥 서 있었습니다. 문이 열렸다 해도 그는 남에게 길을 비켜 주면서 자기는 들어갈 자격이 없다고 말했을 것입니다. 왜냐하면 결국 문까지는 그가 많은 사람들보다 먼저 갔지만 들어간 것은 그들이 먼저였으니까요. 불쌍한 그 사람은 거기에 그냥 벌벌 떨며 서 있었을 것입니다. 보는 사람마다 동정이 가지 않을 수 없었겠지요. 그러면서도 되돌아가진 않았을 것입니다. 마침내 그는 문에 매달려 있는 망치를 잡고 가볍게 한두 번 두드렸습니다. 그러자 문이 열렸는데, 문이 열리자 그는 여전히 뒤로 물러서는 것이었습니다. 문을 열어 준 사람이 그에게 다가가 말했지요. '거기 떨고 있는 사람, 뭘 원하시오?' 이 말을 듣고 그는 땅에 엎드렸습니다. 그에게 말을 건넸던 사람은 그가 기절한 것이 아닌가 이상하게 생각하여 이렇게 말했지요. '안심하시고 일어나요. 내가 당신 들어오라고 문을 열었습니다. 들어와요, 당신은 축복받은 사람이오.' 그러자 그는 벌벌 떨며 일어나 문안으로 들어갔지요. 들어가서도 그는 부끄러워 얼굴을 들지 못하는 것이었습니다. 어쨌든 그 안에서 잠시 머무른 다음, 그곳에서 어떤 대접을 받는지는 아시겠지만, 그는 가던 길을 계속 가라는 권고를 받고 또 어떤 길로 가야 하는가도 가르침받았답니다. 그렇게 돼서 저희 집에까지 오게 됐던 거죠. 그러나 저 문 앞에서 했듯이, 그는 저의 주인이신 인터프리터님의 문밖에서도 주춤거리고 있었습니다. 그는 용기를 내어 사람을 부르기까지 꽤 오랫동안 추위 속에서 노숙하고 있었답니다. 그래도, 역시 돌아가려고는 하지 않았습니다. 그때 밤은 참으로 길고 추웠지요. 알 수 없는 게 있는데, 그는 품속에 우리 주인님께 전할 서신을 한 장 가지고 있기까지 했던 것입니다. 그 서신에는 그를 따뜻하게 영접해 주고 특별히 그가 심약한 사람이니 든든하고 용감한 안내자를 한 사람 딸려 보내라는 내용이 적혀 있었단 말입니다. 그런데도 그는 글쎄 문 두드리기를 두려워하고 있었던 것입니다. 그리하여 그는 거기서 거의 굶어 죽을 지경에 이르도록 일어났다 앉았다만 하고 있었지요. 그래요, 그의 낙담은 여간 지독하지 않았습니다. 그는 몇 사람이 문에 와서 두드리고 들어가는 것을 보면서도 감히 엄두를 못 내고 있었던 것입니다. 마침내 제가 창밖을 내다보다가 한 사람이 문께에서 일어섰다 앉았다 하는 것을 우연히 보게 됐지요. 저는 문밖으로 나가서 누구냐고 물었습니다. 그러나 그 가련한 사람은 눈물만 글썽거릴 뿐이었습니다. 나는 금방 그가 무엇을 원하는지 알아차렸지요. 나는 안으로 들어와 식구들에게 알리고 우리 주인님께도 사실을 말씀드렸습니다. 주인께서는 제게 밖으로 나가 그를 데리고 들어오라고 하셨습니다. 그러나 그를 설득시켜 들여보내는 데 저는 진땀을 흘렸습니다. 마침내 그는 들어왔는데 주인님께서는 극진히 대접하셨지요. 식탁에는 많지는 않지만 좋은 음식이 차려져 있었는데 거의 그의 접시에 담겨 있었습니다. 그러자 그는 서신을 내밀어 주인님께 드렸죠. 그것을 보시고 주인님께서는 이렇게 말씀하셨습니다. '이 사람의 요구를 모두 들어 주어라.' 그곳에 꽤 오래 머물렀는데 그 동안에 조금 자신이 생기고 안심이 되는 모양이더군요. 아시다시피 저희 주인님께서는 특별히 두려워하고 있는 사람에게 매우 다정하시고 부드러우신 데다가 그의 용기를 북돋아 주는 일에 온갖 힘을 기울이셨거든요. 그리하여 그곳에 있는 모든 것을 구경한 후, 천성을 향한 여행을 다시 계속하려고 채비를 하고 있을 때 주인님께서는 예전에 크리스쳔에게 하셨듯이 그에게도 술병과 맛난 음식 몇 가지를 주셨습니다. 마침내 우리는 떠났지요. 제가 그의 앞장을 섰던 것입니다. 그러나 그는 큰소리로 한숨만 쉴 뿐 거의 말을 하지 않았어요.

 세 사람이 매달려 있는 장소까지 오더니 그는 자기도 저런 꼴이 되지 않을까 우려하는 것이었습니다. 다만 십자가와 그 옆에 있는 무덤을 볼 때만은 그도 기뻐하더군요. 그는 거기서 조금 더 머물며 십자가를 보자는 것이었습니다. 그러더니 약간 생기가 도는 듯했습니다. 디피컬티 언덕에 다다랐을 때 그는 하나도 당황하는 기색을 보이지 않고 사자도 그다지 무서워 않더군요. 그는 여행 도중 만나는 그런 곤경을 염려하는 것이 아니라 최후에 자신이 받아들여질까에 대해 의심할 뿐이었음을 아셔야 합니다.

 나는 그를 뷰티풀 저택으로 데리고 들어갔지요. 그는 거기서도 선뜻 들어서지는 못했습니다. 집안에 들어가자 나는 그 집의 처녀들을 소개해 주었는데 부끄러워 함께 어울리려고 하지 않는 것이었습니다.

그는 혼자 있고 싶어했습니다. 그러면서도 유익한 얘기는 또 좋아해 가끔 병풍 뒤에 숨어 몰래 엿듣곤 하는 것이었어요. 그는 또한 옛날의 유물들을 매우 즐겨 관찰하고는 그것을 마음속 깊이 간직해 두기도 했습니다. 후에 제게 고백하더군요. 이미 거쳐 온 두 군데, 즉 좁은 문과 인터프리터 댁에서 그는 매우 들어가고 싶은 마음이었으나 막상 문을 두드릴 용기가 생기지 않더라는 것이었습니다.

우리는 뷰티풀 저택을 떠나 휴밀리에이션 계곡으로 내려갔는데 제 평생에 그렇게 잘 내려가는 사람은 보지 못했습니다. 조금도 주저하지 않고 내려가는 걸 보니 그는 결국 행복하게 될 것 같더군요. 제가 보기에는 그 계곡과 그와의 사이에 어떤 관계라도 있는 것 같았습니다. 그의 여행 도중 그때처럼 신나는 모습을 보지 못했으니까요.

거기서 그는 땅에 뒹굴기도 하고, 바닥을 끌어안기도 하고 그리고 계곡에 핀 꽃들에 입을 맞추기도 하는 것이었습니다. 매일 아침 일찍이 일어나서 그는 계곡의 여기저기를 산책하곤 했습니다.

그러나 죽음의 그늘 계곡 입구에 들어섰을 때 저는 꼭 그를 잃어버리는 줄만 알았습니다. 그것은 그가 집으로 되돌아가려고 해서가 아니라, 그는 항상 집으로 가는 건 질색이었으니까요, 무서움에 질려 거의 숨질 지경이었기 때문입니다. '아, 도깨비들이 날 잡아먹어요. 도깨비들이 날 잡아먹어!' 하고 울부짖는데 어떻게 진정시킬 길이 없더군요. 그가 너무 소리를 질렀으므로 정작 도깨비들이 그 소리를 들었더라면 용기백배하여 달려왔을 것입니다.

하지만 나는 이상한 일을 보았습니다. 그가 지나가는 동안에는 전과 다르게 그 계곡이 조용한 것이었습니다. 그곳의 적들은 어쩌면 우리 주님의 특별한 조치를 당하고 있으며, 피어링 씨가 지나갈 동안에는 나서지 말라는 명령을 받고 있었던 게 아닐까 생각됩니다.

그에 대한 얘길 너무 장황하게 늘어놓아서 지루하시겠습니다. 한두 마디만 더 하고 말겠습니다. 배니티 시장 거리에 왔을 때 그는 그곳 사람 모두와 싸우려 하는 것이었어요. 저는 우리 둘이 몰매를 맞지나 않을까 걱정이 되기까지 했습니다. 그만큼 그는 지독하게 그들의 바보짓을 비난하는 것이었어요. 요술에 걸린 지역에서 그는 매우 또렷또렷했습니다. 그러나 마침내 다리가 없는 강에 도달하자 그는 다시 깊은 시름에 잠기는 것이었습니다. 이제, 나는 영원히 물 속에 빠져 그렇게도 오랜 여정을 통과해서 뵈려던 주님의 얼굴은 영영 보지 못하겠구나, 하고 말했습니다.

그런데 저는 여기서 또 신기한 일을 보았습니다. 그 강물 깊이가 그렇게 낮아진 것은 평생 처음 보았으니까요. 그래서 결국 그는 강을 건넜지요. 얼마 물을 적시지도 않고 말입니다. 천성문을 향해 올라갈 때 그레이트-하트는[30] 그에게 이별을 고하고 천성문에서 환영받게 되기를 기원했습니다. 그는 '염려 마세요, 나는 환영받을 테니까'라고 말하면서 나와 헤어졌지요. 그 후로는 보지 못했습니다."

어네스트 "결국 잘된 모양이군."

그레이트-하트 "그렇죠, 그래요. 저는 그 점에 관해 조금도 의심하지 않습니다. 그는 참으로 순수한 정신의 소유자였으니까요. 다만 그는 항상 열등감에 젖어 있었고 그 열등감 때문에 자신도 괴롭혔고 또 남도 괴롭혔을 뿐입니다. 그는 어느 누구보다도 죄에 민감했어요. 그는 남에게 해 끼치는 걸 너무나 두려워하여 간혹 가다가는 아주 정당한 일까지도 남의 기분을 상하게 하지나 않을까 하여 접어두는 그런 사람이었습니다."

어네스트 "도대체 그런 착한 사람이 평생을 어둠 속에서 살아야 하는 원인은 어디에 있을까?"

그레이트-하트 "두 가지 이유가 있지요. 하나는 어진 하나님께서 그

---

30) 여기서 '그레이트-하트는'이란 말은 '나는'이란 말이어야겠는데, 원저자(原著者)인 버니언이 착각하고 있는 듯하다.

렇게 뜻하시는 겁니다. 어떤 사람은 피리를 불고 어떤 사람은 울게 돼 있으니까요. 그런데 이 피어링 씨는 베이스를 연주하게 돼 있었던 겁니다. 그와 그의 동료들은 저음 나팔을 부는데, 그 소리는 다른 어떤 악기의 음조보다 음울하게 들리지요. 그래서 어떤 사람들은 베이스야말로 음악의 기초음이라고 하는지도 모릅니다만. 그런데 저로서는 마음 깊은 데서 우러나지 않는 신앙 고백에는 결코 귀를 기울이지 않습니다.

악사가 조율할 때 가장 먼저 퉁겨 보는 것은 베이스 선이지요. 인간의 영혼을 자기의 음조에 맞추고자 할 때 하느님이 제일 먼저 퉁겨 보시는 것도 바로 이 선인 것입니다. 다만 피어링 씨의 단점이 있었다면, 그것은 그가 평생토록 다른 음률은 연주하지 못했다는 바로 그 점이라 하겠습니다.

제가 이렇게 은유적으로 말하는 것은 독자들의 상상력을 확산시키기 위해서일 뿐더러, 계시록에서도 구원받은 자들을 보좌 앞에서 나팔 불고 하프 타며 노래하는 무리들에 비유하고 있기 때문입니다."[31]

어네스트 "그는 매우 열성적인 사람이었구려. 당신이 그와 사귀었던 자초지종을 듣고 보니 그래요. 디피컬티, 사자들, 배니티 시장 거리, 그 모든 걸 그는 두려워하지 않았습니다. 다만 자기가 천국에 용납될 것인가를 의심하고 있었으므로 그에게 무서운 건 죄, 죽음 그리고 지옥뿐이었소."

그레이트-하트 "옳은 말씀입니다. 그것들이 그를 겁나게 한 것은 사실이죠. 그런데 아시다시피 그가 그것들을 무서워한 것은 마음이 약해서지 실제 순례자의 생활을 하는 데 있어서 정신이 약해서는 아니었어요. 격언에 있듯이 나는 그의 앞길을 불이 막는다면 그는 그 불을 던지는 자와 싸워 때려눕힐 것이라고 확신합니다. 그러나 그를 억

---

31) 요한계시록 8장 2절, 6~13절 참조.

누르고 있던 여러 가지 요소들은 아무도 쉽게 벗어 버릴 수 없는 것들이었죠."

그때 크리스티아나가 입을 열었다. "피어링 씨에 대한 얘기는 제게도 도움이 되었습니다. 저는 지금까지 저 같은 사람은 둘도 없다고 생각해 왔어요. 그런데 그 착한 분과 저 사이에 어떤 비슷한 점이 있는 걸 발견하게 되었습니다. 다만 두 가지 점에서 우린 서로 다를 뿐이지요. 그의 고통은 너무나도 커서 밖으로 표출됐는데, 저는 그걸 속으로 삭였습니다. 또한 그의 고뇌는 그로 하여금 미리 준비되어 있는 집 문을 두드리지도 못하게 억눌렀는데, 저의 고뇌는 오히려 언제나 문을 더 세게 두드리도록 만들었단 말입니다."

머시 "만일 제 마음을 털어놓을 수 있는 기회를 주신다면 제게도 그의 심성이 얼마쯤 깃들여 있었음을 고백하지 않을 수 없군요. 제게도 낙원의 자리를 잃고 불바다에 빠지지나 않을까 하는 두려움이 다른 무엇을 잃어버리는 것보다 더 컸습니다. 저는 혼자 생각했지요. '오, 천국에서 살 수만 있다면…… 그것을 얻기 위해 이 세상 모든 걸 포기해도 좋으련만.'"

이번엔 매튜가 말했다. "공포심은 제게도 생각을 하게끔 만들었습니다. 결국 제가 공포심을 품고 있는 이상, 구원과는 거리가 멀다고 말입니다. 그러나 그렇게 좋은 사람도 공포심을 가지고 있었다면 전들 무슨 수가 있겠습니까?"

제임스 "무서움이 없는 곳엔 은혜도 없습니다. 물론 지옥에 대한 공포가 있는 곳에 항상 은혜가 있다는 것은 아니지만, 그러나 하느님을 두려워하지 않는 곳에 은혜가 없다는 건 틀림없습니다."

그레이트-하트 "말 잘했다, 제임스. 너는 정곡을 찔렀어. 하느님을 두려워하는 것이 곧 지혜의 출발이니까. 그리고 천리 길도 한 걸음부터거든. 어쨌든 이제 피어링 씨에 대한 얘기는 여기서 그만 그치기로 합시다. 그에게 이별의 노래나 불러 주고."

아, 피어링 씨, 당신은
하느님을 두려워했고 그리고
이곳에 있는 동안 당신을
불리하게 할 그 어떤 행위도
당신은 꺼렸다. 당신은
지옥불과 끝없는 구덩이를
무서워하는가? 다른 사람들도
무서워들 하고 있다.
그들은 다만 당신의 지혜가 부족하여
스스로 무덤을 파고 있는 것이다.

나는 그들이 계속 이야기를 나누며 걷고 있는 것을 보았다. 그레이트-하트 씨가 피어링 씨에 대한 얘길 마쳤으므로 이번에는 어네스트 씨가 다른 얘길 들려주기 시작했다. 그가 얘기의 주인공으로 삼은 사람은 셀프윌(自意)이라는 이름을 가진 자였다. "그는 자신이 순례자인 척했지" 하고 어네스트 씨가 말했다. "하지만 나는 그가 길 어귀에 있는 문을 통해 들어오지 않았음을 스스로 확인했어요."

그레이트-하트 "그 점에 관해서 그와 무슨 얘기든 나눠 보셨습니까?"

어네스트 "그럼, 한두 번이 아니었지. 그러나 그는 언제나 제 생긴 대로 놀았어. 자기 멋대로였지. 그는 인간이고 토론이고, 심지어는 실례(實例)조차 상관없는 그런 인물이었지. 그저 마음내키는 일이면 그 일을 했어. 아무도 그것을 막을 수 없었네."

그레이트-하트 "그럼, 그가 고수하던 원리란 어떤 것들이었습니까? 말씀해 주실 수 있겠습니까?"

어네스트 "그는 인간은 순례자들의 덕행뿐만 아니라 비행 또한 본받을 수 있다고 주장했지. 그 두 가지를 다 본받으면 틀림없이 구원을 받는다고 했어."

그레이트-하트 "어쩌면! 만일 그가 한 말이 '가장 훌륭한 자도 그가 순례자의 덕행을 할 수 있는 것과 마찬가지로 비행 또한 저지를 수 있다'는 뜻이라면 일리 없는 말도 아니죠. 왜냐하면 그 누구도 절대적으로 비행을 저지르지 않도록 돼 있지는 않으니까요. 우리는 다만 경계하고 노력해야 하는 입장에 서 있는 것입니다. 그러나 그런 말은 아닌 것 같군요. 제가 영감님 말씀을 옳게 이해했는지 모르겠습니다만, 그 사람의 경우에는 경계와 투쟁 없이도 비행이 허락되는 것이라고 말하고 있는 듯 하군요."

어네스트 "그래, 바로 그런 말이었소. 그는 그렇게 믿고 또 그렇게 실행했지."

그레이트-하트 "하지만 어떤 근거에서 그는 그런 말을 하고 있었습니까?"

어네스트 "성경이 곧 자기 주장을 옹호해 준다는 것이었네."

그레이트-하트 "저런, 어네스트 영감님, 좀더 자세하게 얘기해 주세요."

어네스트 "그럽시다. 그는 다른 남자의 부인과 간통하는 것은 하느님의 사랑을 받던 다윗이 이미 저질러 놓았으므로 똑같이 할 수 있다는 것이었소. 또한 한 남자가 여러 여자를 거느리는 것도 솔로몬이 했으므로 그대로 할 수 있다는 것이었네. 또 사라를 위시한 이집트의 착한 산파들도 거짓말을 하여 라합을 살렸으니만큼 그도 얼마든지 거짓말할 수 있다는 논리였소. 그는 또한 예수의 제자들이 주인의 명령에 따라 임자 있는 나귀를 빼앗았으니 자기도 그런 짓을 할 수 있다는 것이었지. 또 야곱이 얇은 꾀와 속임수로 아버지의 상속을 물려받았으니 자기도 얼마든지 그럴 수 있다고 했어요."

그레이트-하트 "참으로 지독하게 천하군요. 정말로 그가 그따위 생각을 하고 있었단 말입니까?"

어네스트 "그가 그런 주장을 펴면서 성경을 가져다 증언으로 삼고 변론하는 걸 내가 들었소."

그레이트-하트 "도대체 세상에 용납될 수 없는 엉터리 견해군요."

어네스트 "내 말을 바로 이해해야 하겠소. 그는 누구든 그런 짓을 할 수가 있다고 말하지 않았소. 덕행을 쌓고 실행하는 사람만이 그런 짓을 할 수 있다는 것이었소."

그레이트-하트 "하지만 그렇게 거짓된 결론은 어떻게 나옵니까? 어떤 착한 사람이 전에 죄를 지었으니까 계속해서 마음내키는 대로 같은 범죄를 저질러도 된다는 궤변에 지나지 않습니다. 또는 아이가 바람에 밀리거나 돌에 걸려 진흙탕에 넘어져 온몸이 진흙투성이가 됐으니 그도 기꺼이 진흙탕에 빠져 돼지처럼 뒹굴어야 한다는 억지일 뿐입니다. 육욕에 어두워 그렇게도 앞을 보지 못하는 사람이 있을 줄 누가 생각이나 했겠습니까? 그러나 기록돼 있는 것은 진리가 아닐 수 없습니다. '그들이 걸려 넘어지는 것은 말씀에 순종하지 않기 때문이며 그렇게 되기로 이미 정해진 것입니다'〔베드로전서 2장 8절〕.

스스로 비행을 저지르는 상습범까지도 착한 사람의 덕행을 할 수 있다는 그의 가설 또한 마찬가지로 터무니없는 망상입니다. 그것은 마치 개가 '나도 아이와 같은 품격을 가질 수 있으며 갖고 있다. 나는 그의 배설물을 삼켰으니까' 하고 말하는 것과 같습니다. 하느님의 백성이 저지르는 죄를 함께 범한다는 것이 그가 그들의 덕행을 함께 소유하고 있다는 표시가 될 수는 없거든요. 그런 생각을 품고 있는 사람이 현재 신앙이나 사랑을 가지고 있다고는 믿을 수가 없습니다. 물론 영감님께서는 그에게 강하게 반박하셨으리라 믿습니다. 그래 그 자신은 뭐라던가요?"

어네스트 "그는 말하기를 '소신껏 이런 일을 하는 것이, 생각은 다르면서도 생각과 다른 일을 하는 것보다는 훨씬 더 솔직하지요'라는 것이었소."

그레이트-하트 "거참, 교활한 대답입니다. 생각은 그렇지 않으면서도 육욕의 고뇌를 풀어놓는 것도 나쁘지만, 죄를 지으면서 오히려 봐달라고 하는 것은 한층 더 나쁘거든요. 전자는 은혜받은 자를 우연히 미끄러지게 하고, 후자는 그들에게 일부러 빠지라고 권유하는 것입니다."

어네스트 "이 사람과 같은 생각을 품고 있으면서도 말로는 표현하지 않는 사람들이 많이 있어요. 이런 사람들이 순례의 길 가는 것을 그렇게 보잘것없는 걸로 만들고 있지."

그레이트-하트 "옳은 말씀입니다. 애통할 일입니다. 하지만 낙원의 임금님을 두려워하는 자는 그들을 두고 나오겠지요."

크리스티아나 "세상에는 별 이상한 사상도 다 있습니다. 저는 '죽을 때가 다 돼서 회개해도 시간은 넉넉하다'고 말하는 사람도 알고 있어요."

그레이트-하트 "그런 사람은 어리석은 사람이지요. 마치 한 주일에 20마일을 가야만 하는 사람이 하루하루 미루다가 마지막 날 20마일을 가겠다는 것과 같아요."

어네스트 "옳은 말일세. 그런데 스스로 자신을 일컬어 순례자라 하는 자들이 일반적으로 그런 궁리를 하고 있거든. 나는 당신들이 보다시피 늙은이요. 그리고 이 길을 꽤 여러 날 걸었소. 나는 여러 가지 일을 주의 깊게 살펴봤지.

나는 처음에는 온 세계를 정복할 듯 설치다가 며칠 후 광야에서 약속된 땅은 바라보지도 못하고 죽어 가는 사람들을 보았소.

나는 또한 처음에는 별로 약속받은 것도 없이 막상 순례의 길에 나섰으나, 단 하루도 살 수 있을 것 같지 않던 사람이 매우 훌륭한 순례자가 되는 것도 보았지.

나는 부리나케 달려가다가 잠시 후 다시 부리나케 되달려오는 사람도 보았어.

나는 또한 초창기에는 순례의 생활에 대해 매우 좋게 얘기하다가 잠시 후 그저 비난만 하는 사람도 보았네.

나는 또 어떤 사람들이 처음 낙원을 향해 출발할 때에는 긍정적으로 '거기에 그런 장소가 있다'고 말하다가 그곳 가까이에서 되돌아서며 아무것도 없다고 말하는 소리를 들었지.

나는 어떤 사람들이 길에서 무엇이든 만나면 이러이러하게 대처하겠다고 큰소리치다가 거짓된 경보에 넘어가 신앙과 순교자의 길, 그리고 다른 모든 것을 잃어버리는 것도 보았네."

그들은 계속 이야기를 나누며 앞으로 가다가 그들을 만나려고 달려오는 한 사람과 마주쳤다. 그는 이렇게 말했다. "신사 여러분 그리고 연약한 여자분들, 목숨이 아깝거든 빨리 도망치시오. 앞에 강도들이 있습니다."

그러자 그레이트-하트 씨가 말했다. "전에 리틀-페이스를 덮쳤던 그 세 놈을 얘기하는 모양이군요. 그러나 우리에게는 싸울 준비가 돼 있습니다." 그리하여 그들은 계속 길을 걸었다. 모퉁이를 돌 때마다 그들은 혹시 강도들을 발견할 수 있을까 하여 앞을 내다보았다. 그러나 그레이트-하트 씨가 온다는 것을 알고 있었는지 아니면 다른 행객을 털러 갔는지 그들은 끝내 순례자들에게 닥치지 않았다.

몹시 피로해진 크리스티아나는 자신과 아이들이 쉴 수 있는 여관이 하나 있었으면 하고 바랐다. 그러자 어네스트 씨가 말했다. "조금만 더 가면 매우 존경받는 주님의 제자 가이우스〔한국어 성서에는 가이오〕가 살고 있는 곳이오." 그리하여 그들은 모두 그 집에 들기로 작정하였다. 그것은 그 노인이 그에 대해 매우 좋게 소개했기 때문이기도 했다. 문에 다다르자 그들은 두드리지도 않고 그냥 안으로 들어갔다. 여관의 문은 두드리지 않는 게 민간의 풍속이었던 것이다. 그들은 들어가서 집주인을 불렀다. 집주인이 달려왔다. 하룻밤 묵을 수 있겠는가 하고 그들이 주인에게 물었다.

가이우스 "있습니다, 여러분. 여러분께서 진실하신 분들이라면 말입니다. 저희 여관에서는 순례자 아닌 분은 받지 않으니까요."

여관 주인이 특별히 순례자들을 좋아하는 사람임을 안 크리스티아나와 머시, 그리고 아이들은 더욱 반가웠다. 그래서 그들은 방을 보여 달라고 했다. 집주인은 크리스티아나와 머시, 그리고 아이들을 위한 방 하나와 그레이트-하트 씨와 노인을 위한 방 하나를 보여 주었다.

그러자 그레이트-하트 씨가 말했다. "착한 가이우스, 저녁 준비는 어떻게 됐소? 이 순례자들께서는 오늘 굉장히 많이 걸어서 몹시 지쳐들 계시다네."

가이우스 "지금은 시간이 늦어 밖에 나가 음식을 사올 수 없어요. 하지만 괜찮으시다면 집에 있는 재료만 갖고 만들어 보겠습니다."

그레이트-하트 "집안에 있는 재료로 만들어도 좋아요. 여기서는 맛있는 재료가 떨어진 적이 없음을 나는 잘 알고 있으니까."

그러자 그는 내려가 테이스트-댓-휘치-이즈-굿〔別味〕이라는 긴 이름의 요리사에게 여러 손님이 잡수실 음식을 준비하라고 말했다. 그러고 나서 그는 다시 올라와 말했다. "자, 어서 오십시오. 착하신 여러분들을 환영합니다. 당신들을 모실 방이 마침 있어 저로서도 기쁘군요. 저녁 준비가 이루어지는 동안, 괜찮으시다면 서로 유익한 이야기를 나눔으로 즐거이 시간을 보내는 게 어떻겠습니까?" 그들 모두가 "좋습니다" 하고 말했다.

먼저 가이우스가 말했다. "이 나이 지긋하신 부인은 어느 분의 부인이십니까? 그리고 이 젊은 처녀는 어느 분의 따님이시지요?"

그레이트-하트 "저 부인은 일찍이 순례자였던 크리스천의 부인이시고, 아이들은 그의 아들들입니다. 이 아가씨는 부인이 잘 아는 이웃이었는데 부인에게 설득되어 함께 순례의 길에 오르게 된 처녀지요. 소년들은 지금 한결같이 부친의 뒤를 따라 그 발자취를 더듬고 있는 겁니다. 그래요, 아버지가 밟았던 자국이나 누웠던 흔적을 발견하기만 해도 그들은 기쁨으로 설레며 같이 누워 보기도 하고 발자국을 맞춰 보기도 한답니다."

그러자 가이우스가 말했다. "이분이 크리스천의 부인이시고, 애들이 크리스천의 아들들이라고요? 나는 댁의 남편의 아버님을 알고 있어요. 그리고 그 아버지의 아버지도 알고 있습니다. 그 가문에선 훌륭한 사람이 많이 나왔습니다. 그들의 조상은 맨 먼저 안티옥에서 살았었지요. 크리스천 가(家)의 선조들은(아마 댁의 남편께서 그들에 관한 얘기를 들려주셨을 것이오만) 매우 훌륭한 분들이었습니다. 그분들은 내가 알기로는 무엇보다도 순례자들의 주님이신 하느님의 도(道)와 그분을 사랑하는 이들을 위해 스스로 위대한 덕과 용기를 보여주었습니다. 댁의 남편 친척들 가운데 진리를 위해 시련을 당한 많은 사람들의 이야기를 나는 들어 알고 있습니다. 댁의 남편 가문의 최초의 선조인 스티븐〔한국어 성서에는 스테반〕은 돌에 맞아 머리가 깨어졌지요. 당시의 또 한 선조인 제임스〔한국어 성서에는 야고보〕는 칼에 찔려 죽었습니다. 댁의 남편 가문에 속했던 사람으로서 폴〔한국어 성서에는 바울〕이나 피터〔한국어 성서에는 베드로〕에 대해선 말할 나위도 없습니다. 사자 우리에 던져진 이그나티우스, 살과 뼈가름으로 죽음을 당한 로마누스, 화형을 당한 폴리캅 등이 모두 그 가문에 속한 사람들이었죠. 그 밖에도 뜨거운 태양 아래 바구니에 갇혀 매달려 있다가 말벌들의 먹이가 된 사람, 자루에 넣어 바다 속에 던져서 익사당한 사람도 있답니다. 불의하게 고통을 당하고 순례자 생활을 사랑하다가 죽음을 당한 사람들을 모두 헤아린다는 건 불가능한 일이죠. 어쨌든 댁의 남편께서 이런 귀여운 네 아들을 남겨 놓으신 것을 보니 저로서는 기뻐하지 않을 수가 없습니다. 이 아이들이 아버지의 명예를 이어받아서 그 발자취를 밟아 결국 그에게로 갈 수 있기를 기원합니다."

그레이트-하트 "그렇습니다. 애들은 참으로 유망한 아이들입니다.

충심으로 자기 부친의 길을 선택한 것 같아요."

가이우스 "제 말이 곧 그 말입니다. 따라서 크리스천 가는 지면에 넓게 번성하고 온 세상에 무수히 퍼져 나갈 것입니다. 그러니까 크리스티아나 부인으로 하여금 네 아들을 위한 약혼녀를 물색하도록 해야 합니다. 그래서 그 부친의 이름과 그 조상들의 가문이 영원히 잊혀지지 않도록 해야지요."

어네스트 "이런 가문이 몰락한다거나 대가 끊긴다는 건 비극이야."

가이우스 "몰락은 안 됩니다. 그러나 감소될 수는 있을지도 모릅니다. 그러니까 크리스티아나 부인은 제 권고를 듣도록 해야 합니다. 그것이 곧 문제 해결의 길이니까요. 그리고 크리스티아나 부인, 나는 부인과 부인의 벗인 머시 양이 여기 함께 계신 걸 보고 참 기뻤습니다. 두 분은 썩 어울리는 짝이십니다. 머시 양을 가장 가까운 친척으로 삼으시라고 권해 드리고 싶군요. 그녀가 동의한다면 부인의 맏아들인 매튜에게 성혼시키십시오. 그것이 가문을 이 땅에 존속시키는 길입니다."

그래서 이 중매는 성취되었다. 얼마 후 그들은 결혼했다. 그러나 그 얘기는 다음에 더 하기로 하자.

가이우스는 말을 더 계속했다. "이제부터 나는 여자들 편을 좀 들겠습니다. 그들이 받는 비난을 물리쳐 주어야겠어요. 이를테면 죽음과 저주가 여자들에 의해 이 세상에 들어온 것처럼 생명과 건강도 여자들을 통해 들어왔다 이 말입니다. 하느님은 아들을 보내셨는데 여자에게서 나게(갈라디아서 4장 4절 참조) 하셨으니까요. 아무렴, 이브 다음의 여인들이 얼마나 최초의 어머니가 저지른 짓을 미워했으며, 구약에 나오는 여인들이 혹시 자기가 구세주의 어머니가 될까 하여 얼마나 자식 낳기를 갈망했던가를 보십시오. 또한 구세주가 오셨을 때도 남자나 천사보다 먼저 기뻐한 것은 여자였습니다. 나는 남자들이 그리스도께 동전 한 닢 바쳤다는 기록은 읽지 못했지만, 여자들이 그분을 따르고 자기들의 물질을 바쳐 섬겼다는 기록은 많이 보았습니다. 눈물로 그분의 발을 씻은 것도 여자요, 무덤에 묻히시기 전 시체를 기름으로 닦은 것도 여자였어요. 그분이 십자가를 지고 갈 때 운 것도 여자들이었고, 십자가에서 무덤까지 따라간 것도 여자들이었으며, 매장할 때 무덤 곁에 지켜 앉아 있던 것도 여자들이었습니다. 부활하신 아침 그분을 처음 본 것도 여자였고, 다시 사셨다는 그 기쁜 소식을 제자들에게 맨 처음 전한 것도 여자였습니다. 따라서 여자들은 사랑을 많이 받은 몸들이고 은혜로운 생활을 우리와 함께 누릴 수 있는 존재들인 것입니다."

이때 요리사가 저녁 준비가 거의 끝났음을 알려 왔고, 한 사람을 보내 식탁에 보를 깔고 접시와 소금과 빵을 가지런히 늘어놓았다.

매튜가 말했다. "상보와 밑반찬들을 보니 그 어느 때보다 식욕이 발동하는군요."

가이우스 "이 세상에서 배운 모든 교의(敎義)가 천국에서 위대하신 왕의 식탁에 앉고 싶은 열망을 네게 심어 주기 바란다. 이 세상의 모든 설교, 책 그리고 법령이란 우리가 하느님 앞에 갔을 때 주님께서 베푸실 잔치에 비하면 식탁에 놓인 소금이나 빈 접시일 뿐이니까."

드디어 저녁상이 올라왔다. 먼저 치켜진 앞다리와 뒤틀린 가슴살이 식탁에 진열되었다.[32] 그것들이 진열된 것은 식사를 하기 전에 하느님께 기도와 찬양을 올려야 함을 보여 주려는 것이었다. 치켜진 앞다리를 가지고 다윗은 자기 마음을 하느님께 바쳤고 상심될 때는 뒤틀린 가슴으로 하프를 품고 연주했던 것이다. 그 두 음식은 매우 신선하고 맛이 있어 모두들 흡족하게 먹었다.

다음으로 날라 온 음식은 피처럼 붉은 포도주였다. 가이우스가 그들에게 말했다. "마음놓고 드시오. 이것은 하느님과 인간의 마음을

---

32) 이 음식들은 제사 음식이다. 레위기 7장 32~34절 참조.

즐겁게 하는 순포도즙입니다." 그들은 함께 마시고 흥겨워했다.
 다음 음식은 빵가루를 적당하게 풀어 넣은 우유 한 접시였다. 가이우스가 말했다. "아이들이나 먹어요. 어서 장성해야 할 테니까."
 다음에는 버터와 꿀을 담은 접시가 들어왔다. 가이우스가 다시 말했다. "마음껏 드세요. 이 음식은 판단력과 이해력을 북돋아 주는 데 좋은 겁니다. 우리 주님께서 어렸을 적에 드시던 음식입니다. '악을 거절하고 선을 취하려는 자는 버터와 꿀을 들라'〔이사야 7장 15절〕고 했지요."
 다음에는 사과들이 담긴 접시가 들어왔는데, 그 사과들은 매우 맛이 훌륭했다. 이번엔 매튜가 말했다. "사과는 뱀이 우리의 첫 어머니를 유혹할 때 써먹던 건데 우리가 먹어도 될까요?"
 그러자 가이우스가 말했다.

> 사과로 우리는 속임수에 빠졌다.
> 그러나 우리의 영혼을 더럽힌 것은
> 사과가 아니라 죄였다.
> 금지된 사과는 먹으면 피를 부르나
> 허락된 사과는 먹으면 유익한 것.
> 주의 비둘기인 그대 교회여,
> 그의 잔을 마시고
> 사랑에 굶주린 자들아, 사과를 먹으라〔아가 2장 5절〕.

 그러자 매튜가 말했다. "저는 얼마 전에 과일을 먹고 아팠던 적이 있어서 망설이는 것입니다."
 가이우스 "금지된 과일은 너를 병들게 하겠지만, 주님이 허락하신 과일은 괜찮아요."
 이야기하고 있는 동안 다른 음식이 또 들어왔다. 그것은 접시에 담은 호두였다. 누군가가 말했다. "호두는 어린 치아를 상하게 하는데, 특히 어린이들의 치아를." 가이우스가 그 말을 듣고는 한마디 했다.

    호두란 단단한 가르침(나는 그것을 사기꾼이라 부르지 않으리라).
    단단한 껍데기로 아무나 먹지 못하게
    알맹이를 지킨다.
    그러나 껍데기를 깨어라.
    알맹이를 먹을 수 있으리라.
    껍데기를 깨고 먹으라고
    여기 호두를 가져온 것.

그들은 희희낙락하며 오랫동안 식탁에 앉아 있었다. 그리고 많은 이야기를 서로 나누었다. 그때 노인이 말했다. "여보 착한 여관 주인, 우리가 호두 껍데기를 깨고 있는 동안 이 수수께끼나 풀어 보시오."

    사람들이 그를 미쳤다고 하지만,
    많이 내버릴수록 많이 얻는 사람.

그러자 모든 사람들이 시선을 집중하여 착한 가이우스가 뭐라는가 귀를 기울였다. 그는 잠시 생각하다가 이렇게 대답했다.

    가난한 사람에게 자기 재산을
    넘겨주는 사람은 열 배도 더 되는
    것을 소유할 것이다.

그러자 조지프가 말했다. "선생님, 죄송합니다만, 선생님이 그 수수께끼를 푸시리라고는 생각 못 했습니다."

"오" 하고 가이우스가 말했다. "이런 방면의 훈련을 나는 많이 받았단다. 경험보다 훌륭한 교사는 없어요. 누구에게나 친절해야 한다는 걸 나는 주님께 배웠고 친절하면 얻는 것이 있다는 것을 경험으로 알게 되었지. 흩뜨리나 모아지고, 과하게 아껴도 가난하게 되는 수가 있거든〔잠언 11장 24절〕. 스스로 부자가 되어도 아무것도 가지지 못하고, 스스로 가난한 자가 되어도 크게 부유할 수가 있어요〔잠언 13장 7절〕."

그때 새뮤얼이 자기 어머니인 크리스티아나에게 속삭였다. "어머니, 이 집주인 참 좋은 사람이군요. 여기서 좀 오래 머물러요. 그리고 매튜 형님과 머시의 결혼식을 치른 후 다시 길을 떠나도록 합시다."

집주인 가이우스가 넌지시 듣고는 말했다. "참 좋은 생각이다, 얘야."

그리하여 그들은 그곳에서 한 달이 넘도록 머물렀고, 머시와 매튜는 결혼을 하였다.

그곳에 머무는 동안 머시는 예전에 하던 대로 가난한 사람들에게 웃옷과 외투를 만들어 주었는데, 순례자들 사이에서 이 사실은 크게 호평을 받았다.

어쨌든 이제 다시 우리의 얘기로 돌아가자. 저녁 식사가 끝나자 아이들은 긴 여행에 시달려 침상에 눕기를 간절히 바라는 것이었다. 그래서 가이우스가 사람을 불러 그들을 침대로 데려다 주라고 시키는데, 머시가 "제가 그들을 재우겠어요" 하고 나섰다. 그리하여 그녀가 아이늘을 침상에 뉘었다. 그들은 곧 잠에 곯아떨어졌다. 그러나 다른 사람들은 앉아서 밤을 꼬박 새웠다. 가이우스와 그들은 피차 의기상통하는 점이 있어 서로 헤어지자는 말을 할 수가 없었던 것이다. 자신들에 대한 얘기, 여행에 대한 얘기 그리고 주님에 대한 얘기들을 한참 하고 있는데, 좀 전에 가이우스에게 수수께끼를 주었던 늙은 어네스트 씨가 졸기 시작했다. 그러자 그레이트-하트 씨가 말했다. "웬일입니까, 영감님. 졸리신 모양이군요. 자, 정신을 차리고 이 수수께끼나 풀어 보세요." 어네스트 씨가 말했다. "들어 봅시다."
그레이트-하트 씨가 이렇게 말했다.

    죽이려는 자는 먼저 정복당해야 하고,
    외국에서 살려는 자는 먼저 본국에서 죽어야 한다.

"흠!" 하고 어네스트 씨가 말했다. "그건 어려운 일이군. 풀기도 어렵지만 그대로 행하기는 더 어렵겠어. 하지만 자 주인장, 수수께끼 푸는 일은 당신께 양도하지. 당신이 해설하시오. 나는 듣겠소."
"아닙니다" 하고 가이우스가 말했다. "영감님 차례입니다. 모두들 어떻게 대답하실지 기다리고 있습니다."
그러자 노인이 말했다.

    죄를 극복하려면 먼저
    은혜에 정복당해야 하고,
    지금 살고 있는 자는
    스스로 죽어야만 살아 있다 하겠소.

"맞았습니다" 하고 가이우스가 말했다. "좋은 교의와 경험이 그렇게 가르치죠. 우선 은혜가 스스로 나타나 그 영광으로 인간의 영혼을 사로잡지 못하면 죄악에 반항할 기운이 마음에 생길 리가 없습니다. 뿐만 아니라 만일 죄가 사탄의 결박이라면, 그 줄에 영혼이 묶여 있는데 그 결박으로부터 먼저 자유롭지 않고 어떻게 항거할 수가 있겠습니까?

둘째로, 이성(理性)이나 은혜를 알고 있는 사람이라면 누구도 자신의 부패에 노예가 돼 있는 그런 사람을 은총의 산 기념비라고 믿지는 않을 것입니다.

그리고 이제 생각이 납니다만 들어 둘 만한 얘기를 한마디 해드리겠습니다. 두 사람이 순례의 길을 가고 있었는데, 한 사람은 젊었을 때, 또 한 사람은 늙었을 때 여행을 떠났다고 합니다. 젊은이는 심한 부패와 씨름해야 했는데, 늙은이는 생리적인 쇠퇴와 함께 씨름해야 할 자기 부패조차 쇠퇴해 버렸다는 겁니다. 그런데도 젊은이는 늙은이와 마찬가지로 발걸음을 가볍게 옮겼고 매사에 어두운 점이 없었습니다. 둘은 얼핏 서로 같아 보입니다만, 사실 자신의 은혜를 더 명백히 빛낸 것은 둘 중 누구일까요?"

어네스트 "물론 젊은이지. 가장 큰 난관에 대항한다는 것은 그 힘이 강하다는 사실을 가장 잘 표현하는 것이니까. 특히 그들의 난관의 반도 되지 않는 고난을 당하고 있는 사람들과 비교할 때 그렇지. 물론 노인들은 그렇지 못해요.

게다가 나는 늙은이들이 이 잘못된 것을 가지고 오히려 자신을 치켜세우는 것을 보았소. 말하자면 나이가 들어 자연히 쇠퇴된 것을 가지고 마치 자기 부패에 대한 영광스러운 승리이기나 하듯 스스로를 속이고 있더란 말이오. 늙은이들이 젊은이들에게 충고해 줄 수 있는 건 그들이 그만큼 헛된 일들을 많이 겪었기 때문인 것이오. 그러나 늙은이와 젊은이가 함께 동행한다면, 자기 속에서 작용하는 은총의 힘을 더 분명하게 발견하는 쪽은 젊은이지. 비록 늙은이의 부패가 자연히 빈약해졌다 하더라도."

그리하여 그들은 날이 샐 때까지 앉아서 이야기를 나누었다. 다른 식구들이 자리에서 일어나자 크리스티아나는 아들 제임스에게 성경을 한 장 읽으라고 했다. 그래서 그는 이사야서의 한 장을 읽었다. 읽기를 마치자 어네스트 씨가 왜 구세주가 마른 땅에서 나왔고 또 고운 모양도 풍채도 없다고 기록돼 있을까를 물었다.

그러자 그레이트-하트 씨가 말했다. "첫째 구절에 대해 대답하죠. 그것은 당시 그리스도께서 적을 두셨던 유대교회가 종교로서의 활기와 정신을 거의 다 잃어 가고 있었기 때문입니다. 두번째 구절은 믿지 않는 자들의 입에서 나온 말입니다. 그들에겐 우리 왕자님의 마음을 꿰뚫어 볼 수 있는 눈이 없었기 때문에 그를 외모로 보아 단순한 사람으로 판단했던 것입니다. 마치 보석이 보잘것없는 껍질로 싸여져 있는 걸 모르고 보석을 발견하고도 자기가 무엇을 지금 발견했는지조차 모르기 때문에 다시 그냥 돌멩이를 버리듯 버리는 그런 자들과 같지요."

"말씀 잘하셨습니다" 하고 가이우스가 말했다. "그런데 어떻습니까? 마침 여기 계시는 동안, 내가 알기로는 그레이트-하트 씨는 무기를 훌륭히 다루시는 걸로 알고 있는데, 기운을 돋우어 가지고 들판으로 나가 어떤 좋은 일을 할 수 있나 찾아보지 않으시겠습니까? 여기서 1마일쯤 되는 곳에 슬레이굿[殺善]이라는 거인이 살고 있는데, 그놈이 이 부근의 왕(王)의 행차로에 나타나 심술을 부리곤 한답니다. 그의 소굴을 내가 알고 있습니다. 그는 여러 도둑놈들의 두목이지요. 이 근처에 다시는 얼씬도 못 하도록 할 수만 있다면 참 좋겠습니다."

이 말에 그들은 모두 찬성하여 나섰다. 그레이트-하트 씨는 칼과 투구와 방패로 무장하고 나머지는 창과 몽둥이를 들었다.

그가 있는 곳에 다다랐을 때, 거인은 피블-마인드[心弱者]라는 사람을 손아귀에 거머잡고 있었다. 길을 걷고 있는 그를 거인의 부하들이 잡아다 바친 것이었다. 마침 거인은 그의 갈비를 뜯을 양으로 몸을 뒤지고 있는 참이었다. 그는 생고기를 먹는 자였던 것이다.

이윽고 무장을 하고 동굴 어귀에 서 있는 그레이트-하트 씨 일행을 보자, 그는 무엇 때문에 왔느냐고 호통을 쳤다.

그레이트-하트 "우리는 네놈을 잡으려고 왔다. 네놈이 왕의 길에서 끌어내다 살해한 숱한 순례자들의 원한을 갚아 주마. 동굴 밖으로 나오너라." 그리하여 그는 무장을 하고 밖으로 나왔다. 한 시간 이상 계속 싸우다가 숨을 돌리기 위해 그들은 잠시 동안 서 있었다.

그때 거인이 말했다. "어째서 너는 내 땅을 침범했느냐?"

그레이트-하트 "순례자들의 피에 복수하기 위해서라고 말하지 않았느냐?"

그리하여 다시 싸움은 계속되었다. 거인이 그레이트-하트 씨를 뒤로 물러서게 했다. 그러나 이내 반격하여 용기를 가지고 거인의 머리와 옆구리를 강하게 쳐서 무기를 떨어뜨리게 하였다. 다시 쳐서 그의 생명을 끊고는 목을 잘라 여관으로 가지고 왔다. 그는 또한 순례자 피블-마인드도 자기 거처로 데리고 왔다. 집에 돌아온 그들은 우선 그의 머리를 식구들에게 보이고 나서 높이 매달았다. 전에도 다른 머리를 매달곤 했는데, 그것은 이후 같은 짓을 하려는 자들에게 경고를 주려는 것이었다.

그 후 그들은 피블-마인드 씨에게 어떻게 해서 그의 손에 잡히게 됐는가를 물어 보았다.

그 가련한 사람이 입을 열었다. "보시다시피 나는 병든 몸입니다. 죽음이 하루 한 번씩 내 방문을 두드렸기 때문에 더 이상 고향에 머무를 수는 없다고 생각했지요. 그래서 순례의 길을 나서 나와 아버지가 태어난 곳인 언서튼〔不確實〕 마을을 떠나 이곳까지 여행한 것입니다. 나는 마음뿐만 아니라 육체에까지도 한푼어치의 힘이 없는 그런 사람입니다만, 할 수만 있다면 평생 기어서라도 순례의 길을 가려고 합니다. 이 길의 입구에 있는 문에 갔을 때도 그곳의 주인께서는 나를 후하게 대접해 주셨습니다. 나의 가냘픈 몸매나 연약한 마음을 허물하시지도 않고 여행에 필요한 여러 가지 물건들을 챙겨 주시면서 끝까지 소망을 잃지 말라고 격려까지 해주셨지요. 인터프리터 씨 댁에 갔을 때도 친절한 대접을 받았습니다. 그리고 디피컬티 언덕은 내가 넘어가기에 너무 힘든 곳이라 하여 하인 한 사람이 업어다 주었어요. 참으로 나는 많은 순례자들의 도움을 받았습니다. 비록 그들은 나와 동행하여 천천히 길을 가려고는 하지 않았습니다만. 그러나 앞질러 가면서도 내게 용기를 가지라고 하면서 나와 같은 심약한 자에게도 위안을 주는 것이 주님의 뜻이라고 일러 주고는 자기 길을 서둘러 가는 것이었습니다. 그런데 내가 막 어솔트-레인〔攻擊街〕에 다다랐을 때 이 거인이 나타나 내게 한판 겨룰 준비를 갖추라는 것이었어요. 하지만 나처럼 연약한 놈에겐 오히려 강장제 한 알이 더 필요했지요. 그래서 그가 덤벼들어 나를 잡은 겁니다. 나는 그가 나를 죽이지는 못하리라고 생각하였습니다. 그가 나를 자기 굴속으로 데리고 갔을 때도 내가 스스로 간 것은 아니었기 때문에 반드시 나는 나오리라 믿었지요. 그 어떤 순례자라도 강제로 잡혔을 때 마음만 전적으로 주님께 바치고 있으면 하느님의 섭리에 의해 적의 손에 죽지는 않는다는 말을 들었거든요. 나는 강탈당한 듯이 보이고 또 강탈당한 것이 사실이지만 보시다시피 이렇게 살아 있습니다. 이 일로 인해 계획하고 일을 꾸미신 하느님과 그 일의 수단이 되어 주신 여러분께 나는 감사합니다. 다른 훼방꾼이 또 덮치겠지요. 그러나 어떤 일이 있어도 나는 이 길을 갑니다. 뛸 수 있으면 뛰고, 뛸 수 없으면 걷고, 걸을 수 없으면 기어 갈 것입니다. 무엇보다도 나를 사랑하시는 그분께 감사합니다. 나는 결심했어요. 길은 내 앞에 있습니다. 비록 보시다시피 심약한 몸이지만, 그러나 내 마음은 그 다리 없는 강을 건너가 있답니다."

그러자 어네스트 씨가 말했다. "혹시 당신, 얼마 전에 순례자 피어링 씨와 알고 지내시지 않았소?"

피블-마인드 "네, 그와 사귀었었죠. 그는 멸망의 도시로부터 4마장 떨어져 있고 내가 태어난 곳에서는 훨씬 더 먼 곳인 스튜피디티 마을에서 왔어요. 우리는 진작부터 잘 알고 있었습니다. 그는 내 삼촌이니까요. 그와 나는 비슷한 기질이었습니다. 키는 나보다 약간 작았지만 용모는 비슷했지요."

어네스트 "당신이 그를 알고 있다는 것, 그리고 그와 친척지간이라는 것도 미루어 알겠소. 둘이 피부도 같이 흴 뿐더러 눈길도 비슷하고 말씨까지 닮았거든."

피블-마인드 "우리 둘을 아는 사람들은 모두 그렇게 말합니다. 게다가 그에게서 발견할 수 있는 성품을 나는 내 안에서 거의 다 찾아볼 수 있습니다."

가이우스 "여보시오. 기운을 내시오. 나와 나의 집안은 당신을 환영합니다. 뭐든지 원하시는 게 있거든 마음놓고 청하시오. 그리고 이 집 하인들에게 뭐든지 명령만 하시오. 즐거이 따를 것입니다."

그러자 피블-마인드 씨가 말했다. "이건 생각도 못 한 환대입니다. 밝은 태양이 어둠을 헤치고 솟아나는 것 같군요. 거인 슬레이굿이란 자가 내 앞길을 막고 더 이상 나아가지 못하게 한 것은 이런 환대를 받게 하려는 것이 아니었을까요? 내 주머니를 뒤진 다음 이 가이우스 댁으로 가게 하려는 것이 아니었을까요? 어쩐지 그리 생각되는군요."

이렇게 피블-마인드 씨와 가이우스가 서로 이야기를 나누고 있을 때, 한 사람이 달려와 문을 두드리고는 1마일 반쯤 떨어진 곳에서 낫-라이트〔不正〕란 순례자가 벼락을 맞아 넘어져 있다고 알려 주는 것이었다.

"저런," 피블-마인드 씨가 말했다. "그래 죽었습니까? 그는 내가 이 곳에 오기 며칠 전에 계속 동행했던 나를 앞질러 갔었지요. 거인 슬레이굿이 나를 잡았을 때도 같이 있었습니다. 그러자 그는 잽싸게 돌아서서 도망쳤지요. 이제 와서 보니 그는 죽으려고 도망을 쳤고, 나는 살려고 잡혔던 것 같네요."

금방 죽음을 당하리라 여겨지던 자가

가끔 그 비참한 궁지에서 벗어난다.
죽음의 얼굴을 가진 바로 그 섭리가
때로 비천한 자에게 생명을 베푼다.
나는 붙잡히고 그는 도망쳐 달아났건만,
뒤바뀐 운명은, 그에겐 죽음을
그리고 내겐 생명을 베푼다.

이때쯤 매튜와 머시는 결혼을 했다. 또한 가이우스는 자기의 딸인 피비를 매튜의 동생인 제임스에게 시집보냈다. 그 후 그들은 가이우스 집에 10일을 더 묵으면서 다른 순례자들이 하는 대로 시간을 보냈다.

떠날 때가 되어 가이우스가 잔치를 베풀었다. 그들은 먹고 마시며 즐겼다. 이윽고 떠나야만 할 시간이 되자 그레이트-하트 씨는 숙박비 계산서를 가져오라고 일렀다. 그러자 가이우스는 그에게 이 여관의 관례로는 순례자가 직접 숙박비를 계산하지 않게 돼 있다고 말했다. 그는 1년 동안 숙박비를 계산해 두었다가 착한 사마리아인에게 그 돈을 받는다는 것이었다. 그 사마리아인은 다음에 돌아와서 밀린 숙박비가 얼마가 되든 꼭 갚아 주겠다고 약속을 했었다[누가복음 10장 35절]. 그러자 그레이트-하트 씨가 그에게 말했다.

그레이트-하트 "사랑하는 이여, 당신이 특히 나그네 된 형제에게 봉사하는 일은 충성된 일입니다. 그들은 교회 앞에서 당신의 사랑을 증거했습니다. 하느님께서 보시기에 합당하도록 그들을 잘 대접하여 보냈으니 당신은 잘될 것입니다"[요한 3서 5~6절].

가이우스는 그들 모두에게, 아이들과 특별히 피블-마인드 씨에게 작별을 고했다. 그는 또한 그들에게 도중에 마실 것을 주었다.

문을 막 나설 때였다. 피블-마인드 씨가 주저하는 몸짓을 했다. 바로 눈치 챈 그레이트-하트 씨가 말했다. "자, 피블-마인드 씨, 우리 함께 가십시다. 내가 안내하겠어요. 다른 사람과 같이 편안하게 모시겠소."

피블-마인드 "아아, 나는 내게 어울리는 동료가 있어야겠어요. 당신들은 모두 정력적이고 강합니다. 그런데 보시다시피 난 이렇게 약해요. 괜히 나 때문에 여행에 지장을 받아 나나 당신들에게 짐이 되느니 차라리 뒤에 처져서 가겠습니다. 전에도 말했지만 나는 몸이 약하고 또 마음까지 튼튼하지 못하여 다른 사람들은 능히 견디는 난관에도 견디지 못하고 상처를 받는답니다. 나는 웃지도, 화려한 옷을 걸치지도, 쓸데없는 질문을 받지도 못할 것입니다. 그래요, 나는 너무나도 나약해서 남들은 예사로 저지르는 짓조차 꺼리지요. 나는 아직 모든 진리를 깨닫지 못했습니다. 참으로 나는 무식쟁이 크리스트교 신자입니다. 때로 남들이 주님과 함께 기뻐하고 있노라는 이야기를 들어도 나는 자신이 그렇지 못해 더 괴롭기만 해요. 나는 언제나 강한 자들 가운데 섞인 한 약자요, 건강한 자들 속의 병든 자 혹은 멸시받는 등(燈)과 같은 존재입니다. (하느님께 불러 아뢰어 들으심을 입은 내가 이웃에게 웃음받는 자가 되었으니 의롭고 순전한 자가 조롱거리가 되었구나. 평안한 자의 마음은 재앙을 멸시하나 재앙이 실족하는 자를 기다리는구나〔욥기 12장 4~5절〕.) 나는 어찌해야 할지 모르겠어요."

그레이트-하트 "하지만 형제여, 나는 마음이 약한 사람을 위로하고 약자를 붙들어 주라는 사명을 띠고 온 사람입니다. 당신이야말로 우리와 동행해야 할 분입니다. 우리는 당신을 기다려 줄 것이고, 도와드리기도 할 것이며, 어떤 점에서는 말로든 행동으로든 당신을 위하여 우리의 수장을 포기하기도 할 것입니다. 우리는 당신 앞에서는 모호한 토론을 하지 않을 것입니다. 당신을 뒤에 두고 떠날 수는 없어요."

이런 얘기들을 가이우스네 문간에서 열심히 주고받는데 목발을 짚은 레디-투-홀트〔망설임〕라는 사람이 다가오고 있는 게 보였다. 그도 역시 순례의 길을 가고 있는 중이었다.

피블-마인드 씨가 그에게 말했다. "여보시오, 어떻게 여기까지 오셨소? 지금 막 적합한 동행이 없어 한탄하고 있던 찬데 당신이 꼭 맘에 드는구려. 어서 오시오, 어서 와, 우리 레디-투-홀트 씨. 우리 서로 도와 가며 동행합시다."

레디-투-홀트 "잘됐습니다. 기꺼이 동행해 드리지요, 피블-마인드 씨. 서로 떨어져 가는 것보다는 낫겠죠. 어차피 이렇게 다행스럽게도 서로 만났으니 이 목발 하나 빌려 드리지요."

피블-마인드 "아닙니다, 성의는 고맙습니다만 절름발이가 되기도 전에 지팡이에 의지하지는 않겠어요. 혹시 개가 덤벼들 땐 도움이 되겠지만요."

레디-투-홀트 "피블-마인드 씨. 만일 나나 내 목발이 소용되시거든 언제고 말씀만 하세요."

이렇게 하여 그들은 다시 길을 떠났다. 그레이트-하트 씨와 어네스트 씨가 선두에 서고 그 다음에 크리스티아나와 아이들이, 그리고 그 뒤를 피블-마인드와 목발을 짚은 레디-투-홀트 씨가 따랐다.

어네스트 "여보, 이제 다시 길에 섰으니 먼저 순례의 길을 간 사람들에 관한 유익한 얘기가 있거든 좀 하시구려."

그레이트-하트 "그것 참 좋은 일입니다. 옛날 크리스천이 휴밀리에이션 계곡에서 아폴리온을 만나 어떻게 싸웠으며 죽음의 그늘 계곡에서는 어떻게 고생했는지는 들으셨겠지요. 또한 페이스풀이 마담 완턴과 첫째 아담, 디스콘텐트 그리고 셰임을 만나 어떻게 싸웠는지도 분명히 들으셨을 겁니다. 그 넷은 이 길을 가다 보면 만나게 되는 악한들이지요."

어네스트 "그 얘긴 다 들었소. 하지만 무엇보다도 페이스풀을 괴롭힌 놈은 셰임이었지. 그는 만만치 않은 친구니까."

그레이트-하트 "네, 순례자들이 모두 그러더군요. 모든 인간 중 가장 못된 이름을 가진 친구라고요."

어네스트 "그런데 여보, 크리스천과 페이스풀이 토커티브를 만났던 곳이 어디였소? 그 친구 역시 비상한 놈이었지."

그레이트-하트 "그자야말로 뻔뻔스런 바보였죠. 그런데도 숱한 사람들이 따랐어요."

어네스트 "그자가 페이스풀을 꾀려고 했었던가?"

그레이트-하트 "그랬죠. 그러나 크리스천이 금방 그자의 신분을 알아차리도록 해주었습니다."

그들은 얘기를 계속하면서 옛날 이뱅질리스트가 크리스천과 페이스풀을 만나 장차 배니티 시장에서 무슨 일을 당할지 미리 얘기해 주던 장소에 이르렀다.

그러자 그들의 안내자가 말했다. "바로 이 부근에서 크리스천과 페이스풀이 이뱅질리스트를 만나 그에게서 장차 배니티 시장에서 무슨 일을 당하게 될지를 미리 얘기 들었지요."

어네스트 "아, 그렇군! 그때 그는 꽤 어려운 성경 구절을 그들에게 읽어 주었지."

그레이트-하트 "어려운 구절이었죠. 그러나 그는 그렇게 해서 그들에게 용기를 주었던 것입니다. 우리는 그럼 그 둘을 어떻게 얘기해야 할까요? 그들은 사자같이 용감한 분들이었고 얼굴은 조금도 창백해지지 않았지요. 재판관 앞에 섰을 때 그들이 얼마나 당당했는지 기억하고 계시지 않습니까?"

어네스트 "그래, 페이스풀은 용감하게 견뎠어."

그레이트-하트 "용감했죠. 그리고 용감한 사람답게 죽었습니다. 얘기를 들어 보면 호프풀이나 다른 사람들이 그의 죽음을 보고 신자가 됐다니까요."

어네스트 "그렇지. 당신은 여러 가지 일을 잘 알고 있군. 얘기를 계속하시오."

그레이트-하트 "크리스천이 배니티 시장 거리를 통과해 나온 후 만난 악한은 바이-엔즈〔非理〕란 작자였죠."

어네스트 "바이-엔즈? 그가 누구지?"

그레이트-하트 "아주 못된 놈이었죠. 순 사기꾼이었습니다. 세상 방법대로 종교생활을 했는데, 어찌나 교활한지 종교 때문에 손해를 본다든가 고통을 받을 만한 짓은 결코 하지 않았어요.

그는 경우가 바뀔 때마다 그에 맞는 신앙양식을 바꿔 가졌고 그 점에서는 그의 아내도 능란했습니다. 그는 항상 이랬다저랬다했고 게다가 자기의 그런 변덕을 옹호까지 했지요. 그러나 제가 들은 바에 의하면 비참하게 죽었고, 그 자손들 가운데도 하느님을 진정으로 두려워하여 남의 아낌을 받은 자는 하나도 없다고 합니다."

이때쯤 하여 그들은 배니티 마을이 보이는 곳에 당도했다. 그 마을에는 배니티 장(場)이 섰다. 마을에 가까이 이르자 그들은 어떻게 그 마을을 통과할까에 대하여 서로 상의하기 시작하여 이런저런 의견을 내놓았다. 마지막으로 그레이트-하트 씨가 말했다. "아시겠지만 나는 몇 번 순례자들을 안내하여 이 마을을 지나간 적이 있습니다. 그래서 나슨이라는 사람을 사귀어 놓았지요. 사이프러스〔한국어 성서에는 구브로〕 태생으로 주님의 나이 많은 제자입니다. 이제 그 집에 가서 묵도록 하십시다.[33] 괜찮으시다면 여기서 바로 그 집으로 가시지요."

"좋소" 하고 늙은 어네스트가 말했다. "좋아요." 크리스티아나도 말했다. "나도 좋습니다." 피블-마인드 씨도 한마디 했다. 모두들 좋다고 했다. 그들이 마을의 교외에 도착했을 때는 저녁 나절이었음을 잊지 말아 주기 바란다. 그래도 그레이트-하트 씨는 그 집으로 가는 길을 찾아냈다. 그리하여 그들은 그리로 갔다. 문밖에서 주인을 부르자

---

33) 사도행전 21장 16절 참조.

안에 있던 그 노인은 대번에 누가 왔는지를 알아차리는 것이었다. 문이 열리고 모두들 안으로 들어갔다. 집주인 나슨이 물었다. "오늘 얼마나들 걸으셨소?" 그들이 대답했다. "우리의 동료인 가이우스 댁에서 왔습니다." "참 멀리서 오셨군요" 하고 그가 말했다. "매우 피곤하시겠습니다. 앉으시지요." 그래서 그들은 자리에 앉았다.

그때 그들의 안내자가 말했다. "자, 얼마나 좋습니까? 내 친구가 당신들을 환영합니다."

나슨 "진심으로 여러분을 환영합니다. 무엇이든지 원하시는 게 있거든 말씀만 하십시오. 저희들이 구해 드릴 수 있는 한, 힘써 보겠습니다."

어네스트 "우리가 원하는 건 당분간의 휴식처와 좋은 친구를 얻는 것인데, 지금 둘 다 얻은 것 같습니다."

나슨 "쉬실 자리는 보시는 대로 이렇게 마련되어 있습니다만, 좋은 친구는 좀 겪어 보셔야 할 것입니다."

그레이트-하트 "좋습니다. 이 순례자들을 유숙처로 안내해 주시겠어요?"

나슨 "그러죠."

그리하여 나슨은 일행이 각기 유숙할 방을 보여 주고는 잠자리에 들기 전에 함께 식사할 아주 잘 꾸며진 식당으로 안내했다.

각자 자리 잡고 앉아 여독을 얼마쯤 풀고 난 후, 어네스트 씨가 집주인에게 그 마을에 선량한 사람들이 얼마나 있는가 하고 물었다.

나슨 "불쌍한 사람들에 비교하면 얼마 안 되지만 몇 분 계시지요."

어네스트 "어떻게 하면 그분들을 좀 만나 볼 수가 있겠소? 순례의 길을 가는 사람이 선량한 사람들을 만나는 건 바다 위를 항해하는 사람이 달이나 별을 만나는 것과 마찬가지니까."

그러자 나슨은 발을 굴렸다. 발을 구르자 그의 딸 그레이스〔恩惠〕가 나타났다. 그가 자기 딸에게 말했다. "너 가서 콘트라이트〔痛悔〕 씨,

홀리-맨〔聖人〕씨, 러브-세인트〔聖者 사랑〕씨, 데어-낫-라이〔솔직〕씨 그리고 페니턴트〔懺悔〕씨에게 뵙고 싶어하는 손님들이 몇 분 우리 집에 계시다고 말씀드려라."

그리하여 그레이스가 그들을 데리고 왔다. 인사를 나누고 그들은 각기 자리를 잡고 앉았다.

집주인인 나슨 씨가 먼저 말을 꺼냈다. "여러분, 보시다시피 손님 몇 분이 지금 제 집에 계십니다. 모두 순례자십니다. 멀리서 오셨는데 지금 시온 산으로 가시는 길입니다." 그는 크리스티아나를 가리키며 말을 계속했다. "그런데 이분이 누구신지 아십니까? 옛날 동료 페이스풀과 곤욕을 치른 그 유명한 순례자 크리스천의 부인 크리스티아나 여사십니다." 그 말을 듣고 그들은 깜짝 놀라 일어서며 말했다. "그레이스가 우릴 부르러 왔을 때만 해도 크리스티아나 부인을 만나게 되리라고는 생각조차 하지 못했습니다. 참 놀랍고 즐거운 만남이군요." 그리하여 그들은 그녀의 안부를 묻고는 젊은 사람들이 아들들이냐고 물어 왔다. 그렇다고 그녀가 대답하자 그들은 다시 말했다. "너희들이 사랑하고 섬기는 하느님께서 너희를 부친처럼 만들어 그가 지금 평안히 있는 곳으로 데려가실 것이다."

그러자 (그들이 모두 자리에 앉자) 어네스트 씨가 콘트라이트 씨와 그 나머지 사람들에게 지금 이 마을의 형편이 어떠냐고 물었다.

콘트라이트 "장이 설 때마다 우린 무척 분주합니다. 이리저리 시달리는 상황에서 마음과 정신을 올바로 가지기란 참으로 힘든 일이죠. 우리가 살고 있는 이런 곳에서 우리가 당하고 있는 이런 일들을 겪으며 살려면 하루 스물네 시간 빈틈없이 조심하지 않으면 안 됩니다."

어네스트 "당신네 이웃들은 좀 조용합니까?"

콘트라이트 "그전보다는 훨씬 더 온건합니다. 크리스천과 페이스풀이 우리 마을에서 어떤 일을 했던가는 알고 계시겠지만, 그들이 이제는 꽤 온건해졌단 말입니다. 내 생각엔 페이스풀의 피가 아직 그들에게 무거운 짐이 되고 있는 것 같습니다. 그를 화형시킨 다음부터는 또다시 누구를 화형시키려 하지 않고 있으니까요. 그때엔 우리도 거리에 나서는 게 무서웠습니다만 지금은 나다닐 수 있습니다. 그때에는 신앙 고백자라는 이름조차 흉칙하게 여겨졌지만, 지금은 특히 우리 마을의 어떤 구역(아시다시피 우리 마을은 굉장히 크니까요)에서는 종교가 영예로운 것으로 평가되기도 한답니다."

이번엔 콘트라이트 씨가 그들에게 말했다. "저, 어떻게 해서 순례의 길을 떠나게들 되셨습니까? 그리고 길에선 어떤 일들을 당하셨는지요."

어네스트 "길 가는 나그네면 누구나 당하는 그런 일들을 당했소. 어떤 때는 길이 평탄하다가도 어떤 때는 울퉁불퉁했고, 어떤 때는 오르막이다가도 어떤 때는 내리막이기도 했소. 어쨌든 안전한 길을 가게 된 적은 거의 없어요. 바람도 항상 우리의 등뒤를 밀어 주지는 않았고 길에서 만난 친구들도 마찬가지였지요. 벌써 몇 번의 어려운 장애를 넘어왔지만 또 앞으로도 얼마나 넘어야 할지 몰라요. 그러나 대부분의 경우 우리는 옛말이 옳다는 걸 발견하게 되었소. 고생 끝에 낙이 온다는 걸 말이오."

콘트라이트 "장애에 대해 말씀하셨는데 어떤 장애를 만나셨습니까?"
어네스트 "그건 우리의 안내자인 그레이트-하트 씨에게 물어 보시오. 그 방면에 대해선 환하시니까."

그레이트-하트 "한 서너 차례 어려운 일을 당했더랬지요. 먼저 목숨을 노리는 두 악한에게 크리스티아나와 아이들이 어려움을 당했습니다. 우리는 또한 거인 블러디-맨, 거인 몰 그리고 또 거인 슬레이굿에게 수난을 당했어요. 사실대로 말한다면 마지막 놈에게는 우리는 수난을 당했다기보다 수난을 가한 쪽이지만, 그 얘기는 이렇습니다. 나를 초대한 주인이자 전체 교회의 주인인 가이우스 댁에 얼마 동안 머무르고 난 다음, 우리는 무장을 하고 평소 순례자들을 괴롭혀 온 적들을 찾아 나서기로 작정했지요(그 근처에 악명 높은 원수가 하나 있다는 말을 들었던 것입니다). 그런데 가이우스는 그놈의 소굴을 우리보다 더 잘 알고 있었습니다. 그는 그 근방에 살고 있었으니까요. 우리는 이리저리 살펴보다가 마침내 동굴의 입구를 하나 찾아냈습니다. 우리는 마음이 설레었지만 용기를 냈습니다. 우리는 동굴로 가까이 다가가 봤지요. 한데 그놈이 글쎄 가련한 사람, 피블-마인드 씨를 강제로 붙들어가 막 죽이려는 참이 아니겠어요? 그러나 우리를 보자 먹을 것이 또 생겼다 싶었던지 그 가련한 사람을 굴속에 버려 두고는 밖으로 나오는 것이었어요. 우리는 곧 달려들었고, 그도 맹렬하게 덤벼 싸움이 벌어졌습니다. 그러나 결론부터 말씀드리자면 그의 몸은 마침내 땅에 거꾸러졌고 목이 잘려 이후에 그런 못된 짓을 할 자들에게 본보기가 되어 길가에 높이 걸렸지요. 내 말이 사실이라는 걸 여기 이 사자의 입에서 나온 양 같은 당사자가 증명해 주실 것입니다."

피블-마인드 "그것은 내가 겪은 고통과 위로 두 가지 면에서 봐도 사실입니다. 고통이란 그가 나의 뼈까지 뜯어먹으려고 달려들 순간마다 그것이 내게는 고통이었고, 또 위로란 그레이트-하트 씨 일행이 무기를 들고 나를 구해 내려 가까이 다가올 때 그것이 내겐 위로가 되었다는 말입니다."

홀리-맨 "순례의 길을 가는 사람이 반드시 구비해야 할 두 가지 조건이 있다고 봅니다. 그것은 용기와 깨끗한 생활이지요. 만일 용기가 없다면 끝까지 길을 갈 수가 없을 것입니다. 그리고 생활이 깨끗하지 못하다면 그것은 순례자라는 이름에 먹칠을 하는 것일 뿐이지요."

러브-세인트 "이런 경고가 당신들에게 필요 없기를 나는 바랍니다. 그러나 자칭 순례자라 하는 사람 가운데도 세속적인 순례자보다 더 순례라는 것에 낯선 사람들이 많이 있는 실정입니다."

데어-낫-라이트 "그건 그래요. 그들에겐 순례자로서의 의복도 순례자로서의 용기도 없지요. 그들은 똑바로 걷지도 못하고 늘 절뚝거립니다. 한 발이 안으로 굽으면 한 발은 밖으로 굽고, 긴 양말은 뒤로 처진 데다가 넝마처럼 구멍이 나 그들의 주인을 욕되게 하죠.”

페니턴트 “그들이야말로 참으로 골칫거리지요. 그런 작자들이 길에서 깨끗이 사라지기 전에는 순례자들이 은혜를 받을 수도 없을 뿐더러 아무리 원해도 앞으로 전진할 수가 없을 것입니다.”

그들은 저녁상이 마련될 때까지 앉아서 이야기하다가 음식을 먹고는 피곤한 몸을 풀었다. 그러고는 잠자리에 들었다. 그들은 그곳 나슨의 집에서 상당 기간 동안 머물었는데, 그 동안에 나슨은 딸 그레이스를 크리스티아나의 아들 새뮤얼에게 그리고 다른 딸 마사를 조지프에게 아내로 주었다.

그들이 거기 머문 기간은 방금 말한 대로 상당히 길었다(그곳 형편이 전과는 달라져 있었기 때문이었다). 그 동안 그들은 그 마을에 있는 많은 선량한 사람들과 사귀었고 그들이 할 수 있는 만큼 봉사했다. 머시는 전에도 그랬듯이 가난한 사람들을 위해 먹을 것과 입을 것을 많이 만들어 주었는데, 덕택에 그녀는 신도들의 모범이 되었다. 그리고 그레이스와 피비, 마사 등도 모두 착한 여자들이었고 각기 자기의 처지에서 많은 선행을 베풀었다. 게다가 그들은 다 임신하여 전에도 말했듯이 크리스천이라는 이름이 세상에 오래 지속되게 하였다.

그들이 그곳에 머무는 동안 숲에서 나온 괴물 하나가 많은 마을 사람들을 죽인 일이 있었다. 뿐만 아니라 어린아이들을 납치해 가서는 자기 마누라의 젖을 빨게 가르치기도 했다. 그런데도 마을 사람들 가운데 그 괴물을 맞상대할 만한 용기를 가진 자는 하나도 없었다. 오히려 그가 오는 소리만 들어도 모두들 도망가기에 바빴다.

그 괴물은 지구상에 있는 그 어떤 짐승과도 생김새가 달랐다. 몸은 용의 몸인데 일곱 개의 머리와 열 개의 뿔을 달고 있었다.[34] 그는 열

---

34) 요한계시록 17장 3절 참조.

심히 어린아이들을 해치고 다녔는데, 그러면서도 한 여인에게 조종을 받는 것이었다. 그는 사람들에게 몇 가지 조건을 제시하곤 했는데, 누구든 자신의 영혼보다 육신생활을 더 사랑하는 자는 그 조건들을 수락하여 그의 지배하에 들어갔다.

이에 나은 씨 집에 머무는 순례자들을 찾아오는 방문객들과 의논하여 그레이트-하트 씨는 그 괴물과 한번 싸워 보기로 약속했다. 그렇게 하여 이 마을 사람들을 그 흉측한 괴물의 발톱과 아가리로부터 구원해 내려는 것이었다.

그리하여 그레이트-하트 씨는 콘트라이트 씨, 홀리-맨 씨, 데어-낫-라이 씨 그리고 페니턴트 씨와 더불어 무장을 갖추고는 그 괴물을 만나러 갔다. 괴물은 처음에는 그들을 경멸하는 눈으로 업신여겼다. 그러나 그들이 아주 열심히 무기를 휘두르며 그에게 덤비자, 결국 괴물은 물러서고 말았다. 그리하여 그들은 다시 나은 씨네 집으로 돌아왔다.

그런데 그 괴물이 나와서 마을 어린이들을 괴롭히는 데는 일정한 시기가 있었다는 사실을 염두에 두어야 한다. 그리하여 그 용감한 전사들은 때가 되었을 적마다 그를 경계하고 덤벼들어 공격하였다. 마침내 그는 상처를 입고 나아가서는 다리까지 절게 되었다. 따라서 그는 전처럼 마을 어린이들을 해치지는 못했다. 그리하여 어떤 신자들은 그 괴물이 상처를 이기지 못해 마침내 죽고 말았음에 틀림없다고 믿게까지 되었다.

이 사건은 그레이트-하트 씨와 그 일행을 일약 유명인으로 만들었고, 아직까지 자기 입맛을 유지하고 있는 자들조차 그들을 존경하고 우러러보게 하였다. 그 때문에 이들 순례자들은 거기서 많은 상처를 받지 않아도 되었다. 물론 그 가운데는 두더지만큼도 앞을 보지 못하고 짐승보다도 이해하지 못하는 속물들도 있었다. 그들은 아무도 순례자들을 존경하거나 그들의 용기나 모험에 관심을 두지 않았다.

마침내 순례자들이 다시 길을 떠날 때가 되었다. 그리하여 그들은 여장을 챙겼다. 그들은 친구들을 불러 작별 인사를 나누고는 잠시 동안 각자 서로 왕자의 보호하심을 비는 기도를 올렸다. 사람들은 여기서도 역시 약한 사람이나 강한 사람, 남자나 여자에게 적합한 물건들을 가져왔고 그것들을 여행 필수품들과 함께 보따리에 쌌다.

그들은 이윽고 길을 떠났다. 친구들은 적당한 곳까지 배웅 나왔다가 다시 한 번 왕의 보호하심을 서로 기원하고는 돌아갔다.

순례자 일행은 그레이트-하트 씨를 앞장세우고 여행을 계속했다. 여자들과 아이들은 약했으므로 무리가 가지 않을 정도로 걸어야만 했다. 이에 따라 레디-투-홀트 씨와 피블-마인드 씨는 자기들의 사정이 더욱 절실히 동감되었다.

마을 사람들로부터 떨어지고 친구들의 작별 인사까지 받고 나자, 그들은 이내 페이스풀이 죽은 장소에 이르렀다. 그리하여 그들은 거기서 걸음을 멈추고는 그로 하여금 그토록 자기의 십자가를 잘 질 수 있게 해주신 분에게 감사드렸다. 그것은 특별히 그의 사나이다운 죽음 때문에 자기들이 받은 바 유익함이 크다는 사실을 발견했기 때문이었다.

그들은 계속해서 꽤 멀리 앞으로 나아갔다. 가는 동안 내내 크리스천과 페이스풀에 대해서, 그리고 페이스풀이 죽은 다음 어떻게 호프풀이 크리스천과 동행하게 되었던가에 대해서 이야기를 주고받았다.

이윽고 그들은 루커〔돈벌이〕 언덕에 이르렀다. 그곳은 데마스가 은광에 쏠려 순례의 길을 포기했던 곳이고 바이-엔즈가 떨어져 죽었다는 곳이었다. 그들은 그곳에서 데마스와 바이-엔즈의 일을 회상했다. 그러나 루커 언덕의 꼭대기에 있는 오래 된 비석, 말하자면 악취가 나는 못이 돼 버린 소돔이 보이는 곳에 서 있는 소금 기둥을 보자, 그들은 옛날 크리스천이 그랬듯이 어찌하여 그토록 지식이 풍부하고 현명한 사람들이 여기서 탈락하지 않으면 안 될 정도로 맹목적이었을까 의아하게 생각했다. 다만 그들은 인간의 본성이란 남의 허물을 보고 쉽게 고쳐지는 게 아니라는 사실을 다시 확인했을 뿐이었다. 특별히 사람들이 찾는 것이 어리석은 자의 눈에 매력 있는 무엇일 때 더욱 그렇다는 것을 확인했다.

　나는 마침내 그들이 딜렉터블〔기쁜〕산맥의 이쪽으로 흐르고 있는 강에 도달하는 것을 보았다. 그 강 양쪽에는 아름다운 나무들이 자라고 있었고 그 잎은 식중독을 낫게 해주는 약이었다. 그리고 사철 푸른 초원이 깔려 있었고 그 위에서 사람들이 편히 누울 수가 있었다.

　이쪽 강변의 초원에는 양들을 위한 외양간과 우리가 몇 개 있었고, 순례의 길을 가는 여인들이 낳은 아기들을 양육하기 위한 집도 한 채 세워져 있었다. 또한 거기에는 사랑을 품고 그 팔로 어린아이들을 모으며 가슴으로 안아 주고 아이 딸린 산모들을 친절히 보살펴 주는 사람이 살고 있었다. 그리하여 크리스티아나는 자기의 네 며느리에게 어린아이들을 그 사람한테 맡기라고 권했다. 그곳에서 자라는 동안 그 사람의 보호와 도움을 받아 장차 조금도 모자라는 데가 없는 인간이 되리라는 것이었다. "이 사람은, 만일 누구든 길을 잃거나 방황하게 되면 그를 다시 찾을 것이다. 그리고 또한 부러진 데는 싸매 주고 아픈 데는 고쳐 줄 거야. 여기서는 결코 배고프거나 목마르거나 헐벗지 않아요. 그리고 아무도 도둑이나 강도에게 당하지 않을 거다. 그가 목숨을 걸고 자기에게 맡겨진 아이들을 지킬 테니까. 게다가 여기서는 아이들의 섭생도 잘 시킬 것이고 바른길을 걷는 법도 가르쳐 줄 텐데, 너희들도 아다시피 그것은 적지 않은 혜택이야. 또한 여기에는 저렇게 달콤한 물과 기름진 풀밭, 아름다운 꽃들, 각종 나무들 그리고 잘 익은 과일들이 있지 않니? 저건 언젠가 매튜가 따먹었던 그 비엘지법의 정원에 있는 과일과는 다른, 쇠약한 자에게는 건강을 주고 건강한 자에게는 그 건강을 유지시켜 더욱 건강하게 해주는 그런 과일이란다."

그리하여 그들은 기꺼이 어린것들을 그에게 맡겼다. 그들은 이 모든 시설이 왕의 주관하에 마련되어 있는 탁아소임을 알고 더욱 용기를 얻어 그렇게 결단을 내렸던 것이다.

그들은 다시 여행을 계속했다. 그들은 옛날 크리스천이 동료 호프풀과 함께 샛길로 들어섰다가 거인 디스페어에게 잡혀 다우팅 성 안에 감금당했던 바로 그 바이-패스 초원에 이르렀다. 그들은 거기에 앉아 어떻게 하면 좋을지를 의논했다. 말하자면 이제 자기들은 꽤 능력이 있고 게다가 그레이트-하트 같은 용감한 안내자를 두었으니 차라리 그 거인에게 도전하여 성을 깨뜨리고, 만일 그 안에 잡혀 있는 자가 있으면 아예 길을 더 가기 전에 그를 해방시켜 주는 게 어떨까 하는 의논이었다. 한 사람이 이렇게 말하면 또 다른 사람이 저렇게 말했다. 누군가가 부정한 지역에 들어가는 것이 합당한 일이겠느냐는 의문을 제기했다. 그러자 다른 사람이 목적만 달성하면 그럴 수 있는 것이라고 말했다.

이윽고 그레이트-하트 씨가 말했다. "지금 막 나온 의견이 항상 타당하다고는 할 수 없지만, 나는 죄에 항거하고 악을 정복하며 믿음의 선한 싸움을 싸우라〔디모데전서 6장 12절〕 명령을 받은 사람입니다. 그런데 거인 디스페어 같은 자와 싸우지 않으면 누구와 싸우겠어요? 나는 그의 목숨을 끊어 버리고 다우팅 성을 무너뜨리고 싶습니다." 그러고 나서 그는 다시 말했다. "누가 나와 함께 가시겠어요?" 그러자 늙은 어네스트가 말했다. "내가 가지." "우리도 가겠습니다." 크리스티아나의 네 아들 매튜, 새뮤얼, 제임스, 조지프도 나섰다. 그들은 젊었고 그래서 힘이 있었던 것이다.

그리하여 그들은 여자들을 길에 남겨 두고, 그들이 돌아올 때까지 피블-마인드 씨와 목발을 짚은 레디-투-홀트 씨에게 그녀들을 부탁했다. 비록 그 근처에 거인 디스페어가 살고 있긴 했지만, 길을 벗어나지만 않는다면 어린아이라도 그들을 안내할 수 있었던 것이다〔이사야

11장 6절 참조).

 그레이트-하트 씨와 늙은 어네스트는 네 젊은이와 함께 거인 디스페어를 찾아 다우팅 성으로 올라갔다. 성문에 다다르자 그들은 난폭하게 문을 두드렸다. 그러자 늙은 거인이 나왔다. 그 뒤를 그의 아내 디피던스〔수줍음〕가 따랐다. "누구냐? 어떤 놈이 감히 이 디스페어님을 성가시게 구는 거야?" 하고 그가 소리치자 그레이트-하트가 대꾸했다. "나다. 그레이트-하트다. 천성의 왕께서 임명하신 순례의 길 안내자다. 어서 문을 열어라. 그리고 내 지금 네놈의 목을 자르고 다우팅 성을 무너뜨리러 왔으니 싸울 채비나 차려라."

 거인 디스페어는 어느 인간이 감히 자기 같은 거인을 정복하랴 싶었다. 그리고 그는 다시 생각했다. "내가 천사들까지 굴복시켰는데 그레이트-하트쯤 겁나랴." 그리하여 그는 무장을 갖추고 밖으로 나왔다. 그는 머리에 쇠로 만든 투구를 쓰고 가슴에는 불붙은 흉패를 달고 쇠구두를 신은 차림으로 커다란 몽둥이를 휘두르며 밖으로 나왔다. 그러자 여섯 명의 사내들이 그를 앞뒤로 공격했다. 여자 거인 디피던스가 남편을 도우려 달려들자 어네스트 씨가 일격에 동강내 버렸다. 그들은 목숨을 걸고 싸웠다. 마침내 거인 디스페어가 땅에 쓰러졌다. 그러나 그는 끈질기게 죽지 않았다. 그는 사람들이 말하는 여러 개의 목숨을 가진 고양이처럼 끈질지게 버티는 것이었다. 그러나 그레이트-하트가 그의 목숨을 끊었다. 그 목을 어깨로부터 잘라 버렸던 것이다.

 그러고 나서 그들은 다우팅 성을 허물기 시작했다. 짐작하겠지만 거인 디스페어가 죽었기 때문에 그것은 쉬운 일이었다. 그러나 완전히 무너뜨리는 데는 7일이나 걸렸다. 그 동안에 그들은 디스폰던시〔落心〕라는 순례자와 그의 딸 머치-어프레이드〔겁쟁이〕가 거의 아사지경에 놓여 있는 것을 발견하였다. 그들 두 사람은 결국 목숨을 건졌다. 그러나 성안의 뜰 여기저기에 널려 있는 시체들이나 지하실 감옥 안에 있는 사람의 뼈들은 보는 사람으로 하여금 놀라지 않을 수 없게 만들었다.

　이 일을 일단 마치고 나서 그레이트-하트 일행은 디스폰던시 씨와 그의 딸 머치-어프레이드를 보호하여 데리고 왔다. 그들은 비록 다우팅 성 안에서 그 거인 폭군 디스페어에게 갇혀 있는 몸이었지만 다 솔직한 사람들이었던 것이다. 그들은 거인의 목을 베어 들고(그 몸은 돌무더기로 묻어 두고) 길을 내려와 동행인들에게 돌아와서는 자기들이 해낸 일을 보여 주었다. 피블-마인드 씨와 레디-투-홀트 씨는 그것이 바로 거인 디스페어의 머리임을 알자 기쁘고 즐거워 어쩔 줄을 모르는 것이었다. 크리스티아나는 마침 서툴기는 하지만 비올라를 켤 줄 알았고 그녀의 며느리인 머시는 류트를 연주할 수 있었다. 그들이 저절로 신이 나서 한 곡 연주를 하자 레디-투-홀트는 춤을 추고 싶어졌다. 그리하여 그는 머치-어프레이드라는 이름을 가진 디스폰던시의 딸의 손을 잡고 춤을 추면서 길 한복판으로 들어갔다. 한 손에 목발을 짚지 않곤 출 수 없는 춤이었으나 그는 정말로 용케 추었다. 그리고 또 그 소녀도 괜찮았다. 비교적 음악의 리듬에 잘 맞추었으니까.

　디스폰던시 씨로 말할 것 같으면 음악에는 별 흥미를 느끼지 못했다. 그는 거의 아사 직전에서 구출되었기 때문에 춤보다는 음식을 더 원하고 있었던 것이다. 그래서 크리스티아나는 그에게 당장 기운을 회복시켜 주기 위하여 술을 조금 따라 주었고 먹을 것을 준비하였다. 조금 후 그 늙은 신사는 정신을 차리고 기분이 좋아지기 시작하였다.

　나는 그때 꿈속에서 보았다. 이 모든 일을 마치고 그레이트-하트 씨는 전에 크리스천이 비석을 세우고 뒤에 오는 순례자들에게 다우팅 성의 영지에 발을 들여놓지 말라는 경고문을 써 놓았던 바로 맞은편 길가에다 기둥을 세우고 거기에 거인 디스페어의 머리를 걸어 놓는 것이었다.

　그리고 그는 그 아래 기묘하게 생긴 돌 위에다가 다음의 글을 새겨

섰다.

　　이것은 그 이름만 듣고도
　　옛날 순례자들이 두려워하던
　　자의 머리다.
　　용감한 그레이트-하트님이
　　그의 성을 무너뜨리고
　　마누라 디피던스의 숨통까지 끊었다.
　　디스폰던시와 그의 딸 머치-어프레이드,
　　그레이트-하트가 그들을 건졌다.
　　누구든 의심스러운 자는
　　눈을 들어 보라.
　　모든 의혹은 풀어질 것이다.
　　이 머리를 보고
　　의심 많은 절름발이도 춤을 추어
　　스스로 두려움에서 구원받았음을
　　드러내었다.

　일행은 이렇게 하여 다우팅 성을 용감하게 무너뜨리고 거인 디스페어까지 죽인 다음 다시 길을 떠나 딜렉터블 산맥에 다다랐다. 그곳은 크리스쳔과 호프풀이 여러 곳을 관광하며 심신을 새롭게 다듬던 곳이었다. 그들은 거기서 양 치는 사람들을 만났는데, 그 목자들은 옛날 크리스쳔에게 했듯 그들을 잘 영접하여 딜렉터블 산맥 꼭대기까지 안내해 주었다.
　목자들은 그레이트-하트 씨(그를 그들은 이미 잘 알고 있었다)가 많은 무리를 안내하여 오는 것을 보고 그에게 말하는 것이었다. "선생님, 동행하시는 분들이 꽤 많군요. 어디서 저 사람들을 다 만나셨습니까?"
 그러자 그레이트-하트 씨가 대답했다.

> 우선 여기에 크리스티아나와 그 일행,
> 그의 아들들과 며느리들이 있소.
> 북극성을 중심으로 도는
> 북두칠성처럼, 지남철을 따라 도는
> 배의 키처럼 죄에서 은혜로
> 그렇게 그들은 여기에 이르렀소.
> 다음엔 여기 늙은 어네스트 영감이
> 순례의 길을 떠나 와 있고
> 그 독실함을 보증할 수 있는
> 레디-투-홀트 씨, 그리고
> 뒤에 처지려 하지 않은 피블-마인드 씨.
> 착한 사람 디스폰던시가 그 뒤를
> 자기의 딸 머치-어프레이드와 함께
> 따라오고 있습니다.
> 여기서 우리 좀 쉴 수 있는지,
> 아니면 그냥 계속 가야 하는지
> 솔직하게 가르쳐 주시오.

 그러자 목자들이 말했다. "참 훌륭한 분들이군요. 당신들 모두 환영합니다. 우리는 강한 자나 약한 자나 모두 환영하니까요. 우리 왕자님께서는 지극히 작은 자에게 어떻게 대접하는가를 주시하신답니다. 그러니까 약한 자라고 해서 접대를 소홀히 할 수는 없지요."
 그리하여 그들은 순례자들을 대궐문께로 데리고 가서는 이렇게 일렀다. "자, 들어가십시오. 피블-마인드 씨, 레디-투-홀트 씨, 디스폰던시 씨, 어서 들어가요. 그리고 머치-어프레이드 양도. 그레이트-하트 씨, 이분들을," 목자들은 안내자를 쳐다보며 말을 계속했다. "일일이 호명하는 것도 중도에서 포기할 가능성이 있기 때문입니다. 그러나 당신이나 그 나머지 분들은 의지가 강하시니까 자유 의사에 맡기도록 하겠습니다." 그러자 그레이트-하트 씨가 말했다. "오늘에야 나는 당신들의 얼굴에서 은총이 빛나는 것을 보았습니다. 당신들이야말로 참 주님의 목자들이십니다. 게다가 당신들은 이 병든 자들을 어깨나 옆구리로 밀쳐 버리지 않고 오히려 대궐로 가는 그들의 길 위에 꽃을 뿌려 주시는군요."

그리하여 소심한 자와 나약한 자들이 먼저 안으로 들어가고 그 뒤를 따라 그레이트-하트 씨와 나머지 일행이 들어갔다. 각자 자리를 잡고 앉아 목자들이 그 중 약한 자들에게 말했다.

"어떤 음식을 원하십니까? 여기서는 약한 사람들을 보양하고 탐식하는 자들을 경계하기 위하여 모든 음식물을 조절하고 있어요."

그리하여 그들은 소화 잘되는 음식과 맛 좋고 영양 좋은 음식을 그들에게 대접하였다. 그 음식을 받아 먹고 나서 각자 자기 마음에 드는 곳을 찾아 잠자리에 들었다. 아침이 되자 산은 높았고 날씨는 맑았으며 순례자들이 떠나기 전에 몇 가지 신기한 것들을 구경시키는 것이 목자들의 습관이었으므로, 준비를 하고 음식을 먹은 후 목자들은 순례자들을 이끌고 들판으로 나가 예전에 크리스천에게 보여 주었던 것들을 우선 구경시켰다.

그 후 그들은 순례자들을 어떤 새로운 곳으로 데리고 갔다. 처음 간 곳은 마블〔神奇〕산이었다. 그 산에서 그들은 한 사람이 멀리서 중얼거리며 언덕 위에서 뒹굴고 있는 것을 보았다. 그것이 무엇을 의미하느냐고 순례자들이 목자들에게 물었다. 그들은 그가 이 천로역정 전반부에 나오는 그레이트-그레이스〔大恩惠〕의 아들이라고 말했다. 그리고 그가 거기서 뒹굴고 있는 것은 미끄러 떨어지고 길에서 벗어나 어떤 어려움을 당하더라도, 어떻게 하면 신앙을 잃지 않을 것인가를 순례자들에게 가르쳐 주기 위한 것이라고 설명했다.

그러자 그레이트-하트 씨가 말했다. "나는 그를 알아요. 그는 단연 뛰어난 사람입니다."

그 다음 그들은 다시 이너슨트〔純潔〕 산이라는 곳으로 순례자들을 데리고 갔다.

거기서 그들은 아래위를 온통 흰 옷으로 감싼 한 사람과 프레주디스〔偏見〕와 일-윌〔惡意〕이라는 두 사람을 보았다. 그 둘은 계속하여 흰 옷 입은 사람에게 오물을 던지는 것이었다. 그런데 아무리 던져도 오물은 이내 떨어져 나가고 흰 옷은 오물이라곤 묻었던 것 같지 않게 다시 깨끗해지곤 하였다.

순례자들이 물었다. "이것은 무엇을 뜻합니까?"

목자들이 대답했다. "이 사람의 이름은 가들리-맨〔경건한 사람〕이라고 하는데 흰 옷은 그의 생활이 순결함을 보여 주는 것입니다. 그리고 저 오물을 던지고 있는 자들은 그의 '선행을 미워하고 있는 자들이지요. 그러나 보시다시피 아무리 오물을 던져도 옷을 더럽히지는 못합니다. 이 세상에서 참으로 순결하게 사는 사람도 마찬가지죠. 그런 사람들을 더럽히려고 별짓 다하는 자들은 결국 헛수고만 할 뿐입니다. 하느님께서 이내 그들의 순결함을 빛나게 하시고 그들의 의로움을 대낮처럼 밝혀 주시니까요. "

그 다음 그들은 채리티〔博愛〕 산으로 갔다. 그곳에서는 한 사람이 옷감을 필로 쌓아 놓고 그 옷감으로 주변에 서 있는 사람들에게 옷가지들을 만들어 주고 있었는데 그런데도 옷감은 조금도 줄어들지 않는 것이었다.

그들이 물었다. "이것은 또 무엇입니까?" 목자들이 말했다. "이것은 가난한 사람들을 위해 일하려는 마음을 가진 자에게는 결코 부족한 것이 없으리라는 점을 보여 주는 것이오. 남의 목을 축여 주는 자는 자신의 목을 축이게 됩니다. 예언자에게 빵을 준 과부의 밀가루통은 그 때문에 밀가루가 줄어들지 않았었지요."

그들은 또 풀〔바보〕이라는 자와 원트-위트〔멍청이〕라는 자가 한 에티오피아 토인을 열심히 닦아 백인으로 만들려고 애쓰고 있는 곳에 다다랐다. 그러나 아무리 닦아도 닦으면 닦을수록 그는 더욱 까맣게 될 뿐이었다. 순례자들은 그것이 무엇을 의미하느냐고 목자들에게 물었다. 그들이 대답하여 말했다. "그것은 악한 사람에 대한 교훈이죠. 그가 좀 선한 사람이라는 이름을 들어 보려고 아무리 별짓을 다해 봐도 결국은 더욱 추악해질 뿐인 것입니다. 옛날 바리새인들이 그랬고 모든 사기꾼들이 다 그렇죠."

그때 매튜의 아내가 된 머시가 시어머니인 크리스티아나에게 말했다. "어머님, 할 수만 있다면 지옥행 지름길이라고들 하는 저 언덕의 굴을 좀 볼 수 있었으면 좋겠는데요." 그리하여 그녀는 며느리의 심정을 목자들에게 전했다. 그들은 어느 언덕 기슭에 있는 문으로 가서 그 문을 열고는 머시에게 잠시 귀기울여 들어 보라고 했다. 그녀는 안에서 들려오는 소리를 귀기울여 들었다. "평화와 생명으로 가는 길에서 내 발목을 돌려 놓은 나의 아버지를 저주한다!" 또 이런 소리도 들렸다. "아, 내 이렇게 목숨은 건지고 영혼을 잃어버리게 되기 전에 차라리 갈가리 찢어졌더라면." 또 다른 자가 말했다. "만일 다시 태어나게만 된다면 나는 이런 곳으로 오느니 차라리 스스로를 없애 버릴 텐데." 그러자 그 젊은 여자 발 밑이 온통 뒤틀리며 신음하는 것 같았다. 그녀는 겁에 질려 얼굴이 하얗게 된 채 떨면서 말했다. "여기서 구제받은 자야말로 축복받은 자로구나."

이 모든 것을 보여 주고 난 후 목자들은 그들을 데리고 다시 대궐로 돌아와서 거기서 대접할 수 있는 한, 힘껏 그들을 대접하였다. 그러나 아이를 뱃속에 가진 젊은 머시는 그 집안에 있는 어떤 물건이 몹시 가지고 싶었으나 부끄러워서 요구하지를 못하고 있었다. 그러자 그녀의 시어머니가 어디 불편한 데라도 있느냐고 물었다. 그녀는 불편한 표정을 짓고 있었던 것이다. 그러자 머시가 말했다. "식당에 거울이 하나 걸려 있는데 그걸 자꾸만 갖고 싶어요. 그걸 못 가지면 어쩐지 꼭 유산할 것만 같네요." 시어머니가 말했다. "내 목자들에게 말해 보마. 아마 거절하지는 않을 게다." "그렇지만" 하고 그녀가 말했다. "그들에게 제가 무얼 원하고 있는지 알리는 게 부끄러워요." "아니다, 얘야" 하고 그녀가 말했다. "그것은 부끄러운 일이 아니다. 그런 것을 갖고 싶어하는 건 오히려 덕스런 일이야."

그리하여 머시가 말했다. "그러면 어머님, 어떻게 그걸 좀 팔 수 없겠느냐고 목자들에게 청해 주시겠어요?"

그런데 그 거울은 참으로 희귀한 거울이었다.[35] 한쪽으로 보면 보는 사람의 모습이 정확하게 비쳤고, 다른 쪽으로 보면 순례자들의 주님 모습이 선명하게 비치는 것이었다. 그렇다, 나는 그 거울을 본 많은 사람과 이야기를 했는데, 그들은 그 거울 속에서 주님의 이마에 둘린 가시관까지 보았다고 했다. 그리고 또한 그분의 양손과 발에, 그리고 옆구리에 뚫린 구멍도 보았다는 것이었다. 그 거울은 참으로 기묘하다. 누구든 주님의 모습을 보고자 원하는 사람은 그 거울을 통해 볼 수가 있는 것이다. 그분의 살아 생전 모습이나 돌아가신 다음의 모습, 땅에 계실 때의 모습이나 하늘에 올라가셨을 때의 모습, 수치당하시는 모습이나 높이 기림을 받으시는 모습, 고통을 당하러 오시는 모습이나 다스리러 오시는 모습을 사람들은 그 거울 속에서 볼 수가 있는 것이다.[36]

그리하여 크리스티아나는 목자들에게 가서(그 목자들의 이름은 날리지[知識], 익스피어리언스[經驗], 워치풀[주의 깊음] 그리고 신시어

---

35) 그것은 하느님의 말씀이었다. *
36) 야고보서 1장 23절, 고린도전서 13장 12절, 고린도후서 3장 18절 참조.

〔誠實〕였다) 말했다. "제 며느리들 가운데 임신한 애가 하나 있는데 이 집에서 본 물건 하나를 몹시 가지고 싶어하는 것 같아요. 만일 그걸 가지지 못한다면 유산하고 말 것이라고 생각하고 있답니다."

익스피어리언스 "그녀를 불러오세요, 불러와요. 할 수 있는 한 도와 드리겠습니다."

그리하여 그들은 머시를 불러 놓고 말했다. "머시, 갖고 싶은 게 뭐지요?" 그녀가 얼굴을 붉히며 대답했다. "식당에 걸려 있는 그 큰 거울입니다." 신시어가 달려가 거울을 떼어다가 기꺼운 마음으로 그녀에게 주었다. 그녀는 머리를 숙여 그들에게 감사하면서 말했다. "아무것도 아닌 저를 잘 보아주셔서 고맙습니다."

그들은 또한 다른 여인들에게도 각자 원하는 것들을 주고는 그녀의 남편들을 크게 칭찬했다. 그들은 그레이트-하트 씨와 힘을 합해 거인 디스페어를 죽이고 다우팅 성을 함락시켰던 것이다.

목자들은 크리스티아나의 목에 목걸이를 걸어 주었고 그녀의 네 며느리에게도 목걸이를 걸어 주었다. 그리고 또한 귀에는 귀고리를, 이마에는 보석을 달아 주었다.

순례자들이 떠날 마음을 먹자 목자들은 그들에게 평탄한 길을 가라고 빌어 주었다. 그러나 옛날 크리스천과 그 일행에게 해주었듯이 특별한 주의를 환기시키는 일은 하지 않았다. 그 이유는 그들에게 그레이트-하트라는 안내자가 있기 때문이었다. 그리고 그 안내자는 사정을 환히 알아 훨씬 더 적절하게 주의를 환기시킬 수 있었고 위험이 닥쳐오는 순간에도 그들을 지킬 수 있기 때문이었다.

크리스천과 그의 동료들은 목자들로부터 들었던 주의를 막상 그것을 활용해야 할 시간이 되자 그만 잊어버리고 말았던 것이다. 그러므로 그들이 주의를 듣지 않고 그냥 떠난 게 오히려 덕이 되었다.

그들은 다음과 같은 노래를 부르며 길을 떠났다.

보라, 얼마나 적절히 요소요소에,
순례자들의 휴식처가 마련돼 있는가.
그리고 저승의 생명을 목표삼은
우리들을 얼마나 흔쾌하게
거리낌없이 대접하는가. 그리하여
우리는 비록 순례자지만
즐거운 삶을 살게 되었네.
그들은 우리가 어디를 가도
역시 순례자임을 표시하기 위하여
온갖 물건들을 주었네.

목자들과 헤어진 그들은 이내 옛날 크리스천이 아포스터시(背信) 마을의 터너웨이라는 자를 만났던 장소에 이르렀다. 거기서 안내자 그레이트-하트 씨는 일행에게 그에 관한 얘기를 들려주었다. "이곳이 옛날 크리스천이 터너웨이라는 자를 만난 곳이오. 그자의 등에는 변절자라는 낙인이 찍혀 있었지요. 그자에 관해 몇 마디 해야겠습니다. 그는 남의 충고를 결코 듣지 않았으므로 일단 타락한 다음에는 그 어떤 설득도 불가능했어요. 십자가와 무덤이 있는 곳에 이르렀을 때 어떤 사람을 만나 그 십자가와 무덤을 보라는 조언을 들었는데, 그는 오히려 이를 갈고 발을 구르며 다시 고향 마을로 돌아가겠노라고 큰 소리쳤답니다. 좁은 문에 이르기 전에 그는 이밴질리스트를 만났는데, 이밴질리스트는 어깨에 손을 얹으면서 다시 순례의 길로 돌아가라고 타일렀습니다. 그러나 터너웨이는 그에게 반항하여 모욕적인 언사를 퍼붓고는 담을 넘어 그의 손에서 도망을 쳤다고 합니다."

그들은 계속 나아갔다. 가다가 리틀-페이스가 강도를 만났던 바로 그 자리에 이르렀는데, 웬 사람이 얼굴이 피투성이가 되어 칼을 들고 서 있는 것이었다. 그레이트-하트 씨가 말했다. "당신 뭐 하는 사람이오?" 사나이가 대답하여 말했다. "나는 밸리언트-포-트루스〔眞理의 勇士〕라는 사람입니다. 나는 순례자예요. 지금 천성을 향해 가고 있는 중입니다. 길을 가고 있는데 세 사람이 나타나 다음의 세 가지 가운데 하나를 택하라는 것이었어요. 첫째, 우리들과 한패가 되어 줄 것인가? 둘째, 또는 떠나 온 곳으로 돌아갈 것인가? 셋째, 아니면 이 자리에서 죽을 것인가? 첫번째 제안에 대하여 나는 이렇게 대답했지요. 나는 오랫동안 진실하게 살아왔는데 이제 와서 도둑의 무리에 끼여 든다는 건 어림도 없는 일이라고요. 그러자 그들은 그럼 두번째 제안은 어떻게 하겠느냐고 묻는 것이었습니다. 나는 내가 떠나 온 그곳이 마땅찮은 곳이었다고 생각하지 않았던들 아예 떠나 오지도 않았을 것이고, 이제 그곳이 내게 적합한 곳도 아니며 유익한 곳도 아님을 안 이상, 다시 돌아갈 수는 없는 일이라고 대답했지요. 그들은 세번째 제안에 대한 답을 하라고 요구했습니다. 그래서 나는 내 목숨이 그렇게 호락호락 내줄 수 있는 값싼 것은 아니라고 대답했지요. 나아가서 너희들이 내게 택일을 요구할 아무런 입장도 못 되며 더 이상 간섭하다가는 오히려 당할 것이라고 해주었습니다. 그러자 세 녀석이, 정확하게 말하자면 와일드-헤드〔거친 머리〕, 인콘시더리트〔무분별〕 그리고 프래그매틱〔참견〕세 놈이 칼을 빼들고 내게 덤벼드는 것이었어요. 나도 칼을 빼고 맞섰지요.

이렇게 되어 나는 그들과 1대 3으로 어울려 세 시간 이상을 싸웠지요. 보시다시피 놈들은 내게 이렇게 상처를 입혀 놓았고, 나 또한 그들에게 많은 상처를 입혀 쫓아 버렸습니다. 지금 막 가버렸어요. 아마도 당신들의 말〔馬〕이 달려오는 소리를 듣고 도망친 모양입니다."

그레이트-하트 "그것 참 굉장한 일이었군요. 3대 1로 싸우다니."

밸리언트-포-트루스 "사실이었습니다. 그러나 진리를 자기의 편에 세운 사람에게 적의 수효가 많고 적음은 상관이 없는 일이죠. '군대가 나를 대적하여 진칠지라도 내 마음이 두렵지 아니하며, 전쟁이 일어나 나를 치려 할지라도 내가 오히려 안연(安然)하리로다'〔시편 27편 3절〕라고 노래한 사람도 있지 않습니까? 게다가 혼자서 군대를 상대로 싸운 사람에 대한 기록을 어디선가 읽었습니다. 삼손은 나귀 턱뼈 하나로 얼마나 많은 사람을 죽였습니까?"

그러자 안내자가 말했다. "왜 소리를 지르지 않으셨죠? 누군가 와서 구원해 주었을 텐데."

밸리언트-포-트루스 "구원을 요청했지요. 반드시 들으시고 그리고 보이지 않게 도와 주시는 우리 왕께 요청했습니다. 그것으로 나는 항상 만족합니다."

그레이트-하트가 밸리언트-포-트루스 씨에게 말했다. "참 잘하셨습니다. 어디, 그 칼 좀 보여 주세요." 그는 칼을 내보였다.

칼을 손에 들고 한동안 들여다보다가 그레이트-하트는 "아니! 이건 바로 예루살렘 칼 아니야?" 하고 말하는 것이었다.

밸리언트-포-트루스 "그래요. 칼을 잡고 다룰 줄 아는 사람이 이 칼을 갖는다면 감히 천사들과도 겨루어 볼 수 있지요. 칼 잡는 법만 안다면 이런 칼을 손에 넣는 것을 두려워할 필요가 없습니다. 이 칼의 날은 결코 무뎌지지 않는답니다. 살도 뼈도 영혼도 정신도 모든 걸 벨 수 있지요."

그레이트-하트 "그런데 그토록 오래 싸웠는데도 피곤해 하지 않으시니 이상하군요."

밸리언트-포-트루스 "나는 칼이 내 손에 달라붙게 될 때까지 싸웠습니다. 일단 칼과 손이 붙게 되자 마치 칼은 팔에서 솟아난 것 같았고 손가락 사이로 피가 흐르는 것을 느낀 나는 최대의 용기[37]를 내어 싸웠습니다."

그레이트-하트 "잘하셨어요. 죄와 대항하느라고 피까지 흘리셨군요.

---

37) 말씀, 신앙, 피. *

우리와 함께 사십시다. 자, 들어오시오. 우리는 당신과 같은 길을 가는 사람들입니다."

그리하여 그들은 그를 맞아들여 상처를 씻어 주고 자기들이 갖고 있는 것으로 기운을 돋우어 준 다음 함께 길을 떠났다. 길을 가면서 그레이트-하트 씨는 그를 만난 게 기뻤고(그는 누구든 자기 손으로 인간답게 사는 사람을 특별히 좋아했던 것이다) 또한 일행 중에는 마음이 약하고 여린 자들도 있었으므로 그들에게 들려줄 겸 그에게 여러 가지 질문을 던졌다. 우선 그는 "고향이 어디시오?" 하고 물었다.

밸리언트-포-트루스 "나는 다크-랜드[어두운 땅] 태생입니다. 아직도 부모님은 그곳에 계시지요."

그레이트-하트 "다크-랜드라, 멸망의 도시와 같은 해변에 위치한 곳 아닙니까?"

밸리언트-포-트루스 "네, 맞았습니다. 내가 순례의 길을 떠나게 된 이유를 말씀드려 볼까요? 하루는 텔-트루[眞談]라는 사람이 우리 마을에 와서 멸망의 도시를 떠난 크리스천의 행적을 이야기해 준 일이 있었습니다. 말하자면 그가 어떻게 자기 아내와 자식들을 버려 두고 스스로 순례자의 삶 속으로 뛰어들었나 하는 얘기였죠. 그가 어떻게 여행 도중 방해하려고 뛰쳐나온 뱀을 죽였으며 끝내 목적했던 곳까지 이르렀던가, 그는 자세하게 이야기해 주었습니다. 그가 주님의 숙박소에서 어떤 대접을 받았으며, 특히 천성문에서 어떤 환영을 받았는가에 대해서도 그는 이야기해 주었어요. '그곳에서 나팔 소리에 묻혀 빛나는 무리들의 영접을 받았지' 하고 그는 말했습니다. 또한 그의 도착을 즐거워하여 천성의 모든 종들이 울렸고 그가 황금으로 장식된 옷을 받아 입었다는 얘기도 들려주었습니다. 그 외에도 여러 가지를 얘기해 주었지만 여기서 장황하게 늘어놓지는 않겠어요. 어쨌든 한마디로 말하면 크리스천과 그의 여행에 대한 이야기를 듣고 나는 그의 뒤를 따라가고 싶은 성급한 마음으로 설레게 되었단 말입니다. 부모님들도 나를 만류하지는 못했습니다. 그 길로 곧 그분들을 떠나 이렇게 여기까지 오게 된 것입니다."

그레이트-하트 "좁은 문을 통해서 들어오셨겠지요? 아닙니까?"

밸리언트-포-트루스 "물론이죠. 얘기를 들려준 그 사람도 만일 좁은 문을 통과하지 않으면 모든 것이 허사가 될 것이라고 얘기해 주었으니까요."

그레이트-하트 "자 보세요. 부인의 남편께서 순례의 길을 가신 것과 순례 끝에 얻으신 것에 대한 얘기가 원근 각처에 널리 퍼져 있잖습니까?"

밸리언트-포-트루스 "뭐라고요? 그럼 이분이 크리스천 씨의 부인이십니까?"

그레이트-하트 "네, 그렇습니다. 그리고 이 사람들은 그의 네 아들들이지요."

밸리언트-포-트루스 "어쩌면! 그래 역시 순례의 길을 가신단 말씀이죠?"

그레이트-하트 "네, 틀림없습니다. 지금 그의 뒤를 따르고 있는 겁니다."

밸리언트-포-트루스 "이거 정말 반가운 일입니다! 처음에는 같이 동행하지 않으려던 식구들이 마침내 끝까지 따라온 것을 보면 그 착하신 분이 참 꽤나 기뻐하시겠군요!"

그레이트-하트 "그가 기뻐할 것은 더 말할 나위도 없겠지요. 자기 자신이 그곳에서 살게 된 것을 알고 나서 기뻤던 것 다음으로는 식구들을 그곳에서 만나는 기쁨이 클 겁니다."

밸리언트-포-트루스 "만난다는 말씀을 하셨으니 한 가지 여쭈어 보겠습니다. 어떻게 생각하는지 말씀해 주세요. 우리가 거기서 서로 만나게 될 때 상대방을 알아볼 수 있을까에 대해 어떤 사람은 의문을 품고 있던데요."

그레이트-하트 "그들은 그곳에 가서 자기 자신을 알아볼 것이라고 생각하나요? 또는 그곳에서 축복받은 자신을 발견하고 기뻐할 것이라고 생각하고 있습니까? 만일 자기 자신을 알아보고 기뻐할 것이라면 어떻게 남을 모르고 그들의 행복을 또한 즐거워할 줄을 모르겠어요?

또한 친척이란 우리의 분신인데, 비록 그곳에서 친척 관계가 끊어진다 하더라도 그곳에서 친척을 보지 못하는 것보다 보는 것이 더 기쁘리라는 건 당연지사 아니겠습니까?"

밸리언트-포-트루스 "글쎄요, 대강 무슨 말씀이신지는 알겠습니다. 그런데 내가 순례의 길을 떠나게 된 데 대해 더 물어 볼 건 없으십니까?"

그레이트-하트 "있어요. 당신 부모님들은 순례의 길 떠나는 것을 기꺼이 허락하셨습니까?"

밸리언트-포-트루스 "아, 아닙니다. 어떻게 해서든 날 집에 붙잡아 두려고 애쓰셨죠."

그레이트-하트 "그래, 반대하는 이유로는 무슨 말씀을 하십디까?"

밸리언트-포-트루스 "순례자의 생활이란 게으른 생활이라는 것이었습니다. 그러니까 내가 만일 게으름 피우기를 싫어하는 사람이라면 순례자가 된다는 건 걸맞지 않는다는 것이었죠."

그레이트-하트 "그리고 또 무슨 말씀을 하셨습니까?"

밸리언트-포-트루스 "그분들은 또 그 길이 매우 위험한 길이라고 하셨습니다. '그래, 세상에 가장 위험한 길이 바로 그 순례의 길이란다' 하고 그분들은 말씀하셨습니다."

그레이트-하트 "그 길의 어디가 위험하다고는 말씀하지 않으셨나요?"

밸리언트-포-트루스 "하셨어요. 여러 군데를 얘기하셨습니다."

그레이트-하트 "이를테면?"

밸리언트-포-트루스 "크리스천이 하마터면 질식해 숨졌을 디스폰드 수렁에 대해 말씀하시더군요. 또 좁은 문으로 들어가려는 사람을 쏘아 죽이기 위해 비엘지법의 성안에는 궁수들이 서서 대기하고 있다고도 하셨습니다. 그리고 또 깊은 숲, 어두운 산맥, 디피컬티 언덕, 사자들, 게다가 블러디-맨, 몰, 슬레이굿 이 세 거인들에 관해서도 말씀하셨어요. 그리고 무엇보다도 휴밀리에이션 계곡엔 더러운 귀신이 숨어 있어 크리스천도 거의 생명을 그에게 빼앗길 뻔했다는 것이었습니다. '게다가 너는 죽음의 그늘 계곡을 지나가야 하는데 거기는 도깨비들이 우글거리며, 밤낮으로 어둡고, 길바닥은 온통 올가미와 웅덩이, 함정 그리고 덫으로 가득 차 있단 말이다' 하고 그분들은 말씀하셨어요. 그분들은 또한 거인 디스페어, 다우팅 성 그리고 거기서 죽은 많은 순례자들에 대해서도 얘기해 주셨습니다. 나아가 그분들은 내가 요술 걸린 지역을 통과해야 하는데 그곳은 매우 위험한 지역이고, 그 모든 것을 지난 후에도 다리 없는 강을 만나게 될 텐데 그 강은 나와 천성 사이를 흐를 것이라고 말씀해 주시는 것이었습니다."

그레이트-하트 "그게 전부입니까?"

밸리언트-포-트루스 "또 있습니다. 그분들은 또한 길 위에 사기꾼들이 득시글거리며 착한 사람들을 되돌려 보내려 한다고 말씀하셨습니다."

그레이트-하트 "그들이 어떻게 그 짓을 한다는 것이었죠?"

밸리언트-포-트루스 "월드리 와이즈맨〔世俗賢人〕 씨가 속이려고 거기 숨어 있다고 하시더군요. 또한 포멀리티〔虛禮〕와 하이포크러시〔僞善〕도 계속하여 길 위를 서성거린다고 말씀하셨습니다. 또한 바이-엔즈, 토커티브, 데마스 등이 나를 붙들려고 가까이 다가올 것이며, 플래터러〔아첨꾼〕는 나를 자기의 그물에 옭아 넣으려고 할 것이고, 이그노런스라는 풋내기가 천성문 앞까지 동행하다가 문 앞에서 언덕 기슭에 있는 구멍으로 떨어져 결국 지옥에의 지름길을 가게 될 것이라고 얘기해 주셨습니다."

그레이트-하트 "그 정도라도 당신의 용기를 꺾기엔 충분했을 것입니다. 한데 부모님들 얘기는 그 정도로 끝났습니까?"

밸리언트-포-트루스 "아뇨, 또 있어요. 많은 사람들이 때때로 얘기하는 대로 과연 거기 영광스런 무엇이 있을까 하여 옛날의 길을 따라 꽤 많이 나갔다가 결국은 다시 돌아와서 그런 말을 듣고 길을 떠난 스스로를 바보라고 불러 세상 사람들의 노리개가 되었다는 얘기도 하셨습니다. 부모님들은 그런 사람들의 이름도 열거하셨어요. 옵스티니트, 플라이어블, 미스트러스트, 티머러스, 터너웨이 그리고 늙은 에이시스트〔無神論者〕들이 그들인데, 그 중 더러는 꽤 멀리까지 여행을 했었다는 것이었습니다. 그러나 그들 중 여행에서 깃털만큼의 유익이라도 얻은 사람은 하나도 없었다는 것이었어요."

그레이트-하트 "그 밖에도 용기를 꺾기 위해 무슨 말씀을 하셨습니까?"

밸리언트-포-트루스 "네, 피어링 씨에 대한 얘기였어요. 그가 얼마나 고독했고 길을 가면서 한 번도 편안한 적이 없었던가에 대한 얘기였지요. 그리고 또 거의 굶어 죽을 뻔한 디스폰던시 씨에 대한 얘기도 들려주셨습니다. 그렇지! 잊을 뻔했군요. 천성의 면류관을 얻기 위한 갖은 모험으로 그토록 유명해진 크리스천 자신도 물론 검은 강에 빠져 파묻히고 말았다는 것이었어요."

그레이트-하트 "그래 그런 말을 듣고도 당신은 낙담이 되지 않았습니까?"

밸리언트-포-트루스 "네, 그런 모든 말이 내겐 아무것도 아닌 것 같았습니다."

그레이트-하트 "왜 그랬습니까?"

밸리언트-포-트루스 "나는 줄곧 텔-트루 씨의 말을 믿고 있었으니까요. 그 믿음은 그런 모든 것을 넘어가게 해주었습니다."

그레이트-하트 "당신은 결국 이기셨군요. 믿음의 승리입니다."

밸리언트-포-트루스 "그랬습니다. 나는 믿었지요. 그래서 집에서 나와 이 길로 들어섰던 것이고, 나를 훼방놓는 모든 것들과 싸웠고 그리고 여기까지 오게 된 것입니다."

참 진리를 깨달으려는 자
이리로 오게 하라.
바람이 부나 기후가 나쁘거나
그는 이 길을 계속 간다.
순례자 되겠다는 그의 첫 맹세
그 어떤 낙망도 굽히지 못한다.
무서운 얘기들을 들을지라도
그것들은 한갓 떠도는 얘기일 뿐
그의 힘은 더욱 강해진다.
사자도 그를 어쩌지 못하고
거인도 그는 겁내지 않는다.
그러나 그에게는
순례자 될 권리가 있을 뿐.

도깨비들도 또는 더러운 귀신도
그의 정신을 꺾을 수 없다.
그는 안다, 끝날에
생명을 상속받으리라는 것을.
망상들은 사라지고
인간의 떠도는 말을 그는
두려워 않는다.
밤으로 낮으로 다만
순례자 되기 위해 노력할 뿐.

이윽고 그들은 요술 걸린 지역에 다다랐는데, 그곳 공기는 사람을 저절로 졸리게 만드는 그런 곳이었다. 요술 걸린 정자가 서 있는 곳을 제외하고는 온통 가시 덤불이 덮여 있었다. 그 정자는, 그 안에 만약 사람이 들어가 앉는다든가 잠이라도 든다면 그가 다시 이 세상에 깨어날는지조차 의심스럽다고 더러들 이야기하는 그런 정자였다. 그리하여 그들은 손에 손을 잡고 줄을 서서 그 수풀을 뚫고 나갔다. 그레이트-하트 씨가 안내자로서 앞장을 섰고, 혹시 어떤 귀신이나, 용, 거인, 도둑 같은 것들이 일행의 후면을 덮칠지 몰라 밸리언트-포-트루스 씨가 맨 뒤에 보호자가 되어 따랐다. 그들은 모두 그곳이 위험스런 곳인 줄 알아 손에 칼을 뽑아 들고 전진했다. 그리고 할 수 있는 대로 그들은 서로 격려했다. 그레이트-하트 씨의 지시로 그의 바로 뒤에 피블-마인드가 따랐고, 디스폰던시는 밸리언트 씨의 감시 아래 걸었다.

얼마 가지 않아 지독한 안개와 어둠이 그들을 덮어씌웠다. 그리하여 한참 동안 그들은 서로의 모습을 볼 수가 없었다. 그들은 서로 말을 주고받음으로써 위치를 확인하면서 나아갈 수밖에 없었다.

튼튼한 사람들도 길을 걷기가 힘들었으니 심신이 나약한 여자와 아이들이 전진해 나가는 데 얼마나 힘이 들었을까는 삼척동자라도 짐작할 수 있을 것이다. 그러나 앞서가는 안내자와 뒤를 따르는 보호자의 격려로 그들은 그래도 좀 쉽게 걸음을 옮길 수가 있었다.

그 길 역시 먼지와 진흙투성이여서 걷기가 여간 힘든 게 아니었다. 게다가 약한 나그네를 쉬게 하고 다시 기운 차릴 수 있게 할 여관이나 음식점도 그 지역에는 전혀 없었다. 그러므로 그곳에 있는 것은 숨이 차서 불평하는 한숨뿐이었다. 한 사람이 덤불에 걸려 쓰러지면 다른 사람이 진흙 더미에 빠지고 아이들은 진창에 신발을 잃어버리기도 했다. 한 사람이 "빠졌어요" 하고 소리치면 다른 사람이 "어디 있어요?" 하고, 그러면 또 다른 사람이 "덤불이 꽉 얽혀 빠져 나갈 수가 없어요" 하고 소리치는 것이었다.

　그러다가 그들은 한 정자에 이르렀다. 멋있게 꾸민 처마와 푸른 초목들로 아름답게 꾸며져 있고 긴 의자와 등받이가 높은 의자들이 놓여져 있는 그 정자는 지친 순례자들에게 따뜻한 휴식을 보장해 주는 듯했다. 또한 그 안에는 약한 사람들이 기대고 앉을 수 있는 안락의자도 있었다. 험로에 지쳐 빠진 순례자들에게 그것은 틀림없는 하나의 유혹이었다. 그러나 일행 가운데 한 사람도 그곳에서 걸음을 멈추려는 자는 없었다. 그렇다. 그들은 안내자의 충고에 계속하여 열심히 귀를 기울였고, 안내자 또한 위험이 닥칠 때마다 성실하게 경고할 뿐만 아니라 그 위험의 성격까지도 설명해 주어, 그때마다 순례자들은 정신을 차리고 육체의 요구에 넘어가지 말자고 서로 격려하는 것이었다. 그 정자는 "게으름뱅이의 친구"라고 불리는 정자로서, 할 수만 있다면 지친 순례자들을 유혹해 보려고 거기 세워져 있었다.

　나는 꿈속에서 보았다. 그들은 그런 식으로 계속 걸어가다가 자칫 잘못하면 길을 잃어버릴 그런 곳까지 이르렀다. 날이 밝기만 하다면 그릇된 길을 순례자들에게 쉽게 가르쳐 줄 수 있으련만 워낙 어두웠기 때문에 안내자 자신도 제자리에 멈춰 서지 않을 수가 없었다. 그러나 그의 주머니에는 천성으로 가는 길이 자세히 기록되어 있는 지도가 항상 들어 있었다. 그는 불을 켜서(그는 부싯돌 없이 결코 여행하지 않는다) 지도책을 읽어 보고는 그곳에서 오른편 쪽으로 돌아가면 안 된다는 것을 알았다. 그가 만일 거기서 조심스럽게 지도책을 보지 않았더라면 아마도 그들 모두는 수렁에 빠져 질식했을 것이다. 왜냐하면 그곳에서 조금 더 나간 곳에, 그것도 평탄한 길이 끝나는 곳에 순례자들을 파멸시키기 위한 깊이 모를 수렁이 하나 파여져 있었기 때문이다.

　그때 나는 혼자 생각했다. "순례의 길을 가는 자는 모름지기 이런 지도를 품속에 간직해야겠구나. 그래야 망설이게 될 때마다 어느 쪽으로 가야 할지를 알 수 있을 테니까."
 그들은 요술 걸린 지역을 계속 걸어 또 하나의 정자가 서 있는 곳에 이르렀다. 그 정자는 큰길가에 세워져 있었다. 그리고 그 안에는 히들리스〔不注意〕와 투-볼드〔蠻勇〕라는 두 사람이 누워 있는 것이었다. 그들은 먼 길을 순례해 왔는데 여행에 지친 나머지 잠깐 쉬려고 앉았다가 그만 잠에 빠졌던 것이다. 그들을 본 순례자들은 걸음을 멈추고 머리를 내저었다. 잠을 자고 있는 사람들이 측은해 보였던 것이다. 그들은 어떻게 해야 할지 서로 상의했다. 그들을 잠자게 두고 계속 가던 길을 갈 것인가, 아니면 그들에게 다가가 깨울 것인가. 그리하여 그들은 할 수 있다면 그들을 깨워 보기로 의견을 모았다. 그러나 깨우러 들어갔다가 오히려 주저앉거나 정자에 마련된 제반 시설을 이용하지 않는다는 조건을 붙인 동의였다.
 그리하여 그들은 안으로 들어가 잠자는 자들에게 말을 걸고 이름을 부르며(안내자는 그들을 이미 알고 있는 것 같았다) 깨웠으나 아무런 대답도 소리도 들리지 않았다. 그러자 안내자가 마구 흔들어 대며 잠을 깨우려 했다. 그제서야 둘 중 한 사람이 말했다. "돈벌면 갚아 줄게." 그 소리에 안내자는 머리를 흔들었다. "내 손에 칼이 있는 이상, 나는 끝까지 싸운다" 하고 다른 사람이 말했다. 그 소리를 듣고 아이들 가운데 하나가 웃었다.
 크리스티아나가 말했다. "이것은 무슨 말이지요?" 안내자가 말했다. "잠꼬대를 하는 겁니다. 때리든, 찌르든 또는 다른 무슨 짓을 하든 이 사람들은 같은 식으로밖에 대답 못 할 것입니다. 옛날에 어떤 자가 바다 물결이 뱃전을 뒤덮는데도 태연하게 자면서 '술 깨면 다시 마시겠다'고 말했다지 않습니까? 아시겠지만 잠꼬대로 무슨 말을 하든 그 말은 신앙이나 이성(理性)과는 아무 상관 없는 헛소리에 불과합니다. 순례의 길을 가다가 여기 누워 있는 것과 마찬가지로 지금 이 사람들의 말 또한 종잡을 수 없는 겁니다. 이것이야말로 불행입니다.

조심성 없는 사람이 순례의 길을 가다가 이런 일을 당하는 건 십중팔구죠. 이 요술 걸린 지역은 순례자들의 원수가 소유한 마지막 보루거든요. 보시다시피 거의 길이 끝나는 곳에 자리 잡고 있기 때문에, 훨씬 더 유리한 입장에서 우리 순례자들을 노리는 것입니다. '이곳말고 그 어디서 바보 같은 순례자 놈들이 피곤한 몸으로 앉아 쉬고 싶어하고, 그리고 여행이 막바지에 이른 이곳말고 어디서 더 피곤을 느끼랴?' 하고 원수들은 생각하지요. 그렇기 때문에 내 생각엔 이 요술 걸린 지역이 뿔라의 근처, 여행이 막바지에 이르는 곳에 위치한 것 같습니다. 그러므로 순례자들은 그 누구도 깨울 수 없는 잠속에 곯아 떨어진 이 두 사람과 같은 꼴이 되지 않기 위해 자기 반성을 게을리 하지 말아야 할 것입니다."

순례자들은 겁에 질려 떨면서 앞으로 나아가기를 원했다. 다만 앞으로 남은 길은 좀 안전하게 갈 수 있도록 등불을 마련해 달라고 안내자에게 간청을 하는 것이었다. 그래서 안내자는 불[38]을 켰다. 덕분에 어둠이 칠흑 같았지만 나머지 길을 순례자들은 편안하게 갈 수가 있었다.

그러나 마침내 어린아이들이 지치기 시작했다. 그래서 그들은 순례자들을 사랑하시는 이에게 길을 좀더 평탄하게 해달라고 울부짖었다. 그리하여 얼마만큼 더 나아갔을 때 바람이 불어 안개를 몰아내더니 이내 공기가 맑게 개는 것이었다. 그러나 아직도 그들은 요술 걸린 지역을 채 벗어나지 못하고 있었다. 다만 피차 서로의 모습과 걸어가는 길을 알아볼 수 있을 정도였다.

이윽고 그 지역을 거의 다 통과했을 즈음 굉장히 괴로워하는 듯한 신음 소리가 들려 왔다. 그리하여 그들은 앞으로 나아가 살펴보았다. 과연 거기서 생각했던 대로의 장면이 드러나 보였다. 한 사람이 무릎

---

38) 말씀의 빛. *

을 꿇고 두 손을 들어 올려 위에 계신 분에게 간절한 음성으로 호소하고 있었던 것이다. 그들은 가까이 다가갔다. 그러나 그가 무엇이라고 하는지는 알아들을 수가 없었다. 그래서 그가 탄원을 다 마칠 때까지 가만가만 다가섰다. 탄원이 끝나자 그는 벌떡 일어나 천성을 향하여 달려갔다. 그때 그레이트-하트 씨가 그를 불렀다. "여보시오, 같이 가십시다. 선생도 천성으로 가시는 길인 모양인데." 그리하여 그 남자는 발을 멈추었다. 순례자들이 곧 그에게 다가섰다. 어네스트가 그를 보더니 곧 "이 사람이 누군지 알겠군" 하는 것이었다. 밸리언트-포-트루스 씨가 "그래, 누굽니까?" 하고 물었다. "이 사람도" 하고 어네스트 씨가 말했다. "내가 살던 그곳에서 왔어요. 그의 이름은 스탠드-패스트〔不屈〕라고 하는데 틀림없는 좋은 순례자입니다."

순례자들이 모두 가까이 오자, 곧 스탠드-패스트가 어네스트를 보고 말했다. "오, 어네스트 영감님, 여기 계시군요?" "그렇소, 당신이 여기 있는 것처럼 나 또한 분명히 여기에 있소." "영감님을 오늘 여기서 만나 뵙게 되다니 참 기쁩니다" 하고 스탠드-패스트 씨가 말했다. "당신이 무릎 꿇고 있는 걸 보니 나도 기쁘더군" 하고 상대방이 말했다. 그러자 스탠드-패스트는 얼굴을 붉히면서 말했다. "아니, 제가 그러고 있는 걸 보셨다고요?" "그래, 봤지. 그 모습을 보았을 때 내 마음은 기뻤어." "그래 어떻게 생각하셨습니까?" 하고 스탠드-패스트가 물었다. "어떻게 생각했겠나? 정직한 친구 하나를 길에서 만났으니 함께 동행해야겠다고 생각했지." "영감님 생각이 잘못된 게 아니라면 저는 참 행복한 처지로군요. 그러나 제게 그런 자격이 없다면 별수 없이 저 혼자서 갈 수밖에요." "그건 그래" 하고 어네스트가 말했다. "그러나 당신의 그 경외심을 보니 당신의 영혼과 순례자들의 왕자 사이의 관계가 제대로 돼 있음이 확실해요. 그분도 '항상 경외하는 자에게 복이 있다'고 하셨거든"

밸리언트-포-트루스 "좋아요, 그런데 형씨, 왜 그렇게 무릎을 꿇고 있었는지 그 이유를 좀 얘기해 줄 수 있겠소? 당신에게만 무슨 특별한 자비가 베풀어졌기 때문입니까? 또는?"

스탠드-패스트 "보시다시피 지금 우리는 요술 걸린 지역을 통과하고 있는 중입니다. 혼자 걸어오면서 저는 이 지역의 길이 얼마나 위험한 곳인지, 그리고 얼마나 많은 사람들이 길고 긴 순례의 여행을 하다가 여기서 더 가지 못하고 죽게 되었는가 하는 것을 생각하고 있었습니다. 그리고 또 이곳에서 사람들이 어떤 방식으로 파멸당하는가도 생각했지요. 여기서 죽는 사람은 폭행을 당해 죽는 것도 아니고, 그 죽음이라는 것 자체도 그들에겐 괴로운 것이 아니란 말입니다. 잠들어 있는 사이에 죽는 사람은 그 죽음의 여행을 즐겁게 기대하면서 떠나게 마련이니까요. 그래요, 죽음을 달콤하게 받아들이는 것입니다."

어네스트가 그의 말을 중간에 가로채었다. "당신, 그 정자에서 잠자고 있는 두 사람을 보았소?"

스탠드-패스트 "네, 보았어요. 히들리스와 투-볼드가 거기 있더군요. 제가 알기로는 아마도 몸이 썩을 때까지 그들은 그냥 거기서 누워 있을 것입니다. 그건 그렇고 제 얘길 계속해야겠어요. 아까 말씀드린 대로 그렇게 생각에 골똘히 있는데 옷을 잘 입은 노파가 다가오더니 제게 세 가지를 주겠다는 것이었습니다. 즉 그녀의 몸뚱이와 돈지갑 그리고 침대를 주겠다는 것이었어요. 사실대로 말씀드리자면 저는 피곤하기도 하고 졸리기도 했지요. 저는 또한 올빼미 새끼처럼 가련한 신세였는데 그 사실을 그 마녀가 알았던 것입니다. 한두 번 그녀를 물리치긴 했지만 그녀는 모른 척하고 계속 웃으며 접근해 왔지요. 저는 마침내 화를 내기 시작했습니다만 그래도 그녀는 끄떡도 않는 것이었습니다. 그녀는 계속 집적거리면서 자기 말만 들으면 철썽장히 기쁘게 해주겠다고 말했어요. '나야말로 이 세상의 여주인이지. 나는 남자들을 행복하게 만들어 줘요' 하고 그녀는 말했습니다. 그래서 저는 이름을 물어 봤지요. 자기 이름은 마담 버블[거품]이라고 하더군요. 그래서 저는 그녀를 멀리했지만 그녀는 여전히 따라오며 유혹하는 것이었습니다. 그래서 저는 무릎을 꿇고 손을 들어 도와 주마고 약속하신 그분께 울면서 기도했던 것입니다. 마침 그때 여러분이 오셨고 그 노파는 제 길로 달아났지요. 저는 계속하여 이처럼 구원해 주신 걸 감사해했습니다. 그녀가 제게 하등의 좋은 일을 꾸미지는 않을 것이고 오히려 저로 하여금 여행을 중단하도록 만들려는 것이었음을 잘 알고 있었으니까요."

그레이트-하트 "의심할 여지 없이 그녀의 의도는 불순했어. 그런데 잠깐, 당신이 그녀 얘길 하니까 생각나는데 나도 언젠가 그녀를 본 것 같군. 아니면 그녀에 대한 얘기를 어디서 읽었을 거야."

스탠드-패스트 "둘 다 하셨는지도 모르죠."

그레이트-하트 "마담 버블이라! 키가 크고 반반한 데다 약간 거무스름하지 않고?"

스탠드-패스트 "맞습니다. 바로 그런 여자였지요."

그레이트-하트 "말이 청산유수인 데다가 말끝마다 웃지."

스탠드-패스트 "네, 꼭 맞히셨습니다. 정말 그랬습니다."

그레이트-하트 "옆구리에는 커다란 돈지갑을 껴 들었고, 마치 돈 만지는 게 즐거움인 듯 자주 지갑 안에 손을 넣어 만지작거렸지?"

스탠드-패스트 "그랬습니다. 마치 그녀가 우리의 눈앞에 그냥 서 있는 것처럼 그 모양을 그려 내시는군요."

어네스트 "그렇다면 그녀의 모습을 그린 사람은 훌륭한 화가고, 그녀에 대한 글을 쓴 사람은 사실대로 말한 셈이군."

그레이트-하트 "그녀는 마녀입니다. 그녀의 마술로 이 지역이 요술에 걸려 있는 것입니다. 누구든지 그녀의 무릎을 베고 누우면 그것은 도끼가 매달린 단두대 위에 눕는 것과 같고, 그녀의 아름다움에 눈이 먼 자는 하느님의 원수로 규정될 것입니다.[39] 순례자들의 원수들을 계속 화려하게 꾸미는 것도 그녀지요. 그래요, 많은 순례자들의 생명을 매수하여 파멸시킨 장본인도 그녀입니다. 게다가 그녀는 굉장한 재담가지요. 언제나 자기 딸들과 함께 순례자들의 뒤를 따라다니며 이 세상에서의 생활이 더 좋은 것이라고 속삭이곤 합니다. 그녀는 대담하고도 뻔뻔스런 창녀여서 아무 남자와도 마주 서서 이야기를 나누지요. 항상 가난한 순례자들을 비웃고 멸시하며 부자에겐 굽실거립니다. 어느 곳에 한 사람이 있어 교활하게 돈을 벌었다고 하면 그녀는 집집마다 다니면서 그를 칭찬하는 겁니다. 그녀가 좋아하는 것은 잔치 자리죠. 성찬이 마련된 곳이면 항상 나타납니다. 그리고 어떤 곳에서는 자신이 여신이라는 소문을 퍼뜨려 더러 그녀를 예배하기도 합니다. 그녀는 언제 어디서나 속임수를 쓰면서 그 방면에서 자기보다 더 나은 사람은 없다고 뽐내며 다니지요. 누구든 자기를 사랑하고 존대만 해준다면 자식의 자식 같은 사람과도 동거하겠다고 떠들어댑니다. 그녀는 장소와 대상에 따라 자기 지갑의 금화를 물쓰듯 쓰지요. 남이 자기를 따라다니는 걸 좋아하고 칭찬 듣기를 좋아하며 남자들 가슴에 안기는 걸 또한 무척이나 좋아한답니다. 그녀는 자기의 소유물을 자랑하는 일에 피곤을 모르고, 자신을 최고라고 여겨 주는 사람들만 사랑하죠. 누구든 자기의 권고를 듣기만 하면 면류관과 왕국을 주겠다고 약속을 하지만 결국 사람들을 교수대로 보냈고 더 많은 사람들을 지옥으로 보냈을 뿐입니다."

스탠드-패스트가 말했다. "아! 그녀를 배척한 게 참 큰 다행이군요. 어디로 끌려갔을지 누가 알겠어요?"

그레이트-하트 "모르지요. 어디로 갈지 그건 하느님만 아십니다. 그러나 대체로 여러 가지 어리석고 해로운 정욕에 떨어뜨려 결국 파멸시켰을〔디모데전서 6장 9절〕 것이 틀림없습니다.

압살롬〔다윗 왕의 아들. 반란하다 살해됨〕으로 하여금 자기 부친에게

---

39) 세상. * 야고보서 4장 4절, 요한 1서 2장 15절 참조.

반역하게 하고, 제러보엄〔구약에 나오는 이스라엘 초대 왕. 솔로몬의 후계자인 르호보암에게 반역하여 쿠데타에 성공함. 한국어 성서에는 여로보암으로 표기〕으로 하여금 자기 상전에게 반역하게 한 것도 그녀였습니다. 주디스〔가롯 유다〕로 하여금 자기 스승을 팔게 하고 데마스로 하여금 성스런 순례의 길을 포기하게 한 것도 그녀였습니다. 그녀가 해롭게 한 점을 다 열거할 사람은 아무도 없을 것입니다. 지배자와 피지배자, 부모와 자식, 이웃과 이웃, 남편과 아내, 인간과 자기 자신, 육체와 마음 사이를 이간질하는 것도 그녀입니다.

그러니 착한 스탠드-패스트 씨, 당신은 당신 이름대로 모든 것을 견디고 굳게 서시기를 바랍니다."

이렇게 이야기하는 동안 순례자들은 기쁘기도 했고 떨리기도 했다. 그러나 이윽고 그들은 입을 벌려 노래를 부르는 것이었다.

어떠한 위험 속에 순례자가 있고
얼마나 많은 원수가 있는지!
죄짓기 쉬운 길 또한
얼마나 많은지, 아무도 모르네.
몇 개의 수렁은 가까스로 피했으나
진흙 더미에 빠질 수도 있고,
끓는 냄비는 어떻게 피했으나
어떤 자, 불 속에 빠지네.

그 후 나는 그들이 뿔라 땅에 들어서는 것을 보았다. 그곳은 밤낮으로 태양이 비추고 있었다. 그들은 거기서 피곤을 풀기 위해 잠시 휴식하기로 했다. 그리고 그 지역은 순례자들이 공동으로 머무는 곳이었고, 또 그곳의 과수원이나 포도원들은 모두 천성의 왕 소유였기 때문에 무엇이든 마음대로 따먹을 수가 있었다.

그들은 곧 기운을 회복했지만, 종소리가 울리고 끊임없이 나팔 소리가 들려 왔기 때문에 잠을 잘 수가 없었다. 그런데도 푹 자고 난 것처럼 기분이 상쾌했다. 거리에 다니는 사람들은 모두 "순례자들이 또 마을에 들어왔다"고 외쳤다. 그러면 다른 사람은 이렇게 대답하는 것이었다. "그리고 많은 사람들이 오늘 강을 건너 황금의 문안으로 들어갔다." 그들은 입을 모아 다시 외쳤다. "방금 한 무리의 빛나는 이들이 마을에 도착했다. 그걸 봐도 이 거리에 순례자들이 또 들어왔음을 알 수 있어. 여기서 그 순례자들을 기다렸다가 만나 그간의 온갖 슬픔을 위로하게 돼 있으니까." 그때 순례자들은 일어나 거리를 오르내렸다. 그들의 귀는 천국의 소리로 가득 찼고 눈은 천성의 환상으로 기쁨에 넘쳤다. 그곳에서 그들은 자신의 육체나 마음에 거슬리는 그 어떤 소리도 듣지 못했고, 보지도 못했고, 느끼지도 못했고, 냄새도 못 맡았고 그리고 맛보지도 못했다. 다만 장차 자기들이 건너야 할 강물을 떠서 먹었을 때 입 속에서는 꽤 쓰더니 삼키고 나자 달콤해지는 것이었다.[40]

그곳에는 옛날의 순례자들 명단과 그들이 이룩한 유명한 행적 이야기가 기록되어 남아 있었다. 그리고 그 강물이 어떤 사람이 건너갈 때는 범람하고 어떤 사람이 건너갈 때는 줄어들었는가 하는 얘기가 많이 떠돌았다. 그 강물은 과연 어떤 사람에게는 줄어들고 또 어떤 사람에게는 둑까지 범람하곤 했던 것이다.

그곳 어린이들은 왕의 정원에 들어가 꽃을 꺾어다 꽃다발을 만들어 순례자들에게 주는 일을 무척 좋아했다. 그곳에서는 또한 장뇌(樟腦), 감송(甘松), 사프란(붓꽃과 풀), 창포, 계피 같은 약초와 유향(乳香), 몰약(沒藥), 침향(沈香) 등의 온갖 향나무가 자라고 있었다[아가 4장 13~14절]. 그곳에 머무는 동안 순례자들이 기거하는 방은 이런 것들

---

40) 죽음이란 육신에겐 쓰고 영혼에겐 달다. *

로 향기가 가득 찼고, 시간이 되어 강을 건너게 됐을 때 그 기름을 몸에 발라 준비하는 것이었다. 그곳에 머물면서 강을 건널 시간만 기다리고 있는데, 천성으로부터 순례자 크리스천의 아내 크리스티아나에게 온 편지를 가지고 배달부[41]가 왔다는 소문이 퍼졌다. 배달부는 다음과 같은 내용이 들어 있는 편지를 가지고 그녀가 머물고 있는 거처를 찾아왔다.

"착한 여인아, 평안하라. 주께서 그대를 부르시어 앞으로 열흘 안에 영원히 썩지 않는 옷을 입고 그 존전에 서기를 고대하시고 계심을 전하노라."

배달부는 이 내용을 읽어 주고 나서 어떤 표[42]를 꺼내 보여 자기가 참 배달부임을 증명해 보이고 어서 떠날 채비를 차리라고 독촉하는 것이었다. 그 표란 사랑으로 끝을 뾰족하게 한 화살이었다. 그 뾰족한 화살을 그녀의 가슴에 박아 지정된 날 꼭 떠날 수 있도록 서서히 작용하게 하려는 것이었다.

크리스티아나는 강을 건너가야 할 때가, 그것도 일행 가운데 가장 먼저 자기에게 온 것을 알고 안내자인 그레이트-하트 씨에게 사정 얘기를 했다. 그레이트-하트는 그것 참 반가운 소식이라면서 그 배달부가 자기에게 왔더라면 얼마나 기뻤겠느냐고 말했다. 그러자 여행을 떠나는 데 갖추어야 할 모든 준비는 어떻게 마련해야 하겠느냐고 그녀가 물었다.

그가 말했다. "이러저러하면 됩니다. 나머지 일행이 강가까지 배웅해 드릴 것입니다."

그러자 그녀는 아이들을 불러다 놓고 축복해 주었다. 그러고는 아직도 그들의 이마에 도장 찍힌 표적이 남아 있는 것이 만족스러우며,

---

41) 크리스티아나를 찾아온 죽음의 사자(使者). *
42) 사자(使者)의 표에 대한 기록은 전도서 12장 1~7절 참조.

하나도 낙오되지 않고 그곳에까지 이르러 있는 것 그리고 그 입은 옷이 여전히 희게 보존되어 있는 것을 보니 기쁘다고 말하는 것이었다. 마지막으로 그녀는 자기의 얼마 안 되는 소유물을 가난한 사람들에게 나누어 주고, 아들과 며느리들에게는 사자(使者)가 그들에게도 올 테니 대비하고 있으라고 당부했다.

안내자와 아이들에게 이렇게 말하고 나서 그녀는 밸리언트-포-트루스 씨를 불러 말했다. "선생님, 당신은 언제나 진실한 마음을 보여 주셨어요. 죽을 때까지 충성하세요. 그러면 임금님께서 생명의 면류관을 내리실 것입니다. 그리고 우리 아이들을 좀 보살펴 주십시오. 언제라도 약해지는 것 같은 눈치거든 격려의 말씀을 들려주세요. 제 며느리들도 모두 성실했으니까 결국 그들에게 약속된 모든 것이 이루어질 것입니다."

그리고 그녀는 어네스트 노인을 불러 말했다. "영감님이야말로 진짜 이스라엘 후손이십니다. 간사한 데라곤 찾아볼 수가 없으니까요." 그러자 그가 말했다. "당신이 시온 산으로 떠나는 날 날씨가 쾌청했으면 좋겠소. 그리고 그 강도 깊지 않고 그냥 건널 수 있기를 바랍니다." 그러나 그녀가 대답했다. "젖든 마르든 어서 가게 되기만 바랄 뿐입니다. 날씨가 아무리 궂어도 일단 그곳에 가면 앉아서 쉬며 젖은 것을 말릴 시간은 충분할 테니까요."

이번엔 착한 레디-투-홀트 씨가 그녀를 보러 들어왔다. 그녀가 말했다. "여기까지 오시는 동안 참 고생 많으셨어요. 그러나 그만큼 달콤하게 쉬실 수 있을 겁니다. 그러나 항상 살피고 준비하세요. 생각지도 않는 시간에 사자가 올지도 모르니까요."

그 다음엔 디스폰던시 씨가 자기의 딸인 머치-어프레이드를 데리고 왔다. 그녀가 그들에게 말했다. "당신들은 다우팅 성에서 거인 디스페어의 손에 잡혀 있다가 구원받은 걸 영원히 감사함으로 기억해야만 합니다. 그 은혜 덕분에 이곳까지 안전하게 오신 거니까요. 항상 깨어 있고 무서워하는 일이 없도록 하세요. 아무쪼록 술에 취하지 말고 끝까지 희망을 버리지 마십시오."

그 다음 그녀는 피블-마인드 씨에게 말했다. "당신이 거인 슬레이굿의 이빨로부터 구원받은 것은 영원히 생명의 빛 아래 살며 편안한 마음으로 임금님을 뵙게 하려는 것이었습니다. 다만 한 가지 충고를 드릴 게 있어요. 다름 아니라 주께서 당신을 부르시기 전에 그분의 선하심을 두려워하거나 의심하는 약점을 뜯어고쳐 막상 그분이 오셨을 때 부끄러움으로 그 앞에 서지 않게 하세요."

이윽고 크리스티아나가 떠나야 할 날이 되었다. 그녀가 떠나는 것을 보기 위하여 모여든 군중이 길을 메웠다. 그러나 강 건너편 둑에는 그녀를 천성문에까지 데리고 갈 말과 마차들이 꽉 들어차 있는 것이 아닌가! 그리하여 그녀는 강변까지 배웅 나온 사람들에게 작별 인사를 하고 강물로 들어갔다. 그녀가 마지막으로 한 말은 이러했다.

"주여, 주와 함께 거하며 주님을 찬양하기 위해 지금 갑니다."

크리스티아나를 기다리고 있던 무리들이 그녀를 데리고 시야에서 사라져 갔으므로 그녀의 자녀와 친구들은 모두 제자리로 돌아갔다. 그녀는 예전에 남편 크리스천이 했듯이 온갖 의식(儀式)을 거쳐 문안으로 들어갔다.

그녀를 여의고 자녀들은 모두 울었다. 그러나 그레이트-하트와 밸리언트-포-트루스는 심벌과 하프를 즐겁게 연주했다. 그리하여 그들은 각자 헤어져 자기의 처소로 돌아갔다.

세월이 지나 마을에 배달부가 다시 나타났다. 이번에 그가 찾아온 사람은 레디-투-홀트 씨였다. 배달부는 그를 불러내어 말했다. "당신이 사랑했고 또 목발 짚은 발로 지금까지 따라온 그분의 이름으로 왔소. 그분께서 당신이 부활절 다음날 그분의 나라에서 함께 식탁에 앉기를 바라고 계신다는 전갈이오. 그러니 길 떠날 채비를 차리시오."

그는 역시 자기가 참 사자라는 표를 내보이고는 암호를 말했다. "내가 네 금잔을 깨뜨리고 은줄을 풀어놓았노라."

그러자 레디-투-홀트 씨는 동행해 온 순례자들을 불러 말했다. "나는 부름을 받았습니다. 하느님께서는 당신들도 반드시 부르실 것입니다." 그는 밸리언트 씨에게 자기의 유언장을 기록해 달라고 간청했다. 그가 남아 있는 사람들에게 유물로 줄 것이라곤 목발과 행복을 기원하는 마음뿐이었다. 그래서 그는 이렇게 말했다. "내 뒤를 따라올 아들에게 이 목발을 준다. 그가 이 아비보다 훌륭하다는 것을 천하에 드러내게 되기를 간절한 마음으로 비는 바이다."

그는 그레이트-하트 씨에게 이제까지 친절하게 안내해 준 것을 감사하고는 길을 떠났다. 강가에 다다르자 그가 말했다. "저 건너편에는 내가 타고 갈 마차와 말이 있으니 이제 이 목발은 필요 없게 됐군." 그가 남긴 마지막 말은 이러했다. "어서 오라, 생명이여." 이 말을 남기고 그는 길을 갔다.

이 일이 있은 후, 피블-마인드 씨가 자기 처소 앞에서 자기를 부르는 반가운 배달부의 호각 소리를 들었다. 배달부는 안으로 들어와 말했다. "주님께서 당신을 필요로 하신다는 걸 전하러 왔소. 조금 후 당신은 그분의 눈부신 얼굴을 뵙게 될 것입니다. 내가 전하는 말이 참이라는 표적으로 여기 암호가 있소. '창으로 내다보는 자들이 어두워지리라'〔전도서 12장 3절〕."

피블-마인드 씨는 친구들을 불러 자기가 어떤 전갈을 받았으며, 그 전갈이 참이라는 표적으로 어떤 말을 들었나 이야기해 주었다. 그는 말했다. "내게는 물려줄 유산도 없으니 유서는 남겨 무엇에 쓰겠습니까? 내가 가졌던 유일한 것은 나약한 마음인데, 나는 그것을 이제 버리고 떠납니다. 지금 내가 가는 그곳에서 필요하지도 않을 뿐 아니라, 아무리 가진 것 없는 순례자라 하더라도 물려받을 만한 게 못 되니까요. 그러니 밸리언트 씨, 부탁합니다. 내가 떠나자마자 그것을 거름 더미에 묻어 주세요." 이윽고 떠날 날이 되자 그는 다른 자들과 마찬가지로 강물로 들어갔다. 그의 마지막 말은 이러했다. "믿음과 인내를 꼭 잡으시오." 그러고서 그는 건너편으로 넘어갔다.

여러 날이 지나간 후 디스폰던시 씨가 부름을 받았다. 배달부가 와서 이렇게 말을 전했던 것이다. "떠는 사람이여, 돌아오는 주일에 당신의 임금님을 모실 수 있도록 준비하시오. 모든 의혹으로부터 해방받게 됐으니 기뻐 소리치시오."

사자는 계속 말했다. "내 전갈이 사실임을 증거하는 표적으로 이 암호를 들으시오. '그에게는 메뚜기도 짐이 되리라.'" 주고받는 이야기를 듣고 디스폰던시 씨의 딸 머치-어프레이드가 아버지와 함께 가고 싶다고 말했다. 그러자 디스폰던시 씨는 친구들을 불러 이렇게 말했다. "나와 내 딸이 여러분과 그간 동행하면서 얼마나 고생을 시켜 드렸는지 여러분이 잘 아십니다. 나와 내 딸의 유언은 우리가 가지고 있던 낙담과 노예적 공포심을 우리가 떠난 후부터 영원토록 아무도 상속받지 않게 되기를 바라는 것입니다. 나는 그것들이 우리가 죽자마자 다른 사람들 속으로 들어가려고 하리라는 걸 잘 알고 있습니다. 사실대로 말씀드리자면 그것은 처음 우리가 순례의 길을 떠날 때부터 우리 속에 들어온 귀신입니다. 우리는 그걸 떨쳐 버릴 수가 없었습니다. 그러니 그것들은 분명히 우리에게서 떠나면 돌아다니며 순례자들을 찾을 것입니다. 우리를 보고 절대 그것들이 틈을 타지 못하게들 하시기 바랍니다."

떠날 시간이 되자 그들은 강둑으로 나갔다. 디스폰던시 씨의 마지막 말은 이러했다. "잘 가거라 밤이여, 어서 오라 낮이여." 그의 딸은 노래를 부르면서 강을 건넜다. 그러나 아무도 그녀의 노래를 알아듣지는 못했다.

또 한참 세월이 흐른 후 마을에 다시 나타난 배달부가 어네스트 씨를 찾았다. 배달부는 그가 거처하고 있는 집을 찾아가 그에게 아래와 같은 사연을 전했다. "그대는 준비하시오. 오늘부터 이레 후 거룩하

제 2 부   433

신 아버지의 집에서 당신의 주님을 만나 뵈어야 합니다. 내 전갈의 진실성을 다음 암호로 증거하는 바입니다. '너희 모든 음악의 딸들은 쇠할 것이다.'" 그러자 어네스트 씨는 자기 친구들을 불러 말했다. "나는 죽지만 유언을 남기지는 않겠소. 나의 정직은 나와 함께 갈 것이오. 내 뒤에 오는 자들에게 이 말을 전해 주시오." 그가 떠날 날이 되자 그는 강으로 나갔다. 그때 마침 강물이 불어 강둑을 군데군데 덮고 있었다. 그러나 어네스트 씨는 생전에 굿-콘션스〔선한 양심〕라는 사람과 그곳에서 만나기로 약속한 적이 있었는데, 그가 약속을 지켜 다가와서는 손을 잡아 무난히 건네 주었다. 어네스트 씨의 마지막 말은 이러했다. "은혜가 다스린다." 이윽고 그는 세상을 떠났다.

그 후 밸리언트-포-트루스 씨가 같은 배달부의 전갈을 받았다는 소문이 파다하게 퍼졌다. 그는 전갈이 참이라는 표식으로 이런 암호를 들었다고도 했다. "항아리가 우물 곁에서 깨졌느니라." 그는 사정을 알아차리고 곧 친구들을 불러 사실대로 이야기해 주었다. "나는 지금 아버지께로 갑니다. 이곳까지 오는 동안 숱한 고난을 겪었지만 그간 겪은 그 어떤 괴로움에 대해서도 스스로 후회하지는 않아요. 나의 칼은 내 뒤를 이어 순례자가 될 사람에게 주겠습니다. 그리고 나의 용기와 솜씨는 그것을 능히 받을 만한 사람에게 물려줍니다. 내 몸의 상처는 이제 내게 상을 주실 그분을 위해 싸웠다는 증거로 제시하기 위하여 가지고 가겠습니다." 그가 떠날 날이 되자 많은 사람이 그를 강변까지 배웅 나갔다. 그는 강물로 들어가면서 이렇게 말했다. "죽음아, 너의 가시가 어디 있느냐?" 그는 점점 깊이 들어가면서 다시 말했다. "무덤아, 너의 이김이 어디 있느냐"〔고린도전서 15장 55절〕. 그는 마침내 건너갔다. 강 저쪽에서 그를 위한 나팔 소리가 들려 왔다.

이번에는 스탠드-패스트 씨가(그는 다른 순례자들이 요술 걸린 지역에서 무릎 꿇고 있는 것을 발견했던 바로 그 사람이었다) 부름을 받았다. 배달부가 그에게 가는 전갈을 가지고 나타났던 것이다. 그

전갈의 내용은 그에게 생활을 바꿀 준비를 갖추라는 것이었다. 그의 주인께서 더 이상 그를 멀리 떨어져 있게 하지 않으시려는 것이었다. 전갈을 받고 스탠드-패스트 씨는 깊은 생각에 빠졌다. "아니오" 하고 사자가 말했다. "내가 전하는 말의 진실성을 의심할 필요는 없어요. 여기 그 진실성을 증명할 암호가 있소. '너의 도르래가 우물 위에서 깨졌다.'"

그러자 그는 그들의 안내자였던 그레이트-하트 씨를 곁에 불렀다. 그리고 이렇게 말했다. "선생, 오랫동안 당신네 순례자 일행과 함께 지내지 못한 것은 나의 불행입니다만, 당신을 알고 난 후부터 나는 당신에게 큰 은혜를 입었습니다. 나는 집을 떠날 때 아내와 작은 아이 다섯을 남겨 두고 떠났습니다. 부탁 하나 하겠습니다. 돌아가시거든(나는 당신이 더 많은 순례자들을 안내하기 위하여 다시 당신의 주인에게로 돌아가리라는 걸 알고 있습니다) 누구라도 좋으니 우리 집에 보내어 그간 무슨 일이 내게 일어났으며 또 장차 있을 것인가 얘기해 주셨으면 고맙겠습니다. 무엇보다도 이곳에 도착한 내가 얼마나 행복해하며 또 어떤 축복받은 상태에 처해 있는가를 꼭 전해 주십시오. 그리고 또한 크리스천과 그의 아내 크리스티아나에 대해서도, 그리고 그녀가 아이들과 함께 어떻게 남편의 뒤를 따랐는가에 대해서도 얘기해 주십시오. 그리고 그녀의 임종이 얼마나 행복했으며 어디로 갔는가에 대해서도 전해 주세요. 내게는 가족을 위해 눈물로 기도하는 것 외에는 그들에게 남겨 줄 만한 것이 별로 없습니다. 그저 당신이 이런 사정을 그들에게 알려 그들이 행여나 잘되기만 한다면 나는 그것으로 만족합니다." 스탠드-패스트 씨는 이렇게 주변을 정리하고 나서 서둘러 떠날 때가 되자 강물로 들어갔다. 강의 중간쯤 들어섰을 때 스탠드-패스트 씨는 잠시 걸음을 멈추고 이쪽 강변에서 그를 바라보고 있던 동료들에게 말했다.

"많은 사람들이 이 강을 무서워해 왔습니다. 그래요, 나도 가끔 이 강을 생각할 때마다 두려웠지요. 그러나 지금 나는 이렇게 편안히 서 있습니다. 내 발은 그 옛날 이스라엘 민족이 요단강을 건널 때 언약궤를 멘 제사장들이 밟고 서 있던 바로 그 위를 든든히 밟고 있어요. 강물이 쓴맛이고 몸에 차가운 건 사실입니다. 그러나 내가 가고 있는 목적지와 건너편에서 나를 기다리고 있는 호송자를 생각하니까 내 심장에 숯불이라도 피운 듯하군요.

이제 나의 여행은 거의 끝났고 괴로운 날들도 모두 지나갔습니다. 나는 지금 나를 위해 가시관을 쓰셨고 조롱의 침을 받으신 그분의 얼굴을 뵈오러 가고 있습니다.

과거에 나는 풍문과 믿음에 의해 살아왔습니다만, 그러나 지금 나는 내가 즐겨 모시고 싶은 그분을 친히 뵙고 곁에 모실 수 있는 곳으로 가고 있는 것입니다.

지상에 있을 때 나는 주님의 말씀 듣기를 좋아했고 그분의 발자취를 발견하면 그 위를 똑같이 걷고자 했습니다.

그분의 이름은 내게 사향(麝香)을 담아 두는 함(函) 같았습니다. 그래요, 그 어떤 향도 그분의 이름보다는 향기롭지 못했습니다. 그분의 목소리는 내게 가장 달콤한 것이었고, 나는 그분의 얼굴을 태양을 지극히 사모하는 자들보다 더욱 사모했습니다. 나는 그분의 말씀을 먹고 살았고 자신의 단점을 치료하는 약제로 사용하였습니다. 그분은 나를 붙잡아 죄악의 길에 빠지지 않게 지켜 주셨습니다. 그래요, 그분은 그분의 길을 걷는 내발을 강하게 해주셨습니다."

이렇게 이야기하고 있는 사이에 그의 얼굴은 변했고 강한 면모도 사라져 갔다. 이윽고 그는 "저를 받으소서, 당신께로 가옵니다"라는 말과 함께 모습을 감추고 말았다.

그러나 건너편의 넓은 지역에 가득 들어찬 말과 마차, 나팔수와 피리 부는 자들 그리고 노래부르는 자들과 현악기를 타는 자들이 올라오는 순례자들을 환영하여 한 줄로 서서 천성의 아름다운 문으로 들어가는 광경이야말로 참으로 영광스러운 것이었다.

  크리스티아나가 함께 데리고 갔던 네 아들들이 자기 아내들과 아이들과 함께 아직 그곳에 머무르고 있을 때 나는 그곳을 떠났다. 돌아온 후에 나는 한 사람에게서 그들이 아직 그곳에 살고 있으며 당분간 교인들을 더 증가시키기 위해 계속 머물 것이라는 소식을 들었다.

  만일 내게 또다시 그 길을 갈 기회가 생긴다면 여기서 언급하지 않은 것들을 듣고자 원하는 이들에게 들려줄 수 있을 것이다. 그 동안 독자들이여, 안녕.

해 설

존 버니언의 생애와 작품 세계

1. 존 버니언의 생애

존 밀턴(John Milton)과 더불어 17세기 영국 청교도 문학을 대표하는 산문 작가(散文作家) 존 버니언은 1628년 11월 30일 케임브리지에서 서쪽으로 30마일 가량 떨어진 베드퍼드(Bedford) 마을에서 태어났다. 그의 아버지는 마을의 땜장이 토머스 버니언이었고, 존은 이 아버지의 직업을 물려받아 스스로 땜장이 일을 죽을 때까지 계속하였다. 베드퍼드에서 북동쪽으로 얼마 떨어지지 아니한 곳에 크롬웰이 농사를 짓던 헌팅던 마을이 있다. 무장한 청교도들로 의회파 군대를 조직, 왕당파(王黨派)에 대항하여 시민전쟁을 주도한 크롬웰의 고향은 특히 영국 청교도주의의 중심지이기도 했다. 그러므로 그가 16세 되던 해인 1644년 생일날 크롬웰이 지휘하는 군대에 입대하였다는 사실은 자연스런 일이었다고 보여진다.

그는 극히 짧은 교육과정을 마치고 곧 집에서 제작한 모루 앞에 앉아 아버지의 충실한 견습공이 되어야만 했다. 15세(1643)에 어머니와 누이 동생을 잃고 계모를 맞아들였다.

존이 소년병으로 입대한 크롬웰의 부대는 강한 퓨리턴 의식(意識)에 사로잡힌 철저하고 정예화된 부대였다. 그는 입대한 후 2년간 엘스토 (Elstow)에서 12마일 거리인 뉴포트 파넬(Newport Pagnell)에 배치되어 복무했는데 그 동안에 큰 규모의 전쟁에 참가한 흔적은 없다. 1646년 그가 소속했던 연대가 의회(議會)의 결의에 의해 해산될 때까지 근처의 왕당파군 요새를 침공하는 소규모 전투에 참여했을 가능성은 있다. 이 시절의 경험은 《천로역정》이나 《거룩한 전쟁(The Holy War)》 같은 후대의 작품에서 생생하게 표출되고 있다. 비록 전투 경험은 없었다 하더라도 같은 부대 안에는 호기심 많은 어린 병사에게 생생한 전투 경험담을 입심 좋게 들려준 노병(老兵)이 있었을 것이고, 덕분에 존은 자기의 이야기 속에서 무장한 군인의 싸우는 모습을 근사하게 묘사할 수가 있었을 것이다.

그러나 그의 감수성이 최고로 민감한 시대에 겪은 이 군대 경험은 무엇보다도 종교적 차원에서 그에게 큰 영향을 끼쳤다고 보아야 할 것이다. 즉 그는 이 2년간의 군대생활을 통하여 17세기 영국의 사상을 크게 변혁시킨 청교도주의(Puritanism)와 만나게 되었던 것이다. 오늘날 우리의 선입견대로 본다면 청교도주의란 잠자리에 들어 손을 바지춤에 넣는 것을 금한다든가 하는 아주 고리타분하고 낙후된 정신이지만, 그것은 우리의 선입견이 근본부터 잘못되고 건방진 까닭일 뿐이다. 17세기의 청교도, 그것이 교조화(教條化)되고 상식화됨으로써 하잘것없는 금제(禁制) 덩어리로 타락하기 이전의 청교도 정신이란 문자 그대로 성결(聖潔)한 무리의 순수한 정신이었다. 17세기 영국의 청교도들은 엘리자베스 왕조 아래에서의 교회 개혁이 완전하지 못함을 지적하고 구교(舊教)의 찌꺼기가 그대로 남아 있는 현상으로부터 '깨끗해져야' 한다(Purification)고 주장한 개신교도들이었다. '퓨리턴'이란 말은 장로교도들, 독립교회 신자들, 침례교인들(버니언은 이 교파에 속한 목사였다), 결국 왕정(王政)에 항거한 크롬웰의 혁명을 지지한 원두당원(圓頭黨員, Roundheads——머리를 깎았다고 해서 붙은 이름)들을 지칭하는 말이 되었다. 그의 대표작이라 할 《천로역정》을 "퓨리턴 문학의 고전(古典)으로서 그에 버금가는 작품을 찾아볼 수 없는 유일한 작품"(F. R. Leavis)이라고 한다면, 20세가 되기 전에 퓨리터니즘의 정통(正統)과 만날 수 있었던 군대 경험이 존에게 끼친 영향의 지대함은 짐작이 가고도 남는 일이다.

그의 군대 경험이 끼친 영향 가운데 종교적인 차원에 못지않게 중요한 차원은 문학적 차원이라 하겠다. 뉴포트 파넬은 엘스토가 제공할 수 있었던 것보다 훨씬 심오하고 다양한 인간 문제를 그에게 제시해 주었던 것이다.

그러나 엄밀한 의미에서 존 버니언의 일생을 결정한 것은 군대에서 돌아온 후 5년이었다고 하겠다. 얼마간의 땜질 도구와 초라한 오두막, 그리고 결혼(結婚)으로써 그는 독립생활을 영위할 수 있게 되었다. 그리고 아내가 시집올 때 지참물 속에 넣어 온 종교 서적 두 권은 그로 하여금 종교를 보는 눈을 본격적으로 뜨게 해주었다. 어느 주일, 놀이를 하다가 갑자기 회심(回心)을 경험하여 주일에 놀이를 하는 일, 춤을 추는 일, 맹세를 하는 일, 그 밖에 육신의 쾌락을 추구하는 것들이 '죄(罪)'임을 확신하게 되었고, 수개월간의 고뇌를 거친 확신 끝에 그는 베드퍼드의 한 침례교도들 모임을 찾았다. 그리고 존 기포드(John Gifford) 목사와의 만남——기포드는 왕년에 왕당파 군대의 소령이었던 인물로서 베드퍼드에서 목회를 하고 있었다——이 있었다. 그의 도움을 받아 버니언은 마침내 '개종(改宗)'하고 1653년 침례를 받았다. 그해에 그는 베드퍼드로 집을 옮기고 전개되는 새로운 생활을 받아들여 비국교도(non-conformist)의 설교사가 되었다. 그때 퀘이커 교도들과 논쟁을 벌여 조지 폭스(G. Fox)와 그의 추종자들에게 가차없는 논박을 가하기도 했다. 1656년 아내가 죽자, 그는 아내가 남기고 간 네 아이들을 맡아 길러야 했다. 그런 가운데 1657년 드디어 비국교도의 여행 설교사로서 임무를 띠고 처음으로 순방길에 올랐다. 당시 영국의 사회에서는 교육을 받지 못했던가, 조금밖에 받지 못한 자들이 비국교도 무리들을 모아 놓고 설교를 하는 풍조가 흔히 있었다. 국교회(國敎會)의 성직자들은 그들을 못마땅하게 여겨 방해를 했고, 마침내 1660년 찰스 2세가 다시 집권하자 정부 쪽에서도 그들이 민란(民亂)을 꾀한다는 혐의를 두기 시작하였다. 많은 사람이 체포당해 투옥되었다. 1662년, 모든 성직자는 《공도서(公禱書, The Book of Common Prayer)》를 채택하라는 '신앙 형식 통일 법령(The Act of Uniformity)'이 선포되고, 그 2년 후인 1664년 비국교도의 집회를 금하는 '비밀 집회 규제령(Conventicle Act)'이 발동되기 훨씬 전인 1660년, 존 버니언은 로워 삼셀(Lower Samsell)에서 밤 집회를 인도하다가 체포되었다. 당국은 심문을 하는 동안, 설교 행위를 중지한다면 곧 자유의 몸이 되게 해주겠다고 제의해 왔다. 그러나 버니언은 그 제의를 거절해 버렸다. 그 대가로 치른 것이 12년간의 옥살이였던 것이다.

감옥 안에선 말로 하는 설교(設敎)가 불가능했다. 그는 글로 설교할 것을 생각해 내었다. 불후의 작품 《천로역정》을 쓴 버니언은 '수감자' 버니언이 아니라 '목사' 버니언이었음을 분명히 해야 할 것이다.

1672년, 비국교도들과 로마의 카톨릭을 규제로부터 해방시키는 '신교 자유령(信敎自由令, the Declaration of Indulgence)'을 찰스 2세가 선포하자 옥문(獄門)이 열리고 존 버니언은 자유의 몸이 되었다. 그 후 1675년, '신교 자유령'이 일시(一時) 철회됨에 따라 6개월간 구금되었던 것을 제외하면, 1688년 8월 31일 런던으로 설교 여행을 가다가 운명하기까지 버니언은 자유로운 생활을 영위하였다(F. R. Leavis는 1686년에 잠시 투옥된 적이 있다고 한다). 베드퍼드의 침례교회 목사로 복직한 버니언은 전처럼 시골로 여행하면서 집필을 계속하는 한편, 저 초대교회의 사도(使徒) 바울처럼 땜질 도구를 손에서 놓지 않았다. 《천로역정》에 대한 독자들의 넘치는 찬사와 비난 속에 묻혀서……

2. 존 버니언의 작품 세계

1. 《죄인 괴수에게 충만한 은혜(Grace Abounding to the Chief of Sinners)》

1666년에 출판된 이 책은 버니언이 감옥에서 쓴 첫번째 작품으로 그 가치의 중요성을 인정받고 있다. 그는 이 책에서 솔직하고 담담한 필치로 자기 자신이 겪었던 고뇌에 찬 회심(回心)의 경험을 서술하고 있다. 동시대에 쓰여진 다른 작가들의 작품에 비하여 버니언의 이 작품은 장엄한 맛은 없으나 독자들의 마음을 울리는 힘은 훨씬 더 컸다. 그러기에 그 숱한 작품들 가운데 인쇄된 제본으로 남아 있는 영광을 누리고 있는지도 모른다. 대체로 이 책은 대답(對答)보다 질문을 더 많이 내포한 책이다. 인간이 만나는 종교적 체험 속에서 긴장과 물음에 대한 중요한 연구 자료로서 계속 읽히고 있다.

2. 《배드맨〔惡人〕씨의 생애와 죽음(*The Life and Death of Mr. Badman*)》

1680년에 출판된 이 책은 그의 걸작인 《천로역정 (*The Pilgrim's Progress*)》과 여러 가지 면에서 좋은 대조를 이루고 있다. 이 책에서 버니언은 베드퍼드 사회에 살고 있던 장인(匠人) 계급의 구제받지 못할 죄악상을 펼쳐 보았다. 이것이야말로 한 '설교자'의 책이라고 불릴 만한 내용을 담고 있다. "어려서부터 죄악에 통달한 자"라는 한 인간의 삶 속에 당시 사회의 모든 사악함을 담아 거울에 비치듯 비쳐 보여 주고 있는 것이다. 이 책에서 사용된 문학적 형식은 《천로역정》의 그것과 비슷하다.

내용은 배드맨(Badman)의 장례를 수시간 앞두고 두 사람, 와이즈맨(Wiseman, 지혜로운 사람)과 어텐티브(Attentive, 주의 깊은)가 나무 아래 앉아 물음을 던지고 대답하는 가운데 배드맨의 죄악으로 가득 찬 생활, 단 한 가지 선행도 하지 않아 마침내 구원받지 못한 생활을 회상하는 것으로 되어 있다. 이야기 전개는 매우 단조롭다. 그러나 버니언의 가장 힘찬 '설득'이 내포된 책으로 평가받고 있다. 큰 책은 아니지만 버니언 자신과 그의 세계를 가장 많이 제시하는 책이라고 하겠다.

특히 마지막 부분에서 배드맨의 최후를 "한 마리 양처럼 또는 세례

복을 입은 아이처럼 조용하게" 죽어 가는 것으로 묘사한 것은 신기(神技)에 가까운 재주라고들 평한다.

3. 《거룩한 전쟁(The Holy War)》

1682년 출판된 이 책은 영혼과 육체의 싸움이라는 중세기적 풍유법(metaphor) 형식을 빌려 종교생활의 본질을 극적(劇的)으로 서술하고 있다. 버니언이 가장 공을 들여 완성한 작품으로 알려져 있다. 그만큼 극적인 구성은 복잡하고 이야기를 끌어 나가는 감정의 흥분은 가라앉을 줄을 모른다.

주인공 임마누엘(Immanuel)은 옛날에 자기가 항복했던 디아볼러스(Diabolus, 악마)에게서 맨솔(Mansoul, 인간 영혼) 마을을 탈환하려고 온갖 노력을 다 기울인다. 계속되는 치열한 전쟁의 틈바구니에서 버니언은 뉴포트 파넬에서의 소년병 시절에 대한 추억, 성서와 영국의 역사, 중세기 기사들의 마상 경기, 베드퍼드 지방의 정치(政治), 천년왕국에의 소망, 천사의 타락 등을 함께 엮어 직물을 짠다. 때로 그 풍요함이 혼돈을 일으킬 만큼 풍부한 색깔, 목소리, 행진 그리고 그 행진에 대한 역습 등이 어우러진다. 작품 전체를 통해 군대의 모습이 등장하고 있지만 사실 그 군대의 이미지들은 영혼의 투쟁이라는 인간 드라마를 옹호하는 덧옷에 불과한 것이다.

4. 《소년 소녀를 위한 책(A Book for Boys and Girls)》

1686년에 출판된 이 책에 수록된 74편의 운문시(韻文詩)는 작가 버니언의 말년을 장식하는 문학적 유산들이다. 죽기 2년 전에 출판된 이 운문시들은 아마도 훨씬 이전에 쓰여진 작품들일 것이다. 이것은 한 '설교가'의 책이면서 동시에 자애로운 '아버지'의 책이기도 하다. 안개, 꿀벌, 물고기 그리고 공중을 날아다니는 온갖 새들——이 모든 어린이의 공유재산을 그는 같이 아끼고 존경했던 것이다.

5. 기타 버니언의 작품으로 다음과 같은 것들이 전해지고 있다.

Some Gospel Truths Opened(1656)

Good News for the Vilest of Men(1688)
Solomon's Temple Spiritualized(1688)
The Acceptable Sacrifice(1689)

3. 《천로역정》에 대하여

　1678년 그 초판이 나온《천로역정》제1부는 명실공히 존 버니언의 걸작이자 대표작이다. 작자 자신이 작품 첫머리의 '변명'에서 밝히고 있듯이, 이 책은 처음부터 주도면밀한 계획이나 조사를 토대로 만들어진 것이 아니라 걷잡을 수 없이 떠오르는 수많은 이미지들을 한데 엮어 놓은, 그러므로 어떤 '의도(意圖)'에 의한 것이 아니라 '자생(自生)'했다고 볼 수 있는 작품이다.

　학자들 중에는 이 작품이 그의 첫번째 옥중생활이 끝날 무렵에 거의 완성되었다가 두번째 옥중생활에서 완성되었다고 보는 사람이 있다(Ola Elizabeth Winslow). 이 작품의 밑바닥에 버니언의 자서전적 요소가 짙게 깔려 있음을 부인할 수는 없다. 그러나 그는 멋진 산문정신(散文精神)을 통해 자신의 시간과 공간을 초월한 영원한 세계로 작품을 끌어올리는 데 성공하였다. 작자의 꿈이라는 형식을 빌려 그는, 크리스천이라는 의로운 순례자가 '멸망의 도시'를 떠나 험난한 길을 걸어 마침내 '천성'에 이르는 과정을 생생하게 묘사하고 있는 것이다. 스토리 전체가 하나의 꿈이라는 전제, 계속해서 묘사되는 공포와 기이함은 원시 신화를 방불케 한다. 독자들은 의로운 순례자 크리스천을 따라 '좁은 문'을 통과하고 디스폰드 수렁을 거쳐 배니티 시장거리, 디피컬티 언덕을 넘어 마침내 죽음의 어두운 강을 건너는 동안 인간 내면 깊은 곳에서 흐르는 도도한 서사시(敍事詩)를 읽게 된다. 그러므로 이 책을 기독교라는 한 '종파(宗派)'의 교리 해설 정도로 읽는 것은 읽는 사람 쪽이나 원작자 쪽이나 다 같이 불행한 일이 아닐 수 없는 것이다. 작자 자신이 그의 '변명'에서 이 점을 밝히고 있다. 그의 목적은 어떤 종교인을 공박하는 데 있지 아니하고 독자로 하여금 위안을 받고 영원한 평화와 구원을 향한 올바른 길을 발견하며 우울증으로부터 스스로 벗어나도록 하는 데 있었다.

그러므로 이 소설의 주인공인 크리스천의 여행은 기독교적인 것만은 아니라고 보아야 한다. 그것은 무언가 좀더 나은 것을 지향하는 형대인의 여행이기도 한 것이다. 인생의 도정에서 만나는 뜻밖의 장애물과 그것으로부터의 해방 —— 이것은 인생의 영원한 테마가 아니겠는가?

존 버니언이 이 작품을 쓰는 동안 머리에 떠오르는 여러 가지 이미지들만 가지고 씨름했던 것은 아니라고 보아야 한다. 《천로역정》의 자료가 된 또 하나의 위대한 책 《성서(The Bible)》를 간과할 수가 없다. 그러나 더욱 놀라운 것은 다만 그 한 권만을 유일한 자료(Source)로 삼았다는 사실이다. 앞서 언급한 바도 있으나 17세기 영국의 청교도 문학은 두 명의 존(John)에 의해 대표된다. 하나는 《실낙원(Paradise Lost)》의 저자 밀턴이고, 다른 하나는 버니언이다. 밀턴이 교육을 받은 사람으로서 여러 가지 자료에 힘입어 위대한 시(詩)를 남긴 것과, 버니언이 거의 교육을 받지 못한 독학자(獨學者)로서 중간 계급 정도가 읽을 수 있는 일상의 이야기(散文)를 단 한 권의 책을 자료로 삼아 썼다는 사실은 기이한 대조를 이루고 있다.

제1부가 나온 지 6년(1684) 만에 햇빛을 본 제2 크리스천의 아내 크리스티아나가 '어느 눈부신 아침'에 머시라는 처녀와 함께 자기의 아들들을 데리고 남편의 뒤를 따라 순례의 길을 떠나 이윽고 죽음의 강을 건너 천성에 이른다는 내용을 담고 있다. 그들은 크리스천보다 훨씬 안전한 여행을 한다. 안내자요 보호자인 그레이트-하트가 그들의 여정을 지켜 주며 장애물을 제거해 주고 있기 때문이다. 독자들은 그들의 발길이 닿는 곳에서 크리스천의 흔적을 발견하고 즐거워하며

여행이 끝날 때까지 계속 울리는 그의 종소리에 귀를 기울이게 된다. 제2부를 낸 지 4년째 되는 해, 그 유명한 혁명의 해인 1688년 버니언은 자기의 크리스천 가족이 점차 많은 어린이, 젊은이 그리고 '귀족(貴族)'들에게 환영받고 있음을 확인하면서 숨을 거두었다.

존슨 박사(Dr. Johnson)는 이렇게 말하고 있다.

"이것이 이 책의 가장 위대한 가치다. 그 어떤 교양인도 더 이상 찬양할 말을 찾을 수 없고 그 어떤 어린아이도 더 이상 재미있는 이야기를 알 수 없을 것이다."

《천로역정》은 아직 깊은 정신적인 의미를 캐낼 수 없는 어린이에게도, 자신의 인생 문제에 당혹하고 있는 어른에게도 재미있는 이야기꾼으로서, 또한 인생길의 설명자로서 항상 친근하게 접근하고 있는 것이다.

✱ **옮긴이 | 이현주**
아동문학가.
서울 감리교 신학대학 졸업.
대한기독교서회 편집부 근무.
크리스천 아카데미 간사.
대한성서공회 공동번역 문장위원 역임.
저서로 《한 송이 이름없는 들꽃으로》, 《나의 어머니 나의 교회여》,
《바보 온달》 등이 있으며, 역서로는 《민중의 복음》, 《예수》
등이 있음.

천로역정

발행일   초판 1쇄 발행 | 1976년 4월 20일
          2판 1쇄 발행 | 1985년 2월 10일
          2판 2쇄 발행 | 1992년 9월 30일
          3판 1쇄 발행 | 1996년 8월 20일
          3판 6쇄 발행 | 2014년 1월 25일

지은이 | 존 버니언   **옮긴이** | 이현주
펴낸이 | 윤형두   **펴낸곳** | 범우사
교 정 | 이정가   **인쇄처** | 태원인쇄
등록번호 | 제406-2003-000048호 (1966년 8월 3일)
          (413-756) 경기도 파주시 광인사길 9-13 (문발동)
대표전화 | 031-955-6900   **팩 스** | 031-955-6905
홈페이지 | www.bumwoosa.co.kr   **이메일** | bumwoosa@chol.com

ISBN 89-08-01008-4 04840
      89-08-01000-9 (세트)

✱ 책값은 뒤표지에 있습니다.
✱ 잘못된 책은 바꾸어드립니다.